아이들이 살아 있는 교육과정

"교육은 예술이며, 교사는 영혼의 예술가이다!"
-루돌프 슈타이너

아이들이 살아있는 교육과정

초판 1쇄 인쇄 2016년 12월 7일
초판 1쇄 발행 2016년 12월 19일
지은이 김용근
펴낸이 류희남
편집장 이점석
편집·기획 천지영 **표지·본문디자인** 김서영
펴낸곳 물병자리
출판등록 1997년 4월 14일(제2-2160호)
주소 우) 110-070 서울시 종로구 새문안로 5가길 11, 801호(내수동, 옥빌딩)
전화 02-735-8160 **팩스** 02-735-8161
이메일 aquari@aquariuspub.com
트위터 @AquariusPub
홈페이지 www.aquariuspub.com

ISBN 978-89-94803-40-1 03370

이 도서의 국립중앙도서관 출판예정도서목록(CIP)은 서지정보유통지원시스템 홈페이지(http://seoji.nl.go.kr)와 국가자료공동목록시스템(http://www.nl.go.kr/kolisnet)에서 이용하실 수 있습니다. (CIP제어번호 : CIP2016028219)

2015
개정 교육과정
초등
1·2학년 편

아이들이 살아있는 교육과정

아이들에게
참삶과 감성을 일깨워주는
교사와 학부모 지침서

김용근 지음

물병자리

차 례

제 2 부

살아 있는 교육과정을 위해!

제 3 부
아이들의 성장과 발달을 돕는 평가는 이렇게!

제 4 부

영혼을 불어넣는 수업을 위해서!

균형 있는 삶을 위해

사람은 자기가 살아온 시간만큼 세상을 본다. 물론 살아온 삶이 편향되었다면 더더욱 한쪽에 치우쳐 세상을 본다. 새가 하늘을 마음껏 날 수 있는 것은 균형 잡힌 날개가 있기 때문이다. '연'도 양쪽 균형이 맞지 않으면 제대로 날지 못하고 이내 땅으로 곤두박질친다. 하물며 만물의 영장인 사람이 균형 잡힌 시각으로 세상을 보지 못한다면, 더구나 리더가 그렇다면, 그 사회는 제대로 굴러가지 못하고 늘 티격태격 요란할 수밖에 없다. 세상을 바로 볼 수 있게 하기 위해서는 교육의 힘이 필요하다. 그렇지만 '교과서'는 절대 아니다. 오히려 편향된 시각을 지니게 한다는 것을 일련의 사태를 보면 쉽게 이해할 것이다. 교과서를 내려놓는 수업을 해야 한다. 교사와 아이들이 만들어가는 수업이야말로 세상을 제대로 볼 수 있게 한다. 가르치는 것에 대한 편리주의는 우리 아이들을 점점 나약하게 만든다. 가르침에 대한 개혁이 필요할 때다.

아이들은 들꽃처럼 스스로 견디고 잘 배우며 자란다!

수업혁신이란 말은 이미 오래전부터 '교실수업개선'이라는 말로 전해져 왔다. 교사들에게는 영원한 과제이기도 하다. 요즘 와서 우리는 한층 더 교육이 왜 바뀌어야 하는지, 무엇이 잘못된 것인지 많은 고민을 한다. 수업을 아이의 처지에서, 제대로 배움과 성장이 일어나도록 교사가 관점을 달리하거나 바꾸어야 한다. 기존 틀이나 교과서 중심, 컴퓨터 마우스클릭 수업으로는 수업혁신을 이룰 수 없다. 교육과정이 아이들의 발달단계에 맞게 이루어져 있고, 전인적인 인격을 형성하는 데 도움을 주고, 지속가능한 능력을 길러주고 있는지에 초점을 두고 다시 생각해 보고 고민하는 게 교육과정의 혁신이다. 교사는 아이들을 가르치려 하지 말아야 한다. 40분(초등학교의 경우) 시간 내에 주어진 틀 속에 개념중심의 지식을 집어넣으려고 하는데 대부분이 이렇게 해야만 제대로 수업을 했다고 생각한다. 하지만 그것은 또 하나의 우리 어른(교사, 부모)이 아이들에게 가하는 폭력일 수도 있다.

또한 학부모의 지나친 관심과 자기자식 이기주의는 아이의 건강한 성장에 독이 된다. 성장은 했어도 온전한 정신과 몸으로 살아가지를 못한다. 비닐하우스에서 기른 채소와 텃밭에서 기른 채소가 엄청나게 다른 것처럼 교육도 마찬가지다. 아이들이 들꽃처럼 잘 자라날 수 있게 하는 교육이 교사와 부모의 의무와 책임이다. 아이들은 자생력과 복원력, 치유능력이 빠르고 뛰어나다. 잘 자랄 수 있게 믿어주는 게 아이들을 돕는 것이지 어른들의 생각대로 붙잡고 채워주는 것은 아이들의 힘을 빼앗는 일이다. 아이들의 발달단계에 맞지 않는 교육(교육과정)은 교육이 아니다. 그것이야말로 더 큰 폭력이다. 어른의 잣대로 위장된 교육을 경계해야 한다. 아이들의 발달단계에 맞는 살아 있는 교육과정을 만들고 운영하는 것이 참다운 인간을 길러내는 것이다.

버찌와 사과 열매의 차이는?

버찌와 사과는 꽃도 같은 시기에 피고 같은 장미과 열매지만 속성에는 많은 차이가 있다. 5-6월이면 버찌는 탐스럽게 열매를 맺으나 사과는 푸른 시작 단계이다. 하지만 버찌는 오래 보관할 수 없다. 급속 냉동을 하지 않고서는 하루 이틀 사이에 금방 흐물흐물해진다. 이에 비해 사과는 뜨거운 한여름 태양을 맞고 폭풍우와 가을바람을 이겨낸 결과 하루 이틀 만에 썩지 않는다. 감미로운 향기를 풍기며 오래 남아 있다. 이처럼 새로운 교육, 좋은 학교를 만들고자 하는 것은 쉬운 일이 아니다. 많은 진통이 뒤따른다. 혁신학교들이 그렇고 예전에 몸담았던 공현진초등학교나 현재 우리 학교도 마찬가지다. 학교가 흐르는 물이라고 한다면, 흐르다가 거센 물살도 만나고, 암초도 만나고, 때로는 소용돌이도 만나 잠시 제자리를 빙빙 돌다가 역류하기도 하다가 다시 흐르고, 폭포도 만나지만 결국 큰 강을 거쳐 바다로 나간다. 한순간 모두가 행복한 학교가 만들어지면 좋겠지만 학교구성원들의 욕구가 다 다르기 때문에 시간을 두고 만들어가야 한다. 애초부터 행복한 학교를 만드는 것에 관심 없는 교사라면 다른 교사들을 위해 자리를 양보하고, 남보다 나은 경쟁을 위해 내 아이를 먼저 생각하는 학부모들이라면 그런 학교로 가시고, 물론 학교관리자도 마찬가지다. 생각이 다른 사람들끼리의 소통도 분명 문제이다. 처음부터 생각이 비슷한 사람들이 모여서 좋은 학교를 만들어 간다면, 굳이 애초부터 관심 없는 사람들에게 소통하고자 에너지를 쏟을 필요는 없지 않을까? 또한 상급기관의 예산지원에 따른 투입(in-put), 산출(out-put)의 정책개선도 필요하다. 각 주체들이 제몫을 해낼 때 역량을 발휘할 수 있지 않을까? 아름드리나무도 성장 조건이 맞아야 거목으로 클 수 있는 것처럼 좋은 학교를 만드는 것은 어느 한쪽의 역량으로 가능한 것이 아니다. 아이들이 행복한 학교를 만들기 위해 지금 거센 물살을 헤쳐 나가고 있으므로 결국 거대한 교육의 강에 도달할 것으로 믿는다. 물론 흐르는 물의 여건에 따라서 다르겠지만!

여기에 '성실한 교사란?' 학교에 일찍 출근하고, 교과서중심 수업에 충실하며, 민원 발생하지 않고 안전주의로 교실중심수업과 맡은 업무를 깔끔하게 처리하는 교사를 뜻할까? 교사는 수업으로 모든 것을 보여주는데, 교육과정과 교과서가 부실한데도 재구성이나 살아 있는 교육과정을 운영하기보다는 있는 그대로 가르치는 교사도 어떤 면에서는 성실하다고 할 수 있다. 하지만 성실함이라는 말 속에는 누가 알아주든지 말든지 자신의 인생, 자신이 하는 일에 대해 진정으로 최선을 다하는 자세가 밑바탕에 깔려 있어야 한다. 깊은 곳에서부터 우러나오는 '최선을 다하는 자세'가 없다면 아무 소용없다. 껍데기만 성실한 것, 성실한 '척'하는 것이 과연 무슨 의미가 있을까? 한 개를 배워서 열 개를 가르치기보다는 열 개를 배워서 그 가운데 가장 값진 것 하나를 가르쳐야 한다. 하지만 요즘은 다들 바쁜지 다 차려 놓은 밥상, 마치 즉석요리만 찾으려고 한다. 아니다 싶으면 이내 다른 것을 찾고 유행을 좇아다닌다. 더구나 사람을 가르치는 일을 기계(컴퓨터 클릭수업)가 대신할 수는 없다. 결국 뿌리가 깊지 않으면 이내 흔들리고 뽑혀 나간다는 것을 잘 알고 있지 않은가. 교육은 시간이다. 교사 자신이 투자한 만큼 교육성과는 나온다. 한 시간 수업을 위해 2-3시간을 준비하는 열정이 곧 교사 자신을 성실하게 만든다. 더구나 교사 자신이 살아 있는 교육과정이기에 이에 걸맞게 해 나갈 때 아이들은 무한 신뢰를 보낸다. 아이들이 유년시절 많은 추억거리를 선물하는 선생님을 원하는 것도 그런 이유 가운데 하나다.

교사는 교육꽃밭의 정원사다!

선인장 물 주기와 장미 물 주기 방법이 분명 다른 것처럼 아이들 가르침도 이와 같다. 물을 너무 많이 자주 주어서도, 아니면 너무 덜 주어서도 안 된다. 식물 특성에 따라 알맞게 적당히 주어야 예쁜 꽃들을 피우는 것처럼 획일적인 물주기는 금방은 생기가 돋아나는 것처럼 보일지 모르나 어느 꽃들은 이내 시들어 버린다.

꽃밭 정원사들이 한포기 꽃도 소중하게 잘 가꾸어 예쁜 꽃들을 절기마다 피워내듯 가르침의 교육도 아이들을 제대로 이해하는 것에서부터 출발해야 한다. 그래서 아이들은 새싹이 아닌가? 또한 계절마다 피는 꽃들이 다른 것은 꽃마다 지닌 특성이 다르기 때문이다. 이는 아이들도 마찬가지다. 아이들이 이 세상에 올 때는 각자 소질과 재능을 가지고 온다. 소질과 재능이 제대로 꽃을 피울 수 있도록 돌봐주고 기다려주는 교육이 교사가 해야 할 책임과 자세다.

교육철학 없는 백화점식 교육은 겉모양은 화려하나 깊은 맛은 없다. 교사나 아이들에게 더더욱 공허함만 줄 뿐이다. 그렇다고 개정 교육과정과 교과서에 집착하는 것은 오히려 가르침을 뒷걸음질치게 하는 것이다. 개정 교육과정과 교과서의 문제점을 알고도 가르친다면 그것은 아이들에게 씻을 수 없는 영혼의 상처를 주는 것이다. 어떻게 하는 것이 아이들의 참 삶을 제대로 가꾸는 것인지 생각해 봐야 한다.

제1부

삶을 제대로 담아내지 못하는 교육과정

1장

교육과정에 대한 올바른 이해

1 무엇을, 어떻게, 왜 가르칠 것인가?

자꾸 교육과정을 바꾸는 의도가 무엇일까? 좀 더 완벽함을 추구하기 위한 과정일까? 아니면 우리가 알지 못하는 무언가 깊은 속뜻(?)이 있어서일까? 하지만 지금껏 교육과정 작업이 진행되어 가는 과정을 보면 완벽함을 추구하기보다는 시류에 편승해서 정권의 교육정책을 홍보하는 수단으로 전락하여 졸속으로 진행되어 오고 있다. 지금까지 우리나라 교육과정의 변천은 교과중심 교육과정, 생활중심 교육과정, 학문중심 교육과정으로 개편되어 왔지만 교육과정이 교과중심의, 지식위주의 내용으로 편성되어 학교현장에서는 쉽게 받아들일 수 없는 상황으로 흘러가고 있다.

「한겨레」가 최근 실시한 교육 설문 조사에서 국민 대다수는 초·중·고 교육과정의 수시 개정에 반대했다. 지난 8·9일 실시한 한겨레 사회 정책 연구소 조사를 보면 교육과정의 잦은 개정에 대해 응답자의 77.6%는 '교육 혼란 등 문제가 크므로 개선해야 한다'고 답했다. '사회 변화를 반영한 것으로 불가피하다'는 응답은 17.8%에 그쳤다.
전문가들조차 한번 개정에 못해도 5년 이상 걸린다고 입을 모으는 교육과정 개정이 최근 8년 사이 크게만 세 번이나 이뤄졌다. 교육과정은 초등학교 1학년부터 고등학교 3학년까지 12년 학교 교육의 '밑그림'이다. 2007년과 2009년에 총론 개정이 있었고, 올해 9월 다시 총론과 각론이 고시될 예정이다. 2011년 교과 교육과정, 2012년과 2013년 총론 부분 개정까지 고려하면 교육 현장은 이명박 정부 출범 이후 거의 매년 교육과정 개정으로 몸살을 앓은 셈이다.*1

현재 진행되고 있는 개정 교육과정 작업이 '미래형'이라고 홍보하고 있지만 전혀 미래형이 아니다. 오히려 과거 교육과정보다 못한 내용들이 많이 편성되어 있어서 결국 학교현장의 혼란만 가중시키고 있다.

2 교과끼리 연계성이 없는 교육과정

교육부는 바른 생활, 슬기로운 생활, 즐거운 생활 등 세 교과 간의 중복 문제에 대처하면서 연계를 강화하기 위해 대주제를 통일했다고 했다. 통합 교육과정이 교육과정상에서는 적정화가 이뤄졌다고 할 수 있을지 모르지만, 그것이 교과 내용으로, 수업으로 전개되는 과정에서 그 명료성의 초점이 갈수록 흐려져 교사들이 체감하는 교육과정상에서는 중복된 모습으로 나타날 수 있다.
따라서 통합 교육과정의 개발 단계에서는 궁극적으로 수업 상황에서 전개되는 내용도 동시에 고려되면서 교육과정 내용의 배타성을 확보하는 노력이 필요하다. 단순히 학습 내용이나 수준에만 국한하지 말고 질적인 측면을 고려해야 한다는 것이다.*2

우리 교육과정의 문제점 가운데 하나가 각 교과 간 연계성이 적거나 없다는 것이다. 예를 들어 4학년 국어 시간에 ○○주제(단원)를 가르치거나 배우면, 수학, 사회, 과학, 미술, 음악, 체육 시간 역시 그 주제에 맞게 수학이나 과학을 가르치거나, 노래를 부르거나, 그림을 그리거나, 체육 활동을 해야 한다. 그래야만 초등학교 교육 목표인 지덕체를 고루 갖춘 전인적인 사람을 길러낼 수 있다. 각 교과가 전혀 관련성이 없다보니 가르치거나 배우는 데도 개별성만 강조되지 협력은 부족하다. 물론 요즘 많은 교사들이 재구성이나 주제통합에 관심을 갖고 여기에 시간과 노력을 쏟아 붓고 있지만, 처음부터 이런 관점에서 각 교과들이 관련성 있게 구성됐다면 이런 수고는 덜지 않았을까? 그렇기 때문에 아이들의 발달단계를 생각하는 교육과정이 기본

*1 전정윤, 「교육과정 너무 자주 바뀌어… 최소 5년 이상 건드리지 말자」, 한겨레, 2015.3.16.
*2 이상미, 「잦은 교육과정 개편으로 '뒤죽박죽'… 재구성 의지 중요」, 한국교육신문, 2013.11.11.

밑바닥에 있어야 한다. 그래야만 학년별로 가르치고 배워야 할 내용들을 관련성 있게 짚어 나갈 수 있다. 기획 단계부터 관련자들이 모여 이 부분을 세밀히 짚어 나가고, 교과서 집필진 역시 이 부분에 주안점을 두고 구성하면 큰 어려움이 없다. 그렇게 하나의 주제를 가지고 각 교과 나름대로 전개해 나갈 때, 각 교과마다 고유성을 지키면서 다양성을 이끌어 낼 수 있다. 또한 교과서 연구나 집필을 위해서는 학생을 가르치면서 학생들이 무엇을 어려워하고, 무엇을 흥미 있어 하며, 어떤 내용이 도움이 되고, 무엇을 배우고자 하는지를 잘 아는 선생님들을 많이 참여시켜야 한다. 그래야만 제대로 된 교육과정과 교과서가 만들어질 수 있다.

교과서는 그 나라 교육의 얼굴이다. 이왕 만들려면 잘 만드는 것이 우리 모두의 소망이 아닌가? 급조해서 만들기보다는 백 년을 내다보는 마음으로 제대로 된 교육과정을 세우고 교과서를 만드는 것이 아이들에 대한 우리 어른들의 의무이자 책임이다.

3 선생님들은 왜 교육과정에서 자유롭지 못한가?

2015 개정 교육과정이나 2009 개정 교육과정에서 선생님들의 자율성을 더 많이 부여하였다고 했는데도 자유롭지 못한 가장 큰 원인은 학년 말이 되면 해야 하는 나이스(NEIS) 시수통계 확인이다. 여기에 교육과정 운영과 평가에 대한 점검이나 생활기록부 점검에 컨설팅이다 뭐다 해서 학교현장으로 공문이 쏟아지고, 수시로 교육지원청에서 점검하러 나오니, 당연히 선생님들은 이 점검(?)에서 자유롭지 못하고 여기에 시수를 맞출 수밖에 없다. 그러다보니 대부분의 학교에서는 2월에 선생님들이 온통 학년 교육과정 시수 짜기에 여념이 없다.

그렇다면 교육부는 무슨 근거로 선생님들에게 교육과정에 대한 자율성을 더 주었다고 말하는가? 언론홍보 아닌가? 마치 권한을 대폭 넘겨 준 것처럼 홍보하지만 정작 속내를 들여다보면 지시와 통제를 더 하고 있다. 그러다보니 선생님들이 교육과정에 대해서 자유로울 수 없는 것은 당연하다. 교육과정이 바뀌면 바뀔수록 학교현장의 자율성은 점점 더 떨어지고 있다. 더구나 교육과정을 수시로 바꾸고 있어 적응(?)할 만하면 바뀌고, 미처 소화하지 못한 상태에서 따라가기 바쁘고 교사 자신의 것으로 만들지 못하니 그저 교과서를 그대로 답습하거나, 교육관련 사기업체나 인터넷 교사동호회 사이트 자료를 그대로 가져다 쓰기 바쁘다. 교육과정은 바뀌었는데도 부지런하지 못한 교사들이 가르치는 방식은 예나 지금이나 거의 달라지지 않고 있다. 학부모 눈높이는 점점 더 높아져 가고 있는데 이를 맞추어 주지 못하고 있으니 교사는 교사대로, 학부모는 학부모대로 불만이 많고 아이들은 아이들대로 배울 내용이 너무 많고 재미가 없어 불만이 커져가고 있다. 결국 교육부가 생각하고 있는 교사중심 교육과정 운영은 말만 요란할 뿐 실제 학교현장에서는 제대로 실현되지 못하고 있다.

2장

아이들의 삶을 담아내지 못하는 교육과정 성취기준

1 결과만 중요시하는 교육과정

가르침과 배움에서 과정은 중요하다. 하지만 2015 개정 교육과정 교과서와 과거 개정 교육과정에서는 결과를 중시하고 있다. 과정이야 어떻게 되든 결과만 나오면 된다는 즉 그야말로 요령만 가르치는 교육내용으로 교과서가 구성되어 있다. 아이들이 꼭 배워야 할 내용은 빼놓고 대학 교수들의 입맛(전공)에 맞는 내용들로 구성되어 있다. 문제는 대학 교수들이 학교현장 경험이 거의 없음에도 교육과정 개정 작업에 참여하고 있다는 것이다. 그러다보니 자신들이 경험하지 못한 내용에 대해서는 교육과정과 교과서에서 아예 빼놓고 자신들의 전공을 중심으로 교육과정을 구성하고 있다.

또한 교육과정 구성 중점에서 미래 사회가 요구하는 핵심역량을 함양하여 바른 인성을 갖춘 창의융합형 인재를 양성하는 데에 중점을 두고, 교과 특성(?)에 맞는 다양한 학생 참여형 수업을 활성화하여 자기 주도적 학습 능력을 기르도록 교수·학습의 질을 개선한다고 하지만, 초·중·고등학교급 교육과정이나 교과서 내용은 이와 전혀 다르게 구성되어 있다. 포장만 그럴싸하게 했지 실제로는 아이들의 삶과 전혀 무관한 내용들로 대부분 채워져 있다. 교과서가 예전보다 더 두꺼워지고 내용이 많이 늘어난 것이 지식기반사회를 밑거름으로 미래를 대비하는 교육을 추구한다지만, 아이들 삶과는 많이 뒤떨어진 내용을 백화점식으로 방대하게 나열해 놓았을 뿐 교과연계나 계통 면에서는 나아진 것이 거의 없고 많이 부족하다.

2 발달단계를 무시한 주먹구구 교육과정

학교 교육과정 편성·운영에 대해서 다음 도표안 글처럼 그럴 듯하게 명시하고 있지만, 실제 내용은 전혀 그렇지 못하다. 앞뒤가 맞지 않다는 것이다. 결국 교육과정이나 교과서를 담아내는 연구진이나 집필진들이 그만큼 이에 대한 안목이 부족하다는 것이다. 학생들의 발달 단계에 맞게 구성했다는데 전혀 그렇지 못하다. 오히려 발달단계를 철저히 무시하고 교육과정을 구성했다.

아이들은 어느날 갑자기 쑥 크는 것이 아니다. 그러므로 천천히 변화되어 가는 아이들의 발달과정에 맞춰 교육과정과 교과서가 기획되고 만들어져야 한다. 하지만 과거에도 그랬고, 2015 개정 교육과정과 교과서는 처음 기획 단계에서부터 가장 중요한 교육철학을 놓치고 있다. 바로 아이들 발달단계에 맞는 교육내용이다. 여기에 무엇을, 어떻게, 왜 가르쳐야 하는지에 대한 분명한 설명이 있어야 한다. 그래야만 학교 현장에서 이에 맞게 충실한 교육과정을 운영할 수 있다. 물론 교육과정 해설에 발달단계를 생각했다고 밝히고 있지만, 두루뭉술하게 표현되어 있을 뿐 구체적인 제시가 없다. 왜 배울 수밖에 없는지에 대한 명확한 제시가 없다. 문제는 교육과정의 기본 맥락이 부분에서 전체로 짜여 있다는 것이다. 최소한 초등학교 교육과정은 부분에서 전체로가 아닌, 전체에서 부분으로 편성해서 운영해야 한다.

2) 각 교과의 핵심 개념과 일반화된 지식 및 기능이 학생의 발달 단계에 따라 그 폭과 깊이를 심화할 수 있도록 수업을 체계적으로 설계한다.

3) 학생의 융합적 사고를 기를 수 있도록 교과 내, 교과 간 내용 연계성을 고려하여 지도한다.[*3]

전체 교과를 나열하기에는 지면이 허락지 않아 과학과를 한 예를 들어보면 다음과 같다.

〈2009 개정 교육과정〉 2014년 학년부터 적용 시행 [*4]

학년 / 영역	3~4학년	5~6학년

물질과 에너지	•물체의 무게 •물체와 물질 •액체와 기체 •소리의 성질 •자석의 이용 •혼합물의 분리 •거울과 그림자 •물의 상태 변화	•온도와 열 •용해와 용액 •산과 염기 •물체의 빠르기 •전기의 작용 •여러 가지 기체 •렌즈의 이용 •연소와 소화
생명과 지구	•지구와 달 •동물의 한 살이 •동물의 생활 •지표의 변화 •식물의 한살이 •화산과 지진 •식물의 생활 •지층과 화석	•날씨와 우리 생활 •식물의 구조와 기능 •태양계와 별 •우리 몸의 구조와 기능 •지구와 달의 운동 •생물과 환경 •생물과 우리 생활 •계절의 변화

〈2015 개정 교육과정〉 2018년 학년부터 적용 예정 *5

학년 / 영역	3~4학년	5~6학년
물질과 에너지	•물질의 성질 •물체의 기능 •물질의 변화 •혼합물 •혼합물의 분리 •거름 •증발 •고체, 액체, 기체 •기체의 무게 •물의 상태 변화 •증발 •끓음 •응결	•용해 •용액 •용질의 종류 •용질의 녹는 양 •용액의 진하기 •용액의 성질 •용액의 분류 •지시약 •산성 용액 •염기성 용액 •공기 •산소 •이산화탄소 •온도에 따른 기체 부피 •압력에 따른 기체 부피 •연소 현상 •연소 조건 •연소 생성물 •소화 방법 •화재 시 안전 대책
생명과 지구	•생활 속 동·식물 모방 사례 •동물의 한 살이 •완전 •불완전 탈바꿈	•현미경 사용법 •세포 •핵 •세포막 •씨가 퍼지는 방법 •균류, 원생생물, 세균의 특징과 사는 곳
생명과 지구	•식물의 한살이 •씨가 싹트는 조건 •동물의 암•수역할 •다양한 환경에 사는 동물과 식물 •동물과 식물의 생김새 •특징에 따른 동물 분류 •특징에 따른 식물 분류 •지구와 달의 모양 •지구의 대기 •달의 환경 •화산 활동 •지진 •지진 대처 방법 •흙의 생성과 보존 •풍화와 침식 •화강암과 현무암 •퇴적암 •지층의 형성과 특성 •화석의 생성 •과거 생물과 환경	•뼈와 근육의 구조와 기능 •소화 •순환 •호흡 •배설 기관의 구조와 기능 •뿌리, 줄기, 잎의 기능 •증산 작용 •광합성 •감각 기관의 종류와 역할 •자극 전달 과정 •태양 •태양계 행성 •행성의 크기와 거리 •낮과 밤 •계절별 별자리 •달의 위상 •태양 고도의 일변화 •별의 정의 •북쪽 하늘 별자리

특별히 달라지는 것도 없고 있다면 제목만 살짝 바꾸어 놓은 것이다. 문제는 과학과 교사용지도서 해설 자료에서 다음과 같이 밝히고 있다는 점이다.

> 초등학생에 해당하는 단계는 주로 구체적 조작 단계이다. 구체적 조작 단계는 구체적인 사물을 통하여 인지 활동과 사고가 가능한 단계라고 할 수 있다. 이 단계에서는 가역적 사고를 하고, 전체와 부분은 서로 관계가 있다는 것을 알게 되며 물체를 분류할 수 있고 순서를 결정할 수 있다. 덧셈, 뺄셈, 곱셈, 나눗셈을 할 수 있고, 수나 질량, 부피의 보존 개념을 이해한다.
> 주로 초등학교 고학년 이후에 해당하는 형식적 조작 단계는 구체적 사물이 없이도 추상적이고 개념적인 사고가 가능한 단계이다. 이 단계에서는 변인을 알아내고, 분리, 조절할 수 있으며, 가설을 형성하고 이를 검증하여 그 효과를 해석할 수 있다. 또 문제를 해결하는 데 사용된 과정을 분석하고 비판적으로 평가할 수 있다.

실제 교육과정이나 교과서에는 초등학교에 맞지 않는 형식적 조작 단계 내용들로 구성되어 있다. 한 예로 초등 3학년 과학교과서에 나오는 '실험' 이 과연 10살 아이들에게 맞는 내용일까? 교사용지침서에도 이에 대해서 명확한 근거를 제시하지 못하고 있다. 인지발달을 생각했다고 하나 구체적으로 발달단계를 어떻게 생각했다는 부분에 대해서는 밝히지 않고 있다. 또한 발달단계를 제대로 생각했다는 부분에 대한 정확한 근거가 없다. 내용들을 보면 오히려 발달단계를 전혀 무시한 것들로 구성되어 있다.

3학년부터 시작하는 '실험' 내용이 과연 아이들의 발달단계에 맞게 편성된 것일까? '실험'이라는 학문이 이 세상에 나오게 된 배경을 제대로 알면, 과학과 교육과정이 얼마나 허술하게 편성되었는지를 알 수 있다. '물체와 물질' 단원을 보면 '이 영역은 물질 개념의 기본으로서 물체와 물질을 다루며, 우리 주위의 여러 사물이 무엇으로 이루어져 있는지에 대한 호기심과 궁금증을 해결하기 위한 기초적인 학습 내용'이라고 되어 있다. 하지만 3학년, 10살 나이의 아이들이 과연 물질 개념을 제

---

*3 교육부 고시 제2015-74호, 학교 교육과정 편성·운영(기본사항 가운데 일부 발췌).
*4 2009 개정교육과정 과학과 해설.
*5 교육부 고시 2015 개정 교육과정 과학과 교육과정. 2015.9.

대로 이해할까? 피아제의 '인지발달이론'을 자세히 살펴보면 과학과 교육과정과 교과서가 얼마나 허술하게 편성되어 있는지를 알 수 있다. 다른 교과들도 내용이 조금씩 다를 뿐 이와 비슷한 경우가 많다. 급하게 만들기 때문에 허술하고 오래가지 못하는 것이다.

3장

발달단계에 맞지 않는 성취기준

1 왜(Why)가 없는 교육과정을 배우게 하라고?

교육내용 체계는 교사의 처지에서 볼 때, 그 교과에서 무엇을 가르쳐야 할지를 전체적으로 보여주는 가늠자 몫을 한다. 따라서 교육내용으로 무엇을 할 것인가, 어떻게 조직할 것인가는 교과 교육과정 개발에서 주요 논의 대상이 되어 왔다. 그동안 교육내용 체계와 관련된 주요 지적사항은 교과의 성격, 목표를 타당성 있게 담아내지 못했다는 점, 학년간·학교급별 연계가 부족, 시대·사회적 유용성과 실생활과 연계 부족, 주제의 나열적 제시들을 비롯한 학습자의 상황이나 요구를 생각하지 않았다는 점들이다. 2015 개정 교육과정에서는 교과 교육으로 핵심 역량의 함양과 더불어 교과별 핵심 개념과 원리를 중심으로 학습내용을 적정화하는 방향을 추구하였고, 또한 핵심 개념은 교과가 뿌리를 두고 있는 학문의 가장 기초적인 개념이나 원리로서 '빅 아이디어'로 명했다. 이는 학년별 교과 지식을 왜 학습해야 하는지에 대한 근거로서 작용한다.*6 2015 개정 교육과정에 대한 정당성을 아주 그럴 듯하게 밝히고 있지만, 여기서 중요한 것은 왜(Why)?에 대한 본질적이고 구체적인 근거가 부족하다는 것이다. 초등학교의 경우, 몇 학년 때 어떤 내용을 왜? 배워야 하는지에 대한 뚜렷한 근거를 밝히지 못하고 기능이니 개념이니 하는 것은 결국 과정보다는 결과를 중심하는 교육을 하겠다는 것과 다르지 않다. 이전 교육과정에도 이러한 문제들이 많이 있었다. 아쉬운 것은 2015 개정 교육과정에서는 문제점들이 줄어든 것이

---

*6 교육부 고시 2015 개정 교육과정 과학과 교육과정, 2015.9.

아니라 오히려 더 많아졌고 상당히 위험한 내용들까지 포함되어 있다는 것이다. 물론 주관적이라는 문제제기를 할 수도 있지만, 어디까지나 발달론에 근거해서 이야기하는 것이다. 우리 교육과정의 한계는 근대교육이 들어온 이래로 지금까지 발달론에 맞게 교육과정을 편성·운영해 오고 있지 않았다는 것이다. 교육과정은 바뀌어도 그 속에 채워지는 주제는 단순히 제목 이름이 바뀌거나 배열을 조금 달리한 것일 뿐 이전 교육과정 구성 체계에서 크게 벗어나지 못하는 수준이라는 것을 신·구 교육과정*7을 서로 견주어 보면 쉽게 알 수 있다.

그렇다면 과연 2015 개정 교육과정이나 과거 개정 교육과정은 아이들의 발달단계를 제대로 생각하여 만든 교육과정일까? 초등 과학 교육과정을 예로 들면, 과학과 교사용지도서에는 다음과 같이 쓰여 있다.

> 구성주의 교육에 따르면, 초등학교 학생은 구체적 조작기라는 인지 발달 단계에 있다. 초등학생은 학교 교육을 하면서 구체물을 조작하여 수업의 내용을 체계적으로 이해하면서 개념, 원리, 법칙을 발견하거나 창조해야 한다. 교육 활동에서, 수업에서, 구체물을 조작하며 발견에 이르는 과정에서 학습자를 평가해야….

피아제의 인지발달이론은 다음과 같다.

> 1) 감각운동기(0~2살) : 감각과 운동을 통해 주변세계 탐색 및 이해하며, 대상 영속성의 개념이 점진적으로 발달한다.
> 2) 전조작기(2~7살) : 자아중심적 사고, 물활론적 사고, 직관적 사고, 사고가 비체계적이며 비논리적이다.
> 3) 구체적 조작기(7~12살) : 논리적 추리가 가능하나 구체적 인지 못하고 보존개념, 가역성을 이해한다.
> 4) 형식적 조작기(12살 이후) : 가설을 설정하고 그 가설로부터 사례를 연역할 수 있는 가설연역적 사고 및 명제적 사고, 조합적 사고가 가능하다.

---

*7 http://ncic.re.kr/mobile.kri.org4.inventoryList.do

과학과 교사용지도서[*8]에서는 이렇게 말한다.

초등학생에 해당하는 단계는 주로 구체적 조작 단계이다. 구체적 조작 단계는 구체적인 사물을 통하여 인지 활동과 사고가 가능한 단계라고 할 수 있다. 이 단계에서는 가역적 사고를 하고, 전체와 부분은 서로 관계가 있다는 것을 알게 되며 물체를 분류할 수 있고 순서를 결정할 수 있다. 덧셈, 뺄셈, 곱셈, 나눗셈을 할 수 있고, 수나 질량, 부피의 보존 개념을 이해한다. 주로 초등학교 고학년 이후에 해당하는 형식적 조작 단계는 구체적 사물이 없이도 추상적이고 개념적인 사고가 가능한 단계이다. 이 단계에서는 변인을 알아내고, 분리, 조절할 수 있으며, 가설을 형성하고 이를 검증하여 그 효과를 해석할 수 있다. 또 문제를 해결하는 데 사용된 과정을 분석하고 비판적으로 평가할 수 있다.

구성 이유에 대해서도 다음과 같다.

6년의 초등학교 교육과정은 구체적 조작기에 맞게, 6년의 중학교 교육과정과 고등학교 교육과정은 형식적 조작기에 맞게 교육 내용이 배열되어야 한다. 기계적으로 초등학교 6년은 구체물과 구체적 상황에 근거하고 중·고등학교 6년은 형식 논리와 추상적 상황에 근거하여 교육 활동이 구성되어야 한다. 하지만 이 기준에 따라 교과 교육과정을 체계적으로 배열하기가 어렵다. 미국이나 한국에서 구성주의 교육과정을 수시 개정하고 있는 까닭이기도 하다.

'실험'에 대해서도 아래와 같이 밝히고 있다.

다른 과목과 달리 과학 수업에서 실험이 필요한 까닭과 근거는 실험이 본성, 실험의 역할 및 기능, 실험을 통하여 얻을 수 있는 결과 등에서 찾아볼 수 있는데, 대표적인 까닭을 다음과 같이 제시할 수 있다.
첫째, 과학은 구체적 대상을 다루지 않고서는 학생들이 이해하기 어려운 복잡하고 추상적인 내용을 많이 포함하고 있다.

---

*8 교육부, 2009 개정 교육과정 초등 과학편.

둘째, 실험 활동은 학생들이 과학적 방법과 과학의 정신을 인식하는 데 도움이 된다.

셋째, 학생들은 대체로 실험 활동을 즐거워하기 때문에 실험 활동을 통하여 과학 학습 동기가 유발되고 과학에 대한 흥미를 가지게 된다.

넷째, 실험은 실생활의 문제 상황에 전이할 수 있는 일반화 되고 체계적인 사고방식[*9] 을 학습할 기회를 제공한다.

---

*9 교육부, 2009 개정 교육과정 초등 과학교육과정.

초등 3학년 과학 교과서에 대한 아래 사진들을 살펴보자.[*10]

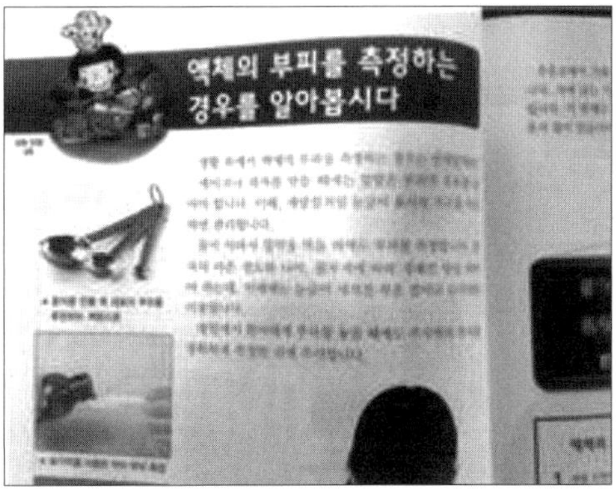

문제는 내용이다. 피아제 인지발달이론에 따르면, 초등 3학년에서 제시하고 있는 실험관련 내용들은 3학년이 아니라 13살인 6학년 과정에 편성해서 배우게 해야 한다. 더구나 과학과 학년군별 성취 기준 제시를 보면 '학생들의 발달단계를 고려한 과학수업'이라고 제시하고 있다. 이것이 어찌 발달단계를 생각한 것인가? 슈타이너 박사의 발달론이 아니더라도 피아제의 인지발달이론과도 전혀 맞지 않다.

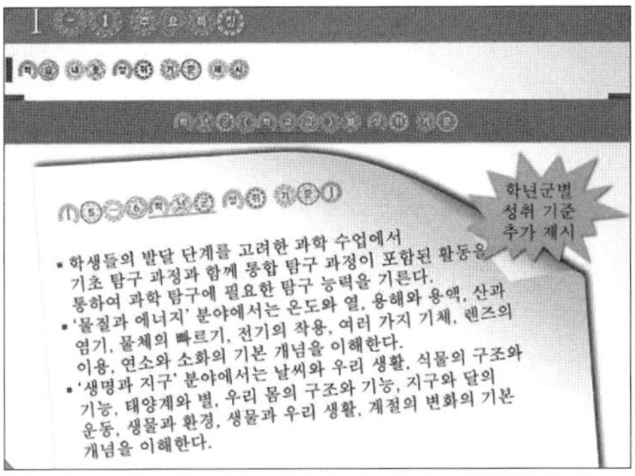

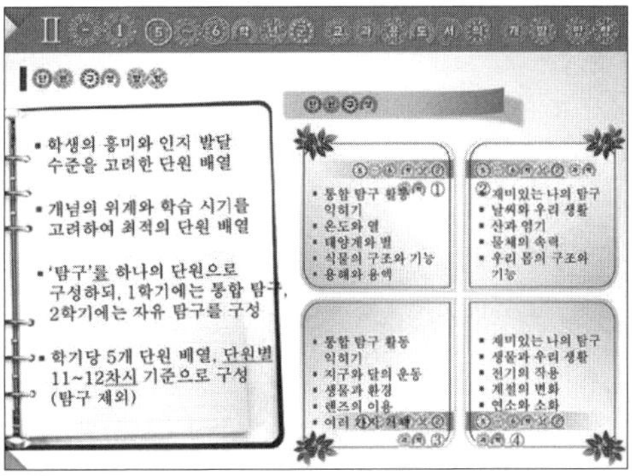

[2009 개정 교육과정 과학과 초등 3학년 교사용지도서]

더구나 위 사진자료에 나온 것을 보면, 단원 구성 방향을 '학생의 흥미와 인지발달 수준을 고려한 단원 배열'이라고 했는데, 과학과 총론에서 제시한 피아제의 인지발달이론은 무엇이고 여기서 이야기하는 '인지발달'은 다른 것인가? 앞뒤가 맞지 않

*10 교육부, 2009 개정 교육과정 과학과 초등 3학년 교과서.

는다. 어느 것을 따라야 하는 것인가?

이번 2015 개정 교육과정에서는 검증되지 않은 내용을 가지고 마치 미래사회의 대안인 것처럼 이야기하고 있다. 더구나 연구진이나 집필진들이 학교현장의 충분한 의견수렴도 없이 자신들의 입맛에 맞는 사람들(학교현장 경험이 거의 없는 학위자 출신)만으로 구성했다. 물론 과거에도 이와 비슷한 사람들로 구성되어서 이 문제는 어제 오늘의 문제가 아니다. 교육은 실천이 뒷받침되어야 하는데 가르쳐 본 경험이 드문 사람들이 단순히 교육관련 책만 믿고 한 나라의 교육과정을 그려내는 것은 바람직하지 않다. 경험이 있어야 무엇이 옳고 그른지를 제대로 이야기할 수 있는 것이 아닌가? 그렇지 않기 때문에 교육과정이 바뀌어도 그 속에 담아내는 내용에는 큰 변화가 없다. 따라서 제대로 된 교육과정이라는 것은 아이들 발달단계에 맞게 무엇을, 어떻게, 왜 가르쳐야 하는지에 대한 명확하고도 분명한 내용들을 제시해주는 것이다.

우리 아이들이 제대로 배우기 위해서는 졸속이 아닌 제대로 소화가 될 수 있도록 시간을 두고 준비하고 연구해야 하는 것이 아닐까? 정권의 입맛에 맞게 만들어지는 교육과정은 결코 아이들의 삶을 생각해 주지 않는다. 물론 연구학교를 운영했다고 하나 운영 결과서를 보면 본질에 대한 파악을 제대로 하지 못한 것이 대부분이다. 단순히 연구학교 점수에 관심이 있는 터라 적당히 교육부가 원하는 쪽으로 운영 결과서를 작성하면 되기 때문에 개정 교육과정의 본질적인 문제에 대한 접근은 힘들다. 설사 문제점을 제기한다고 해도 교육부에서는 이미 자신들이 그려 놓은 그림이 있기 때문에 쉽게 수정하려고 하지 않는다. 물론 그 틀에서 벗어나지 않는 작은 것은 양념으로 수정했다고 서술해 놓겠지만 큰 줄기에는 변화가 없다. 그러다보니 해방 이후 우리나라 교육과정 변천사를 보면 내용에서 근본적으로 달라진 것이 없고 겉무늬만 살짝 바꾸어 놓았다. 시대가 요구하는 것을 반영했다고 하나 이는 어디까지나 궁색한 변명에 지나지 않는다. 그러다보니 교육과정이 바뀔 때마다 낯선 말들을 끌어다 놓는다. 그래야 명분이 있는 것인지 이번에는 '빅 아이디어'니 '핵심 아이디어'니 하는 요상한 말들을 붙여 놓았다. 공허함만 점점 더 쌓이게 만드는 교육과정이라면 차라리 가르치지 않는 것이 더 낫다. 막대한 예산과 시간과 인력을 들인 것에 비해서 교육적인 효과가 적다면, 이는 국가적인 예산낭비이다.

세상이 아무리 빠르게 변한다고 하더라도 인간의 본성을 일깨우는 교육과정은 쉽게 변화되지 않는다. 수백만 년 동안 파도작용에 의해서 만들어진 모래사장이 한순간에 쓸려 나가고 나서도 거기서 그치지 않고 사람들의 터전까지 위협하고 있는 것이 과연 자연의 탓일까? 이렇게까지 오게 된 원인이 누구인가를 알면, 교육도 이와 비슷하다. 눈앞의 이익 때문에 더 많은 것을 놓치게 만드는 탐욕이 결국 세상을 더 망가뜨리고 있다.

2 말뿐인 성취기준 개선책

'내용 체계'의 교과와 영역의 성격과 특성을 면밀히 분석해 해당 교과와 영역학습에서 꼭 필요로 함과 동시에 학생들이 수행해야 할 기능을 밝히고, 이들 기능을 '학년(군)별 내용(요소)'과 타당하게 결합해 성취기준을 작성하도록 했다.[*11]

이렇게 밝히고 있으나 과연 그러한가? 내용들을 면밀히 분석했다고? 그래서 학생들이 꼭 수행해야 할 기능의 성취기준으로 작성했다고? 그렇다면 1·2학년 아이들에게 꼭 들려주어야 할 이야기로는 무엇이 있는지? '즐거운 생활'의 음악영역에서는 '펜타토닉' 5음계[*12] 악기의 중요성이나 체육수업에서 '움직임활동', 슬기로운 생활에서 '산책활동' 따위들이 중요한지에 대해서 왜 자세히 밝히지 못할까?

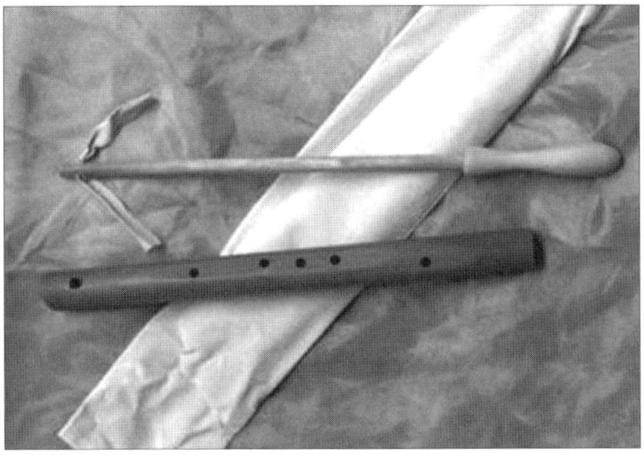

펜타토닉 5음계

면밀히 분석했다고 했는데 과연 무엇을 분석했는지? 그저 이전 교육과정의 모양만 살짝 바꾸는 것을 분석했는지 궁금하다. 정말 제대로 분석을 했다면 2009 개정 교육과정과 많이 달라야 하는 것이 아닌가? 단지 주제 이름만 살짝 바꾸어 놓은 것이 면밀히 분석한 것이라 말할 수 있는 것인가? 정작 가르치고 배워야 할 알맹이들은 다 빼놓고 분석을 했다고 하는 이 말은 분명 책임을 물어야 한다. 결국 기능과 개념중심 교육이고자 하는 것이니 이럴 수밖에 없다. 그렇지 않다면 이렇게 교과내용들을 허술하게 구성하지 않았을 것이다. 또한 '성취기준 코드를 통해 성취기준 핵심어를 중심으로 각 교과를 관통하는 주제별, 소재별, 융합·연계교육실천을 위한 토대를 구축하였다'[*13]고 하나, 과연 교과끼리 연계가 제대로 되었을까? 국어 글자 깨우치기 위해서는 최소한 1학기 시간이 필요하다. 그런데 수학은 바로 계산한 답을 요구하는 문장들이 학기 초에 제시되고 있는 상황이다. 국어시간에는 글자를 한자 한자 배워나가는데, 수학시간에는 이미 주어진 문장을 가지고 계산을 하라고 하니 이게 어디 연계가 된 것이라 할 수 있는가? 교과끼리 제대로 연계가 되려면 국어시간에 최소한 1학기까지 글자를 깨우치는 시간 동안 수학은 숫자만(1-12) 익히게 하면 된다. 수학은 2학기부터 셈하기를 배우게 하면 되는데, 이때에도 굳이 문장이 주어질 필요는 없다. 글자를 깨우쳤다고 하나 이 시기 아이들이 문장을 이해하는 것이 쉽지가 않기 때문이다. 교사 중심이 아닌 아이들 중심으로 배움이 일어나도록 기다리는 수업을 해야 한다. 또한 교육과정 편성시 국어과 연구위원이나 수학과 연구위원들이 사전에 모여서 협의하고 관련성 있게 교육과정 내용을 구성하는 것이야말로 연계된 교육과정 구성이다. 우리 교육과정의 허점 가운데 하나가 바로 교과간 연계가 부족하다는 것, 즉 제각각이라는 것이다. 무엇을 가지고 연계된 교육과정 운영이라고 하는지 아니면 그 몫은 고스란히 교사들이 다해야 하는 것인가?

국어 시간에 글자를 깨우치며 나간다는 것은 온전한 '나'를 세우기 위함이기 때문에 '즐거운 생활' 시간에 체육영역에서는 '균형 잡기' 활동을, 미술영역시간에는 빨강, 노랑, 파랑을 이용한 순수 색들을 중심으로 느끼게 가르치고 배우게 하면 된다.

---

*11 이광우, 2015 개정 교육과정의 주요 특징, 교육과정 2015 겨울호.

*12 https://www.google.co.kr/search?q=pentatonic+WALDORF&newwindow=1&espv=2&biw=1920&bih=979&source=lnms&tbm=isch&sa=X&ved=0ahUKEwiP-pew-snNAhVClJQKHWVjDZEQ_AUIBigB#imgrc=QYjTGd0DZUMr0M%3A

*13 이광우, 2015 개정 교육과정의 주요 특징, 교육과정 2015 겨울호.

3 교육부가 말하는 성취기준이란?

여기서 먼저 성취기준의 정의는 무엇일까? 이에 대해서 한국교육과정평가원에서는 성취기준[*14]을 '교수·학습 및 평가에서의 실질적인 근거로서, 각 교과목에서 학생들이 학습을 통해 성취해야 할 지식, 기능, 태도의 능력과 특성을 진술한 것'이라고 하였다.

그렇다면 여기에 덧붙여서 '핵심 성취기준'은 무엇인가? 짧게 요약한다면, 국어사전에서는 '핵심'을 '사물의 가장 중심이 되는 부분'이라고 정의하고 있다. 그렇다면 '성취기준'에 '핵심'을 더하면 아이들이 학습을 통해 성취해야 할 여러 내용 가운데 가장 중심이 되는 내용이라는 것으로 정리할 수 있다. 2015 개정 교육과정에서는 '핵심'을 빼고 '성취기준'만 제시하고 있다.

4 성취기준의 뜻[*15]

- 교과를 통해 학생들이 배워야 할 지식과 기능

→ 교과를 통해 배워야 할 지식뿐만 아니라, 그 지식을 통해(가지고) 할 수 있어야 할 수행 능력(competency)을 나타내는 것을 의도함

- 수업 후 학생들이 할 수 있어야 할, 또는 할 수 있기를 기대하는 능력을 나타내는 결과 중심의 도달점(outcome)

→ 다만 교과 및 영역, 학년(군)별 내용 등의 특성에 따라 과정(process)과 결합된 도달점(outcome)을 나타내는 경우도 있음

- 교과의 내용(지식)을 적용하고 문제해결을 하는 수행 능력

→ 이 점에서 성취기준은 단순한 활동을 나타내는 것과는 구분됨

---

*14 교육과정평가원 (2013). 2009 개정 교육과정에 따른 초·중학교 핵심 성취기준 개발 연구: 총론, p.13.
*15 교육부, 문·이과 통합형통합사회 과목 교육과정 연구 공개토론회자료(2015-4-17).

위 내용을 하나하나 살펴보면, 교육부는 역량교육 강화의 명분을 창의·융합형 인재 양성에 두고 있다. 이것은 교육의 목적을 지나치게 사회적 요구에 맞추고 있는 것이다. 이를 위해 '기능' 중심의 교육에만 초점을 두고 있다. 교육과정이라고 하면 나름대로 교육철학이 밑바탕에 깔려 있어야 하는데 전혀 없다. 더구나 교수학습을 역량중심으로 바꾼다는 것은 교육철학의 엄청난 변화인데, 학교현장의 충분한 의견수렴이나 합의 없이 늘 그래왔던 것처럼 일방적으로 그것도 정권의 입맛에 맞게 추진했다. 더구나 2015 개정 교육과정은 미국의 차세대 과학에서 가져온 대개념(big idea) 중심의 내용의 재구조화, 기능과 수행 중심의 성취기준 서술방식을 좋게(?) 생각해서 이를 다른 과목에까지 필요 이상으로 일반화한 것이다. 학교현장 경험이 없는 그야말로 입신양명에 눈이 먼 교육전문가(?)라고 자처하는 사람들이 한건 내세워 보려고 우리 교육현실에 맞지 않는 내용을 무리하게 추진하려고 하는 것이다. 그러다보니 제대로 검증도 되지 않은 것들이라 문제점이 한두 가지가 아니다. 더구나 교육에 역량중심으로 접근하는 생각 자체가 과연 교육전문가의 자세라고 할 수 있을까? 교육의 본질이 무엇인지를 제대로 알면 이렇게 접근하려고 하지 않을 텐데, 여기에 심각한 문제는 지식중심교육에 경제성 논리로 교육을 보고 있다는 점이다. '학교교육 제4의 길' 책의 저자인 Andy Hargreeves는 역량을 강조하는 교육에 대한 위험성*16을 다음과 같이 말하고 있다.

첫째, 신경제가 요구하는 역량이 매우 앞서가는 개념인 양 과대 포장되었다.
둘째, 역량을 강조하는 교육에서는 사회정의와 불평등 해소를 위한 것을 다루지 않는 것.
셋째, 기능만 강조하다보니 21세기 역량 교육의 이상을 훼손하고 있다는 것.
넷째, 속도와 유연성을 강조하면서 역량교육을 단순히 피상적 참여와 피상적인 상호작용이란 결과로만 여긴다는 것.

문제는 역량 중심의 교육과정에서 성취기준 작성의 내용을 보면 가능한 한 성취기준의 끝말을 '…할 수 있다/…을 수행하다'처럼 역량이나 수행중심으로 제시하고 있다는 것이다. 그야말로 기능중심으로 제시되고 있다. 2009 개정 교육과정에서도

---

*16 Andy Hargreeves, '21st Century Skills', 2013.

무차별한 지식중심교육이 이루어졌는데 한술 더 뜬 경우다. 학습을 기능으로 바라본다는 것이 가장 큰 문제이다. 2015 개정 교육과정에서는 역량교육을 강화하는데 여기에 평가방식의 변화를 이야기하고 있다. 지금까지는 수업이 교과서 내용을 중심으로 교사의 지식전달식 강의와 설명으로 진행되었고 여기에 지필평가를 많이 이용했다. 하지만 역량을 강화한 교육은 수행을 중요시한다고 한다. 형성평가, 관찰평가, 포트폴리오평가들을 많이 활용할 것이며 역량을 강화하는 수업은 학생이 스스로 선택하고 통제할 수 있는 범위를 넓혀 줄 수 있다고 하는데 뒷장에서 성취기준에 대해서 이야기하겠지만, 평가요소나 평가도구가 이것을 제대로 뒷받침하지 못하기 때문에 이에 대한 근본적인 대안 제시가 필요하다. 근본적인 변화 없이 교과서도 각 교과마다 제시하고 있는 역량을 기계적으로 반영할 것이 뻔하다. 미래핵심역량 강화를 위한 활동을 지나치게 많이 포함할 경우, 교과지식과 역량은 결국 아이들을 더 병들게 할 뿐이다. 더구나 학교현장의 충분한 의견 수렴이 없는 교육과정은 결국 제대로 뿌리를 내리기도 전에 또 다른 새로운 교육과정이 나올 것이다. 뿌리가 온전치 않은 나무는 바람에 쉽게 뽑히거나 흔들리기 마련이다. 시대가 요구한다고 하나 이는 어디까지나 우리가 알지 못하는 거대한 이해관계(?)가 그 밑에 깔려 있기에 그것을 대변하기 위해 그럴 듯한 정당성들을 내세우고 있는 것이다. 교육을 왜 '교육은 백년지대계'라고 했겠는가?

5 뿌리가 없는 핵심역량 성취기준

또한 한국교육과정평가원에서는 핵심 성취기준*17을 다음과 같이 정리하고 있다.

- 2012년 개발·보급된 교과별 성취기준 가운데서 더 중요하고 핵심적인 것으로 선정된 성취기준.
- 학교급별 교육 목표와 각 교과(목)에서 추구하는 교과 교육의 목표를 달성하는 데 더 중요하고 필수적인 교육 내용을 다루는 성취기준.

*17 한국교육과정평가원, 핵심 성취기준 (2013), pp 12-22.

– 일반 성취기준 : 2012년 개발, 보급된 교과별 성취기준 가운데서 핵심 성취기준으로 선정되지 않은 성취기준.

교육부에서는 '핵심 성취기준'에 대해서 다음과 같이 밝히고 있다.

첫째, 핵심 성취기준을 중심으로 수업을 함으로써 교수·학습 부담을 적정화한다. 교과별 학습량을 합리적으로 조정, 감축하여 학습 부담을 적정화하는 방안과 근거를 제공한다. 이것은 교수·학습 활동에서 여유를 통한 체험 및 활동 중심의 수업을 실현할 수 있게 해주며, 교수·학습 활동의 방향 제시 및 다양한 가능성을 확대시켜 준다.
둘째, 핵심 성취기준은 교과 교육과정 재구성의 근거를 제공한다. 학교의 특성, 학생과 교사, 학부모의 요구 및 필요에 따라 단위 학교가 자율적으로 교과(군)별 수업 시수를 증감 운영하여 핵심 성취기준을 중심으로 교과 교육과정을 재구성함으로써 보다 현장 밀착적인 교육과정을 편성·운영할 수 있는 근거가 될 수 있다.
셋째, 향후 교과서 완결학습 체제, 중학교 자유학기제와 같은 새로운 교육 정책을 지원하고 실현하는 토대로서 핵심 역량 중심 교과서 모형 개발의 근거 자료를 제공한다. 핵심 내용을 중심으로 학습자가 자기 주도적으로 학습할 수 있도록 하는 교과서를 개발하기 위한 교과서 모형 개발의 근거가 된다.
넷째, 교과 교육에서의 평가 방법을 개선한다. 교육 목표 달성 과정과 달성 여부를 평가하는 목표 지향적 평가 기준으로 기능한다. 정선된 핵심 성취기준에 주안점을 두고 교과 학습의 과정을 점검하고 그 결과를 평가하여 교과 교육의 질 관리를 촉진한다.

위 내용 두 가지를 짧게 정리한다면 다음과 같다.

– 학습부담 경감 : 핵심 성취기준 중심의 교육과정 재구성을 통해 학습량을 줄이고 학생 활동 중심의 수업으로 학습 부담을 경감.
– 교육과정 재구성의 근거 : 핵심 성취기준 중심으로 교수학습의 강약을 조절, 역동적인 상호작용이 있는 수업으로 재구성.

이렇게 목적을 밝히고 있지만 실제 아이들과 선생님들이 느끼는 학교현장의 반응은 사뭇 다르다. 교과서에서 다루어야 할 내용이 많아졌을 뿐만 아니라 아이들 발달단계를 전혀 생각지 않고 교육과정을 편성했다. 교육과정 재구성의 근거라고 하지만 재구성을 어떻게, 왜, 해야 하는지에 대한 명확한 근거를 제시하지 못하고 선생님들이 알아서 하라는 식이다. 더구나 교과서 범주에서 벗어나지 못하는 재구성은 큰 의미가 없다. 그런데도 마치 2015 개정 교육과정이 교사들과 아이들에게 큰 도움이 되어 줄 것처럼 선전하고 있다. 전혀 그렇지 못하다. 이 내용이 사실인지는 전국 학교현장에 있는 선생님들의 의견을 물어보면 금방 알 수 있다.

더구나 '왜?'가 빠져 있는 성취기준이 가능할까? 2015 개정 교육과정도 2009 개정 교육과정 틀에서 크게 벗어나지 못하고 있다. 한 예로 2009 개정 교육과정 성취기준의 재구성 지침*18을 보면 이러하다.

- **학년군의 최종학년에서 학생들이 무엇을 성취할 것인지가 명료하게 드러나도록 도달해야 할 지식 기능 태도를'~할 수 있다' 형식으로 진술한다.**

무엇을 성취할 것인가? 이전에 '왜?' 해야 하는지에 대한 근거가 명확하게 제시되어야 한다. 결국 기능중심 교육과정이다. 가르쳐야 할 것을 가르치는 것이 수업의 타당성이고 가르쳐야 할 것은 교육과정에 있다. 성취기준이 바로 그것이기도 하다. 잘 가르쳤는가, 잘못 가르쳤는가는 아이들의 평가로 성취기준을 충족시키는 학습을 하도록 하였으면 잘 가르친 것이다. 성취기준에 준거한 평가 결과가 좋으면 잘 가르친 것이라는 말이다. 하지만 이러한 이분법적 성취 기준은 아이들 성장과 발달에 맞지 않다. 단순히 아이들을 평가의 대상으로만 여기는 행동주의 평가라는 것이다. 행동주의 평가가 아닌 본성과 발달을 생각하는 평가를 해야 하는 것이 맞다. 시대가 변하고 아이들이 변하고 있는데 수십 년도 지난 평가방식을 그대로 적용해서 쓰는 것은 문제가 있다. 수업을 ㅇㅇ주의 방식으로 했으면 평가도 ㅇㅇ주의에 맞게 해야 한다. 수업은 ㅇㅇ주의로 하고 평가는 행동주의 방식으로 하면 이것은 앞뒤가 맞지 않다. 그러면서 '교육과정-수업-평가'를 제대로 연계한 교육과정이라고 말하고 있다면 분명 이것은 문제가 많다. 맞지도 않는 내용을 맞다고 우기는 것이 억지가 아니고

*18 교육과학기술부, 2009 개정 교육과정에 따른 성취기준·성취수준, 초등학교 1-2학년.

무엇인가? 친한 친구들끼리 이야기하다가 한 친구가 말도 안 되는 것을 가지고 그럴듯하게 억지에 가깝게 우겨대면 우리는 다들 '헛소리 하지 말라'고 하는 것과 비슷하다. 교육의 결과를 확인해 보는 과정은 중요하다. 더구나 교사 자신에게는 많은 반성과 성찰할 수 있는 기회가 된다. 단순히 잘하고 못하고, 잘 가르치고 못 가르치고를 가름하기보다는 아이들의 처지를 생각하는 관점으로 평가 기준을 세우고 바라봐야 한다.

6 주먹구구식 핵심 성취기준*19을 제시하고 있다

교육과정 전문가들이 모여서 핵심 성취기준 선정 원리를 아래와 같이 네 가지로 선정했다고 한다.

가. 교과 교육 목표에의 부합성 : 학년군별, 내용 영역별 목표 달성에의 적절성

나. 교과 교육 내용의 충실성

- 교과 학습에 필수적인 내용, 일반 성취기준을 다룰 수 있는 포괄적인 내용
- 고차적 수준(적용, 분석, 종합, 평가)의 내용이 포함된 것
- 특정 내용에 편중되거나 일괄 배제하지 않도록 함

다. 교과 교육 내용의 연계성

- 선수학습을 확장시켜 주고 후속학습의 기초가 되는 내용
- 핵심 성취기준간 상호 연계 및 논리적 위계 고려
  (주제, 영역, 교과(목)간/ 학년군, 학교급 간)

라. 교수 학습의 실현 가능성

- 학습자 발달단계와 학습가능성　　– 학습양과 학습부담의 적정성
- 교수·학습활동의 실행가능성

이 내용들은 학교현장의 특수성과 지역과 학교 여건, 개별 학생들의 능력과 특

*19 핵심 성취기준의 적용 유효기간은 3·4학년은 2017학년도까지 5·6학년은 2018학년도까지임.

성을 생각해서 선정한 것이 아니다. 교사들이 각 교과 교육과정을 분석하여 핵심 성취기준을 선정해야 한다고 이야기하고 있으며 예시로 핵심 성취기준은 모두 예시라는 것이다. 하지만 교육부에서는 관련 책이나 자료집에 제시한 것들이 마치 이것이 정답인 것처럼 모범 답안들을 쏟아내고 있는데 어느 교사가 힘들게 재구성을 하고자 하겠는가? 또한 엄청난 노력과 시간을 투자하지 않고서는 각 교과 교육과정을 분석하여 핵심 성취기준을 선정하는 것은 결코 쉽지 않은 일이다. 결국 우리(교육부)는 이렇게 목적과 기대효과를 제시했으니 나머지는 교사들의 몫이다. 그렇지 않으면 잘못을 교사 자신의 책무성 탓으로 돌리게 하는 현실에서 학교현장에 어떤 것을 기대할 수 있겠는가? 더구나 교과서가 버젓이 법전처럼(?) 버티고 있는데 이것을 뛰어넘는 것은 교육과정에 대해서 해박한 능력을 지닌 교사가 아니고서는 거의 불가능하다.

7 '성취기준'은 발달단계에 맞게 구성해야 한다

아이들 발달단계에 맞게 무엇을, 어떻게, 왜 배워야 하는지에 대한 정확한 근거가 있어야 한다. 그것이 교육철학이든 신체발달이든 마찬가지이다. 그래야 교사들이 제대로 가르칠 수 있다. 그렇지 않다면 즉 아이들 삶에 도움이 되지 않는 교육과정이라면 가르치거나 배우지 않는 것이 더 낫다. 아이들 발달단계에 전혀 맞지 않는 것을 가르치는 것은 곧 몸에 해로운 약을 주는 것과 같다. 어른들의 생각과 눈으로 선정 원리와 핵심 성취기준을 정하는 것이 아니라 아이들 삶이 어떤지를 알고 이에 맞게 구성해야 한다. 그렇게 하기 위해서는 교육과정을 기획하고 만드는 사람들이나 교과서를 집필하는 사람들은 단순히 아이들을 이해하는 수준으로 아이들 세상을 보지 말고 직접 아이들 삶 속으로 들어가서 느끼고 깨달아야 한다. 이 나이 또래 아이들이 과연 어떤 내용을 어떻게 왜 배워야 하는지에 대해서 제대로 알 수 있어야 한다. 그래야 제대로 된 교육과정을 만들어 낼 수 있다. 물론 얼마 못 가서 또 다른 개정 교육과정을 만들 것이다. 2015 개정 교육과정에 대해서 최종 고시*20한 내용

*20 2015년 9월 23일 최종 고시하였음.

가운데 일부를 소개하면, '그래도 최소한 성취기준 교육과정은 '창의융합형 인재'를 기르고자 한다. 인재상의 중심 가치는 여전히 창의성이 되며, 학교교육에서는 학습자가 문제해결을 위해 다양한 영역 혹은 분야의 내용을 연결하고 융합적으로 생각할 수 있기를 기대한다. 교육과정 개정의 전체 방향을 보면, 국가 사회적 요구에 따라 새롭게 제시된 인재를 기르고, 모든 학생들의 행복한 학습을 구현하기 위하여 학습경험의 질을 개선함과 동시에 학교 현장에서 제기되는 다양한 문제점들을 개선하고자 하였다*21고 하였다.

물론 다 맞는 말이다. 21세기 지식기반사회를 맞이하면서 미래사회에 대한 예측에 따른 '창의 인재'가 필요하기에 이것이 개정 교육과정의 중요한 추진 배경이라고 하지만 '창의융합형 인재'를 지식과 개념중심의 교육현실에서 길러내는 것은 한계가 있다. 단편적 지식의 암기 위주 교육이 달라지지 않는 한 창의성이 풍부한 인재를 길러내는 것은 어찌 보면 희망 사항일 뿐이다. 여기에 점점 더 늘어나는 가르침과 배움의 양, 더구나 발달단계를 철저히 무시한 많은 양의 학습량과 단편적 지식의 암기중심 교육 때문에 아이들이 흥미 있는 배움을 멀리하게 한 것이 이미 오래다. 그런데도 개정 교육과정 배경을 말할 때는 과거 개정 교육과정의 내용이 그렇기 때문에 개정한다고 하는데 그 내용을 보면 과거의 것과 별 다른 것이 없고 오히려 학습 분량이 더 많아졌다.

8 개념과 지식중심의 개정 교육과정

교과 교육과정 개발은 다음에 초점을 맞추어 개발되었다고 밝히고 있다.

첫째, 학습내용을 핵심 개념, 일반화된 지식, 사고 및 탐구기능을 중심으로 구조화한다.

하지만 개념과 지식중심의 교육은 아이들 학습에 도움을 주지 못하고 있다. 오히려 학습에 가장 큰 영향을 주는 '기억'을 약화시킨다. 수업에서 기억은 상당히 중요

*21 김경자, 황규호 외, 2015 개정 교육과정 고시(2015. 9. 23).

하다. 하지만 현재 우리 교육은 아이들이 미처 기억하려고 하기도 전에 기억 자체를 못하게(?) 하고 있다. 그러면서 배움이라는 이름으로 기억을 강요(?)하고 있다. 기억을 해도 단순 반복적인 내용을 암기하는 수준에 머물고 있다. 어떻게 보면 말하기를 잊어버린다는 것은 하나의 생각으로부터 잠들었다는 것을 뜻한다.

대안교육으로 세계적인 발도르프학교에서는 에포크 수업(주기집중수업)*22을 이용해서 아이들의 기억 즉 잠들어 있는 것을 어떻게 깨어나게 하는지 잘 보여주고 있다. 발도르프학교에서는 에포크 수업을 3-4주 동안 같은 과목을 가지고 공부를 한다. 그러면 왜 발도르프학교에서만 독특하게 에포크 수업을 하는 것일까?

날마다 같은 주제를 같은 시간에 꾸준히 하게 하는데 그 활동에서 생각을 종합하게 한다. 더구나 에포크 수업 시간에는 자신만의 공책을 만들고 있는데, 아이들 각자 자신만의 교과서*23를 만들고 있다. 그 공책 안에는 선생님이 말한 것을 잘 적거나 자기 그림을 그리거나 선생님의 그림을 보고 그리거나 한 내용이 들어 있다.

※에포크 공책 소개

여기에 아름답게 잘 보이게 하기 위해 글씨 위치를 잘 잡거나 테두리를 꾸미거나

---

*22 발도르프학교에서만 볼 수 있는 특이한 수업형태이며 날마다 아침 두 시간에 기본 수업으로 집중과 교체라는 에포크 수업 방식으로 진행된다. 전 12학년 과정 동안 3-4주 내내 아침마다 똑같이 처음의 2시간(기본수업) 동안 일정한 분야가 다루어진다. 한 교과를 토막 치듯이 잘게 나누어 시간배당을 하지 않고 3-4주간을 단위로 하여 집중적으로 지도한다. 이를 에포크 수업이라 한다. 예를 들어 '수학 에포크'에서는 날마다 두 시간 수학만 하고 3-4주 뒤에 '국어 에포크'가 되면 수학은 그만두고 국어만 계속한다.
기본 수업은 1학년부터 8학년까지는 일관하여 한 반의 담임교사가 맡고 상급 학년에서는 전문교사(Fachlehrer)가 맡는다. 1학년의 에포크 수업은 길고 덜 세분화되어 있다.

*23 발도르프학교는 교과서가 없다.

여러 장식을 한다. 물론 공책 표지도 예쁘게 꾸민다. 이렇게 선생님이 수업시간에 들려주고 보여주는 생각과 내용의 그림들이 고스란히 에포크 공책 안에 들어온다. 물론 아이들 자신들의 관심들도 같이 들어온다. 단순히 책가방이나 사물함에 잠자지 않고 일주일에 한번 정도 아이들 에포크 공책을 모두 거두어서 잘된 것들을 다른 아이들에게 보여 주어서 좀 더 발전하도록 자극을 주기도 하고, 학부모 모임 때에도 선보이기도 하다.

아이들 자신들이 직접 만들어 가는 이 에포크 공책에는 전체 에포크 수업 시간의 생각들이 그림으로 종합되어 고스란히 담겨져 있다. 더구나 이 과목(교과) 한 주제(단원)가 끝나면 그 내용이나 과목은 전부 잊어버리게 된다. 즉 잠을 잔다고 할 수 있다. 예를 들어 수학 에포크 수업을 배우고 나서 다음에 과학을 배우고 이어서 사회, 국어 에포크 수업을 하게 되는데, 두세 달 동안은 앞에 배운 교과에 대해서 전부 잊어버리며 잠들어 버리는 것이다.

하지만 우리 교육현실은 어떠한가? 날마다, 주마다 똑같은 내용의 교과를 되풀이해서 가르치고 배우고 있다. 잊어버린다는 것은 결국 배움을 소홀히 한다는 것이기에 날마다 얼마나 배웠고 기억하고 있는가를 평가라는 이름으로 확인하고 있다. 이에 따라주지 못하면 아이들은 학습 뒤처짐(부진아)으로 분류가 되어 보충지도를 받는 현실이 되었다. 아이들이 배운 것을 전부 다 잊지 않도록 하는 것이 과연 현실적으로 가능할까? 몇몇 우수한 아이들은 가능할지 모르지만 대부분의 아이들은 그렇지 않다. 어찌 전날 배운 내용을 거의 다 기억해야만 하는가? 아이들에게도 삶이 있다. 하루 온종일 공부만 하는 것이 아닌데, 어찌 가능할까? 아이들이 학교에서 배운 것을 전부 갖고 있기를 바라는 것은 어른들의 이기심이 아닐까? 더구나 개념중심으로 설명하기 때문에 아이들 편에서 생각해 보면 제대로 내면화를 하지 못하기 때문에 그래서 기억을 제대로 못하는 것이 어찌 보면 당연하다.

배운 내용을 제대로 소화(기억)하지 못하고 있는데 시험(평가)까지 보는 경우, 아이들이 심한 압박감에 시달리는 것을 우리는 많이 보아 왔다.

더구나 기억이라는 것이 어떤 학습에 대하여 이를 느끼고 이것을 머리에 아로새겨 두었다가, 자극이 없어지고 나서도 그 정보를 다시 되살리는 정신 기능이 아닌가? 사실 우리 사람에게 기억하는 능력이 없었다면 우리의 지적 성장이나 발전은 없었을 것이다. 동물과의 차이가 바로 생각하는 힘, 여기에는 기억도 포함된다는 것을 우리는 여러 연구를 통해 잘 알고 있다

물론 그날 배운 것을 온전히 기억할 수 있다면 얼마나 좋을까? 문제는 아이들이 배우는 내용들이 과연 아이들 삶을 제대로 이해하고 구성되어 있는가 하는 것이다. 전혀 그렇지 못하다. 지식과 개념중심이다. 개념은 기억을 약하게 한다. 개념중심 교육은 장기기억보다는 단기기억 활동만 자극할 뿐이다. 개념에 대해서만 배우기 때문에 기억의 보유시간이 짧다. 오래 간직하지 못하기 때문에 대체로 불안정하다는 것이다. 수업 내용이 머릿속에 확고하게 고정되지 못하기 때문에 아이들이 기억을 잘 못하는 것이다.

단기기억은 기계적으로 누르면 확고하게 고정되지 못하기 때문에 아이들이 잘 기억을 못하는 것이다. 튀어나오는 것과 같다. 예를 들어, '곤충' 하면 "머리, 가슴, 배", '한글이 창제된 연도는?'…. 우리가 가르쳐 준 것이 그대로 나오기를 바라는 것이라면 이것은 우리 아이들을 학습의 자동기계로 만드는 것이다. 지폐나 동전을 음료자판기에 넣고 누르면 나오게 하는 것과 별 차이가 없는 것이다. 사람에 대한 이해가 필요하다. 아이들을 학습의 기계로 봐서는 안 된다. 장기기억과 단기기억을 균형 있게 받아들이도록 가르치는 교육이어야 우리 아이들이 온전하게 자랄 수 있다.

더구나 '개념'이란 단어는 추상이다. 근대과학 이후 세상은 온통 추상적인 낱말들로 뒤덮어져 있다. 우리는 자연과학의 개념을 배울 때 늘 추상적인 개념들을 주로 많이 배워 왔다. '실험', '물질', '논리', '증명', '용해'….

하지만 우리 아이들이 배워야 하는 것은 일상생활에 있는 말들이어야 한다. 오늘날 사물을 자세히 말한다고 하지만 사실은 수학이라는 잣대를 가지고 정의를 내렸다. 예를 들어 수학이 '증명'된 것이니까 자세한 것이라고 생각하지만 실제로는 그게 아니다. '증명' 그 자체는 눈앞에 보이는 것이 아니라 머리(사고)로 그려 낸 것이다. 물론 '사실(事實)'*24이라고 하겠지만 어디까지나 이론적인 사실일 뿐이다. 어린 아이들은 늘 실재에 대해서 알기를 원하고 교사나 부모는 실재에 대해서 이렇게 말한다. "엄마! 이게 뭐야?" "응, 감이야!" "선생님, 이게 뭐예요?" "평균대란다." 그래서 아이들은 실재를 모방을 통해서 경험하게 되고, 12살 이하 아이들은 그림 작업(칠판그림, 크레용, 습식수채화, 색연필 그림 방법론 따위)을 통해 경험한다. 하지만 12살 이상부터는 이론적인 것을 통해 세상을 경험하게 된다. 피아제의 '형식적 조작기'에서도 이에 대해서 자세하게 잘 설명하고 있다. 기계의 작용이나 수학의 원리, 과학에서의 실험들

---

*24 국어사전 : 실제로 있었던 일이나 현재에 있는 일.

이 주로 이론이지만, 그 시기 아이들부터는 이에 대해서 생각(사고)으로 얼마든지 이해하고 받아들일 수 있는 준비가 되어 있다는 것이다. 그렇기 때문에 12살 이하 아이들에게 개념중심의 수업은 결코 바람직하지 못하다. 하지만 우리는 개념중심 수업에 대해 지금까지 모범답안이라고 생각하고 가르치고 배우고 있다.

[사례1]

'개미는 머리, 가슴, 배를 가지고 있는 곤충이다' 다음날이 되었다. 선생님이 물어봅니다. (아이들은 전날 책에서 배웠다)

"너, 개미가 뭐지?"

아이들은 대답한다.

"개미는 머리, 가슴, 배로 된 곤충입니다"

버튼을 누르면 기계적으로 응답기가 대답하듯, 학교에서 흔히 보는 모습이다. 오늘 학교에서 배웠다. 그리고 다음날 그것에 대해서 물어본다. 아이들이 어저께 본 것, 들은 것을 기억하고 있는지 그것을 확인하기 위해 물어본다. 그러면 아이들은 또 손 들어서 어제 배운 것을 대답한다. 그러면 선생님들은 대개 "오- 잘했다."라고 한다. 단편적인 기억을 요구하는 수업은 결국 기능중심 수업으로 갈 수밖에 없다. 아이들이 생각을 하고 되새김질을 할 수 있는 시간을 주어야 하는데 교육과정과 교과서의 '진도' 때문에 기다려 줄 수가 없다. 그러다보니 수업목표를 확인은 해야 하겠고, 그러니 이러한 방법으로 알아볼 수밖에 없다. 슈타이너 박사는 '개념들이라고 하는 것은 죽은 개념이 아니어야 하고, 개념들은 늘 성장을 만들어 내는 능력이 되어야 한다. 즉 하나의 성장력을 만들어 내는 것이 개념이 되어야 한다. 끝나 버리면 그것은 개념이 아니다. 개념은 늘 더 생성할 수 있는, 성장할 수 있는 그러한 능력이 있어야 할 것이다'고 하였다.

그렇다고 교육과정이나 교과서 내용 가운데 어떤 내용에 대해서 정의를 하거나 개념화하는 것에 대해서 무조건 반대하는 것만은 아니다. 살아 있는 것 가운데 당연히 우리가 알아야 할 것은 어떠한 경우에는 개념화가 필요한 것이고, 아니면 어떤 것은 개념이 아닌 살아 있는 것으로 해야 할 것인지, 그것을 가르치고 배워야 한다. 또한 전부 개념화할 수는 없다. 어떤 것은 개념화해야 하고 어떤 것은 개념이 아닌 살아 있는 것으로 해야 한다. 단순히 교사용지도서나 인터넷 교사동아리 사이트에서 제공해주는 것을 맹목적으로 가져다 쓰는 것은 단순 개념이다. 이러한 결정은 교사 자신이 해야 한다. 그렇게 하기 위해서는 학년 교육과정에 대한 철저한 분석과 아이들 발달단계에 대한 명확한 인식이 밑거름으로 준비되어 있어야 한다. 어렵다고 생각할 수 있겠지만 가르침이란 단순히 지식을 전달하는 전달자에 지나지 않는 것이 아니라 교사 자신의 영혼을 불어넣는 살아 있는 수업을 하기 위함이기 때문이다.

요즘 아이들의 경우 짜증과 신경질이 많은 이유는 배운 것이 잠들어야 하는데 그렇지 못하기 때문이다. 학교에서 배운 것도 모자라 학교공부가 끝나면 학원으로 과외로 내몰면서 압박하고 있는데 언제 배운 것이 잠들 수 있는가. 아이들을 위한다고 하지만 실제로는 오히려 아이들을 병들게 하고 있다. 수업혁신은 거창한 것이 아니다. 기본으로 돌아가는 것이다. 교사중심 수업이 아닌 아이들 중심 수업을 하는 것이다. 진정으로 아이들을 위하는 수업을 해야 한다. 그래야만 아이들이 온전히 성장할 수가 있다.

그렇기에 수업에서 예술적인 교육활동은 무엇보다 중요하고 기억을 강화시킨다. 즉 머릿속에 확고히 고정되어 장기기억으로 남게 한다. 전두엽이 같이 자극받아 동기부여가 생겨, 기억이 견고하게 잘 저장된다[*25]고 할 수 있다.

더구나 요즘 스마트폰 중독에 빠져 있는 아이들이 깊이 있는 생각을 하지 못하는 이유가 후두엽만 발달하고 정작 중요한 생각하는 기능을 하는 전두엽이 발달하지 못했기 때문이다. 전두엽에 문제가 생기면 어떻게 되는가? 시지각 발달에 악영향을 줄 뿐만 아니라 집중력, 주의력을 저하시키고 공격적인 성향들을 보이게 되는데 이런 아이들이 날로 늘어나고 있다는 것이 문제이다.

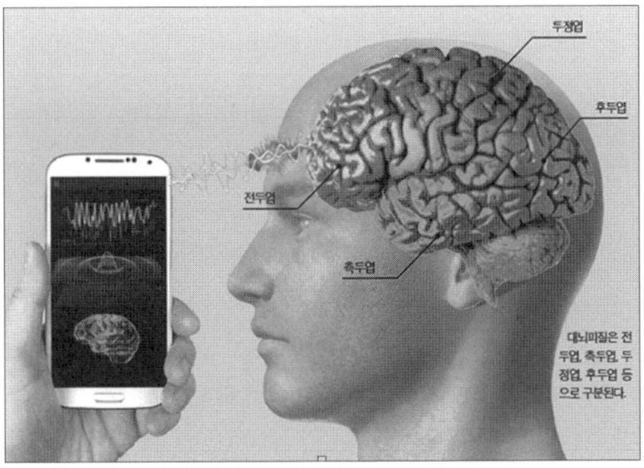

스마트폰과 전두엽의 관계 사진[*26]

아이들이 수업시간에 배운 내용을 모두 가지고 있으라고 하는 것은 가르치는 사람의 이기심이다. 아이들이 그 내용을 필요로 할 때 다시 깨어나도록 해주면 된다.

그렇다면 아이들의 기억력을 어떻게 하면 높일 수 있을까? 슈타이너 박사는 습관에 대해서 먼저 몸(육체)습관을 계발시켜야 한다고 이야기하고 있다.*27 아이들이 같은 시간에 규칙적으로 운동이나 악기를 연습할 때 좋은 습관이 만들어진다. 예를 들어 음악을 날마다 일정하게 연습하는 것이 의지를 발달시키는 데 도움이 된다는 것이다. 악기 연습을 꾸준히(습관) 하는 아이가 기억력이 높다는 것은 연구에 의해서 밝혀지기도 했다.*28

아이들이 좋은 시험결과를 원한다면 음악을 첨가한 수업을 많이 하면 된다. 그렇다면 고3 학생들의 경우 음악수업을 수능시험에 도움이 되지 않는다고 빼는 것이 아니라 더 강화시켜야 하지 않을까? 적어도 하루에 20-30분씩 배려하는 교육과정은 어떨까? 물론 요란한 연예오락 음악은 제외한다. 더구나 세계적인 오케스트라 지휘자 가운데는 수학천재와 관련이 많다는 사실을 눈여겨봐야 한다.

여러 가지 음악활동에 대한 연습들이 기억력을 강화시키기 때문에 발도르프학교 에포크 수업에서 음악활동(리코더, 악기, 노래 따위)들을 필수 요소로 가르치고 배우는 것은 결코 우연이 아니다. 어찌 보면 아이들의 기억력 강화를 위해 음식의 맛을 한층 더해주는 양념과 같다.

아침에 등교하자마자 바로 시작하는 개념중심 수업은 아이들 삶에 도움을 주지 못한다. 이러한 수업은 배움에 대한 관심을 제대로 깨우지 못한다. 개념이라는 것이 무엇인가? 국어사전에는 '어떤 사물 현상에 대한 일반적인 지식'이라고 밝히고 있다. 다시 말하면 '추상적인 사람들의 생각'이라 할 수 있다. 하지만 이것은 어디까지나 어른들에게 해당되는 것이지 초등학교 1-4학년 아이들은 쉽게 받아들이지 못한다. 그렇기 때문에 개념중심 수업은 어떻게 보면 영혼이 없는 수업이라 할 수 있다. 무미건조한 수업이기도 하다. 활기차고 좋은 수업을 위해서는 윤활유가 필요하다. 바로 음악이다.

---

*25 서유헌, 내 아이의 미래가 달라지는 엄마표 뇌교육, 아이트리, 2010.

*26 http://www.koreatimes.net/index.php?mid=kt_weekly_korea&document_srl=1871547&sort_index=regdate&order_type=desc

*27 루돌프 슈타이너, 영혼의 수수께끼. 1917.

*28 http://mic.com/articles/106100/12-amazing-things-scientists-discovered-about-music-this-year

음악을 곁들인 수업은 음악성뿐만 아니라 학습에 대한 능력을 촉진하고 잠자는 기억력을 강화시킬 수 있다. 그렇기 때문에 현재 수업시간에 대한 설계와 방법을 달리 해야 한다. 그렇다고 무리하게 수업시간을 다시 편성해서 운영할 필요는 없다. '아침 10분 책읽기'나 '명상' '차 함께 마시기' 따위의 시간을 운영하고 있다면 이를 학급환경에 맞게 재조정해서 운영하면 된다. 더구나 혁신학교에서 주로 많이 이용하고 있는 블록수업을 이용하면 얼마든지 시간을 확보할 수 있기 때문에 이 방법을 이용하는 것이 훨씬 도움이 될 수 있다.

교사는 아이들을 건강하게 교육시킬 권리와 의무가 있다. 하지만 현재 교육과정과 교과서는 아이들을 병들게만 할 뿐이다. 현재 교과서는 한정된 시간에 교과 내용을 모두 가르쳐야 하기에 학습이 개념중심이고, 겉치레로 수업이 이루어질 수밖에 없다. 더구나 학습 내용을 줄였다고 하나 교과서 내용이 예전보다 더 많이 편성되어 있다. 여기에 교과 속에서도, 교과끼리도 내용의 연계가 제대로 이루어져 있지 않기 때문에 아이들의 생각의 깊이나 상상력이나 창의력을 기르는 데 적합하지 않다.

더구나 교육과정을 개정할 때마다 학생들의 부담을 줄이고 단편적인 지식 암기 위주 수업을 개선하고자 한다지만 이번에도 그 한계를 벗어나지 못했다. 말만 번지르하게 교사대중을 현혹하는 행위는 이제 멈추어야 한다. 아니면 이제 교사들이 나서야 한다. 모르고 안 가르치는 것과 알고 안 가르치는 것은 하늘과 땅 차이이다. 교사들의 혜안으로 영혼을 불어넣는 수업을 할 때 우리 아이들은 온전히 성장할 수 있다.

셋째, 교과 역량을 규명하고 교과별로 학생들이 '무엇을' '어떻게' 수행으로 드러낼 것인지 결정하고 교육내용 구성과 수업 및 평가를 계획한다.

이렇게 말하지만 중요한 것은 '왜, 가르쳐야 하는가?'에 대한 명확한 근거를 제대로 제시하지 못하고 있다. 즉 무엇을, 어떻게, 왜 배우는지에 대한 것은 바로 '발달단계'이다. 중간중간에 아이들의 발달을 생각했다고 하나 그것은 어디까지나 주먹구구식 생각일 뿐이다. 단지 어른의 처지에서 생각한 것이지 아이들의 처지에서 생각한 것은 아니다. 그렇게 하려면 탄생에서부터 14살 사춘기 전까지 각 나이마다 그 특성을 명확히 제시해야 하고 꿰뚫고 있어야 한다. 그래야만 '왜?'라는 물음표에 대해서 제대로 답할 수 있다. '왜?'가 없는 교육과정과 교과서는 속빈 강정이라 할 수 있다. '왜?'를 명확히 제시하고 있지 못하는데 어찌 질문이 있는 수업을 제대로 할 수 있겠는가. 이렇게 삼박자가 맞아야 질문이 넘쳐나는 수업이 되지 않을까? 무턱대고 질문 있는 수업을 하라고 하는 것은 개념(지식)을 집어넣는 주입식과 다를 바가 없다.

9 교과끼리 연계성이 아주 적은 개정 교육과정

학교 급별 교육과정 개정의 주요 사항 '초등학교 교육과정*29'에서 밝히고 있는 내용이다.

다. 교육내용 적정화를 통한 학습의 질 개선

1) 단편적인 지식 중심의 교육으로 인해 야기되는 학습량 과다의 문제를 근본적으로 개선하기 위하여 학습 내용을 양적으로만 줄이는 대신 다양한 분야로 전이 및 확장이 가능한 핵심 개념 중심으로 학습 내용을 엄선하고 구조화함.

2) 초등학교에서는 담임교사가 여러 과목을 가르치므로 교과 간 내용의 연계성을 고려하여 교수학습 활동이 이루어질 수 있도록 하였음.

하지만 어떤 교과가 무슨 내용으로 어떻게 서로 연계성이 있는지에 대해서 자세히 서술하지 못하고 있다. 단순히 제목이나 주제를 비슷하게 묶는 것을 가지고는 연계성이라 할 수 없다. 1학년의 경우, 수학시간에 숫자 5에 대해서 배우면 국어시간에 이와 관련된 옛이야기로 숫자 5와 관련된 이야기를 들려주고 이것을 공책에 그림으로써 내면화하게 한다. 또한 즐거운 생활 시간에는 숫자 5와 관련한 놀이나 노래를 익히게 하는 것이 교과끼리의 연계성이다. 하나의 주제를 가지고 각 교과가 그 교과의 특성에 맞게 가르치는 것이다. 그렇지 않다면 단순히 그럴 듯하게 무늬만 연계성을 생각했다고 말할 수 있다. 더구나 교과끼리 연계가 제대로 이루어지기 위해서는 각 교과 연구진이 함께 모여 협의해서 각 교과 특성에 맞게 줄기를 잡아가는 논의가 있어야 한다. 하지만 과거 개정 교육과정에서도 그랬고, 2015 개정 교육과정과 교과서에서도 여전히 이러한 협의나 논의 없이 제각각으로 구성되어 있다.

---

*29 교육부, 2015 개정 교육과정 총론.

마. 인문학적 소양 함양을 위한 연극교육 및 독서 교육 강화

1) 인문 사회적 소양 함양을 위해서 연극수업을 강화하고, 초등학교 5- 6학년군에서 국어과에 연극 대단원을 개설하였음.

2) 1인 1권 독서 후 듣기, 말하기, 읽기, 쓰기가 통합된 수업 활동을 통해 인문학적 소양을 갖출 수 있도록 함.

인문학에 대한 소양을 기른다는 취지는 그럴 듯하게 들리지만, 이것 역시 머리(개념)중심교육이라는 문제점이 있다. 초등학교 아이들에게는 사고 영역보다는 감성과 의지를 강화시키는 교육이 우선되어야 한다. 즉 가슴과 손을 발달시키는 인문학적 소양은 왜 생각하지 못하는가? 전인적 성장을 돕는다고 하는데 어찌 머리만 강조하고 있는가? 초등학교 교육은 지적인 것을 주입하는 것이 아닌, 감성을 살찌우게 하는 교육프로그램이어야 하는데 우리 교육과정은 머리 발달만 강요하고 있다. 사지(의지)가 발달되고, 그다음 가슴(감정), 그러고 나서 머리(사고)인데 중간단계를 쏙 빼고 머리중심교육에만 몰두하고 있는 것이 우리 교육이다. 이래서는 우리 아이들이 온전한 인간으로 자라날 수 없다. 균형이 맞지 않는 인간을 길러내는 것이 요즘 우리 시대 교육이다. 초등학교 1학년 이하 아이들에게 글자를 익히게 하는 것도 가슴보다는 머리중심으로 개념부터 보여주고 외우기를 강요하고 있다. 분명 글자 하나하나에 그 나름대로 철학이 있고, 리듬이 있음에도 단순히 지식으로만 배우게 하고 있다. 더구나 예술교육을 멀리하는 교육은 결코 창의성이 풍부한 사람을 길러낼 수 없다. 핀란드 초등학교 교육과정에서는 1학년부터 수공예수업(뜨개질, 바느질)이 주당 평균 1.5시간씩 배정되어 아이들이 배우고 있다. 사지(의지)발달과 함께 가슴(감성)까지 어우러진 교육과정이다. 학년 단계에 따라 십자수, 바느질, 재봉, 재단, 옷을 직접 만드는 나선형 구조로 아이들이 배워나간다. 하지만 우리 초등학교 1학년 교육과정에, 교과서에 수공예 시간이 있는가? 5·6학년 실과시간에 그것도 3-4차시만 있다. 마지못해서 백화점식으로 끼워넣은 것이다. 물론 '실과'라는 교과에 대한 정체성 문제도 있다. 우리 아이들에게 지금 중요한 것은 교과서 내용을 하나 더 가르치는 것이 아니라, 실생활에 필요한 것이 무엇인지를 배우고 깨닫게 해주는 것이다. 수공예수업은 단순히 기능을 위한 수업이 아니다.

단순히 머릿속에 무엇인가를 알게 하는 것뿐만 아니라 체험하고 행함으로써 의지

를 갖게 하기 위해서는 뜨개질 수업은 꼭 해야 한다. 뜨개질수업은 아이들이 배우는 것과 올바른 방법으로 행하는 것에 집중하게 하고 깨어 있게 한다. 이렇게 뜨개질이 손만 숙달되는 것이 아니라 아이들의 정신적인 자질과 능력을 일깨우는 데 기여한다는 사실을 우리는 제대로 알지 못하고 있다. 그렇기 때문에 지금이라도 교육과정이나 교과서에 대한 구성이나 집필 작업을 다시 해야 한다. 아이들이 꼭 배우고 익혀야 하는 것을 배우지 못하게 하는 교육환경에서 과연 아이들이 제대로 성장을 할 수 있을까?

교육이념에서 '전인적 성장을 바탕으로 자아정체성을 확립하고 자신의 진로와 삶을 개척하는 자주적인 사람'으로 그럴 듯하게 이야기하지만 앞뒤가 맞지 않는다. 이 문장이 좀 더 설득력이 있으려면 가슴과 손을 포함한 인문학적 소양을 키울 수 있어야 한다. 그렇지 않다면 절름발이 교육이념이고 교육과정이다. 말로만 '전인교육'을 외치는 것과 같다.

핀란드 학교들처럼 전세계 대부분의 발도르프학교에서도 1학년 때부터 뜨개질을 정규 교과로 정해서 가르치고 있다. 1학년 아이들이 뜨개질을 할 때는 시(poem)를 가지고 어떻게 뜨개질 코가 만들어지는지를 알려준다. 그러면 많은 코들이 만들어지고 많은 코를 가지고 직물이 만들어진다. 그래서 아이들은 무엇인가 뜻 깊고 쓸모가 있는 것을 어떻게 만드는지 직접 체험하게 한다. 아이들은 뜨개질을 하면서 누군가에게 기쁨을 줄 수 있고 무엇인가 쓸모 있는 것을 할 수 있다는 느낌을 갖게 되어 뜨개질을 하는 일에 더 많은 인내를 가지고 하게 된다. 또한 연습을 통해 무엇인가를 스스로 배울 수 있다는 것을 체험하게 된다. 또한 뜨개질은 꾸준히 할 경우 아이들의 12감각 가운데, 촉각, 운동감각, 열감각 그리고 생명감각을 집중적으로 강화시킨다. 더구나 이러한 의지 활동은 결국 기억을 강화시키는데 이는 곧 학습에 많은 도움을 준다는 것이다. 참으로 놀라운 철학이 담겨 있는데도 우리 교육학자들은 왜 이것을 철저히 무시하는 것일까? 그것은 학교현장 경험이 없는 사람들이 대부분이기 때문이다. 최소한 아이들을 수년간 가르쳐 본 사람이라면 기형적인 교육과정을 만들지는 않을 것이다. 한마디로 교육과정은 '실사구시'를 기본 바탕으로 해야 한다. 그렇게 해야 아이들의 삶을 제대로 가꿀 수 있는데, 안타깝다. 창의성이 풍부한 사람은 어느날 갑자기 하늘에서 뚝 떨어지는 것이 아닌데 도대체 누구를 위해서 영혼이 없는 교육과정과 교과서를 만드는지 안타깝다.

10 아이들 삶을 더 힘들게 하는 2015 개정 교육과정

> 2015 개정 교육과정에서 핵심 개념은 교과교육에서 많은 내용을 가르치기보다는 교과별로 꼭 배워야 할 핵심 개념과 원리 중심으로 학습내용을 정선하고 감축할 필요성에서 출발하였다. 교육적으로 볼 때, 교과의 핵심 개념(원리)을 중심으로 실생활에 활용 가능하고 삶을 성찰할 수 있는 교과 학습내용을 구성하며….[*30]

이렇게 밝히고 있는데 그렇다면 실생활에 꼭 필요한 내용이 무엇인지나 알고 실생활을 이야기하는 것일까? 그러면 왜 초등 1학년 교육과정에 수공예를 편성하지 않고 아예 가르치지 않는 것일까? 수공예의 효과에 대해서는 여기서 이야기하지 않아도 다들 잘 알고 있을 것이다. 더구나 북유럽 여러 나라 교육과정을 살펴보면 초등 1학년부터 수공예 수업을 주당 평균 1.5시간으로 편성하여 가르치고 있다. 이에 대해서는 '선생님은 살아 있는 교육과정이다' 실과편에서 자세히 소개하고 있다.[*31] 그냥 호기심 때문에 교육과정으로 편성해서 운영하고 있는 것이 아니다. 그만큼 실생활에 반드시 중요하고 이것이 아이들의 온전한 성장과 발달을 돕는 데 꼭 필요한 것이기 때문이다.

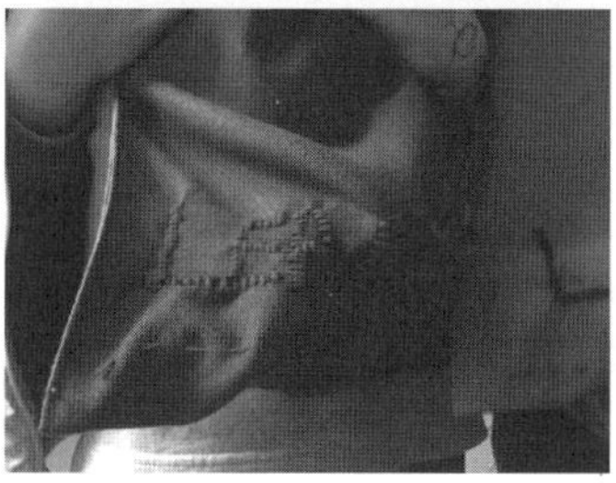

독일 카셀 발도르프 학교 1학년 아이들의 경우, 주 2회(1시간씩) 수공예 시간에 자신의 리코더 주머니를 만들기도 하고, 수공예 도구 가방에 자기 이름을 직접 바느질에서 새겨 넣기도 하고, 2학년 아이들은 뜨개질로 수학

*30 이광우, 2015 개정 교육과정의 주요 특징, 교육과정 2015 겨울호.
*31 김용근, 선생님은 살아 있는 교육과정이다-실과편, 2014, 물병자리.

이나 체육시간에 가지고 놀 공도 만든다.

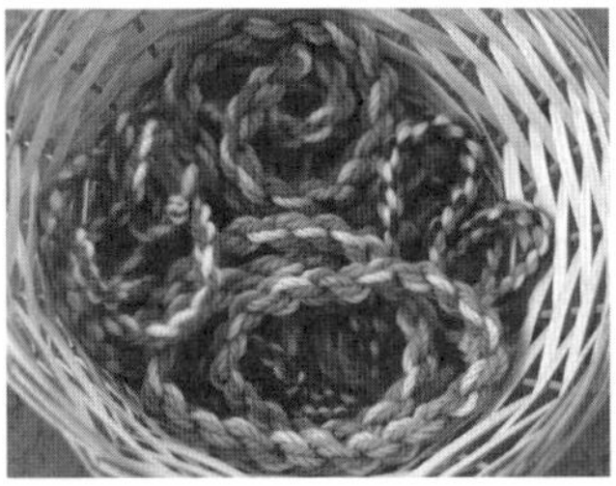  

이런 것이 실생활 중심교육이다. 아이들이 살아가는 데 필요한 것을 배우지 못하는데 어떻게 삶에서 유능하고 성공적일 수 있겠는가? 머리로만 배우는 교육으로 가능하다고 하겠지만 그것은 모래 위에 집을 짓는 것과 같다. 겉은 화려할지 모르나 비바람에 오래가지 못하고 돌아서면 남는 게 없는 공허함만 주게 된다. 우리 어른(교사)이 아이들에게 가르침과 참된 배움을 주고자 하는 것은 아이들이 자라서 사회에 나아가 제대로 된 삶을 살 수 있도록 하기 위함이다. 배움이 균형적이지 못한데 과연 아이들이 온전한 삶을 살아갈 수 있을까? 교육이념에 분명 '전인적 성장을 위해'라는 말이 있다. 그것은 한낱 공염불에 지나지 않는 미사어구란 말인가?

우리는 초등 5학년에서 실과시간에 그것도 4-5차시 정도로 간단히 경험해 보는 것으로 수공예를 다루고 있다. 더 아쉬운 것은 교육내용이 아이들 삶과 많이 떨어져 있다는 것이다. 물론 첨단시대이고 바쁜 생활 속에서 언제 한가롭게 수공예를 하고 있느냐라고 반문할 수 있지만, 사람에게 손이 왜 있는가를 알아야 한다. 컴퓨터 워드에 의존하다 보니 손글씨가 낯설게 다가오는 것은 어떻게 봐야 할까? 편리함을 찾고 여기에 익숙하다 보면 결국 우리는 본성(감각)을 잃어 가고 있는 것을 알면서도 여기서 빠져나오지 못하고 점점 더 빠져 들게 된다.

더구나 실과에서 2009 개정 교육과정 전까지 있었던 '목공' 관련 단원이 빠져 있다. 첨단 시대에 맞지 않는 내용이라 빠졌는지는 모르지만 수공예와 목공예는 우리들이 생각하고 있는 것 이상으로 실생활에 엄청난 도움을 준다. 그런데도 소홀히 다루거나 아예 배울 기회를 주지 못하게 하는 이유는 무엇일까? 그러면서도 실생활 교육을 이야기하는 것은 무엇인가? 그렇다면 아래 각주의 신문자료에 미국 실리콘벨리 발도르프학교 사례*32는 오히려 우리와 정반대다.

ICT분야 회사들의 최고경영자 자녀들이 이 학교에 많이 다니는데, 이 학교에서는 컴퓨터나 스마트기기를 이용한 수업을 하지 않는다고 한다. 배우더라도 10학년 이상에서 활용하고 있다. 8학년 이하 아이들에게 중요한 것은 이러한 지적인 수업이 아닌 감성과 의지를 강화시키는 수업이기 때문이다. 그렇다고 이 아이들이 배움을 소홀히 하고 있는 것이 아니다. 오히려 발달단계에 맞게 적재적소에 배우기 때문에 그 효과가 오히려 더 크다. 스마트기기나 컴퓨터기기를 온종일 들여다보는 것이 과연 실생활 교육일까? 삶이 없는 교육을 하고 있는데 아이들 삶을 풍요롭게 한다는 것은 앞뒤가 맞지 않는다. 진로직업체험 내용을 봐도 대부분 환상 좇기가 대부분이다. 핵심역량은 머리로만 되는 것이 아니다. 온몸으로 받아들이고 실천할 때 비로소 그 빛을 낼 수 있다. 개념과 기능만으로 미래사회를 대처한다고? 물론 얼마든지 할 수 있다. 하지만 철학이 없는 교육이 오래가지 못하는 것을 우리는 그동안 수많은 교육사조의 사례를 통해 경험하지 않았는가? 요즘 우리는 왜 '인문학'을 다시 찾게 되는가? 또한 인성교육을 다시 강화시키는 이유는 무엇인가를 꼼꼼히 생각해 봐야 한다.

개념과 기능만 내세우는 교육은 지금 당장은 대안인 것처럼 보일 수 있지만 오래가지 못한다. 이것을 버티고 헤쳐 나갈 수 있는 근본적인 철학의 힘이 없기 때문이다. 혁신학교에서 가장 먼저 '학교철학세우기'를 하는 것을 보면 철학이 그만큼 중요하기 때문이 아닐까? 외국에서 한낱 유행이거나 검증되지 않은 것을 가지고 마치 우리 교육의 대안인 것처럼 이야기하고 여기에 빌붙어서 자신의 입신양명을 내세우는 교육전문가(교사, 학자, 연구원, 교사…)들의 그릇된 생각이 우리 교육을 망치고 아이들의 삶을 더 병들게 하고 있다. '핵심역량은 현재의 학습과 학교 교육을 마친 후의 삶에서 유능하고 성공적일 수 있도록 해주는 그 무엇이다.'*33 과연 그런가? 길거리에 나가서 물어보자 얼마나 우리 교육에 만족하는지, 이런 좋은 교육과정인데도 수많은 젊은이들이 우리나라를 떠나려고(헬조선*34) 하는 이유가 무엇인가? 현실적인 문제가 해결되지 않는데 아무리 좋은 이상이 있으면 무엇 하겠는가? 그것을 실현할 수 있는 직장을 당장 구하지 못하는데, 더구나 대학만이 살아남는 길이기에 수능시험에 모든 아이들이 매달리고 있는 현실에서 '학교교육을 마친 후의 삶에서 유능하

*32 A Silicon Valley School That Doesn't Compute
http://www.nytimes.com/2011/10/23/technology/at-waldorf-school-in-silicon-valley

*33 박순경 외(2014), 국가 교육과정 총론 개선을 위한 연구, 한국교육과정평가원 연구보고CRC2014-1.

*34 지옥을 뜻하는 'hell'과 '조선'의 합성어로 대한민국이 살기 힘들고 희망이 없음을 풍자하는 말.
http://dic.naver.com/search.nhn?query=%ED%97%AC%EC%A1%B0%EC%84%A0%EC%9D%98+%EB%9C%BB&ie=utf8

고 성공적일….'

뭔가 착각하고 있다. 이러한 총론을 연구한 연구자 자신은 과연 88만원 세대가 겪는 문제를 조금이라도 경험하고 이런 이야기를 하는 것일까? 현실을 제대로 모르는, 소위 학자라는 사람들 때문에 해결책이 보이지 않는다. 교육실천을 해보지 못한 사람들이 모여서 만든 교육과정이라면 굳이 이것을 가르칠 필요가 없다.

삶이 없는 교육과정으로 어떻게 풍요로운 삶을 얻을 수 있다고 가르칠 수 있겠는가? 이들이 내세우는 것은 오히려 아이들의 삶을 더 병들게 할 뿐이다. 삶이 있는 교육과정은 최소한 수업시간에 교사가 아이들을 한번 정도는 웃기고 울릴 수 있도록 해주는 내용들이 있어야 한다. 그렇다고 말장난 따위를 이야기하라는 것이 아니다. 여기서 말하는 울음이란 내면적인 울음이다. 바로 '감동'이다. 수업의 내용을 통해서 내면화 상태를 끌어내야 한다. 상상력 역시 집어넣는 것이 아니라 자극해서 스스로 나오게 하는 것이다. 하지만 2015 개정 교육과정이나 2009 개정 교육과정에서는 단순히 기능과 개념중심으로 수업을 해야 하기 때문에 어떻게 보면 교사는 영혼이 없는 즉 감동이 없는 단순 보조자 노릇밖에 할 수 없게 된다. 이런 상황에서 날마다 감동을 주는 수업을 하는 것은 불가능에 가깝다. 결국 교과서를 내려놓고 교사 자신만의 살아 있는 교육과정을 운영해야 한다. 물론 밑바닥에는 '발달단계론'에 대한 인식을 지니고 있어야 흔들림 없이 운영해 나갈 수 있다.

11 느낌중심 교육에는 수천 단어의 가치가 있다

개념중심교육은 '곤충은 머리, 가슴, 배' '금속활자 발명 시대는 0000년!' '5+2=7' 따위들로 한 가지 답만을 요구한다. 이에 비해서 느낌중심교육은 수백, 수천, 수만 그 이상의 가치가 있다. 가르침과 배움에서 아이들 각자가 느끼는 것이 다르기 때문이다. 우리가 '표현하기'라는 것을 정해놓고 여기에 맞게 대답을 하게 하는 것도 똑같은 답을 요구하는 것이므로 획일적인 기능에 가깝다. 느낌에 대해 하나의 답만을 요구하는 것은 옳지 않다. 수학에서도 4+5=9, 10-7=3과 같이 하나의 답만을 요구하는 것보다 9=1+1+1+1+1+1+1+1+1, 9=2+2+2+2+1, 9=4+2+3, 9=5+4…와 같이 말할 수 있게 해야 한다. 미술시간에 그림 그리기에서는 "해가 힘이 세요! 빨강이가 외로

워요! 노랑이는 다정하게 다가오는 것 같아요…" 이런 것처럼 답이 여러 개가 있다. 하나의 답을 요구하는 것, 거기에 길들이게 하는 것이 과연 개정 교육과정의 핵심인 '창의 융합형 인재 양성'과 '미래역량강화'를 위한 교육인가? 우리는 다시 생각해야 한다. 그런데도 굳이 창의성교육을 하고 있거나 하게 될 것이라고 부르짖고 있으니 안타깝다. 따라서 하나의 답만 요구하는 개념중심교육은 제아무리 그럴 듯한 이론과 철학이 있다고 하더라도 아이들 삶에 결코 도움이 되지 않는다.

미래사회가 요구하는 사람은 바로 상상력과 창의력이 풍부한 사람, 즉 지혜로운 사람이다. 기능과 개념을 중시하는 교육은 얄팍하게 머리로만 생각하게 하고 깊이가 없다. 더구나 7-14살 초등학교 교육은 감성(Feeling)이 중심이 되는 교육을 해야 한다. 느낌이 살아 있는 교육, 느낌을 강화시키는 교육만이 아이들이 이후의 삶에 제대로 자신의 소질과 재능을 펼치게 할 수 있다. 느낌이 없는 교육은 곧 영혼이 없는 교육과도 마찬가지이다. 있다고 치더라도 한가지 답만 요구하는 개념중심이라면 배우게 하지 않는 것이 더 나을지 모른다. 왜 많은 부모들이 공교육을 불신하고 학교 밖 학교에 보내거나 집(홈스쿨링)에서 가르치고 있는가? 공교육이 이들을 껴안을 생각으로 올바른 교육과정을 생각해 내서 만들면 안 될까? 자본주의 사회이고 민주주의 사회이기 때문에 개인의 의사를 존중한다고 포기(?)하지 말고, 이들이 왜 공교육을 외면하는가에 대한 진지한 고민을 하면 교육과정 구성에 대한 답이 나온다.

우리가 그림 전시회에 가서 작가가 그린 그림에 대해서 모두가 똑같은 느낌을 가질 수 있을까? 보는 사람마다 각자 다르다. 그것은 각자가 살아온 환경과 경험이 다르기 때문에 여기에 근거하여 그림을 보게 되고 느끼기 때문이다. 만약 모든 사람이 똑같이 생각을 했다면 그건 그림이 문제가 있는 것이다. 보는 사람마다 각자 다르게 아니면 비슷하게 느끼는 것이 예술이다. 이러한 각자의 느낌이나 생각을 이끌어 내는 교육이 바로 예술교육인 것이다. 기능과 개념중심으로는 예술교육을 할 수가 없다. 예술도 단지 도구나 수단으로 여겨서 평가라는 잣대를 들이대는데 어찌 여기에 다양한 느낌들이 살아 숨쉴 수 있을까?

'그림을 본다', 누가? 한 사람일 수도 있고, 여러 사람일 수도 있다. 그렇다면 보는 순간 다들 똑같은 느낌이 생길까? 물론 어떤 그림에 대해서는 아주 비슷한 느낌이 생길 수도 있다. 그렇다고 전부 똑같다고 할 수 없다. 그림을 보고 나온 사람들을 대상으로 이야기를 하게 보면 수천 개의 단어를 만날 수 있다. 이 모양, 저 모양, 저 색, 이 색, 이렇게 표현, 이러한 붓 칠, 요런 명암…. 이러한 것이 바로 상상이다. 느끼는 것이 머리로 가서 상상으로 이어지는 것이다. 느끼는 것이 없는데 어찌 상상을 할 수 있을까? 많이 보고 듣고 해야 상상을 해낼 수 있는 것처럼, 초등학교 교육과정은 감성중심의 교육내용들로 채워져야 한다. 기능과 개념은 고등학교나 직업학교에서 편성하면 알맞다. 교육에도 때가 있다. 그 '때'라는 것은 발달단계에 맞게 교육을 해야 하는 시기를 말하는 것이다. 이 땅의 아이들을 모두 책임을 질 것이 아니면 제대로 된 교육과정을 만들어 내는 것이 교육전문가들이 해야 할 책임이다. 교육은 유행이나 정권을 좇아다녀서는 안 된다. 그런데 이것은 앞으로도 불가능할 것 같다. 우리(어른) 자신들 속에 자리 잡고 있는 '입신양명*35'이라는 것이 너무 깊게 자리 잡고 있기 때문이다.

12 성취기준의 함정

왜 선생님들은 교과서를 내려놓지 못하는 것일까? 그 중심에는 바로 성취기준이 있다. 교육부가 제시한 이 성취기준들을 선생님들이 가르치지 않으면 마치 교과진도를 다 완수하지 못했다는 책임감에서 벗어나기(?) 힘들고, 그 압박감에 각 학년별 성취기준을 가르치려고 하는 것이다. 그러다보니 결국 교과서에 의존하게끔 만든다. 결국 교육부가 던진 미끼를 학교현장 선생님들이 꽉 물고 놓지 않는 것이다. 놓게 되면 낭떠러지 계곡에 떨어지는 줄 알고 있다. 그러다보니 교육부에서 아주 교묘하게 이것을 이용하고 있는 것이다. 따지고 보면 이 성취기준이라고 이야기하는 것에 대한 정확한 기준이 없다. 즉 이것을 어떤 근거에 의해서 해당 학년에서 가르쳐야 하는지에 대한 명확한 철학적 이론이 없다는 것이다. 더구나 내용들을 살펴봐도 전혀 아이들의 발달단계에 맞지 않는 것들로 구성되어 있다.

더구나 전인적 성장을 돕는다고 하는데 가르치는 교사나 배우는 아이들은 교육부가 제시한 교육과정과 교과서 즉 성취기준대로 충실하게 수행했는데 왜 공허함만 점점 더 크게 다가오는 것일까? 무엇의 부재이기 때문일까?

---

*35 立身揚名 : 사회적으로 인정을 받고 출세하여 이름을 세상에 드날림, 국어사전.

교육부가 제시한 아이들 발달단계를 전혀 생각하지 않는 2015 개정 교육과정 '성취기준'에 충실할 필요가 없다. 선생님들이 이 '성취기준'에 얽매인다면 결국 잘못된 교육과정과 교과서를 옹호하는 꼴이다. 잘못된 것을 잘못되었다고 당당하게 말할 수 있는 용기! 그것이 우리 아이들을 살리는 것이다. 교과서 내용을 충실하게 가르치는 교사는 오히려 아이들을 우매한 사람으로 만드는 데 일조하는 것이다. 선생님들 스스로가 만들어가는 교육과정, 그리고 교과서를 과감하게 내려놓을 때 비로소 아이들이 보이고, 우리 교육이 보인다.

13 학년군 성취기준의 한계

1·2학년, 3·4학년, 5·6학년군을 중심으로 한 성취기준은 분명 한계가 있다. 학년군이기 때문에 그냥 같은 기준이나 내용으로 묶어서는 안 된다. 1·2학년의 경우 8살과 9살은 다르고, 숫자가 다른 것도 있지만 세상을 받아들이는 것이 다르고 인식의 차이가 있기 때문에 평가요소 항목들이 달라야 한다. 학습내용을 받아들이는 과정이나 속도도 다르다. 초등 1학년에서는 주로 처음 배우는 과정이기 때문에 기초과정이라면, 2학년에서는 기초를 익히고 난 상태에서 좀 더 넓은 내용들을 다루기 때문에 평가요소 문항들도 다르게 제시되어야 한다.

[2015 개정 교육과정 국어과 듣기·말하기]*36

[2국01-01] 상황에 어울리는 인사말을 주고받는다.

[2국01-02] 일이 일어난 순서를 고려하며 듣고 말한다.

[2국01-03] 자신의 감정을 표현하며 대화를 나눈다.

[2국01-04] 듣는 이를 바라보며 바른 자세로 자신 있게 말한다.

[2국01-05] 말하는 이와 말의 내용에 집중하며 듣는다.

[2국01-06] 바르고 고운 말을 사용하여 말하는 태도를 지닌다.

*36 교육부, 2015 개정 교육과정 1-2학년 국어 교육과정. 2015.

학년에 따라서 성취기준 내용을 좀 더 세분화해야 한다. 단순히 제시한 내용을 그대로 적용하는 것이 아니라 학년 수준에 맞게 평가요소 내용들이 달라야 한다. 다음 도표를 간략하게 소개한다.*37

[예시 1학년]

수업목표와 교수 계획	말하기와 듣기			
발표에 중점을 두고, 어휘력 개발에 힘쓰며 듣기를 통해 내면화하는 능력을 이끌어 낸다.				
말하기 기능(기술)				
시나 글귀의 운율이나 리듬을 안다.				
정확한 발음을 쓴다.				
–이하 여백–				

[예시 2학년]

수업목표와 교수 계획	말하기와 듣기			
분명한 발음을 할 수 있도록 연습을 강화하고, 다른 사람의 의견을 존중하며 듣는 것을 강조한다.				
말하기 기능(기술)				
똑똑한 발음과 말투로 말할 수 있다.				
이해하면서 질문에 대답한다.				
다른 사람들의 물음에 반응한다.				
–이하 여백–				

3·4학년도 5·6학년도 마찬가지다. 발달단계에 따라 가르칠 내용들이 다른데 비슷하게 두루뭉술 묶어 놓아서는 제대로 평가를 할 수가 없다.

*37 평가에 관해서는 제3부에서 자세히 소개하였음.

4장

전인적 발달을 위해서는 발달단계 교육과정이 필요하다

1 전인적 성장의 진정한 속뜻은?

I. 교육과정 구성의 방향

1. 추구하는 인간상*38

우리나라의 교육은 홍익인간의 이념 아래 모든 국민으로 하여금 인격을 도야하고, 자주적 생활 능력과 민주 시민으로서 필요한 자질을 갖추게 함으로써 인간다운 삶을 영위하게 하고, 민주 국가의 발전과 인류 공영의 이상을 실현하는 데에 이바지하게 함을 목적으로 하고 있다.

이러한 교육 이념과 교육 목적을 바탕으로, 이 교육과정이 추구하는 인간상은 다음과 같다.

가. 전인적 성장을 바탕으로 자아정체성을 확립하고 자신의 진로와 삶을 개척하는 자주적인 사람

–이하 내용 생략–

*38 교육부, 교육부 고시 제2015-74호(초·중등교육법 제23조 제2항에 의거하여 초·중등학교 교육과정 내용 가운데 일부).

국어사전에서는 '전인'을 : 지(知)·정(情)·의(意)를 모두 갖춘 사람으로 정의하고 있으며 더 나아가 전인교육(全人教育)을 정의하면 지(知)·정(情)·의(意)가 완전히 조화된 원만한 인격자를 기르는 것을 목적으로 하는 교육이다. 따라서 우리 교육과정이 추구하는 인간상에서 '전인적 성장'이라는 말을 쓰고 있는 것은 지식이나 기능 따위의 교육에 치우치지 않고, 사람이 지닌 자질을 조화롭게 발달시키기 위한 것이라 볼 수 있다. 이는 지난 과거에 수많은 교육학자나 교육에 관련된 사람들이 부르짖었던 '지, 덕, 체(3H)를 조화롭게 발달시키는 데 있다'고 하는 것과 같은 맥락이기도 하다.

그렇다면 '전인적 성장'*39이란 무엇인가? 사람이 지니고 있는 모든 것의 발달이다. 태어나고, 자라나고 그리고 삶을 마치는 인생의 전체 과정, 이 모든 발달이 유기적이고 통합적으로 잘 이루어지는 것을 전인적 발달이라고 할 수 있다. 즉 신체 발달, 사회성 발달, 인지발달 따위의 사람이 필요로 하는 모든 발달을 전인적 발달이라고 할 수 있다.

우리가 교육을 하고자 하는 이유는 결국 전인(온전한 사람), 조화롭고 통합적인 사람으로 발달시키고자 하는 것이다. 문제는 우리 교육이 전인성에 대해서 제시한 참뜻이 교육과정이나 교과서에는 전혀 다르게 전달되거나 반영되지 못하고 있다는 점이다. 온전한 사람 즉 '전인적 성장'이 제대로 되기 위해서는 지(知)·정(情)·의(意) 영역 이외에도 더 나아가 정신(精神, spirit)도 필요하다. 아무리 지적으로 뛰어나더라도 정신이 온전하지 못하거나 신체가 잘 발달되었어도 온전한 정신을 지니지 못하면 아무런 쓸모가 없는 것처럼, 온전한 정신을 갖추는 것이 필요하다. 바른 생각과 행동을 하거나 실천하게끔 하는 것은 결국 온전한 정신을 지니고 있을 때 가능하다. 정신이 건전하지 못한데 바른 생각과 행동을 할 수 있을까? 단순히 지, 덕, 체 교육활동만으로 온전한 정신이 길러질 수 있을까? 전혀 그렇지 않다. 그렇기 때문에 2015 개정 교육과정에 이것을 담지 못하면 가르침과 배움에 공허함만 더 쌓이게 된다. 그렇다고 온전한 정신을 강화하기 위해서 정신교육을 강화하자는 것이 아니다. 우리가 전인교육을 이야기하면서 단순히 머리와 가슴과 사지(손과 발)를 합치는 것으로 생각하고 있는데, 통합은 기계적으로 머리+가슴+사지로 결합되었다고 얻어지는 것이 아니다. 아이들이 온전한 발달을 하기 위해서는 머리, 가슴, 사지가 골고루 발달되는 것도 중요하지만 이 모든 것을 일깨워주는 정신(精神, spirit)을 포함하는 교육이 필요

*39 '성장'을 '발달로 정리함.

하다. 그렇지 않다면 '전인적 성장'이라고 이야기해도 100% 전인적 성장이 아니라 불완전한 성장일 뿐이다. 따라서 우리 교육이념이나 목표는 사람이 자신 속의 잠재성을 일깨움으로써 정신적으로 더 숙성되고, 세상과 하나가 되는 것이어야 한다.

2 발달단계에 맞는 교육과정이란?

아이들은 어느날 갑자기 성장하지 않는다. 그러므로 천천히 변화되어 가는 아이들의 발달 과정에 맞춰 교과서도 기획되어야 한다. 그런데 현 교과서는 기획 단계에서부터 가장 중요한 교육철학이 빠져 있다. 바로 아이들 발달단계에 맞는 교육내용이다. 무엇을 어떻게 왜 가르쳐야 하는지에 대한 분명한 설명이 있어야 한다. 그래야만 학교 현장에서 이에 맞게 충실한 교육과정을 운영할 수 있다. 교육과정 해설을 보면 발달단계를 생각했다고 하지만, 두루뭉술하게 표현되어 있을 뿐 구체적인 제시가 없다.

더구나 현행 교육과정의 기본 맥락이 부분에서 전체로 짜여 있다. 수학, 국어, 과학, 음악, 미술뿐만 아니라 대부분의 교과가 거의 부분에서 전체로 편성되어 있다. 아이들 발달단계를 생각한다면, 교육과정은 부분에서 전체로가 아닌, 전체에서 부분으로 되어야 한다.

왜 부분에서 전체가 아니고 전체에서 부분으로 되어야 하는가? 우리 인류사는 태초에 원에서 출발했다. 하나의 원이 점점 발달하면서 세분화되었다. 우주에서 태양계가 탄생하고, 그리고 지구의 초기 모습은 뜨거운 불덩어리 그 자체였다. 그러다 오랜 세월 진화를 거듭한 뒤 생명체가 생기고 자라나고, 여기에 대륙 이동으로 지금과 같이 여러 대륙으로 나뉘어지게 되고, 그곳에서 각기 세계 4대 문명(메소포타미아, 인더스, 황하, 이집트)을 꽃피우며 발달해 왔다. 그 후 여러 민족이 생기고 시간이 흘러 현재까지 왔다.*40

---

*40 김용근, 선생님은 살아 있는 교육과정이다(2014).

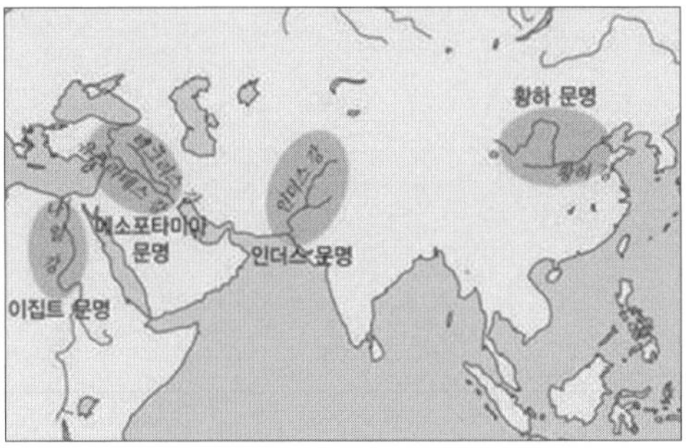

세계 4대 문명 발생지

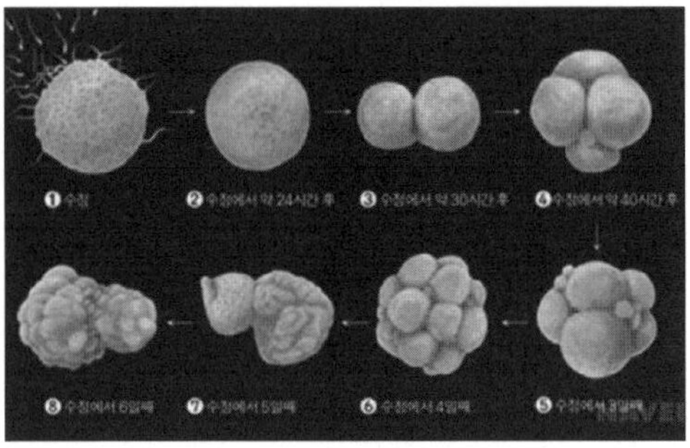

체세포분열 과정

그렇다면 사람의 경우는 어떠한가? 사람의 경우도 탄생 이전에 정자와 난자가 만나 하나의 작은 구를 이루고, 시간이 지나면서 세포분열을 하면서 머리, 몸통, 팔, 다리가 생겨난다. 이후에 눈, 입, 코, 귀 등이 생겨 완전한 생명체를 이룬 다음에야 이 세상에 나오지 않는가?

인류사 관점에서 보면, 1학년 아이들이 학교에 처음 들어올 때 모든 것을 읽을 줄 알아야 한다고 생각하는 2015와 2009 개정 교육과정이 큰 문제이다. 읽는 것은 쓰는 것과는 달리 몸을 쓰지 않고 머리만 쓰는 활동이기 때문에 아이들은 피곤해 한다. 요즘 세상은 모든 것을 쪼개고 나누고 분석하는 것이 대부분이다. 그러나 이 시기 아이들은 부분이 아닌 전체로 세상을 보기 때문에 교사들 역시 전체적인 관점에서 교육과정에 접근하고 가르쳐야 한다. 예를 들어 숫자를 배우기 시작하는 아이는 가장 큰 숫자를 궁금해 한다. 그럼 가장 큰 숫자는 무엇일까?(이에 대해서는 수학 교과서 내용에서 좀 더 자세히 다룸) 1이 가장 큰 숫자이다. 세상에 하나뿐인 태양, 지구, 수많은 나뭇잎이 붙어 있는 큰 나무, 이렇게 전체로서 하나의 크기에 대해서 느끼게 해주어야 한다.

우리 인류가 부족사회에서 고대국가 과정을 거쳐 삼국시대, 고려시대, 조선시대, 현대로 이어져 오는 것처럼 아이들이 태어나서 자라는 모습이 비슷한 과정을 겪는다는 것이다. 고조선 이전부터와 이후, 삼국시대까지는 생각이나 표현, 행동 면에서 영유아시기와 비슷하고 중세는 초등학교, 르네상스(우리나라는 조선 초기)는 초등학교 6학년 후반부터 중학교 1·2학년 시기와 비슷하다.

물론 역사학자에 따라서 다른 의견이 있을 수 있겠지만 르네상스(14~16세기) 이전 우리나라 역사로 본다면 조선 전기 즉 세종대왕 이전까지의 세계관은 전체성, 즉 통합적인 사고가 주를 이루었다.

하늘의 별자리, 철학(사상), 문자, 기술, 과학, 농업들에서 세상을 전체로 바라보고 느끼고 생각하고 행동했다. 인류사를 자세히 살펴보면 동서양이 대부분 이와 비슷한 과정을 거쳐 왔다. 이때까지의 사람들에게 세계관은 세계를 하나하나 나누고 분석하고 설명하고 검증하려는 의식이 아직 발달하지 않았다. 르네상스 이전과 이후 철학이나, 의학, 교육, 과학, 예술 등을 비교해 보면 확연히 다른 것을 알 수 있다.

구텐베르크의 인쇄술은 단순히 기술발명이 아니라 알파벳 26자(자음 21, 모음 5)의 조합으로 이전까지 생각하지 못한 수많은 단어를 만들어 냈다는 것에 의의가 있다. 세종대왕의 한글 창제 역시 24자(자음 14개, 모음 10)*41로 수많은 단어를 만들어 냈고, 지금도 새로운 말들이 만들어지고 있다. 이것은 전체에서 부분으로 접근하고자 하는 노력에 대한 대표적인 좋은 사례다. 물론 각기 다른 분야에도 좋은 사례들이 얼마든지 있다.

이후 17~18세기에 각 나라에서는 왕정에 도전하는 혁명이 일어났다. 사춘기인 아이들을 보면 어떤가? 부모님의 말에 온순하게 잘 따라주었던 아이들이 사춘기가 되면서 말대꾸를 시작으로 거국적인 반항을 하지 않는가? 이때 많은 부모들이 적지 않은 충격을 받는다.

이것도 인류사적인 관점에서 보면 비슷한 과정이기 때문에 자연스럽게 받아들일 수 있어야 한다. 그렇지 못할 경우, 불화가 생겨 본의 아니게 많은 아이들이 가출이라는 극단적인 행동을 선택하게 된다. 이 사춘기 아이들의 발달과정의 큰 특징은 감정이 아닌 정신에 있으며, 이는 추상적인 사고의 발달이 활발하게 이루어진다는 것이다. 이 시기부터 수업에서 개념을 중심으로 한 내용을 가르치는 것이다.

하지만 우리 교육과정에서는 이러한 발달단계를 고려하지 않고 초등 1~2학년부터 개념을 중심으로 한 지식교육을 하고 있는 셈이다. 그러니 아이들이 제대로 이해하는 것이 쉽지 않다. 그러다보니 학년이 올라갈수록 뒤처지는 아이들이 생겨난다. 어찌 보면 자연스러운 결과라 볼 수 있다.

뒤처짐이 없는 교육이 되기 위해서는 예방교육이 우선이 되어야 하는데 그렇게 하기 위해서는 개정 교육과정의 기본 틀을 다시 짜야 한다. 교과서 역시 새롭게 다시

---

*41 처음에는 28개(자음 17, 모음 11)였음.

만들어야 제대로 된 교육을 할 수 있다.

3 발달단계에 대한 이해가 필요하다

발달단계란 '심신(心身)의 성장 과정을 어떤 구분에 따라 나눈 단계로 출생에서 사망에 이르기까지'를 뜻한다. 대략 신생아(생후 3~4주간)는 의학적으로는 배꼽이 떨어지고 그 자리가 치유되기까지 약 2주간, 영유아기(생후1년~1년 반)는 주로 젖먹이로 키워지는 시기. 영유아기는 대개 1년~1년 반으로부터 6살까지 시기. 아동기(6~12살)는 이 시기를 전후로 나누면 아동 전기(6~8살)와 아동 후기(10~12살)로, 이 중간의 9살을 전기에서 후기로 옮겨지는 과도기라 부르기도 하고, 청년기(12~22, 23살)는 신체의 성숙으로 보아 20~21세까지를 청년기라 하며, 장년기(22, 23~60살), 노년기(60살 이후)로 나눌 수 있다. 학자들이 말하는 발달단계를 정리해 보면 다음과 같다.

- 프로이드(S. Freud)는 성본능(性本能)과 관련지어서 인간의 발달단계를 구강기(口腔期), 항문기(肛門期), 성기기(性器期), 잠복기(潛伏期), 성욕기(性慾期)로 구분하였고,
- 피아제(J. Piaget)는 사고(思考)와 동작이 통정(統整)된 심리적 도식의 내용이 변화함에 따라 발달단계를, 감각운동기, 전조작기, 구체적 조작기 및 형식적 조작기로 구분하였으며,
- 슈타이너는 영유아기(0–7살), 아동기(8–14살), 청소년기(15–21살), 청년기 1기(22–28살), 청년기 2기(29–35살), 장년기 1기(36–42살), 장년기 2기(43–49살), 노년기 1기(50–56살), 노년기 2기(57–63살)로 정리해 놓았다.

이 가운데 슈타이너 박사의 7년 주기에 뿌리를 둔 발달단계를 좀더 살펴보면 다음과 같다.

• 영유아기(0~7살 : 의지) : 몸의 탄생기–물질체

이 시기는 신체 발육의 시기로 호흡의 리듬과 생활습관을 몸으로 익히게 되므로 모든 감각의 교육이 중요하다. 신체만이 밖으로 나와 있는 시기 즉 태어나 젖니에서 영구치로 이를 가는 이갈이 시기까지로, 아이들은 보통 신체적·영혼적·정신적인 것이 하나의 존재로, 이 세 요소가 서로 분리되지 않은 채 긴밀하게 연결되어 있는 시기이다. 이 시기에 키와 몸무게가 눈에 띄게 증가하며 일생 가운데에 이 시기만큼 바깥세계에 대해서 신체가 예민하게 반응하고 기능하는 때도 없다. 따라서 이때의 아이들은 '생명체'가 보호막 속에 있기 때문에 직접적인 감각체험을 통해 모방함으로써 배우게 된다. 그러므로 이 시기에는 모방과 모범을 보이는 일이 바로 학습의 기본 원리가 되고 12감각 가운데 촉감, 생명감각, 균형감각, 고유운동감각이 강화된다.

• 아동기(7살~14살 : 감성, 감정) : 생명의 탄생–에테르체

이 시기는 보호막에 쌓여 있던 '생명'이 바깥으로 나와서 작용하는 시기로 생명체는 기억, 습관, 기질, 성향을 갖게 된다. 이 시기는 우리나라의 초등학교 교육시기와 같다. 예술적 체험에 의해 세계를 느끼고 받아들인다. 이 시기에 현저하게 발달하는 것은 영혼의 특성으로 영혼 가운데에서도 특히 감성(감정)과 관련된 것이다. 감정은 우리 몸의 리듬체계와 관련이 있으며, 리듬체계란 호흡과 순환을 담당하는 기관으로 가슴 부위에 해당한다. 따라서 이 시기의 교육은 머리가 아니라 가슴과 관련된 교육, 감정과 관련된 교육이 이루어져야 하고 아이들의 발달단계가 갖는 특징을 생각해 볼 때 상상력의 단계이다. 따라서 수업내용의 시각화와 묘사가 특별히 중요한 수업의 수단이 되며, 교사는 모든 영역에서 재료를 예술적으로 구성함으로써 아이들의 상상과 느낌을 자극해야 한다. 이 단계에서의 학교 공부는 '감정을 통하는 것'이어야 하며, 저학년의 문자나 수에 대한 공부의 시작 역시 '예술에 잠겨진 수업'이어야 한다. 왜냐하면, 일찍부터 사고력이나 추상 개념을 강요하는 교육을 하면 '감정'이 미리 세상에 나와서 나중에 감정 표현에 미숙한 사람이 되기 때문이다. 또한 이 시기의 교육원리는 교사의 권위와 제자로서의 자세이다. 7살부터 아이들은 바깥의 것을 그대로 모방하는 단계에서 벗어나 내적 지각을 통해 본 것을 권위를 가진 사람과 관련시킨다. 이때의 권위란 힘이나 강압이 아닌 자연스럽게 우러나오는 존경심과 같은 것으로, 아이들은 이러한 권위를 통하여 자신의 의식, 습관, 성향들을 만들어간다. 발도르프학교에서 한 사람의 담임교사가 이 시기 아이들을 8년 동안 맡

는 지도방식을 채택하는 것도 이런 이유에서다.*42 이 시기에는 12감각 가운데 열감각, 미각, 시각, 후각이 강화된다.

•사춘기(14살~21살 : 사고, 생각) : 감정의 탄생–아스트랄체

사춘기를 지나면서 신체, 영혼, 정신의 세 요소가 더 정교하게 나누어진다. 이 시기의 주된 본질은 정신적인 것으로 추상적인 사고의 발달이 큰 특징이다. 이전에 가졌던 권위에 대해 의문을 품기 시작하고 자신의 자유를 발달시킨다. 사춘기에는 세계와 인간에 대한 더 깊은 인식의 욕구가 자연스럽게 나타나며, 이때에 개인의 관심과 취미를 발달시키는 능력과 인식 문제에서 독립적인 판단을 얻으려는 노력 등 중요한 영혼적 기초가 눈뜨게 된다. 이는 상상력과 권위에 기초하여 받아들여진 그 이전의 지식을 자신의 논리로 확신을 가지고 말할 수 있게 됨을 의미하며, 추상적이고 개념적인 전문교과를 시작할 수 있음을 뜻한다. 영혼 영역 가운데 의지가 7살쯤에 자유롭게 되고, 감정이 14살쯤에 자유롭게 되는 것처럼, 사고는 21살쯤에서야 비로소 유기체로부터 해방이 되어 자유롭게 된다. '성인식'을 하는 것도 여기에 이유가 있다.

이렇듯 슈타이너 박사의 발달단계론은 의지, 감정, 사고라는 영혼의 세 영역이 각각 단계별로 발달해 나가는 차이가 있다는 것과 이 세 영역이 조화를 이룰 때 비로소 성인이 된다는 것을 말한다. 또한 슈타이너 박사의 이론과 다른 발달론의 차이는 눈에 보이지 않는 영역의 발달과 관련지어 자신의 독특한 발달론을 3단계의 교육론으로 명확하게 제시했다는 것이다.

4 아이들 발달단계를 알면 교육이 보인다

요즘 분명 교육과정 관련 책인데도 내용을 살펴보면, 2015 개정 교육과정에 대한 본질적인 문제를 제대로 건드리지 못하고 있다. 즉 아이들 '발달단계'에 대한 내용이 빠져 있다는 것이다. 또한 성취기준에 대한 견해도, 학년별로 무엇을 어떻게 왜 가르

*42 이원님, 슈타이너의 문자 교육론을 적용한 한글학습 프로그램 개발 및 적용, 경인교육대학교 교육대학원, 2009년.

쳐야 한다는 분명한 목적의식도 희미하고, 단순히 주제통합이나 재구성으로, 같은 내용끼리 묶어 놓은 것이라면 올바른 대안 제시를 한 것이라고 볼 수 없다.

물론 나름대로 2015 개정 교육과정에 대해서 고민하면서 쓴 것이라 이해는 한다. 하지만 좀 더 아이들 발달단계에 맞는 근본적인 문제점을 짚어야 한다. 그래야만 학교현장 선생님들에게 도움을 줄 수 있다. 단순히 책 제목을 그럴 듯하게 포장해서 교사들을 현혹해서는 안 된다. 더 중요한 것은 교사 자신을 위한 책이 아니라 아이들을 위한 것이어야 한다. 감히 내가 이렇게 말하는 것이 어찌 보면 주제 넘는 것이라 생각할 수 있겠지만, 최소한 아이들 '발달단계'에 따라 무엇을 어떻게 왜 가르쳐야 하는지에 대한 정확한 대안 제시가 필요하다. 그래야만 교육을 제대로 바라보고 가르칠 수 있다.

5 우리는 아이들 삶을 제대로 이해하고 있는가?

아이들을 제대로 이해하고자 한다면 그들의 삶을 제대로 알아야 한다. 단순히 이해 수준이 아닌 아이들 삶 속으로 들어가야 한다.

[국어사전] 이해 : 1. 사리를 분별하여 해석함 2. 깨달아 앎. 또는 잘 알아서 받아들임.

영어로는 'understanding' 'comprehension' 따위가 해당된다. 그렇다면 우리들이 흔히 '아이들을 이해했다!'라는 말을 하는데 여기서 '이해'는 무엇을 나타내는 것인가? 단순히 '알았다!'는 수준이라는 것인지 정말로 아이들을 이해해서 아이들 삶으로 들어간 것인지 살펴봐야 한다. 따지고 보면 '이해'라는 것은 어찌 보면 아이들을 제대로 바라보기보다는 단순히 교사가 객관적으로 바라보는 것이다. 더구나 그 중심은 아이가 아니라 교사다. 그렇기 때문에 아이들 삶 속으로 들어가야 한다. 어떻게 보면 엉뚱하게 들릴지 모르지만 꼼꼼히 '삶속으로 들어가라!'고 하는 것은 아이들이 이 땅에 어떻게 왔고, 어떻게 자라야 하는지에 대한 것을 제대로 알아야 한다는 뜻이다. 그래야만 아이들의 온전한 성장을 도울 수 있다. 부모든 교사든 모두 해당된다.

젖먹이 시절 아이들은 시간에 대한 느낌이 있을까? 이 아이들은 시간을 느끼지 못한다. 날마다 젖 먹는 시간을 기억하고 그 시간에 젖을 먹지를 않는다. 어찌 보면 원초적인 본능과 욕구에 가깝다. 이 갓난아이들이 시간에 대한 느낌이 없는 것은 바로 몸 안에 서서히 영혼이 들어가기 때문이다. 젖먹이 아이에게 몸(육체)은 공간 자체이지 이에 대한 시간성은 없다. 한마디로 무시간성이다. 공간만 있을 뿐 시간이라는 개념 자체가 없다. 젖먹이 아이가 말을 제대로 할 수 없는데 어찌 시간에 대해서 반응할 수 있겠는가?

하지만 점차 아이들은 자라면서 해가 뜨고 지고, 밤이 되면 달이나 별이 뜨는 시간에 대해서 느끼게 된다. 자기 스스로 깨닫기보다는 바깥 자연현상에 대해 조금씩 경험하면서 알아가게 되는 것이다. 그렇기 때문에 아이들의 삶을 이해하는 것은 단순히 현재 상태만 파악해서 판단을 내리기에는 무리가 있다. 최소한 아이들이 자신들의 삶을 어떻게 느끼고 시간성(세상이 빠르게 지나가는 것)에 대한 것을 어떻게 받아들이고 있는가를 제대로 관찰해야 한다. 하지만 안타깝게도 우리 어른들이 생각하는 것보다도 훨씬 더 아이들은 자신들의 삶을 제대로 느끼지 못하고 있다. 아직도 성장해 가는 과정이기에 학교나 집에서 나타나는 문제들이 다 이런 이유 때문이다. 이것은 아이들에게 삶이 커다란 산처럼 느껴지기 때문이다. 마치 뿌연 안개 속을 걸어가는 것과 같은 것이다. 안개 속에 보이는 사물들은 구체적이지 못하고 희미하다. 그러다보니 보는 사람들은 왠지 모르게 두려움을 느낀다. 그러다가 안개가 완전히 걷히면 우리는 확연하게 드러난 세상을 보게 된다. 그 순간 내면에서는 깊은 안도감이 몰아치는 것을 다들 경험했을 것이다. 이처럼 아이들은 세상을 향해 아직은 두려움과 경외심이 많기 때문에 이들이 제대로 성장할 수 있도록 아주 조심스럽게 교육을 해야 한다. 이러한 준비와 마음가짐 없이 무개념에 가까운 방식으로 교육을 한다면 그것은 결국 아이들의 삶을 온전하게 돌보지 못하는 것과 같다. 그렇기 때문에 초등학교 시기의 아이들은 삶에 어떤 느낌을 가지고 있는지 교사(부모) 자신이 그 안으로 들어가 볼 수 있도록 많은 노력을 해야만 한다.

무조건 '가르쳐야 한다'는 명목 아래 아이들 삶과 전혀 맞지 않는 교과서 지식들을 집어넣으려고 해서는 안 된다. 이러한 것이 교사로서 책무성을 다하고 있다고 생각한다면 자기도취에 빠져 있는 것이고 이기심이다. 가르침만 있고 삶은 없는 교육은 아이들 발달에 도움이 되지 않는다. 시중에 나와 있는 교육 관련 책들을 살펴봐도 소개만 있고 대안이 없는 것들이 대부분이다.

'청년이여, 야망을 가져라!' 이 말은 1876년 윌리엄 클라크가 남긴 유명한 명언이다. 사춘기 이전 아이들은 삶이 커다란 산처럼 느껴져 세상을 경외심으로 바라보고 있다. 그렇다면 청소년기 아이들은 삶을 어떻게 느끼고 있을까? 청소년기 아이들은 '할 일이 많다'고 느끼고 있다. 이것은 삶이 자신들 속에 꽉 차 있다고 느끼고 있는 것이다. 또한 세상을 점차 주관이 아닌 객관으로 바라보려고 한다. 그래서 자신들의 미래를 위해서 준비할 것이 많겠다는 이야기들을 많이 한다. 물론 온종일 학교공부만 하는 것이 아니다. 하지만 현실은 어떠한가? 미래를 준비하기 위해서 우리 아이들이 마음 놓고 자기들이 하고 싶어 하는 일들을 준비하고 있을까? 오로지 '대학'이라는 것에 목숨을 걸고 있지 않은가? 세상은 아이들에게 정의로운 것보다는 불신만 주고 있으니, 이 시기 아이들이 공허함을 느끼는 것은 당연한 일이다. 더구나 학교교육이 이를 충족해 주지 못하기 때문에 해마다 수많은 아이들이 학교를 등지고 거리로 나서는 일들이 되풀이되고 있지만, 이 아이들의 교육을 책임지고 있는 어른(교육부)은 이런 문제들을 점점 더 외면하고 있으니 안타까운 일이다. 현재나 과거 개정 교육과정을 살펴봐도 아이들의 삶과는 전혀 맞지 않는 것을 '배움'이라는 이름으로 강요를 하고 있지 않는가? 온갖 미사어구를 써 가며 '창의융합형 인재'가 어떻고, '민주시민'이 어떻고 하는 거창한 구호만 외치고 있다. 아이들의 삶을 대변해 주는 교육, 그들이 꿈꾸고 펼칠 세상에 대해 준비해 나가는 교육이 제대로 된 교육의 모습이 아닐까?

결국 교사든 부모든 우리 반 아이들이나 내 아이를 이해하기 위해서는 자기 자신의 시야를 넓혀야 한다. 그렇게 되면 시기(유아기, 초등, 청소년)마다 아이들 삶의 느낌이 다르구나 하는 것을 자연스럽게 볼 수 있게 된다. 교사가 아이들을 바라보는 관점을 넓혀 나간다는 것은 아이들이 가지고 있는 특성들을 알 수 있는 능력을 발전시켜 나간다는 것이다. 바로 발달론을 통해서 사람에 대한 이해를 제대로 해 나가는 것이다. 교사는 아이들을 우주의 존재로 파악하고, 아이들이 발달해 가는 과정 속에서 인류와 우주 전체의 진화 과정을 발견할 수 있어야 한다. 날마다 가르침과 배움에서 이루어지는 수많은 학습을 통해 아이들이 우주를 느끼고 우주의 존재로 깨달을 수 있도록 해주어야 한다. 교사에게 과제는 날마다 하루하루가 새롭고 이 새로움을 꾸준히 지속하기 위해서 감동이 있는 즉 영혼을 불어넣는 수업을 해야 하는 것이다. 그렇기 때문에 교사는 끊임없이 배워야 한다. 꾸준히 배움의 끈을 놓지 않고 배우는 것이 교사의 기본 자세가 되어 교사 자신이 기쁨을 느낄 때 그 기능을 잘 발휘하게 되고, 아이들의 삶을 제대로 알 수가 있다.

6 생각하지 않는 아이들을 위해

무엇이 우리 아이들을 이렇게 만드는가? 첫째가 교과서, 둘째가 컴퓨터 마우스 클릭으로 하는 수업, 셋째가 전자책과 미디어수업, 넷째가 질 낮은 온갖 방송매체, 다섯째가 이 모든 것을 수수방관하고 혁신의지가 없는 학교문화와 교육정책이다. 사람이 동물과 다른 이유 가운데 하나가 '사고'할 줄 안다는 것이다. 컴퓨터는 스스로 사고할 줄 모른다. 하지만 교실풍경은 컴퓨터 마우스 클릭에 의존하는 수업이 대세인 것처럼 행해지고 있다. 결국 사람 스스로의 사고능력을 포기하는 꼴이다. 그러면서 아이들에게 창의성과 상상력이 풍부한 사람이 되라고 하는 것은 모순이 아닐까?

컴퓨터나 영상미디어 기계들은 스스로 생각을 못한다. 점점 사람들의 생각을 뺏고 있다. 텔레비전 연예 오락프로그램을 보면 화면 하단에 이야기 자막이 많이 나온다. 귀로 듣고 있는데 굳이 눈으로 자막(글)을 볼 필요가 있을까? 오히려 보는 것을 방해할 뿐이고, 이것을 동시에 봄으로써 아예 생각 자체를 하지 못하게 한다. 어릴 때부터 매체에 노출된 아이들! 그야말로 우매한 사람으로 커가는 것이다.

요즘 아이들 세대를 '스크린에이저'라고 부른다. 컴퓨터, 휴대전화, 인터넷이 보급되면서 편리함은 늘었지만 점차 '기억력'이 약해지는 것을 느끼게 된다. 아이들의 경우도 기억하는 것보다 스마트폰이나 인터넷에서 자료를 찾는 것에 의존하는 비율이 점점 높아지고 있다. 컴퓨터 마우스 클릭에 의존하는 수업으로 우리 아이들 감각이 퇴화되는 것은 당연한 결과다. 격식에 얽매이지 않고 창의적이고 주도적으로 참여하는 놀이를 '자유놀이'라고 하지만 놀이터든 학교든, 유치원이든, 어린이집이든 이러한 놀이를 즐기는 아이들이 현저하게 줄어들고 있다. 기계오락, 컴퓨터게임은 개발자들이 정한 공식적인 규칙에 따라 움직이거나 조작을 해야 한다. 하지만 자유놀이에는 그런 규칙이 없기에 아이들은 상상력과 호기심을 발휘해 가며 놀 수 있다. 예전에 근무했던 강원 고성 공현진초에서는 컴퓨터 수업이나 텔레비전 수업을 멀리하고, 아이들이 자유로운 상상을 꿈꿀 수 있게 하기 위해서 숲속놀이터를 만들어 주고, 나무 집짓기 프로젝트를 진행했다.

아이들에게 온라인(전자책) 읽기와 종이책 읽기는 완전히 다른 경험이다. 온라인(전자책) 책은 감성과 직관, 시각, 사고에 막대한 악영향을 미치는데, 누구를 위해서 앞으로 디지털 교과서를 쓴다는 것인가? 콘텐츠를 개발하고 공급하는 기업에게 막대한 이익을 밀어주기 위해서 우리 아이들은 한낱 소모품에 지나지 않는가? 아이들 인권을 생각한다면 EU(유럽연합)처럼 초·중·고등학생들이 학교에서 휴대전화나 무선 인터넷 기기를 쓰지 못하게 해야 한다. 유럽연합이 인권지수가 우리보다 낮아서 그렇게 하는 것은 아니다. 아이들의 건강권을 먼저 생각하기 때문이다. 아동 관련 범죄 때문이라고 하면 형벌을 무겁게 하면 된다. 가장 가벼운 형량이 '무기징역 20년', 청소년에게 술 담배를 팔거나 권유한 자도 최소 '무기징역 10년'.

또한 누구를 위한 스마트교육이고 e-교과서인가? 아이들 처지에서 고민해서 만들기보다는 순전히 어른들 처지에서 추진되고 있다. 물론 장점이 있겠지만 장점보다는 단점이 더 많다. 앞으로 아이들의 감각과 영혼이 더 망가질 것은 불 보듯 뻔하다. 더구나 시류에 편승해서 스마트교육을 하는 것이 유능한 교사라는 환상 속에 빠져 있는 교사들이 더 큰 문제다. 가장 기본이 되는 글쓰기며 그림, 음악, 체육활동도 제대로 하지 못하면서 오로지 기계로 보여 주는 화면만이 대세라고 이야기한다면 분명 그 교실은 영혼이 없는 교실이다. 사람 교육은 기계가 대신할 수 없기 때문이다.

왜 교과서를 내려놓지 못하는 걸까? 교과서 내용을 아무리 재구성한다고 해도 그 안에서 아이들의 창의성을 이끌어내는 것은 분명 한계가 있다. 그리고 사기업에서 제공하는 프로그램 사용료를 지불하고 있는 것은 정당한 것인가? 해마다 수십억 원 돈이 그들 업체에 사용료로 지불되는 것은 결코 올바르지 않다. 다행히 몇몇 시도교육청에서는 학교예산으로 지불하지 못하도록 하고 있어서 그나마 다행이다. 아이ㅇㅇ나 티ㅇㅇ를 쓰지 못하면 수업을 할 수 없는 것일까? 교사가 단지 마우스클릭만 하는 이런 교실에서 수업혁신을 기대하는 것은 기적에 가까운 일이다.

이런 수업은 결코 아이들 삶에 도움이 되지 않고 오히려 맑은 영혼을 망가뜨린다. 컴퓨터 활용 수업을 잘한다고 하는 이런 교사들을 절대 부러워할 필요가 없다. 오히려 측은하다. 오죽했으면 교사 자신이 지닌 재능을 맘껏 발휘하지 못하고, 그 능력을 기계에게 맡기는 처량한 신세가 되었을까?

이런 교사들에게 분필을 주고 칠판그림을 그려보라고 하면 아마 십중팔구는 어떻게 그리는 줄도 모르고, 그린다고 해도 그 수준이 기대 이하일 것이다. 그러면서 교육대학교 다닐 때 배우지 않았다고 변명 아닌 변명을 하는 경우를 많이 본다. 또한 미술에 재능 있는 교사만 칠판그림을 그릴 수 있다는 회피성 발언을 하는 것을 자주 보게 된다. 물론 지금까지 칠판에 한 번도 제대로 그려보지 않았을 것이다. 또 천연색깔의 분필이 있는지도 몰랐을 것이다. 최소한 칠판이 왜 있는 것인가에 대해서는 생각은 했을 것이다. 거기다 어떻게 글씨를 쓰고 그림을 그릴 것인가에 대해서도 생각을 했을 것이다. 물론 교육대학교 교수법이나 학교현장에 나와서 이러한 칠판그림 방법론에 대한 연수 기회가 없어서 실천으로 나서지 못한 것이 큰 책임이다. 그렇다고 컴퓨터로 수업한다고 학력이 향상되고 인성이 좋아지지 않는다는 것을 가르치면서 다들 경험했을 것이다. 오히려 점점 더 가르치는 것이 힘들다는 것을 느꼈을 것이다. 그런데도 한사코 왜 이런 수업을 고집하려고 할까? 정보화시대라서 그런가? 컴퓨터가 교실에 들어오면서 우리는 무엇을 잃었는지를 꼼꼼히 생각해 봐야 한다.

컴퓨터는 오후에 업무 처리할 때 잠깐 이용하면 어떨까? 컴퓨터를 가지고 수업을 하지 않는다고 누가 뭐라 그럴 사람 없다. 그런 교장, 교감선생님이나 동료 교사들이 있다면 더 무능한 사람들이다. 교사의 가르침에 대한 이기심을 버려야 한다. 교사는 교사다워야 한다. 교사에게 수업은 생명이고 무기인데 그 수업을 기계가 대신하니 이제 쓸모가 없게 되었으니 어떻게 해야 할까? 내 이야기가 많이 거슬렸다면, 아이들의 얼굴을 생각하시고 이해해 주기를 바란다.

[2012년부터 2015년까지 근무할 때의 각 학년 교실 모습
: 텔레비전과 컴퓨터를 실크천으로 가려 놓았다.]

따라서 우리 아이들의 참된 생각을 이끌어내기 위해서는 아이들에게 다양한 교과목을 배울 수 있는 권리를 주어야 한다. 국·영·수만 교과이고 나머지는 배울 가치가 없는 것이 아니다. 세상을 배우는 지리학, 우주의 진리를 깨닫게 해주는 기하학, 동물학, 식물학, 광물학, 한국사, 세계사 모두 아이들이 배울 가치가 있다.

국·영·수만 배우면 세상에 있는 가치를 다 배울 수 있다고 믿는 오만을 버려야 한다. 창의성 교육을 강조하면서 배우고자 하는 선택권을 확 줄이려고 하는 것은 분명 어리석은 짓이다. 다양성을 인정하는 교육을 부르짖는다면 아이들이 배울 분야를 다양하게 만들어 주어야 하는 것이 어른들이 해야 할 과제다. 말로만 창의인성을 강조하지 말고 실질적인 것을 배울 수 있도록 해주는 것이 필요하다. 〈생각의 탄생〉 이라는 책을 읽어보자. 우리 인류의 삶을 앞당기고자 노력했던 천재들의 성장과정이 어디 국·영·수학 과목에 한정되어 있고 그것만 배웠는가? 과학, 예술과목을 두루 배우고 배우려고 했지 않는가. 균형 있는 배움, 그것이 바로 전인적인 인간으로 성장하기 위해 필요한 부분이다. 발도르프학교에서는 역사, 동네학, 지리학, 식물학, 동화, 광물학, 외국어 2개, 수공예, 목공예, 자연학, 원예, 화학, 물리, 천체학, 형태그리기, 오이리트미, 기하학, 체육, 수학, 사물학, 사영기하학, 인간학, 생물학, 조형학, 건축학, 금속공예, 돌공예, 문학사, 희곡론, 음악, 회화, 프로젝트학습 등의 교과목을 배운다. 인간발달 단계를 밑거름으로 한 교육과정으로 아이들이 학년별로 배운다.

배움의 다양성을 보장해 주는 교육정책이 필요하다. 오로지 입시에 매진하여 좁은 우리 안에 갇혀 있는 아이들로 만드는 교육이 아닌 넓은 세상과 호흡할 줄 아는 인간으로 키워주는 교육정책이 있어야 한다. 나 역시 예전에*43 담임교사로서 교육과정을 재구성하여 동네학, 동물학, 식물학, 광물학, 자연학, 기하학, 형태그리기, 수공예, 원예, 습식수채화, 조소, 목공예, 체육, 역사, 지리학 등 우리 교과서에서 경험하지 못하는 내용을 아이들에게 가르쳤다.

*43 1993년부터 2005년까지 속초 지역 여러 초등학교에서 근무할 때 한 학교에서 학년 담임을 3학년부터 6학년까지 연속해서 4년 동안 같은 아이들을 맡았다. 그 당시에는 학교 근무연한이 4년이었지만, 지금이라면 '유예'라는 것이 있어서 최대 6년까지 할 수 있다.

5장

초등 1·2학년 아이들의 주요 특성

1 삼중 구조에 따른 발달단계

• **0살–7살 발달단계 :** '의지'가 중심이지만 그렇다고 이 시기에 의지만 주로 강하게 발달하는 것이 아니다. 나이에 따라 만들어지는 요소들이 있는데, 이 시기에는 주로 다른 영역에 비해서 '의지' 영역이 두드러지게 발달하는 것이다.

나이	단계별	요소	내용
0살–7살	5살–7살	사고	신진대사조직과 사지의 발달
		사고에서 이루어지는 사고의식	
	3–5살	감정	호흡과 혈액순환과 가슴의 발달
		감정에서 이루어지는 감정의식	
	0–3살	의지	뇌와 신경조직과 머리의 발달
		의지에서 이루어지는 감정의식	

• **8살–14살 발달단계 :** '감정' 영역이 두드러지게 발달하기 때문에 이 시기는 초등학교과정이라 이에 맞는 교육과정으로 구성하는 것이 아이들의 발달을 온전하게 돕는데 바람직하다.

나이	단계별	요소	내용
8살-14살	12-14살	사고	신경조직체계
		사고에서 이루어지는 사고의식	[주요과목] 지리학, 로마사, 지질학, 기하학, 천체학, 수학, 외국어, 물리, 화학, 농업, 목공예, 수공예, 기타
	10-12살	감정	호흡과 혈액순환 체계
		감정에서 이루어지는 감정의식	[주요과목] 3-창조이야기, 동네학, 4-동물학, 북유럽신화, 한국신화 5-식물학, 인도, 이집트, 그리스신화, 한국역사, 기타
	8-10살	의지	사지와 신진대사체계
		의지에서 이루어지는 감정의식	[주요과목] 형태그리기, 습식수채화, 옛이야기와 우화, 움직임교육(균형놀이), 자연학 산책활동, 오이리트미, 수공예, 외국어, 기타

• **15살-21살 발달단계 :** '사고' 영역이 두드러지게 발달한다.

2 적을 알고 나를 알면 백전백승!

여기서 아이들을 적(?)으로 규정한다는 것은 아니다. 상대의 특성을 제대로 알면 그만큼 맞서기가 쉽다는 것으로 발달론에서 가장 중요한 것 가운데 하나가 나이별 특성이다. 초등 1·2학년 아이들의 특성이 어떠한지에 대해서 조금만 알고 있다면 교실이나 바깥에서 일어나는 여러 가지 사안에 대해서 효과 있게 대처할 수 있다. 그렇다면 초등 1-2학년 아이들의 특성은 어떠한가?

[1학년 아이들의 주요특성]

• 이갈이 : 이미 했거나 진행되고 있다. 유치에서 영구치로 바뀌는 시기다. 아이들의

이갈이(새로운 이가 나오는) 상태는 읽기, 쓰기, 셈하기를 할 수 있는 준비단계를 뜻한다. 이 시기 아이들이 이갈이를 하는 것은 몸과 마음을 어느 정도 만들어 가고 있다는 것을 뜻한다. 따라서 담임교사는 삼월 첫째 주에 아이들의 이갈이 상태를 정확히 파악해야 한다. 그래서 아이들이 건강하게 배우고 성장할 수 있도록 이에 맞는 생활의 리듬을 잘 만들어 주어야 한다. 분유나 단 음식에 의해서 이가 삭은 경우는 여기에 해당되지 않는다.

- 팔(손)이 머리 반대편 귀에 닿는다. 닿지 않는 아이는 아직 정신이나 몸 상태가 학령기 공부를 할 준비가 덜 된 상태다.

- 척추는 S 자형을 유지하고 있어서 딱딱한 의자에 앉아 몇 시간씩 공부하는 것이 힘들다. 그래서 1·2학년에서는 아래 사진처럼*44 움직임 걸상과 방석을 이용하는 것이 좋다. 3학년 때부터 척추가 어느 정도 1자로 반듯하게 되는데 이 때부터 우리들이 흔히 쓰고 있는 의자에 앉아서 공부하게 해야 한다. 이러한 아이들의 상태를 이해하지 못하고 아이들이 의자에 바로 앉지 않는다고 바른 자세를 강요하는 것은 아이들에게 힘든 고통이기 때문에 이 시기 아이들의 발달 상태를 제대로 아는 것이 중요하다.

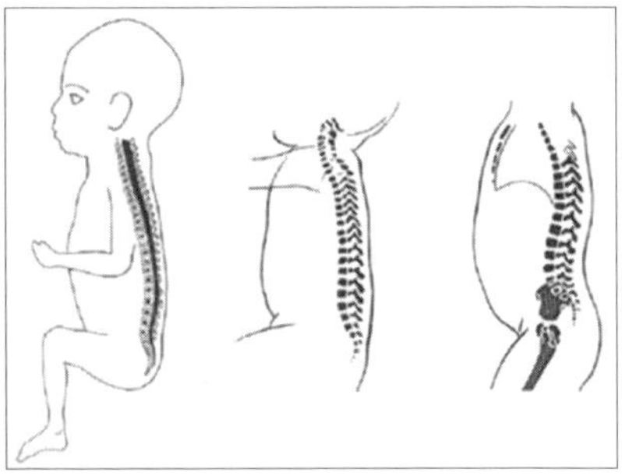

*45

*44 2012년 공현진초 1·2학년 교실에 국내 공교육에서 최초로 움직임 걸상과 방석을 만들어서 써오고 있다.
*45 Ernst Michael Kranich외 4명, Formenzeichnen, Verlag Freies Geistesleben,1992.

• 세상은 아름답다

이 시기 아이들은 세상에 대한 경외감을 지니고 있다. 그래서 아이들 자신들이 경험하는 모든 것들을 아름답게 느끼면서 받아들이려고 하기 때문에 영혼 없는 지식이나 개념들을 주입하는 수업은 가능하면 멀리해야 한다. 아이들이 안정감 있게 배우고 채워나갈 수 있도록 하는 배려와 기다림의 교육이 필요하다. 또한 가르치는 모든 것이 아름다움 즉 예술이어야 한다. 수업을 예술로 생각하고 예술적으로 가르칠 때 아이들 역시 배우는 모든 것에 대해서 진정한 가치를 느끼게 된다. 그렇기 때문에 초등 1·2학년 교사는 수업 예술가가 되어야 한다. 물론 다른 학년도 마찬가지다.

• 머리가 몸 전체 1:6 비율이 된다.[*46]

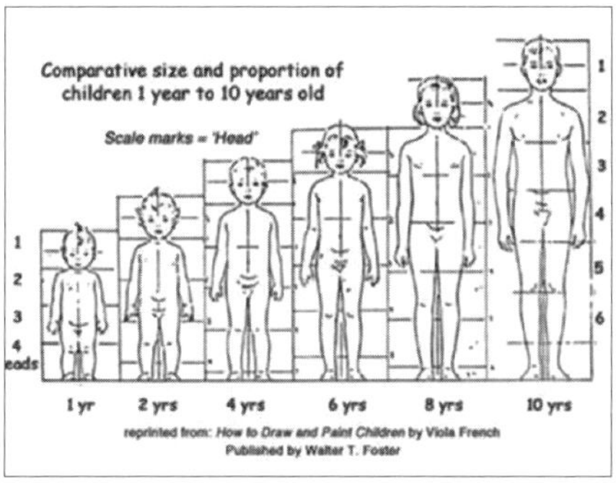

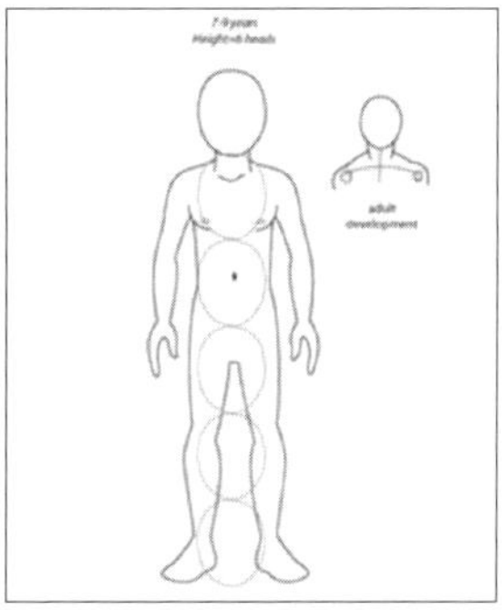

신체발달이 아직도 불균형을 이루고 있다. 더구나 이 나이에 아이들은 아직 '지구에 내려오지 않았다'라고 표현할 수 있다. 그래서 앞으로 긴 다리와 몸통으로 독립되고 균형적인 몸으로 자라나기 위한 준비가 되어 있음을 보여주고 있다. 그래서 균형감각을 키우기 위한 놀이 활동을 많이 하게끔 해주는 것이 좋다. 아쉽게도 '즐거운 생활' 교과에는 이러한 내용을 제대로 소개하지 못하고 있다. 아래 사진은 함백초 움직임교육 시간 1학년 아이들의 활동 모습이다.

*46 https://design.tutsplus.com/articles/human-anatomy-fundamentals-advanced-body-proportions--vector-19869

•1학년 아이들은 감정적으로 주변세계와 하나라고 또는 단일성의 감각을 경험한다. 자신의 주변과 자아를 연결하며 주변의 식물, 동물, 돌, 산, 강, 들에 대해 알게 되고 구름, 별, 꽃, 동물, 돌들에 대해 이해하게 된다. 그러다보니 아이들은 본능적으로 주위 사람들의 행동이나 모습을 그대로 따라 하기(모방)를 좋아한다. 이 시기 아이들이 텔레비전 개그오락프로에 나오는 사람들의 말과 행동을 잘 따라하는 것도 이런 이유에서다. 그렇기 때문에 담임교사의 행동이나 글씨, 칠판그림이 중요하다. 지시하기보다는 교사의 행위를 그대로 녹여내고 그것을 그대로 따라하도록 하는 수업방법이 필요하다. 또한 담임교사는 사랑이 충분한 삶의 모습으로 아이들을 만나게 되면, 아이들 역시 날마다 영혼의 단맛과 빛을 받으면서 자라나게 된다.

•이 시기 아이들은 자신의 생각과 감정을 의식하지 않는다. 직관적으로 있는 그대로를 말한다. 또한 당황스러울 정도로 정직하게 곧이곧대로 이야기한다. 예를 들어 집에서 부모님들이 나눈 말이나 행동, 아니면 교실에서 선생님의 행동이나 말 따위들을 정직하게 이야기 한다. 그렇지만 이 시기 아이들은 지적인 생각이나 개념을 표현하지 않기 때문에 가능하면 지적인 설명은 바로 하지 않거나 하더라도 풀어서 이야기해 주어야 한다. 그렇기 때문에 '개념'을 바로 넣어주는 수업은 아이들에게 약보다는 독이 될 수 있다.

•'전체에서 부분'으로 나누어진 수업내용으로 교육과정을 운영해야 한다. 아직 미분화된 상태이기 때문에 전체에 초점을 맞추어서 각 교과 내용을 가르쳐야 한다.

• 행동에 의한 학습을 중심으로 수업을 해야 한다. 이 시기 아이들에게는 행동 자체가 감각이고 여기에 모든 경험을 통합하기 위해서는 여러 감각활동이 필요하기 때문에 이에 맞는 학년 교육과정을 운영해야 한다. 그렇다고 날마다 놀이(?)만 하라는 것이 아니다. 여러 가지 리듬활동, 움직임교육, 균형놀이, 말놀이, 펜타토닉 불기, 형태그리기, 습식수채화 그림 작업…. 단순히 머리로만 배우는 것이 아니라 온몸으로 배우고 익히는 내용으로 수업을 구성해야 한다는 것이다. 아이들은 자신의 주변에서 일어나는 모든 것을 감각을 통해 받아들이기 때문에 담임교사는 이러한 것들을 아이들의 감각기관과 잘 연결하도록 해주어야 한다. 칠판그림을 통한 이야기 수업이든 셈하기 수업이든, 산책활동이든, 노래든, 생일시든, 리듬활동이든 어느 것 하나 소홀함이 없이 영혼을 불어넣거나 감각을 일깨우는 수업을 해야 한다.

• 감정이 발달하기 시작하는 단계다. 이 시기 아이들은 호흡과 순환에 깊은 관련이 있는 '리듬체계'가 발달되기 시작하므로 이 시기의 교육은 머리가 아니라 가슴과 연관된 감정을 중요시 하는 교육에 중점을 두어야 한다. 따라서 초등 6학년 전까지는 추상적인 개념이나 논리를 배우는 것이 아니라 상상력을 통한 세계의 인식을 느끼고 배워 나가도록 해야 한다. 그림이 수천 가지 말의 가치가 있는 것처럼 느낌이 살아나도록 하는 수업에 힘을 쏟아야 한다. 따라서 글자나 숫자 익히는 것을 단순히 개념이나 기호로 가르치기보다는 교사의 살아 있는 풍부한 이야기로 들려주고, 아름다운 칠판그림으로 보여주어야 한다.

• 소근육*47 발달이 진행중이므로 이에 대한 교육활동이 필요한데, 가장 적합한 것이 바로 수공예 (뜨개질) 수업이다. '대바늘뜨기'는 손놀림의 능력을 인식하고 정신을 깨운다. 꾸준히 함으로써 의지를 성장하게 하고 미적 감각(리코더주머니, 모자, 인형)을 키우게 한다. 이에 대해서는 뒤쪽 '슬기로운 생활'에서 자세히 소개했다. 더구나 작은 글씨를 쓰는 것이 힘들기 때문에 가는 연필로 글씨를 쓰게 하기보다는 굵은 연필이나 막대나 사각크레용으로 글씨를 쓰게 한다. 1학년 1학기에는 아주 적

---

*47 이 시기의 아동들은 운동 신경이 발달하게 되어 운동량이 증가하고, 신체적으로 자기 통제가 가능해진다. 유아기 초기에는 주로 대근육 운동이 지배적이나, 후기로 갈수록 소근육의 발달로 정교한 신체 조절이 가능해져서 옷 입기, 신발 끈 매기, 글씨 쓰기 따위 활동이 가능해진다.
*출처 : http://terms.naver.com/entry.nhn?docId=2051846&cid=42911&categoryId=42911

게 꼭 필요한 글씨만 쓰게 하고 점차 글씨 양을 늘려 가는데 처음부터 많은 글씨를 쓰지 않게 해야 한다. 또한 받아쓰기는 무리하게 할 필요가 없다. 2학년 때부터 권한다.

• 아침 1-2교시 수업에서는 가능하면 원을 많이 수업해야 한다. 이 시기 아이들은 주변 세계와 하나라고 생각하고 있는데 사람과 자연과 아이들을 자연스럽게 연결시켜주는 기호가 원이다. 우리는 모두 하나라는 동질감을 갖게 되고, 옛이야기를 할 때 강의식 수업보다는 둥글게 원을 만들어서 앉게 하고 나서 이야기를 들려주거나 여러 가지 리듬활동을 할 때 둥글게 원을 만들어서 하면 아이들은 선생님과 친구들과 훨씬 더 친밀감을 느끼며 활동에 참여한다. 선생님 역시 아이들과 일대일 균형 잡힌 사랑의 관계를 이룰 수 있다. 아침에 와서 걸상들을 치우고 나서 활동하기보다는 전날 교실 청소를 하면서 걸상들을 한쪽이나 사방으로 치워 놓고 가운데는 카펫이나 러그를 깔아 놓으면 자연스레 아침 수업 전 활동을 할 수 있다.

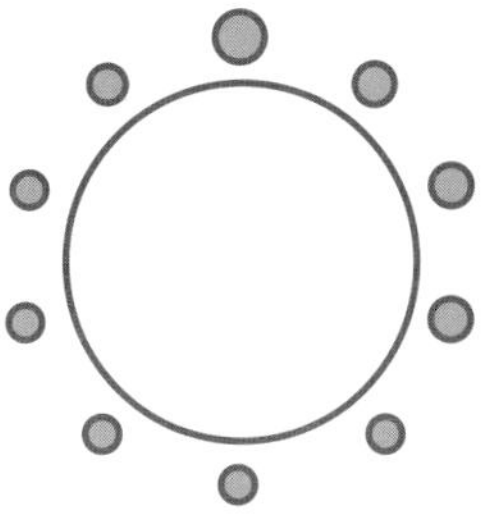

*48

• 이 시기 아이들은 말(언어)을 이용해서 자신들의 타고 난 리듬을 끌어낼 줄 안다. 천천히 말하고 집중해서 듣기, 온몸으로 쓰기, 상상하며 읽기 따위들을 온몸으로 익히고 배울 줄 안다. 숫자나 셈하기 역시 그 속에 담긴 정신성을 느낄 수 있기 때문에 이에 맞는 수업을 해야 한다. 또한 동식물에 관한 이야기, 날씨 따위에 관한 자연현상에 관한 이야기를 듣고 경이감과 생명에 대한 존중감을 가지게 되는 시기다.

[2학년 아이들의 주요 특성]

• 아이들의 사지는 1학년 때보다는 균형에 맞게 자라고 있다.

• 1학년 때보다도 힘(에너지)이 넘쳐난다.

• 몸을 균형 있게 맞추려고 노력한다. 움직임교육은 필수로 해야 한다.

*48 https://www.google.co.kr/search?q=rhythmic+gymnastics+waldorf

[2학년 아이들의 균형감각 활동]

- 감각은 열려 있고 깨어 있는 상태로 세상 모든 일에 관심과 호기심이 많다.

- 이 시기 아이들에게는 도덕적인(상대에 대한 배려) 의식이 생겨나는 시기로 모든 삶에 대한 존경과 사랑을 존중하게 하는 교육활동을 제공해야 한다. 그래서 '성인이야기' 수업을 2학년 후반기에 꼭 해야 한다.

- 담임교사가 칠판에 적어둔 내용을 베껴 보거나 따라 읽는 능력이 많아지며 들은 내용 받아 적기와 수업 시간에 배운 동물, 식물, 들판, 숲 따위에 대해 아주 간단히 묘사를 할 수 있다.

- 세상의 모든 것에 대해서 아름다움과 감사의 마음을 가지게 되는 시기로 '산책활동'을 좋아한다.('슬기로운 생활'의 재구성이 필요함)

- 이 시기 아이들의 생각은 아직 논리가 아니라 그림(회화)같은 주관적인 경험을 많이 내세운다.

- 소근육 발달을 위해서 수공예(뜨개질) 수업은 필수로 해야 한다.

- 2학년은 손으로 계산하는 것에서 점차 머리로 계산하는 것을 강조하는 쪽으로 옮겨가는 시기다.

• 이 시기 아이들은 모든 것을 이분법으로 생각하려고 한다. '이거 좋아! 나빠!' '검은색과 흰색' '왼쪽과 오른쪽'. 예를 들어 오늘 교실에서 길동이와 막동이가 아주 친한 사이로 "너는 나의 가장 친한 친구야!"라고 다른 친구나 선생님, 부모님께 이야기하지만 다음날 아무 문제도 되지 않는 작은 일 때문에 둘 사이에 미묘한 감정이 생겨서 그 가운데 한 명은 울거나 아니면 토라져서 서로에게 "나는 다시는 너하고 말하지 않을 거야!" 하면서 하루 이틀이 지나면 언제 그랬냐는 식으로 예전처럼 다정하게 지내는 모습을 자주 보게 된다. 그래서 상대에 대한 배려 '우화'수업이 필요하다.

• 너무 어려운 새로운 과제를 제시하지 않는다. 간단한 놀이나 단순 되풀이 말하기 활동(언어조형, 우화)이나 셈하기(사칙연산, 구구단의 규칙)를 좋아한다.

• 이 시기 아이들은 극과 극, 싫거나 좋음을 분명하게 나타내는 시기이다. 그러다보니 상하좌우 대칭 같은 형태그리기나 우화이야기에 관심이 많고 좋아한다.

• 아이들 기질에 대해서는 '선생님은 살아 있는 교육과정이다'(물병자리) 〈기질편〉을 참고.

제2부

살아 있는 교육과정을 위해!

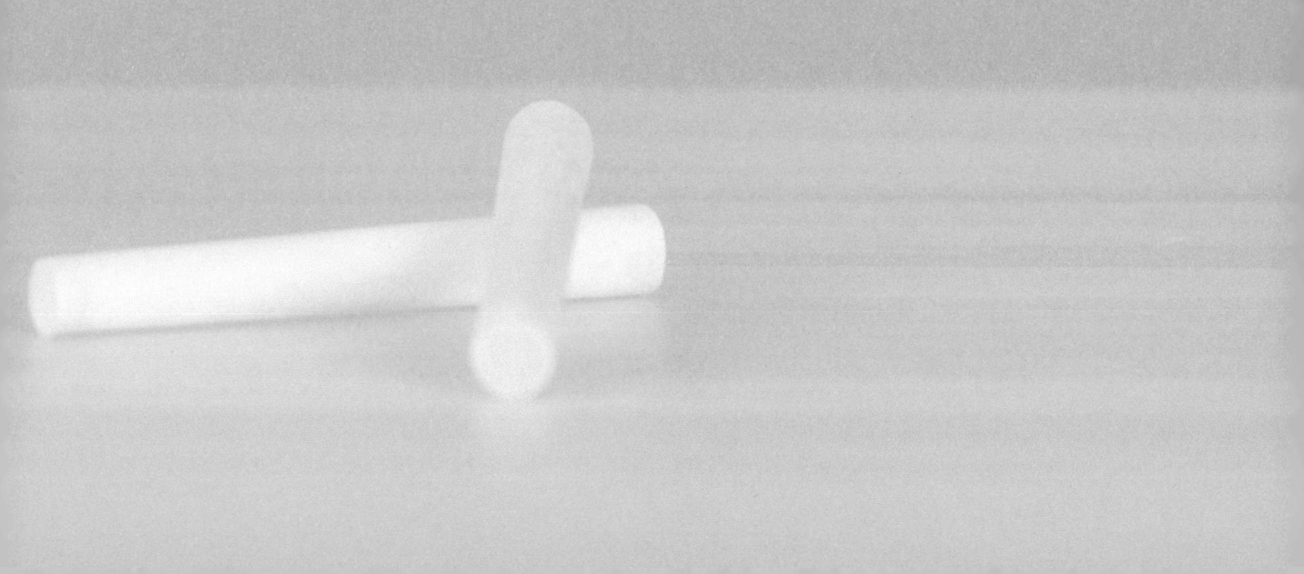

1장

발달단계에 충실한 교육과정 운영을 위해

아이들의 '전인적 발달'을 돕는다면 교육과정 즉 성취기준도 이에 맞게 선정이 되어야 한다. 그렇다면 과연 2015 개정 교육과정과 2009 개정 교육과정은 아이들 발달단계에 맞게 편성이 되었는지, 또한 성취기준은 아이들 발달단계를 제대로 생각해서 선정되었는지 살펴보고 그 대안을 제시하고자 한다.

초등학교 교육과정에서 전인성 발달은 전체에서 부분으로 나누어지는 즉, 나선형 구조가 되어야 하는 것이 기본이다. 물론 여기서 문제점을 제시하는 것은 발달론에 근거한 것이기 때문에 어떤 면에서는 주관적이라고 하겠지만 이 발달론은 보편적인 발달론이다. 7살부터 14살까지의 아동기를 중심으로 그야말로 '전인적 발달'에 맞게 교과와 학년별로 무엇을, 어떻게, 왜 가르쳐야 하는지에 대해서 이야기하고자 한다.

내용 하나하나에 대해서 그 문제를 다루어야 하나 비슷한 내용이 많아 여기에서는 비슷한 것은 묶어서 문제점을 살펴 보고자 한다. 중요한 것은 개정 교육과정에서 제시하고 있는 대부분 내용들이 아이들 발달단계에 전혀 맞지 않는다는 것이다. 물론 주관적인 견해라고 말할 수 있겠지만 이것 역시 발달론에 근거에서 제시하는 것이다.

2장

삶을 가꾸는 1·2학년 국어수업

1 현행 초등학교 1·2학년 국어과 성취기준*1에 대해서

> 취학 전의 국어 경험을 발전시켜 일상생활과 학습에 필요한 기초 문식성을 갖추고, 말과 글(또는 책)에 흥미를 가진다.

초등학교에 이제 막 입학한 아이들은 글자에 대한 이해가 없다고 생각하고 지도과정을 밟아가야 하는데, 이에 대한 배려가 없다. 당연히 글자를 모두 익히고 초등학교에 들어왔다는 전제하에서 성취기준을 뽑았는데 과연 대한민국 모든 입학생 아이들이 글자를 익히고 학교에 들어오는가? 또한 글자를 어떻게 아이들 삶속으로 들어가게 했는지, 아니면 단순히 '글자 기호표'에 따라 무작정 따라 외우게 해서 글자를 익히게 했는지, 그 배움이 단순히 머리로만 익히는 개념중심 배움은 아니었는지를 우선 살펴봐야 한다. 하지만 그렇게 하는 것이 거의 불가능하기 때문에 이처럼 성취기준 정하는 것은 아이들에게 큰 부담으로 다가 온다. 글자 배우는 것이 즐거움보다는 고통을 주는 것으로 생각하게 만드는 것은 아닌지 신중하게 생각해야 하는데, 결국 성취기준 선정은 아이들 삶에 우선하기보다는 교사중심 즉 어른중심으로 선정한 것이다.

또한 2015 개정 교육과정에서는 '가) 학습 내용의 실질적 감축으로 불필요한 해석으로 학습량이 과대해지는 것을 막고자 성취기준을 간명하게 기술하였다고*2 밝히

---

*1 교육부, 2015 개정 교육과정, 국어과 1-2학년 성취기준.

*2 교육부, 2015 개정 교육과정에 따른 교과별 교육과정 선도 교원 연수〈초등학교 1-2학년〉 자료집, 2016.

고 있지만, 중요한 것은 학습량이 아니다. 그 속에 담겨 있는 내용에 대한 질을 달리 해야 한다. 본질에 대한 접근 없이 백날 겉모양만 다르게 색칠하면 무슨 소용이 있겠는가? 그럴 듯한 명분을 내세우고 있지만 안을 들여다봤을 때 나아진 것이 없다면 이것은 막대한 예산 낭비인 것이다. 무엇을 어떻게 개선해야 하는지에 대한 인식이 없는데 어떻게 제대로 방향을 잡아갈 수 있겠는가?

2 올바른 듣기·말하기*3를 위해서

⊙ [2국01-01] 상황에 어울리는 인사말을 주고받는다.

정서발달 단계에서 상대를 '배려'하는 단계를 배우는 것은 1학년이 아닌 2학년 과정에서 다루어야 한다. 이와 관련한 이야기도 '우화'이고 리듬활동도 상대를 배려하는 활동을 중심으로 해야 한다. 하지만 과거 개정 교육과정에서도 그렇고 2015 개정 교육과정에서도 이에 대해서 왜 하는지에 대한 명확한 근거를 제대로 제시하지 못하고 있다. 차라리 2학년 과정에서 '배려'를 중심으로 여러 내용을 다루는 것이 좋다고 소개하는 것이 더 좋지 않을까?

말하기·듣기 수업을 하고나서 다음으로 읽기보다 쓰기를 먼저 가르쳐야 한다. 읽기에서는 머리와 아는 힘(지력)만을 쓰지만, 쓰기에서는 몸 전체의 힘이 발휘되기 때문이다. 그래서 전세계 발도르프학교 1학년 첫날 첫 수업은, 곧은선과 굽은선으로 진행한다. 첫날 첫 수업을 이렇게 하는 것이 어찌 보면 아이들에게 부담스러운 것이 아닐까 의문점을 가진 사람들이 많을 것이다. 물론 담임선생님과 교실에 들어와서는

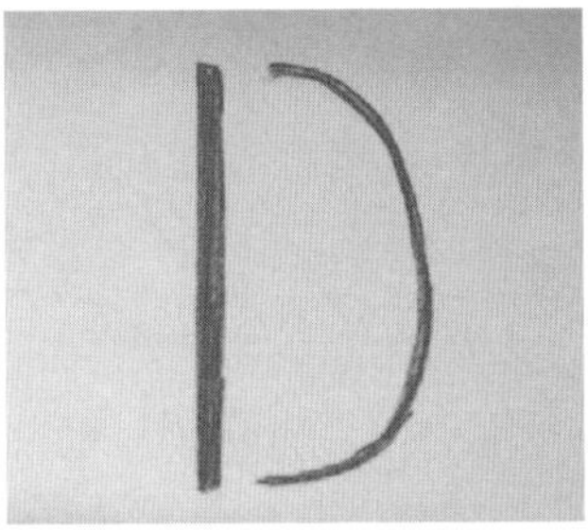

정해진 자리에 앉고 나서 선생님은 "여러분들은 왜 학교에 왔지요?" "무엇을 배우러 왔지요?" 따위를 물으면서 아이들에게 이야기를 해보라고 한다. 아이들마다 그동안 학교에 대해서 생각했던 것을 말하는데, 여기에는 중요한 내용이 들어 있다. 아이들이 담임선생님의 물음에 대해서 대답하면서 학교에 대해서, 선생

*3 교육부, 2015 개정 교육과정 국어과 1-2학년 성취기준.

님에 대해서, 배운다는 것에 대해 대단히 큰 경외심을 갖게 된다는 것이다. 즉 자신들이 어른인 선생님들에게 뭔가를 배울 수 있다는 것에 대해서 굉장히 존경하고 좋아하는 경외심을 가질 수 있도록 해준다는 것이다.

첫날부터 형식적인(의례적인) 절차를 말하기보다는 이제 막 학교를 들어선 아이들에게 학교에 와서 뭔가 배운다는 것이 기쁘고, 아침시간마다 학교에 가고 싶은 마음이 들도록 해야 한다. 이제 막 학교생활을 시작하는 아이들의 처지에서 학교생활이 얼마나 신기하기도 하고, 한편으로는 두려울까? 간혹 학교에 가기 싫다고 하는 아이들을 보면 교실생활이 어떠한가를 짐작할 수 있다. 오죽하면 학교에 가기 싫다는 말을 할까? 교실에서 과연 어떤 일들이 벌어졌기에 또한 아이에게 얼마나 신뢰감을 주지 못했기에…. 이러한 현상은 삼월 한 달 동안 주로 많이 일어나는 것을 볼 수 있다.

담임선생님이 들려주는 이야기 속에서 아이들은 어른들은 정말 많은 것을 할 수 있는 능력이 있고, 어른들은 글씨도 쓸 수 있다고 생각한다. 물론 어린이집이나 유치원에서 글씨를 미리 익혀 온 아이나 게임이나 미디어를 많이 접한 아이들에게는 이런 상상력을 이끌어내는 것이 힘들지만, 음식도 할 수 있고… 여러 가지를 만들 수 있고, 자신들은 못하는데 어른들은 거의 다 할 수 있다는 것을 통해 배우고 싶다는 기쁨을 주는 들려주는 이야기가 첫 시간 수업활동이다.

아이들에게 상상력을 북돋워 주는 첫날 첫이야기 수업에서 아이들의 마음속에는 배움에 대해 기쁨, 희망, 존경, 신뢰, 믿음, 권위(긍정적인 면)들이 싹튼다. 이때 중요한 것은 아직도 꿈꾸는 듯한 아이들이기에 무조건 나열식으로 이야기하기보다는 세상에서 하나밖에 없는 훌륭한 예술작품을 만드는 마음으로 신중하고도 조심스럽게 그러면서도 담임교사의 진정성이 담긴 목소리로 들려 주어야 한다. 물론 이렇게 하는 것이 쉽지 않다. 굉장히 어려운 일이다. 하지만 교사 자신을 선택(?)해서 온 아이들이기에 이만한 수고는 해야 한다. 그런 다음 위에 있는 형태그리기 작업을 위해 "자, 그럼 공부를 해볼까요?"하면서 첫 수업을 시작한다.

형태그리기(Formen)*4는 1학년 첫날부터 시작해서 5학년까지 배우게 되는데, 그것이 5학년 후반부터 배우는 기하학의 기초가 된다. 처음 1학년에 들어온 아이들에게 교사는 칠판에다 분필로 곧은 선을 하나 긋고 아이들을 나오게 하여 시켜본 후 공책에 직접 그리게 한다. 나중에야 곧은 선의 이름을 직선이라고 가르쳐 준다. 다음날은 곡선을 그리고 이름을 가르쳐 준다. 이것은 단순히 선 그리는 것을 가르치는 것이 아니라 글자나 숫자 쓰기로 자연스럽게 넘어가는 시작이기도 하다. 또 평면을 나누어보게 하여 형태에 대한 감각도 생기게 한다.

1학년에서는 단순한 곧은 선, 굽은 선들을 그리는 연습을 하고 2학년에서는 1학년보다 수준이 높아서 대칭을 완성할 수 있다. 형태그리기는 아이들의 내장기관의 발달에 도움이 되고 또 한 가지 형태를 그리는데 두 가지 이상 어울리는 색을 써서 그리다 보면 자연스럽게 미적 감각도 길러지게 된다.

⊙ 글자를 깨우치기 위한 사전 준비단계로 형태그리기 수업을 해야 한다.*5

[1학년 형태그리기 과정*6]

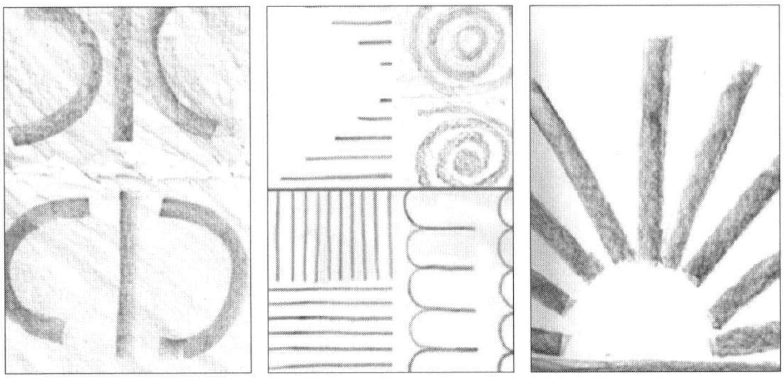

[2학년 형태그리기 과정]

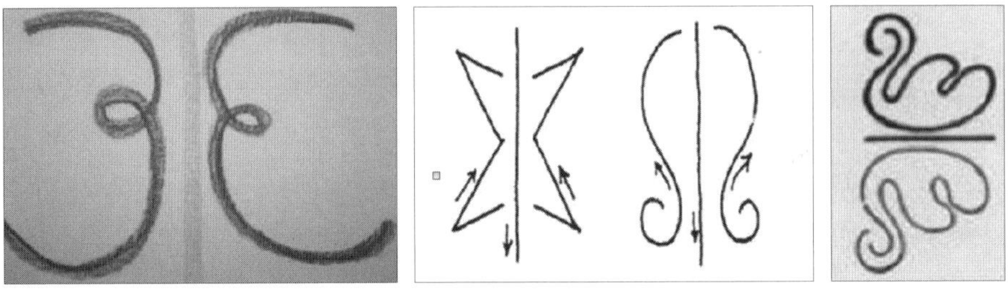

*4 스위스의 교육자 루돌프 쿠쯔리(Rudolf Kutzli, 1915-)는 형태그리기에 대하여 "중세에서 형태예술(Ars Lineandi)과 같은 의미를 가지며, 인류의 예술형식으로서는 가장 오래된 것 가운데 하나"(R.Kutzli, Creative Form Drawing,1985, p.7)라고 하였다. 쿠쯔리는 신석기시대나 청동기시대에 암석에 새겨 넣거나 그려졌던 그림의 모양들과 게르만족의 일파인 랑고발드족이나 아일랜드인(켈트족)들에 의해 만들어진 석공(石工)예술이나 사본(寫本)예술이 바로 '형태(線描)예술'의 한 표현이라고 하였다.

*5 여기서는 1-2학년 형태그리기 과정만 소개하고자 함.

*6 김용근, 아이들만이 희망 10-50호.

3학년에서는 중심에 내가 있고 자신을 주위가 둘러싸고 있는 것을 주로 그리는데 자유로우나 질서가 있으며, 4학년은 힘이 넘치는 시기인데 형태그리기를 하면 아주 좋아하고 어려운 것도 잘 해낸다. 공부를 하다가도 아이들이 산만하다고 생각되면 자연스럽게 형태그리기로 들어가는데 그냥 산만함을 가라앉히려는 게 아니라 아이들의 정신 집중과 손가락 훈련에 중요한 목표를 둔다. 물론 더 큰 목표인 심신의 조화로운 발달을 돕기 위해 이 형태그리기는 발도르프학교의 중요한 자리를 차지하고 있다.

형태그리기 방법은 처음에 공중에 몸짓을 하거나 맨손으로 공중에 형태를 따라 그리는 것으로부터 시작해서 다음에 종이(도화지, B4) 위에 크레용으로 형태를 그린다. 이러한 형태그리기에서 자연스럽게 발전한 쓰기 공부로 1학년 과정을 다루어야 한다. 그러면 아이들은 모든 글자를 자연스럽게 익힐 수 있다. 물론 특별히 글자 터득에 어려움이 있는 도움이 필요한 아이들 빼고는 대부분이 모든 글자 형태를 익히게 된다. 그렇다면 글자를 깨우치는 데 꼭 필요한 형태그리기를 어떻게 1학년에서 지도했는지의 사례를 예전에 직접 지도한 경험을 통해 소개해 보겠다.*7

※ 1학년 형태그리기 과정 수업 사례

형태그리기는 단순한 그림그리기 과정이 아니다. 1학년 입문기 아이들이 글자를 익히고 배우는 과정의 시작이다. 이 과정에서 아이들의 느낌과 생각을 이끌어내고 있으며 글자 'ㅣ'를 시작할 때 그 글자에서 떠오르는 형태에 대하여 교사와 아이들이 활발한 의견을 나누는 과정이다.

['ㅣ'를 이야기 할 때]

교사 : 'ㅣ'는 하늘과 땅을 연결하는 중간 다리야. 우리들 주변에서 이와 비슷한 것들을 찾는다면 어떤 것이 있을까?

아이들 : 사람이요.

교사 : 그래, 사람일 수도 있구나. 사람은 옛날부터 하늘과 땅을 연결하는 몫을 맡기도 했지. 그래서 땅에서 무슨 일이 있거나, 하늘에서 무슨 일이 있을 때면 사람을 통해서

---

*7 김용근, 아이들만의 희망 18호, 2004년 '형태그리기 1-5학년 과정 연재.

일을 해결하려고 했지. 예를 든다면 제사를 지내서 하늘이나 땅의 신에게 소원을 빌었지.

아이들: 나무도 있어요.

교사 : 그래, 나무도 땅을 중심으로 해서 하늘을 향하고 있구나.

아이들 : 전봇대도요. 기둥이요.

교사 : 그래, 여러 가지가 있구나. 자, 그럼 나(선생님)를 따라서 위에서부터 아래로 살짝 그려 나가 볼까? 어떤 모양의 글자가 생겨날까? 이것을 소리 내어 볼까?

아이들 : 네

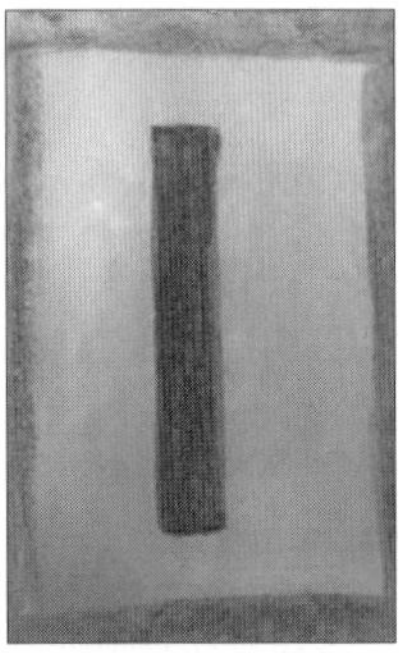	연습 방법	① 일정한 간격으로 긋기 ② 위에서 아래로 긋기 ③ 왼쪽에서 오른쪽으로 긋기 ④ 오른쪽 끝까지 왔으면 다시 왼쪽으로 되돌아가기 ⑤ 오른손으로 했으면 손을 바꾸어서 왼손으로 해보기

만약 1학년을 위한 형태그리기 과정을 거치지 않았다면, 처음부터 2학년 과정들을 하기보다는 학기 초에 먼저 1학년에서 하는 글자 익히기 과정으로 형태그리기를 해보는 것이 좋다. 1학년에서 연습하는 형태가 직선, 곡선과 같은 단순한 모양이었다면 2학년에서는 한 단계 높은 복잡한 형태들을 배운다. 또한 대칭 연습을 시작하게 되는데 처음에는 간단한 것에서 출발하여 충분한 연습이 되면 복잡한 것들까지 발전시켜 나가는 것이 좋다. 대칭형이 되도록 주어진 그림의 나머지를 완성하게 하는 것은 아주 커다란 교육적 성과와 중요한 의미가 있다. 이것은 아이들 자신의 보이지 않는 예술적인 기질을 만드는 데 도움이 되기 때문이다. 또한 대칭연습을 하는 동안 적절한 긴장감과 운동감을 느끼고, 상상력의 세계인 원 주변에서 느껴지는 자유로이 밀고 당기는 관계들을 통해 조화로움을 깨닫게 된다. 이러한 형태들의 꾸준한 연습은 이 시기 아이들에게 융통성 있는 사고와 상상력을 키우는 데 많은 도움이 되며 상황에 대처할 수 있는 힘도 키워준다. 문제는 우리 교육과정에서는 아주 맛보기

로 하고 있다는 것인데 이것 역시 개념중심이다. 수학교과에서 '도형' 영역은 접근하고는 있지만 형태그리기 본질과는 거리가 멀다. 개념 정의를 익히는 데 중점을 두기 때문이다. 형태그리기는 교사가 아이들과 수업을 하기 전에 아이들이 하는 것과 똑같은 방식과 크기로 형태 연습을 실제 해봄으로써 어느 정도 정확함을 갖는 형태를 완성하기 위해서 가져야 할 마음가짐을 미리 느껴 보아야 한다. 교사의 실천이 무엇보다도 중요하다. 바로 영혼을 불어넣는 수업을 위해서다. 형태그리기의 효과는 아이들에게 의지력과 집중력과 자기 통제력을 기르게 해주며, 고유운동감각과 균형감각을 강화시켜 주고, 색채감과 심미감을 키워주며, 숫자와 글자에 대한 이해력을 길러주고, 조화로운 들숨과 날숨의 호흡을 하게 해준다. 또한 영혼의 균형을 이루게 하는 힘을 키워준다. 바로 생명육체와 영혼육체를 강화시켜 준다.

형태를 제시할 때는 아이들에게 무의미하게 제시하는 것이 아니라 교사는 그림을 그려 놓고 아이들과 함께 차근차근 이야기를 하면서 형태그리기 공부를 시작한다. 이때 교사 나름대로 자기 학급 환경에 맞는 이야기 내용을 만들고 아이들한테서 어떤 대답이 나올지 예상해 보고 사전에 많은 준비와 연습을 해야 한다.*8 이렇게 형태그리기 수업을 하기 위해서는 단면이 사각형으로 된 사각크레용과 A4 종이 크기의 도화지를 묶어서 만든 에포크 공책이 필요하다. 사각크레용은 손에 힘을 주는 정도에 따라 공책에 그려지는 크레용색이 다르고 쉽게 빈 공간을 채울 수 있어서 좋다. 더 중요한 사실은 이 시기 아이들은 아직 손의 쥐는 힘이 부족하기 때문에 막대크레용을 쓰기에는 힘든 면이 있다.

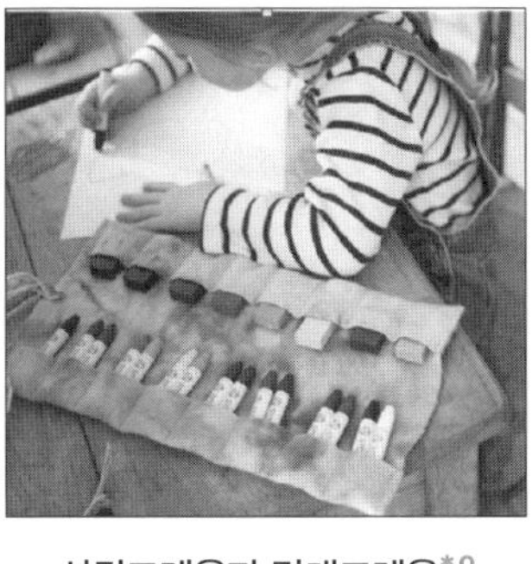
사각크레용과 막대크레용*9

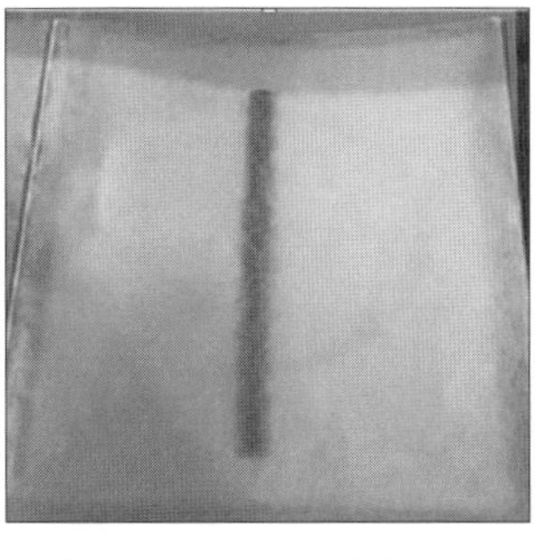
아이들이 에포크 공책에 그린 그림

*8 교사 자신이 만족스러울 때까지 물론 수십 번이 될 수 있고, 서너 번이 될 수도 있다.
*9 발도르프학교에서는 천연 밀랍과 색소로 만든 사각크레용을 주로 저학년때 많이 이용한다.

또한 말하기는 어떠한 형식을 갖추지 않아도 쓰기나 읽기 과정이 이루어지면 자연스럽게 진행되는 것인데, 우리는 너무도 친절하게 말하기·듣기·읽기·쓰기·문법·문학으로 나누어 놓았다. 그렇다고 각 영역들이 연관성 있게 구성되어 있는 것도 아니고 제각각이다. 이럴 바에는 차라리 1·2학년에서 다루어야 할 내용만 제시해 주고 나머지는 교사가 재구성을 하도록 하는 것이 낫다. 교사가 날마다 들려주는 이야기(옛이야기나 우화)를 듣다 보면 가슴에서 솟구쳐 나오는 궁금증을 어떻게 이야기할지 자연스럽게 알게 된다. 친절하게 미리 아이들에게 알려주지 않아도 된다. 친절함이 오히려 자발성을 가로막을 수 있다.

◉ [2국01-03] 자신의 감정을 표현하며 대화를 나눈다.

말하기 활동을 강화시킬 수 있는 것 가운데 하나가 아침마다 일정한 시간에 학급 아이들 모두가 시를 낭송하는 것이다. 물론 국어시간에 한정해서 하기보다는 수업이 시작되기 전에 하루를 여는 것으로 실천해 보는 것이 좋다.

이오덕 선생님[*10]이 말하는 것처럼 시는 교육의 생활을 윤택하게 하는 산소다. 시를 노래하고 생활로 받아들이는 교실은 그만큼 살아 숨쉰다. 요즘처럼 점점 메말라 가는 아이들 정서에서는 꼭 가르쳐야 할 내용이 아닌가 싶다. 더구나 1-2학년에서의 간단한 시는 아이들의 느낌을 격려하고, 새로운 말을 말하기로 표현할 수 있는 자신감을 심어 준다. 굳이 국어 '말하기·듣기' 시간을 따로 정해서 가르치지 않아도 된다. 따로 정해서 가르치는 것은 느낌보다는 또 다른 배움(지식)으로 받아들여지기 때문에 그만큼 느낌 요소가 줄어들게 된다. '시를 노래하는 아이들'이란 얼마나 아름답고 가슴 설레는 글귀인가? 아침마다 시를 낭송하는 교실, 참으로 멋지지 않은가?

내 경우 교사시절 아침마다 아이들과 '아침시'를 낭송할 때 앞에서 말한 방법들을 실천했다. 말하기 영역에서 필요로 하는 스피치훈련이기도 하다. 아나운서들이 방송을 하기 전에 입모양이나 혀를 부드럽게 풀어 보는 활동을 하는 것도 어떻게 보면 말(발음)을 올바르게 하기 위한 활동인 것처럼 말이다. 단순히 교과서 내용에 제시된 것만 가르치고 배우게 하기보다는 좀 더 고민과 연구와 노력을 해서 아이들의 고유운동감각이나 균형감각, 언어감각을 강화시키는 활동을 하게 하는 것이 필요하다. 물론 교사 자신도 이러한 감각활동을 통해 내적으로 많은 발전을 할 수 있다. 또한 시를

*10 이오덕, 〈어린이는 모두 시다〉, 지식산업사.

반 아이들이 함께 낭송하는 활동은 학급을 하나로 뭉치게 하는 즉 단결심과 동료애를 키워 준다.

◉ **[2국01-02] 일이 일어난 순서를 고려하며 듣고 말한다.**

이것이 제대로 되기 위해서는 주기집중(에포크) 수업이 전제가 되어야 한다. 이 과정을 아이에게서 이끌어내는 것이 쉽지 않다. 그렇게 하기 위해서는 교사의 이야기 들려주기 수업이 우선 되어야 한다. 책을 아이들에게 그대로 읽어주는 것이 아니라 책 내용을 다 외워서 말 그대로 들려주어야 한다. 이때 아이들 표정 하나 하나를 보면서 이야기를 들려주어야 한다. 물론 정확한 발음과 속도로 해야 한다. 1·2학년 아이들은 교사가 들려주는 것을 그대로 모방을 한다. 즉 따라 배우기를 한다. 이것이 단순히 몇차시 과정이 아닌 1-2년 동안 진행되기 때문에 아이들의 말하기나 듣기 능력은 많이 향상되고, 책을 그냥 글자대로 읽어줄 때보다 이야기를 들려줄 때 아이들은 더 많이 기억을 한다. 또한 교사의 살아 있는 말로 이야기를 들려주면 아이들은 이야기 전체를 그대로 생각해서 들을 수 있고, 또한 말할 수 있다. 중요한 것은 그저 아이들 머릿속에 집어넣으려고 하는 것이 아니라 아이들이 어떻게 느끼고 그 느낀 것을 어떻게 바깥으로 뿜어져 나오게 할까에 우선을 두어야 한다. 아이들의 상상력을 자극하기 위해서는 그만큼 교사의 살아 있는 말하기가 우선 되어야 한다.

하지만 이러한 모든 것은 전래동화(옛이야기)를 읽지 않는 교사에게는 기대하기 힘들다. 텔레비전에 나오는 오락(개그)프로 내용을 이야기하는 교사라면 더욱더 그렇다. 옛이야기를 단순히 책으로 읽어 주면 된다는 생각도 잘못된 것이다. 이야기는 들려주어야 한다. 그래야만 아이들이 제대로 느낌을 알 수 있다. 아이들의 상상력과 창의력은 그냥 길러지는 것이 아니다. 이야기 속에서 아이들의 꿈이 커진다. 그래서 교사라면 최소한 옛이야기(전래동화, 신화, 우화, 역사)는 기본으로 읽어야 한다. 책을 들고 읽어 주는 것은 분명 한계가 있다. 아이들이 집중을 해도 오래가지 않고, 더 중요한 것은 교사 자신의 영혼이 덜 들어간다는 것이다. 교사의 눈이 책 글귀가 아닌 아이들 하나하나의 눈동자에 가 있어야 한다. 책은 읽어 주는 것이라고 하는 고정관념부터 버려야 한다. 교사가 책 내용을 보지 않고 들려주기 위해서는 우선 그 내용을 완전히 파악해야한다. 아니면 다 외우거나. 무식하다고 할 수 있지만 여기에도 요령*11이 있다. 아주 쉽게 아이들도 흥미롭게 들을 수 있는 기술적인 방법이 있다. 물론 효과는 아주 좋다. 저노력 고효과! 옛이야기를 들려주지 못하는 교사, 책도 교사의 목소리보다는 컴퓨터 화면을 이용하거나 사설업체가 제공하는 프로그램을 아이들에게 보여주거나 들려주는 교실이라면 더더욱 수업혁신을 기대하기가 힘들다. 그래서 훌륭한 교사는 손에 든 교과서를 그대로 가르치지 않는다. 교과서를 가지고 가르치면 아이들은 '선생님이 이 내용을 잘 모르는가 보다'하는 생각을 한다. 아이들의 이러한 생각은 대체로 옳다. 교사도 잘 모르는 것을 아이들에게 가르칠 수는 없는 것이다. 선생님이 아침에 교실에 들어서면 모든 주의와 관심을 아이들에게 기울이거나 돌려야 한다. 전화기(스마트폰), 컴퓨터를 잊어야 한다. 선생님은 수업이라는 '예술작품'을 만들어야 한다.

⦿ [2국01-04] 듣는 이를 바라보며 바른 자세로 자신 있게 말한다.

초등학생 8-9살 아이들 정신 상태나 지적 수준을 어느 정도로 보는가? 너무 과대평가하고 있는 것은 아닌가? 어른들의 경우도 이 부분이 쉽게 되지 않는 경우가 많다. 물론 이 과정이 필요하다고 본다. 그렇다면 이 과정에 어떠한 이야기 소재와 리듬활동, 의지력 강화를 위한 내용들이 있어야 하는지 소개하는 것이 필요하지 않을까? 단순히 선정기준만 모호하게 제시하지 말아야 한다.

올바른 말하기·듣기 수업을 위해 교사는 어떻게 다가가야 하는가?

1·2학년 아이들에게, 고학년들도 마찬가지지만 옛이야기와 우화, 성인이야기들을 어떻게 어떠한 방법으로 들려주어야 할까? 이때 이야기를 들려준다는 것은 아이들의 초롱초롱 빛나는 눈들을 보면서 이야기해 주는 것이지 책을 그냥 읽어주는 모습은 아니다. 읽어주는 것은 책을 보고 읽어주는 것이다. 활자를 그대로 소리 내어 읽는 것뿐이다. 책을 보고 읽어주는 것이 아니고 책 없이 이미 들려줄 이야기를 다 외워서 아이들한테 이야기해 주는 것이다. '말하기·듣기' 시간은 아이들만 대상으로 하는 것이 아니다. 가르치는 교사가 주체가 되어서 이끄는 수업을 해야 한다. 누구를 시키는 대상으로 바라보는 것이 아니라 교사인 내가 그 중심에서 제대로 이끌어야 한다. 그렇다면 교과서 중심 수업에서는 거의 힘들다. 국어 시간을 쪼개고, 부족하면 '창의적 체험활동' 시간을 재구성해서 운영하면 어느 정도 가능하다. 적어도 하루에 한 번씩 1-2교시를 블록제 수업을 한다면 모를까. 블록제 수업이 아닌 경

---

*11 김용근, 선생님은 살아 있는 교육과정이다. 국어편에 소개. 2014.

우는 수업이 끝나기 10분 전에 이야기를 해주는 것이 좋다. 물론 날마다 정해진 시간이나 요일에 해주는 것이 좋다. 물론 이런 준비를 하기 위해서 교사는 많은 노력과 시간이 필요하다. 단순히 남이 해놓은 것을 그대로 가져다 쓸 수도 없고, 그렇다고 기계가 대신할 수도 없다. 오로지 담임교사만이 할 수가 있다. 사실 단순히 '말하기·듣기' 시간이라고 교과서가 하라는 대로 행동하게끔 하는 것은 아이들에게 큰 도움을 주지 못한다. 수업을 완전히 재구성하거나 아니면 아예 교과서를 내려놓고 날마다 정해진 시간에 옛이야기(1학년)나 우화(성인, 2학년)를 들려주는 것이 좋다. 이야기는 아이들의 발달과 상상력에 커다란 영향을 준다. 이야기를 듣는 동안 아이들한테 적어도 여러 가지 말, 풍부한 단어들이 고스란히 전달된다. 옛이야기나 우화(성인이야기)에는 우리가 일상생활에서 쉽게 쓰는 친숙한 말도 있고 그렇지 않은 말들도 있다. 일반 생활 낱말로 쓰지 않는 낱말들도 아이들이 이야기를 들으면서 자연스럽게 낱말에 대해 알게 되면서 점차 쓰는 말이 풍부해지고 세상에 대해서 더 열리고 호기심이 더 많아지게 된다. 자연스럽게 녹아 들어간 것이다. 이와 반대로 날마다 이런 이야기들을 들려주지 않는 교실의 아이들은 교과서에서 제시한 한정된 낱말만 배우고 익히기 때문에 훗날 어른이 되었을 때 어휘력에 차이가 있다.

다음날, 같은 시간에 교사는 어제 들려주었던 이야기를 줄여서(기억) 다시 들려준다. 이 때 어제 들었던 그 내용에 대해서 아이들과 이야기하는 시간을 가지는 것이 좋다. 이것을 통해서 다시 아이들의 말과 낱말은 더욱더 풍부해진다. 이것은 자기가 받아들인 대로 바깥에 내놓는 것이다. 그대로 똑같은 내용을 똑같은 말로써 표현하기 때문이다. 그렇지만 이것을 억지로 이끌어 낼 필요가 없다. 어제 한 그대로 이야기해 보라는 것이 아니고 다음 시간이 되면 기억을 되살리는 시간(회상)을 가지는 활동 가운데 하나로 어제 들은 내용을 서로 이야기하게 한다. 이때 아이들 각자는 자기들 나름대로 들은 대로 이해한 대로 술술 말을 쏟아 낸다. 이런 과정을 통해서 아이들의 말이 풍부해진다. 이런 이야기들을 제대로 한다는 것은 아이들이 그만큼 잘 들었다는 것을 뜻한다. 들었던 내용을 다시 되살려 말함으로써 아이들은 정서적으로 안정감을 갖게 되고 표현력도 좋아진다. 그래서 정서면에서 내면과 감성적인 것들이 훨씬 더 깊이 강화된다. 담임교사가 이야기할 때는 손에 아무 것도 가지고 있지 않고 가능하면 책도 들고 있지 않고 아주 자유로운 모습으로 이야기를 해줄 때에, 그것이 아이들 내면 속에 깊이 자리잡게 된다. 바로 '내면화'인 것이다.

여기서 가장 중요한 것은 교사가 아이들에게 이야기할 때의 태도, 말투, 분위기,

감정, 느낌들인데 이를 위해서 교사 스스로 아주 많은 노력을 기울여야 한다. 교사의 목소리는 최소한 '사람다워야' 한다. 그 사람이란 '천사'의 목소리와 같아야 한다는 것이다. 그만큼 아이들 대상으로 이야기를 할 때는 함부로 해서는 안 되고, 사전에 말하기 연습을 충분히 해야 한다. '말하기·듣기' 시간이라고 해서 아이들만 말하고 듣는 공부를 하는 것이 아니라 이것이 제대로 효과가 있으려면 교사도 이에 대해서 많은 노력과 시간을 기울여서 제대로 된 목소리로 말을 하고 이야기를 들려주어야 한다. 2015년 6월까지 함께 근무했던 강원 공현진초 김○○ 선생님의 경우*12, 1학년 담임을 할 때 옛이야기를 들려주기 위해서 한 편의 이야기를 열다섯 번 읽고 또 읽어서 완전히 교사 자신의 것으로 녹여 내어 이야기를 들려주었다고 한다.

교사의 이러한 노력이 모두 이야기(말) 속에 녹아 들어가 있기에 아이들은 그 분위기를 충분히 이해하고 느낀다. 결국 눈에 보이지 않는 교감이 일어나는 것이고 아이들은 담임교사에 대해 무한 신뢰를 느낀다. 그렇지 않고 컴퓨터로 기계를 이용해서 들려주는 기계소리는 아이들에게 오히려 배움에 대한 공허함만 줄 뿐 도움을 주지 못한다.

'말하기·듣기' 수업의 핵심이 말을 잘하고, 잘 들어야 하는 것이라면 1-2학년 아이들에게 교사는 말투나 행동에서 모범을 보여야 한다. 교사가 이야기를 들려주는 말이 기계가 들려주는 말과 같은 말이 아니라는 것을 아이들은 안다. 사실 날마다 정해진 시간에 이야기를 들려주는 것은 무척 힘든 작업이다. 그냥 책을 가지고 기계적으로 읽어 주면 의무를 다했다고 할 수도 있겠지만 그것은 아이들의 영혼 깊은 곳까지 울림이 오지 않았기 때문에 돌아서면 금방 잊거나 기억을 해도 희미해서 들었던 내용을 완벽하게 이야기하지 못한다. 그것은 말하는 사람의 살아 숨쉬는 열정이 덜 들어 있기 때문에 받아들이는 아이들도 가볍게 여겨 기억을 잘 못하는 것이다.

아이들은 원래 이야기 듣는 것을 굉장히 좋아하기 때문에 선생님이 날마다 이런 식으로 이야기를 해주면 담임선생님과 아이들의 관계는 아주 친밀해진다. '인성교육'이 강화되면서 거기에 관련한 무언가 새로운 것을 만들거나 해야 한다고 생각할 텐데 굳이 그렇게 하지 말고 이렇게 '말하기·듣기' 수업에 이야기를 날마다 들려주기 시간을 편성해서 운영하는 것도 좋은 대안일 것이다. 더구나 다음에 소개하는 1-2학년 아이들에게 꼭 들려주어야 할 옛이야기나 우화, 성인이야기가 읽기나 쓰기

*12 2014년 1학년을 담임하고 이후에 연속에서 2학년, 3학년 같은 학급을 맡아서 가르치고 있다.

시간에만 한정해서 들려주기에는 시간이 너무 부족하다. 따라서 효과 있고 내실 있는 국어과 교육과정을 운영하기 위해서는 지금까지 고정관념으로 편성·운영해 온 교육과정과 교과서를 과감하게 내려놓아야 한다. 그리고 아이들이 지금 무엇을, 왜 원하는지에 대한 진지한 고민과 연구를 해서 교사 자신만의 살아 있는 교육과정을 운영하는 데 힘을 쏟아야 한다.

[말하기·듣기] 수업에서 가장 중요한 것은?

바로 '호흡'이다. '말하기·듣기' 수업의 가장 기본은 숨쉬기(호흡)이다. 호흡이란 '날숨'*13과 '들숨'*14을 뜻하는데 말하기는 단순히 말하는 것이 아닌 '날숨'과 '들숨'의 중요한 원리가 들어 있기 때문에 이에 대한 내용을 제대로 이해할 때 제대로 된 수업을 할 수 있다. 단순히 교육과정에서 제시하는 내용만 가지고 가르치는 것은 개념과 기능중심 수업으로 흐를 가능성이 크다.

수업에는 '날숨과 들숨'을 이용한 다양한 교육활동으로 적절한 긴장과 또 그것을 풀어 주는 것이 있어야 한다. 하지만 수업이 긴장된 순간만 있다면, 아이들은 굉장히 신경질적이 될 것이다. 교사가 수업 중에 물어보는 질문은 긴장이 생기게 한다. 선생님께서 무슨 질문을 하실까? 나한테 물어보면 어떡하나 걱정을 하게 되면 아이들은 상당히 긴장하게 되고 근육도 경직된다. 교사가 아이들에게 질문을 던지기보다는 아이들 스스로가 궁금증을 해결하기 위해서 물어보는 수업이 되어야 한다. 교사가 학교에서 아이들에게 과제(숙제)를 내주고 나서 다음날 검사를 하지 않는다면 분명히 문제가 생길 것이다. 숙제를 내주고 검사를 하지 않는다면 삼월 초에 학급 구

---

*13 날숨의 원리
혈액내 이산화탄소의 농도가 높아지면 연수가 자극을 받아 부교감신경에 의해 횡격막과 늑간근(늑골 사이의 근육)이 이완된다. 따라서 흉강의 부피가 감소하므로 흉강 내 압력이 증가하여 폐포 내의 공기(이산화탄소)가 기도를 통해 밖으로 나가게 된다. 폐는 근육이 없어서 스스로 수축과 이완을 하지 못하므로 자율신경의 조절에 의해 횡격막과 늑간근의 상하운동에 의해 호흡이 이루어진다.
(http://terms.naver.com/entry.nhn?docId=1244584&cid=40942&categoryId=32311)

*14 들숨의 원리
폐의 기능은 호흡이며 심장과 함께 움직임을 멈출 수 없는 중요한 기관이다. 호흡, 즉 가스교환은 폐포에서 일어나는데, 폐포는 탄력이 있는 얇은 막으로 되어 있으며 근육이 없으므로 스스로 수축과 이완을 할 수 없다. 그러므로 횡격막과 늑골의 상하운동에 의한 흉강의 부피 조절로 기체교환이 이루어진다. 즉, 늑골을 외늑간근(外肋間筋)에 의해 위로 올리고, 횡격막을 복강(腹腔)으로 향하여 아래로 내리면 흉강이 넓어져서 흉강내 압력이 낮아지면 기도(氣道)를 통하여 공기가 폐포 내로 들어오게 된다.
(http://terms.naver.com/entry.nhn?docId=1244583&cid=40942&categoryId=32310)

성원 모두가 합의(?)한 규칙이 의미가 없어지며 아이들은 담임교사를 신뢰하지 않는다. 이런 학급에서는 결국 날숨만 존재하게 된다. 이와 반대로 쪽지시험이라든가 수시로 평가할 경우, 물론 학기 초 학년 교육과정계획에 의해서 정해진 기간에 시행하는 경우는 제외하고, 또 시험(평가)이 아니더라도 아이들이 받아들일 준비도 되어 있지 않았는데 갑자기 "4+6=?","00는 왜 그럴까?" "이것에 대해서 어떻게 생각해요?" 같은 질문을 계속할 경우 아이들은 대부분 긴장하게 되고 아이들의 몸은 강하게 굳어져 있는 상태[*15]가 되고 만다.

중요한 것은 교사의 이야기 과정 속에서 아이들이 내적인 호기심과 궁금증으로 물어보지 않으면 안 되는 상황에서 무의식적으로 손을 들거나 물어보려는 모습이 나오게끔 해야 한다는 것이다. 예전 텔레비전 개그 프로인 '봉숭아학당'에서 맹구가 선생님에게 질문하려는 모습을 떠올리면 쉽게 이해할 수 있을 것이다. 물론 이렇게 하기 위해서는 무엇보다도 교사의 이야기 즉 들려주기 수업이 중요하다. 여기에 목소리 역시 '인간다워야(천사의 목소리)' 한다. 그렇지 않은 경우 이는 나중에 아이들의 마음이나 몸 상태가 더 경직되게 한다. 너무 긴장감을 주어 아이들이 잘 조절할 수 없는 상태까지 이르게 되면 아이들이 성장하는 데 좋지 않은 영향을 주게 된다. 우리가 수업연구시간에 교사도 아이들도 잔뜩 긴장을 하면 수업분위기가 많이 경직되고, 매끄럽게 진행되지 못했던 경험을 떠올리면 쉽게 이해될 것이다.

또한 아이들에게 책을 읽어 줄 때도 책을 읽어 주기보다는 '들려주어야' 한다. 단순히 책의 내용을 읽어 주는 것은 교사의 일방적인 '날숨'에 해당한다. 교사의 눈이 책 글귀에 더 모아지고 입으로만 말소리를 전하기 때문에 아이들과 교감을 제대로 나눌 수 없다. 물론 '한 줄씩 읽을 때마다 아이들을 쳐다보면서 말하는데 무슨 문제가 있겠는가?'라는 의구심을 가질 수도 있지만, 아예 책 내용을 사전에 통째로 다 외워서 들려주는 것과는 차원이 다르다. 교사 앞에 아무것도 없이 마치 무대 위에서 연기하는 배우처럼 아이들 표정 하나하나를 바라보면서, 순간순간 상황에 맞게 분위기며 표정과 손짓을 해가면서 말할 경우, 아이들은 단순히 읽어 주기만 할 때보다 더 깊이 있는 반응을 보인다. 이에 대해서는 실제 해봐야 그 차이를 느낄 수 있다. 물론 내용이 긴 옛이야기를 전부 외워서 들려주는 것이 쉬운 일은 아니다. 그때는 날마다 시간을 정해놓고 읽어 줄 분량을 정해서 조금씩 들려주면 된다. 예를 들

*15 긴장하는 것은 몸이 경직되는 상태임.

어 한 주에 한 편의 이야기를 들려주려고 한다면, 5일로 나누어서 하루에 1/5씩 들려주는 것이다. 한꺼번에 다 들려주는 것보다는 날마다 조금씩 들려주는 이야기에 아이들은 더 기대감을 갖게 된다. '이어지는 이야기는 어떤 내용일까?' 하는 상상력을 불러오게 된다. 이러한 기대감은 아이들 내면화에 많은 도움이 된다. 날마다 조금씩 들려줄 때는 새로운 것을 말하기 전에 어제, 그제 말했던 내용에 대한 줄거리를 먼저 이야기해 줌으로써 아이들의 기억을 되살리게 한 다음 오늘 말할 내용을 이야기해 주는 것이 좋다. 날마다 되새김질하면서 이야기를 들려주면 긴 내용의 이야기도 다 들려줄 수가 있다. 이렇게 하기 위해서는 교사 자신의 시간과 노력이 필요하다. 편리하게 책을 보면서 읽어주면 되는데 굳이 이렇게까지 할 필요가 있을까 하는 생각이 들 수도 있겠지만, 수업은 교사 중심 수업이 아닌 아이들 중심 수업이 되어야 하기 때문이다.

그렇다면 수업을 어떻게 진행해야 잘했다고 할 수 있을까? '수업에는 왕도가 없다' 라는 말도 있듯이 늘 하고 나면 후회가 남지 않는가? 이는 수업에 대한 교사 자신의 아쉬움이다. 물론 아쉬움이 없다면 또 다른 성장을 기대하기가 힘들 것이다. 그렇다면 과연 어떻게 해야 좋은 수업이라고 할 수 있을까? 연구수업이든 평상시 수업이든 수업에서 꼭 지켜야 할 원칙이 있는데 바로 '균형'을 유지해야 하는 것이다. 적절한 긴장을 주면서도 긴장되지 않게 하기 위해서 수업에서 꼭 필요한 것이 '균형'이다. 아마 수업과 관련해서 낯설고 처음 들어보는 단어라고 생각할 수도 있다. 수업하고 균형하고 무슨 관계가 있을까? 체육교과라면 모를까? 쉽사리 머릿속에 그림이 그려지지 않을 것이다. 수업연구를 준비하거나 수업에 대해서 조언을 얻을 때 동료교사나 교장, 교감선생님들이 흔히 "수업을 편하게, 재미있게, 즐겁게 하라…"는 말들을 많이 한다. 하지만 "수업을 균형 있게 유지하면서 하세요!" "날숨과 들숨의 균형을 유지하세요!" "리듬을 유지하세요!"라는 말은 쉽게 듣지 못했을 것이다.

이렇게 수업에서 균형을 유지해야 한다. 이는 '말하기·듣기' 수업이 핵심개념으로 내세우는 본질이 아닐까? '말하기·듣기의 가치를 인식하고 공감·협력하며 소통할 때 말하기·듣기를 효과적으로 수행할 수 있다.'*16 이를 위해서는 교사의 몫이 중요하다는 것이다. 일방적인 수업은 단지 날숨으로 그칠 수 있기 때문에 아이들과 교감을 잘 나누기 위해서는 한쪽으로 치우치지 않는 그러면서도 평정심을 잃지 않는 수

*16 교육부, 2015 개정 교육과정 국어과 교육과정(1-2학년, 말하기·듣기편).

업을 해야 한다. 이러한 것이 '중용' 같은 수업이고 이는 저경력 교사나 고경력 교사 모두에게 해당한다. 이런 과정으로 날마다 진행될 때 비로소 수업은 참된 예술로 피어날 수 있다. 그래서 우리는 이것을 '교육예술'이라고 말할 수 있는 것이다. 여기에서 '교육예술'은 교육과 예술 두 낱말을 단순히 붙여 놓은 것이 아니라 가르침을 예술로 승화시킨 것으로 이는 교사들의 실천적인 행동이 있을 때 얼마든지 가능하다.

아이들에게 이야기를 들려줄 때는 여기에 맞는 12감각 가운데 '청각'의 중요성과 관련된 특별한 이유가 있어야 한다. 저학년 아이들이든 고학년 아이들이든 선생님에게 좋은 이야기를 들으면 대부분 재미있어 한다. 단순히 재미 차원을 넘어 여기에는 교육학 차원의 의미가 있다. 교육학 차원에서 의미가 없다면 수업시간에 꼭 이런 옛이야기나 우화, 성인이야기를 들려주어야 할 필요가 있을까? 재미를 위해서라면 영화나 텔레비전 드라마나 만화영화, 연예오락 내용을 들려줄 수도 있을 것이다. 이러한 내용들을 수업 전이나 수업시간에 이야기하는 교사를 과연 아이들은 어떻게 생각하고 바라볼까? 우리들의 생각이나 마음을 잘 이해해 주는 친구 같은 선생님이라고 생각할까? '말하기·듣기' 수업은 단순히 우스꽝스러운 내용을 말하는 시간이 아니다. 물론 수업 제재로 조금은 활용할 수 있으나, 아이들의 호흡을 제대로 돕는 것에는 큰 도움을 주지 못한다. 또한 아이들이 제대로 호흡을 할 수 있도록 하기 위해서는 단순히 교육과정이나 교과서에서 제시한 기능과 개념중심 내용을 그대로 가르쳐서도 안 된다. 문제는 과거 개정 교육과정이나 2015 개정 교육과정에서 이러한 일깨움을 올바르게 제시하지 못하고 있는 것이 더 큰 문제다. 그렇기 때문에 교과서를 내려놓고 아이들 발달단계에 맞는 수업을 해야 한다.

초등학교 1-2학년 국어과 성취기준 활용방안을 위해

지식 위주의 학습 시간은 줄이는 대신 성취 기준을 반영한 여러 가지 다양한 활동을 마련한다면 학습자의 처지를 생각한 교육과정 재구성에 큰 도움을 받을 수 있다. 특히 이 단원에서는 기존 9차시였던 것을 성취 기준을 중심으로 7차시로 재구성을 했으므로 남는 2차시분에 대한 교육 내용은 학급 전체 학생들을 대상으로 조사 학습 형태로 '초등학교 들어와서 들었던 기분 좋은 말' 세 가지 말하기, '초등학교 들어와서 들었던 기분 나쁜 말' 세 가지 말하기 활동 등을 알아보고, 학급 전체의 조사 내용에 대한 통계를 발표해 보도록 할 수 있다. 또는 매체(만화 영화나 드라마 등)에서 이루어지는 대화 장면을 캡처하여 서로의 기분은 어떠할지, 서로의 기분을 좋게 하기 위해서는 어떻게 말을 하는 것이 좋을지를 고쳐 보도록 하는 활동을 할 수 있다.

'지식 위주의 학습 시간은 줄이는 대신 여러 가지 활동을 마련한다면 학습자의 입장을 고려한 교육과정 재구성에 큰 도움을 받을 수 있다.'고 하였는데 맞는 말이다. 그렇다면 아이들 처지에 맞는 활동에는 어떤 것이 있는가? 이에 대해서 자세히 제시해 주어야 하지 않을까? 단순히 말장난을 하는 정도 수준이 아닌, 그야말로 지·덕·체·정신을 골고루 살찌울 수 있는, 물론 1-2학년에게 맞는 좋은 자양분에는 이런 것들이 있다고 소개해 주는 것이 선생님들의 어려움을 해결해 주는 것이다. 무책임하게 핵심 성취기준을 이것으로 선정했으니 아이들 처지에 맞게 선생님들이 교육과정을 재구성하라고 하는 것은 제대로 된 교육과정도 아니고 올바른 핵심 성취기준 제시도 아니다. 그러한 명확한 근거를 제시하지 못하는 이유는 연구진이나 집필진 모두 아이들 발달단계에 대한 이해가 부족하기 때문이다. 이에 대해서 조금이라도 연구나 실천을 했다면 이렇게 교사들에게 무책임한 내용 제시는 하지 않았을 것이다.

⊙ [2국01-06] 바르고 고운 말을 사용하여 말하는 태도를 지닌다

초등학교 1-2학년 국어과 핵심 성취기준 활용방안
지식 위주의 학습 시간은 줄이는 대신 핵심 성취기준을 반영한 여러 가지 다양한 활동을 마련한다면 학습자의 입장을 고려한 교육과정 재구성에 큰 도움을 받을 수 있다.

'학습자의 입장을 고려한'을 우리말로 고치면, '배우는 사람의 처지를 생각한'으로 해야 올바른 표현이다. 이렇듯 일본말과 한자말투성이인데 고운 말, 바른말을 쓰는 태도를 지니라고? 앞뒤가 맞지 않는 내용이 아닐까? 차라리 교과서 감수를 한글학회나 한국글쓰기연구회에 맡기는 것은 어떨까?

3 올바른 읽기 수업을 위해서

초등학교 1·2학년 읽기 영역 성취기준은 한글을 깨치고 읽는 활동을 통해 글의 내용을 이해할 수 있는 기초적인 읽기 능력을 갖추는 데 중점을 두어 설정하였다. 글자라는 약속된 기호가 있음을 알고 스스로 글자를 읽으려는 태도를 길러 읽기에 흥미를 가지도록 하는 데 주안점을 둔다.[*17]

[2국02-01] 글자, 낱말, 문장을 소리 내어 읽는다.
[2국02-02] 문장과 글을 알맞게 띄어 읽는다.
[2국02-03] 글을 읽고 주요 내용을 확인한다.
[2국02-04] 글을 읽고 인물의 처지와 마음을 짐작한다.
[2국02-05] 읽기에 흥미를 가지고 즐겨 읽는 태도를 지닌다.

2015 개정 교육과정에서 국어과 읽기 영역 개정의 주요 내용을 살펴보면, '가) 입문기 문자 지도의 강화로 초등학교 1·2학년 학생들의 초기 문자 학습에 도움이 되고자 입문기 문자 지도 강화를 위한 성취기준을 설정하였다. 한글 낱자에 대한 이해와 초성, 중성, 종성의 결합 방식에 대한 이해를 바탕으로 글자를 정확하게 소리 내어 읽는 원리를 이해할 수 있도록 하였다.'[*18]라고 밝히고 있다. 하지만 어떤 이해를 말하고, 아이들 발달단계에 어떤 영향이 있는지에 대한 자세한 소개가 있어야 하지 않을까? 단순히 '초성, 중성, 종성의 결합 방식에 대한 이해를 바탕으로' 한다는 것은 상당히 위험한 생각이다. 이런 방식이 초등 1·2학년 아이들에게는 맞지 않는다는 사실을 연구진이나 집필진들이 제대로 알고 있는지 궁금하다. 전혀 모르고 있으면서 과거 교육과정 내용을 그대로 답습했다면 아주 큰 문제다.

또한 '바) 실제적이고 유의미한 교수·학습 방법제시에서는 실제 생활과 관련지어 읽기 수행 능력을 기를 수 있도록 하는 데 중점을 두었다. 특히 초기 입문기 문자 지도 시기인 초등학교 1·2학년군에서는 학교 안내판, 학급 게시판, 광고지 등 주변에서 접할 수 있는 읽기 자료를 보고 학습자가 학습한 낱자 혹은 글자가 있는지 찾아보도록 하여 실제 생활 속에서 읽기에 관심을 가지고 스스로 읽으려고 노력하는 태도를 가질 수 있도록 하였다'[*19]고 하였는데, 이러한 것이 제대로 효과가 있으려면

*17 교육부, 2015 개정 교육과정 국어과 1-2학년 성취기준.
*18 교육부, 2015 개정 교육과정에 따른 교과별 교육과정 선도 교원 연수〈초등학교 1-2학년〉 자료집, 2016.
*19 교육부, 2015 개정 교육과정에 따른 교과별 교육과정 선도 교원 연수〈초등학교 1-2학년〉 자료집, 2016.

먼저 글자 속에 담긴 정신성을 알게 해주는 것이 중요하다. 글자를 단순히 개념으로만 가르치려고 하니 이런 생각밖에 못하는 것이다. 이 시기 아이들의 발달단계를 제대로 알면 단순히 기능중심으로 글자를 가르치라고 하지 않을 것이다. 글자를 빨리 많이 알게 하는 것이 중요한 것이 아니라, 글자 하나라도 제대로 느끼게 가르치는 것이 중요하다. 많이 안다는 것은 곧 기능중심 교육으로 흐르기 쉽기 때문이다. 예시로 제시해 놓은 것을 봐도 거기에는 단순히 기호에 지나지 않는 것들인데 아무런 의미 없이 배우게 하는 것은 올바른 학습 방법이 아니다. 물론 실생활에 있는 글자를 알아가게 하는 것이 중요하다. 하지만 그 전에 해야 할 것은 바로 글자 속에 담긴 정신성을 제대로 알게 해주는 것이다. 그래야만 아이들이 세상에 대한 신비로움과 경외감을 가지고 하나씩을 글자를 자신의 몸과 마음으로 끌어들인다.

또한 한글교육 확대를 위해 2009 개정 교육과정에서 27차시를 2015 개정 교육과정에서는 62차시 이상 확보해서 아이들이 체계적으로 한글 교육을 받음으로써 기초학습 능력을 갖추도록 힘쓰겠다고 하지만, 62차시로는 턱없이 부족하다. 아이들이 글자를 제대로 익히기 위해서는 최소한 120차시 정도 시간을 확보해야 한다. 그래야 글자 속에 담긴 정신성을 올바르게 익히면서 천천히 그러면서도 제대로 배울 수가 있다.※ 그렇기 때문에 1학년 교육과정에서 가장 중요하고 우선시되는 '글자'와 '숫자(셈하기)'를 중심으로 교육과정이 편성되고 가르쳐야 한다. 꼭 필요한 것을 가르치는 것이야말로 미래역량강화 교육이다.

⊙ [2국02-02] 문장과 글을 알맞게 띄어 읽는다.

• 글자는 본디 추상이기 때문에 '문장법'으로 해야 한다.

글자는 본디 추상적이기 때문에 글자를 배우거나 소개하는 가장 좋은 방법은 이야기와 그림(이미지)이다. 글자를 전혀 알지 못하는(?) 아이들에게 설령 알고 있다고 해도 단순히 모방에 의해서 익힌 아이들에게 글자가 담긴 정신성을 어떻게 깨우치게 해주어야 할까? 영어나 한자의 경우는 먼 옛날 자연의 사물을 보고 이것을 글자로 만든 상형문자라 그림이나 이야기로 소개하는 것이 쉬우나 한글은 그렇지 않다. 한글은 사람의 발음기관의 모양을 본떠 만든 글자이다. 그렇기 때문에 발음기관 모양의 그림만 보면 한글의 만들어진 원리와 발음하는 방법까지도 스스로 쉽게(?) 이해할

※ 이에 대해 뒷부분에서 글자 익히기 과정을 자세히 소개하였음.

수 있다. 하지만 유아나 초등학교 취학 전 아이들이 쉽게 받아들이기에는 여러 모로 어려움이 많다. 우리 어른들은 지금은 글자를 다 깨우쳐서 쉽다고 여길지 모르나, 글자를 알지 못하는 아이들은 여전히 극복(?)할 대상이다. 외국인까지도 사람의 발음기관 그림만 보면 쉽게 이해할 수 있어 한글을 몇 시간 만에도 배울 수 있다고 하지만 그들은 아이들이 아니고 어른이다. 사실 눈에 보이지 않는 소리를 글자로 나타낸다는 것은 어려운 일이다. 사물의 형태를 보고 글자를 익히면 쉽게 따라할 수 있지만 소리만 가지고 글자를 익힌다는 것, 추상에서 글자를 익히는 것은 쉽지 않다.

'ㄱ'자 경우, 'ㄱ 는 혀뿌리가 목구멍을 막는 형태를 본떴다' '보는 사람으로 하여금 스승이 없이도 스스로 깨우칠 수 있다' '지혜로운 자는 아침을 마치기 전에 깨우칠 수 있다'고 했다.

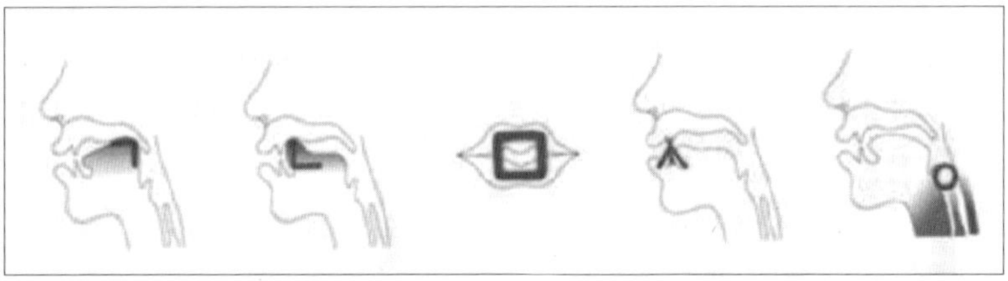

훈민정음을 만든 원리, 닿소리(자음)는 발음기관의 모양을 본떠서 만들었다. 《누구나 알아야 할 한글이야기, 문화체육관광부》 20쪽*20

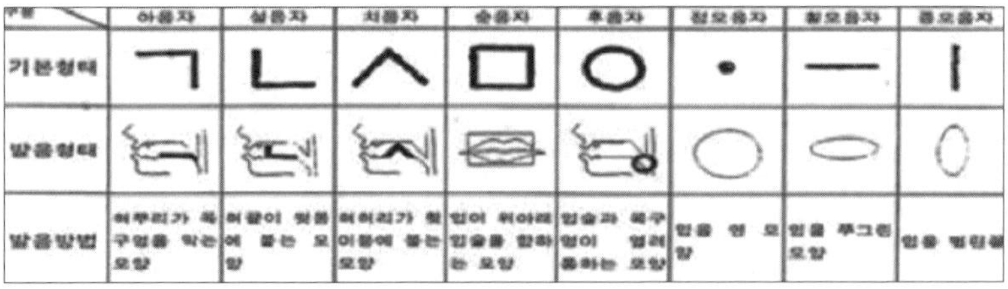

한글원리*21

위 그림과 같이 하면 누구나 '가' '나'라고 소리(발음)가 난다. 그 소리가 바로 읽기이며, 발음기관의 모양을 보면 글자 모양이 쉽게 떠올라 외우지 않고도 글자모양을

*20 http:// koya-culture.com
*21 http://blog.daum.net

알게 된다고 한다. 하지만 글자를 처음 익히는 아이들도 이렇게 금방 따라할 수 있을지 의문이다. 중요한 것은 어른(교사)들의 처지에서가 아니라 세상이 커다란 산처럼, 뿌연 안개처럼 보이는 아이들에게 세상에서 가장 아름다운 글자를 어떻게 흥미롭게 가르치고 배우게 해줄 수 있을까를 고민해야 한다. 그 해답은 바로 발달단계에 맞는 교육이다. 7-8살 아이들에게 글자를 어떻게 가르칠 것인가? 이야기와 그림(이미지)은 아이들이 글(언어)을 표현하기 위한 다리(가교) 역할을 한다. 소리를 시각화한다는 것은 많은 고민과 노력 없이는 힘들다. 물론 개념(지식)중심으로 가르치면 쉬울 수 있지만 그것은 교사중심이지 아이들 처지를 생각한 것이 아니다. 더구나 이 경우 아이들은 깊이 있는 내면화를 경험하지 못하고 배우게 된다.

또한 한글 깨우치기 자모법은 'ㄱ'에 'ㅗ'를 더하면 '고'가 되고 'ㅂ' 에 'ㅏ' 를 더하면 '바'가 되며, 'ㄴ' 에 'ㅣ' 를 더하면 '니'가 된다는 식의 문자 지도 방법이다. 기역니은식 지도법이라고 한다. 아래 그림 자료가 '한글 자모법'*22이다.

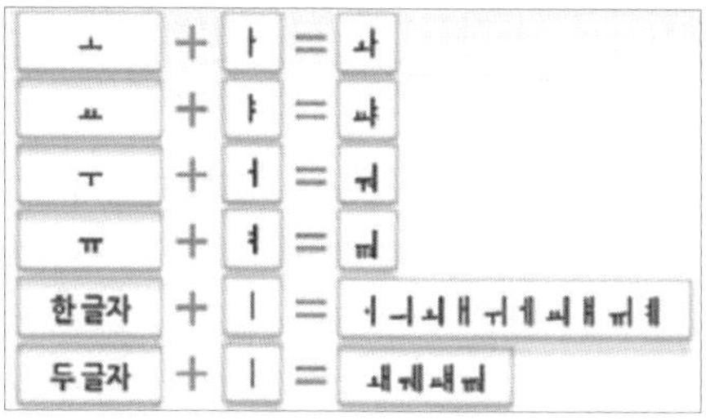

우리가 쓰고 있는 컴퓨터 자판을 생각하면 금방 이해될 것이다. '농'의 경우, 왼쪽 'ㄴ' 자판을 누르고 오른쪽 자판 'ㅗ'를 누른 다음 다시 왼쪽 자판에서 'ㅇ'을 누르면 화면에 '농'이 만들어진다. 물론 세벌식 자판은 이와 조금 다르지만 화면에 글자가 만들어지는 원리는 같다.

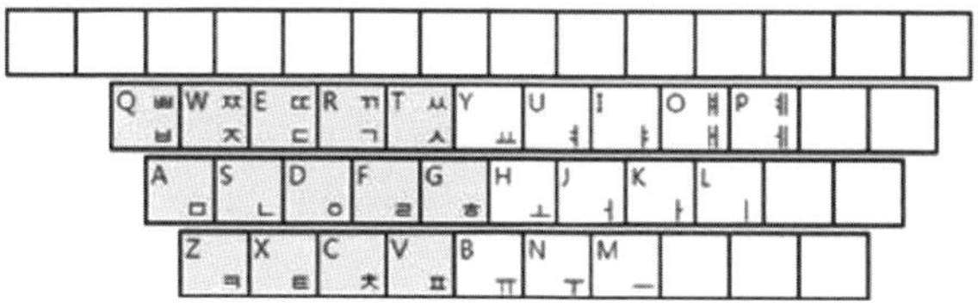

[컴퓨터 자판 두벌식]

*22 훈민정음 28자 : 기본 모음자 11자 + 기본 자음자 17자, writerc.tistory.com

우리는 지금까지 실제 지도에서 기본 음절표를 활용하여 자모인 'ㄱ, ㄴ, ㄷ, ㄹ…' 이나 'ㅏ, ㅣ, ㅐ, ㅕ…' 들을 가르치고 'ㄱ' 에 'ㅏ'를 더하면 '가'가 되고 다시 받침 'ㅇ' 을 더하면 '강'이 된다고 가르쳤거나 가르치고 있다. 하지만 이 방법은 문자의 결합이나 구조를 이해하는 데는 도움이 되지만 인지능력이 성숙되지 않은 초등학년 1·2 학년 이하 아이들에게는 그리 좋은 글자 깨치기 방법이 아니다. 글자를 세세히 나누어 놓은 한글 글자 지도 방법은 초등 3학년 이상 아이들에게 적합하다. 따라서 자모법은 논리적 사고력이 발달한 성인에게 합당한 방법으로 초기 문자를 만나는 1학년 아이들에게는 아주 어려운 방법이며 흥미를 잃게 할 위험이 크다. 외국인 가운데 우리말을 잘하는 사람들의 경우 특별한 재주가 있어서라기보다는 이들은 어른이고 인지능력이 성숙된 상태라 세계에서 가장 과학적인 규칙에 따라 자음과 모음을 조합을 하면 글자가 되는 단순 원리를 깨닫기만 하면 얼마든지 우리말을 쉽게 따라할 수 있는 것이다. 그러면 1·2학년 아이들에게는 어떻게 가르쳐야 할까? 그렇기 때문에 글자를 아직 깨우치지 못하거나 깨우치려고 하는 아이들에게는 자모법보다는 문장법이 더 쉽게 다가온다.

문장법*23은 말 그대로 사물에 대해서 전체로 파악하고 나서 부분의 분석으로 들어간다. '전체에서 부분으로'라고 생각하면 된다. 이 시기 아이들에게 옛이야기를 들려주어야 하는 것도 바로 세상을 하나로 전체로 느끼고 바라보기 때문이다.

발도르프학교에서 글자 깨우치는 방법이 바로 '문장법'이다. 슈타이너 박사는 1919년 독일 슈투트가르트에서 처음 발도르프학교를 세우기 전 교사교육에서 글자 지도에 대해서 다음과 같이 이야기를 했다. 「교사와 토론」*24의 일부 내용을 알아보자.

"여러분들이 아이들에게 글자를 지도할 때, 물고기를 본 적 있나요? 어떤 모습을 하고 있지요? 이걸 그리면 물고기랑 많이 비슷할 겁니다. 여러분(학생)들이 본 적이 있는 이

---

*23 안백섭, 입문기 아동의 문자지도에 관한 연구, 한국교원대학교 대학원, 1993, '문장식은 문장법이라고 하며, '철수야, 안녕?'처럼 처음부터 문장을 통하여 문자를 지도하는 방법이다. 문장식 지도법은 사물에 대한 이해는 전체적 파악이 우선되어야 하며, 이를 통하여 부분의 분석으로 들어가야 한다는 구조주의 철학과 형태 심리학의 영향이 반영되어 있다. 전체 구조에 해당하는 문장을 문자 지도의 기본 단위로 삼고 있다. 이 방법은 언어운용의 실제적 단위인 문장을 직접 다룸으로써 생활과 직결되고, 학생의 흥미를 북돋울 수 있는 장점이 있다.'

*24 루돌프 슈타이너, Discussions with Teachers, 1919, 8-9월.

물고기는 이 칠판의 그림과 비슷합니다. 그렇다면 잘 생각해 보세요. 여러분들은 '휘쉬(FISCH)'라고 발음하지? '휘쉬'라고 말할 때 그 말이 나타내고 있는 것이 이 그림 속에 보일 겁니다. 그럼 이번에는 '휘쉬'라고 전부 말하지 말고 첫 부분만 말해보세요."

이런 식으로 말해서 '휘쉬'의 처음 소리를 어린이들에게 말하게 합니다. 'F–f–f–f–'입니다. 그리고 "지금 '휘쉬'라고 말하기 시작했지요? 잘 보세요. 옛날 사람은 물고기를 이렇게 해서 조금씩 단순화시켰습니다."

'F자'

"여러분들이 '휘쉬'라고 말하기 시작해서 단지 'F–f–f–f–'만 말할 때 발음을 글자로 쓰면 이런 형태가 됩니다. 물고기랑 닮아 있지요? 이 글자 f(에프)라고 부른단다. 자, '휘쉬'라는 소리를 'f'로 시작되는 것을 배운 겁니다. 또 이것을 이렇게 쓰는 것도 배운 겁니다. '휘쉬'라고 쓰기 시작할 때에는 언제나 'F–f–f–f–'라고 말하면서 숨을 쉬면 됩니다. 이것이 '휘쉬'를 시작할 때의 글자랍니다."

–이하 줄임–

[참고자료]

'B'자는*25

'M'자는

*25 https://vrijeschoolpedagogie.wordpress.com/tag/1e-klas/

'W'자는

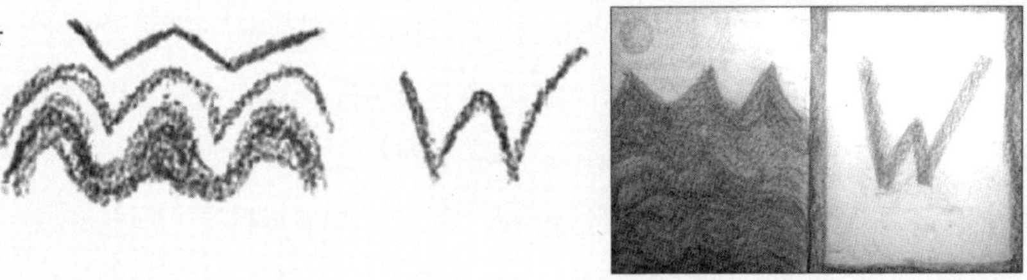

이렇게 슈타이너 박사가 'f'라는 철자를 가르치기 위해 쓴 방법은 물고기의 모습과 'f'의 비슷한 모습을 관련짓는 것이었다. 슈타이너 박사는 자음은 사물과 관계하고 있다고 보았기에 자음 역시 자연 사물의 모방을 발견할 수 있도록 하는 것이다. 따라서 슈타이너 박사는 교사는 아이들에게 글자를 가르칠 때 각 시간마다 철자에 맞는 이야기를 상상하여 만들고, 이것을 그림으로 표현(만들어)해 내도록 했으며 그 철자가 들어간 시나 글을 칠판에 함께 제시함으로써, 아이들이 그 뜻이나 읽기를 온전히 하지 못하더라도 따라 쓰는 연습을 하도록 했다. 이렇게 아이들은 글(말)과 개별적인 관계를 맺음으로써 글자를 추상적인 글자로 여기지 않고 더 친숙하고 의미 있는 관계를 맺을 수 있다고 알게 된다는 것이다. 물론 굳이 발도르프교육이 아니더라도 우리나라에서도 문장법이 아이들이 한글을 배우는 데 부담이 덜하다는 관련 학계논문들이 있다.*26 문장법은 전체 구조에 해당되는 문장을 글자 지도의 기본 단위로 삼고 있다. 실제 적용면에서 보면 아이들의 생활경험 가운데서 흥미 있는 이야기를 그림과 함께 문장으로 제시하여 글의 내용인 그림부터 지도한 다음에 자연스럽게 글자에 접근하도록 하는 것이다. 물론 글자를 천천히 이해해 나간다는 점이 어떻게 보면 조급증이 있는 부모에게는 좋은 교수방법이 아닐 수 있지만, 아이들 편에서 보면 아주 알맞은 배움이다. 낱말 하나를 익히는데 여러 가지 리듬활동, 형태그리기, 이야기, 노래를 곁들여서 배우고, 여기에 그림으로 시각화하기 때문에 형태상의

*26 김희수(1976)와 이대규(1986)는 도서벽지 아동의 읽기 쓰기에 대한 연구와 초기 독서수업에서 점차 구체적인 지도 방법인 문장법 →단어법 →음절법 →자모법으로 가르쳐 내려가는 하향식 지도방법이 합리적인 지도방법이라고 하였다.
염창권(1992)은 1학년 아동들은 문장 →단어 →음절 순의 지도가 바람직하고 고학년의 문자 미해득자는 한글의 제자원리 특수성을 살린 음절식, 자모식 지도가 효과적이라고 하였다.
안백섭(1993)은 「입문기 아동의 문자지도 방법에 관한 연구」에서 한글의 입문기 문자 지도 방법은 문장법 →단어법 →음절법 →자모법의 하향식 지도 체계를 주장하고 있다 .

단순성 발음을 익히는 것보다 눈에 더 오래 머물고 머릿속에 오래 기억할 수 있다. 글자를 단지 개념으로만 익히는 아이들과는 큰 차이가 있기 때문에 이에 대한 선택은 교사와 부모가 이제부터라도 제대로 해야 한다.

[한글 익히기와 연수][27]

•한글은 절대로 외워서 쓸 수 있는 글자가 아니다.

우리 글자는 처음 배우는 아이들에게 상당히 부담스러운 글자로 다가온다. 하지만 그 원리를 알면 상당히 쉽다. 하지만 그 쉽기까지의 과정은 험난(?)하다. 그렇다면 우리 아이들에게 글자를 개념이 아닌 그 나이에 맞게 제대로 가르칠 수 있는 방법은 없을까? 본디 글자는 추상으로 된 형태이다. 그렇기 때문에 이야기(말하기와 듣기)와 그림으로 자연스럽게 가르쳐야 하는데 어떻게 가르쳐야 아이들이 어려움 없이 잘 받아들일 수 있을까? 물론 아이들은 학교에서 정식으로 글자를 배우기 전에 이미 부모나 책, 미디어를 통해 몇 글자를 배우고 학교에 들어온다. 이미 한글을 모두 깨우치고 오는 아이들도 있다. 어떤 어린이집의 경우는 글자를 익히게 하는 수준을 넘어서 글을 쓰게 하는 수준까지 만들어서(?) 학교에 보내는 경우도 있지만, 이것은 아이들 발달단계를 생각하면 아직은 이르다. 물론 이야기와 그림으로 제대로 가르쳤다면 문제가 되지 않지만 그렇지 않다면 아이들의 자유로운 상상력을 완전히 제한하는 죽어 있는 개념(지식)을 배우게 하는 것이라 그런 행위는 하지 말아야 한다. 설사 부모들이 원한다고 할지라도 어린이집에 관계하는 이들은 그런 유혹(?)을 멀리하도록 해야 한다. 초등학교 병설유치원에서는 그래도 어린이집보다는 글자 지도에서 자유롭다. 그러다보니 초등학교 1학년 교실에서는 글자 지도 수업시간에 단순 개념(지

*27 올바른 글자와 수(셈하기) 익히기 연수를 지난 2016.3.10.-4.24일까지 포항과 천안지역 1학년 담임선생님들 대상으로 실시하였음.

식)중심으로 글자를 가르치고 있다.

이런 상황에서 아이들이 초등학교 1학년에서 한글을 배울 경우, 아이들은 추상으로 되어 있는 글자들이 어떻게 이야기와 그림으로 연결되는지를 알게 되고, 아이들은 이것을 '말'이라는 것으로 올바르게 표현할 수 있다는 것을 알게 된다. 그렇기 때문에 1학년에서 글자를 익히게 하는 과정은 단순히 개념(지식)으로 가르쳐서는 안 된다. 글자 하나를 이야기와 그림으로 녹여 내어 아이들이 완전하게 소화할 수 있도록 해주어야 한다. 그렇다면 1학년에서 글자를 어떠한 과정으로 가르치는 것이 좋을까?

• 이야기 들려주기 : 1학년 나이에 맞는 것으로 옛이야기(요정이야기, 자연 이야기, 동물이야기)를 골라서 들려주면 좋다. 우리의 경우는 '옛이야기' 가운데서, 외국의 경우는 〈그림형제동화집〉을 이용하는 것이 좋다. 물론 여기에도 신중함이 있어야 한다. 무턱대고 아무거나 들려주어서는 안 된다. 또한 1학년 아이들의 발달단계에 맞는 내용의 시와 노래를 잘 골라서 들려주어야 한다.

'좋은 아침, 해야'
'좋은 아침, 땅이여!'
'좋은 아침 돌과 꽃 모두여!'
'좋은 아침 동물들아, 좋은 아침 나무야!'

새 학기인 삼월의 경우, 교사는 이러한 시를 아이들과 낭송할 때 천천히 그리고 명확하게 말해야 한다. 그래야 아이들이 쉽게 따라할 수 있다. 또한 아이들이 낱말들을 뛰어 넘기거나 빠뜨리지 않는지를 유심히 관찰해야 한다. 만약 그런 경우가 있으면 바로 멈추고 정확하게 말할 수 있도록 고쳐주는 것이 좋다. 그러면 아이들은 주의 깊게 듣고 배우게 된다. 그래서 날마다 되풀이하면서 낱말 수를 늘려 나가게 되면 아이들은 어느 순간에 짧은 문장에서 긴 문장을 말하게 된다. 이때 교사는 가능하면 활기찬 표정으로 해야 한다. 1학년 아이들은 모든 것이 신기하고 따라하려고 하기 때문에 그러한 요구(?)에 담임교사는 응답해 주어야 할 의무(?)가 있다. 이 활동은 '말하기와 듣기' 시간에도 해당되기 때문에 중요하다. 아침에 그냥 교과서를 가지고 공부를 시작하는 것과 이처럼 준비(몸풀기-영혼을 깨우는 작업) 활동을 하고 나서 공부를 시작하는 것과는 많은 차이가 있다. 바로 아이들을 깨운다는 것이다. 잠을 깨우는 것이 아니라 내면에 잠자고 있는 생각을 깨우는 것이다. 이때 컴퓨터 스피커에서 나오는 소리를 들려주어서는 안 된다. 이러한 활동을 날마다 꾸준히 할 경우 학급 전체를 하나로 엮어 내는 즉 '공동체' 생각을 자연스럽게 지니게 된다.

참고로 다음 시는 발도르프학교에서는 1-4학년 아이들의 아침시로 아침 수업이 시작하기 전에 가장 먼저 하는 활동으로 교사와 함께 읊는다. 이 속에는 1-4학년 교육과정 내용이 담겨 있으며, 아울러 아침 열기의 시작이 되기도 하며, 자연스레 말하기(Speech) 연습이 되기도 하다.

해에게서 나오는 사랑의 빛이
내게 하루를 아름답게 밝혀줍니다.
영혼에 들어 있는 신의 힘이
내 팔과 다리에 힘을 줍니다.
환하게 빛나는 햇빛 속에 있는 신이여!
당신을 우러러 봅니다.
당신이 내 영혼에 자비롭게 심어준
사랑의 힘으로
나는 잘 배울 수 있고, 많은 것을 알게 됩니다.
당신에게서 빛과 힘이 나왔고,
당신에게로 사랑과 고마움이 흘러갑니다.

•그림그리기 : 1-2학년에서는 그림그리기 활동을 할 때 막대 또는 사각크레용, 굵은 색연필, 습식수채화들을 주로 이용한다. 예를 들어 선생님이 옛이야기(우화)를 들려주고 나면 아이들은 그 이야기 속에 있는 한 장면을 사각크레용을 이용해서 8절지 크기 도화지(주로 머메이드지를 이용하는 것이 좋다. 일반 도화지 경우는 표면이 밋밋해서 크레용으로 색칠을 할 경우 덧칠이 잘 되지 않고 밀려 나간다)에 표현한다.

•연습하기 : 예를 들어 선생님을 따라서 공중에, 모래에, 아니면 큰 도화지에 그려 보는 연습을 충분히 한다. 그런 다음 에포크 공책에 예쁘게 표현한다.

*28

산책활동 시간에 바깥으로 나가서 돌멩이나 꽃, 풀들을 이용해서 여러 가지 활동을 해보는 것도 좋은 생각일 수 있다.

•발표하기 : 어제 아침시를 따라서 함께 말한다.

•복습하기 : 첫날, 둘째 날(전날)에 들려주었던 이야기를 다시 말해보도록 한다.
("어제 선생님이 들려주었던 내용이 어떤 이야기였을까요?"-기억활동)

•그림그리기 : 칠판에 그려진 그림을 보고 따라 그릴 수 있도록 7절 크기 도화지를 나누어 주고, 거기에 사각크레용으로 그리도록 한다.*29

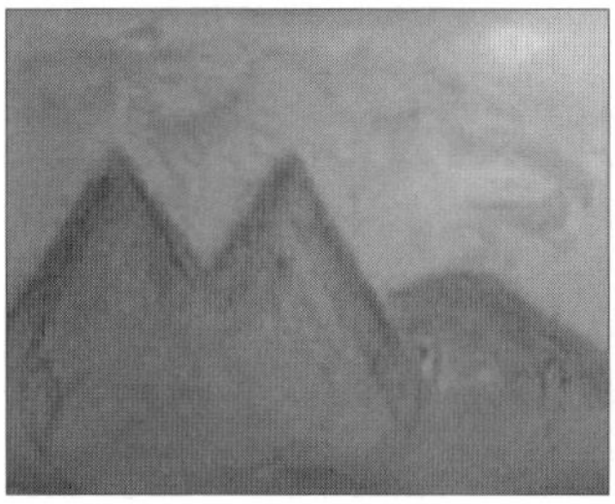

*28 https://kr.pinterest.com/pin/155937205822020213/

*29 www.lifebalanceforparents.com/session

•**글자 익히기 :** 삼일째 되는 날, 8절 도화지에 아래 사진같이 크기를 달리해서 써보는 연습을 해본다. 이때 아이들이 소리 내서 읽으면서 글자를 쓰도록 안내해 준다.

•**글자 연습하기 :** 아이들이 에포크 공책에 가지런히 쓰도록 안내해 준다. 이때 아이들에게 틀이나 색깔을 정해주기보다는 자유롭게 쓰도록 해준다.

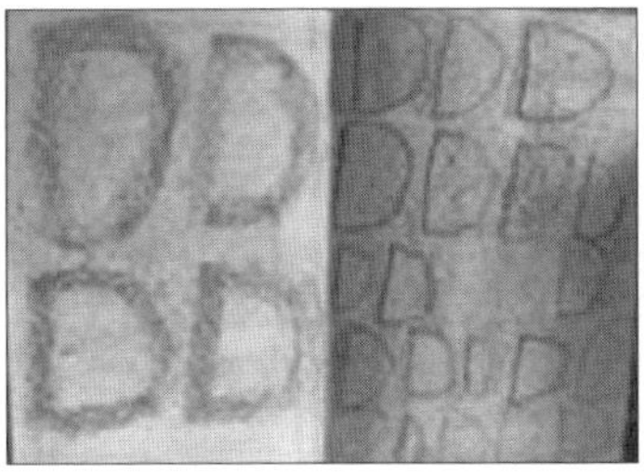

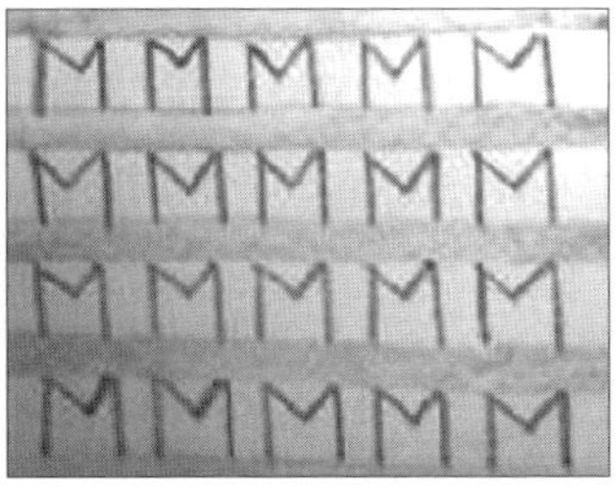

마지막 날(5일째)에는 관련 옛이야기를 들려준다. 최소 1주일(5일)의 시간이 필요하다. 이렇게 아이들에게 글자를 깨우치게 하는 것이 쉽지는 않다. 하루에 몇 개 글자를 한꺼번에 가르칠 수 있지만 그것은 교사중심 편리주의다. 그러다보면 아이들이 소화를 제대로 하지 못한다. 천천히 되씹듯이 완전히 익힐 수 있도록 기다려 주는 수업이 되어야 한다. 가장 중요한 것은 머리가 아닌 온몸으로 깨우치게 해야 한다는 것이다. 전체 한글에는 생명육체[*30]와 영혼육체[*31]가 포함되어 있기 때문에 이 힘을 제대로 느끼고 받아들일 수 있도록 해주어야 한다. 그렇기 때문에 교육과정을 제대로 편성 운영해야 한다. 더구나 한글 깨치기 방법은 문장식을 중심으로 하면서 차츰 글자 깨우치기가 익숙해지면 자모음절식을 끌어들여서 보조 수단으로 활용하면 가장 좋은 형태의 한글 깨우치기 방법이 된다. 또한 생각의 유연성이 생기게 된다. 수학에서도 마찬가지다. 10=4+6 계산방식을 배우고 나서 6+4=10 계산방식을 배울 때, 아이들 생각의 유연함이 더 발달하거나 커지게 된다. 5일 동안 글자 지도 과정 사례는 뒤편 '글자 익히기' 내용에 소개해 놓았다.

---

*30 인지학은 사람을 설명하는 데 있어서 생명력에 해당하는 에테르체 역시 사람을 구성하는 하나로 중요하게 여기고 있다. 물질체 안의 모든 기관이 제대로 형태와 모습을 갖추고 있을 수 있는 것은 바로 생명체의 흐름과 움직임에 의한 것이라 함.

*31 사람을 구성하는 세 번째 구성체는 감성체이다. 고통, 쾌락, 충동, 열망, 열정 따위의 각 감정의 전달자이기에 감정체(sentient body)라고 부르기도 함.

소리를 시각화[32]하기 위해서는

아이들이 글자를 익히기 위해서는 이야기와 그림으로 시작하는 것이 좋다. 이야기는 교사가 수업시간마다 일정한 시간에 들려주면 되는데, 그림으로는 어떻게 가르칠까? 더구나 우리 한글은 소리글자인데 어떻게 소리를 시각화해 낼 수 있을까? 한자나 영어의 경우는 상형문자이기 때문에 사물의 형태에서 가져와서 그림으로 작업해 가르치면 되는데, 한글은 그렇지 못하다.

그렇다고 대안이 없는 것은 아니다. 발도르프학교에서는 아이들이 글자를 익히기 전에 형태그리기를 가르친다. 그렇다고 이 형태그리기를 1학년에서만 가르치는 것이 아니고 4-5학년까지 다른 교과 수업과 연계해서 가르치는데 이때 글자보다는 수업 내용에 중점을 둔다. 하지만 1학년에서는 글자 익히기를 위한 선행 과정으로 다룬다.

그렇다면 형태그리기는 무엇이고 아이들에게 왜 중요할까? 형태그리기는 발도르프학교에서만 필수로 가르치고 있다. 형태그리기가 아이들에게 많은 도움이 되는 이유가 형태그리기가 문자(글자) 쓰기를 위한 준비로서 가장 좋은 소재이기 때문도다. 형태그리기는 눈과 손의 협응력[33]을 강화시키고, 손의 움직임은 뇌를 움직이게 하며, 아름다움에 대한 감각과 형태감을 계발시켜 예술적 감각을 지니게 한다. 또한 아이들에게 사고력을 길러 주고, 복잡한 생각들을 자연스럽게 할 수 있는 유연한 뇌를 가지게 해준다. 가장 중요한 것은 각 학년(나이)에 맞는 특정한 유형을 가르치고 배움으로써 아이들을 전인적으로 건강하게 발달시킨다는 것이다.

우리 교육이념에서 말하는 지·덕·체를 겸비한 전인적 성장을 돕는 것에 딱 맞는 교육프로그램이다. 교사는 넓은 뜻에서 형태그리기를 왜 가르치는지 뿐만 아니라, 교사가 그것을 아이들에게 제시하기 전에 이러한 특별한 형태가 아이들에게 어떤 영향을 줄 것인지도 깨달아야 한다. 단순히 주어진 내용을 그대로 가르치는 즉 교사 자신의 고민과 노력과 연습 없이 가르치는 것은 단지 하나의 또 다른 지식을 가르치는 것에 지나지 않기 때문에 이런 경우라면 차라리 가르치지 않는 편이 더 낫다. 교사 스스로가 형태를 개발하고 그리는 것을 많이 연습한다면 선의 리듬과 속성에 대한 감각을 기를 수 있다. '형태그리기'에 대한 내용은 앞 장 [말하기·듣기] 편을 참고하면 된다.

---

*32 시각화 : 보이지 않는 것이 일정한 형태로 나타나 보임.

*33 협응력 : 근육·신경 기관·운동기관 등의 움직임의 상호조정 능력.

4 온전한 쓰기 수업을 위해서

2015 개정 교육과정 초등학교 1·2학년 쓰기 영역 성취기준은 한글을 깨치고 학습자가 학교생활을 하면서 자신의 생각이나 학습 결과를 문자로 표현하는 데 필요한 기초적인 쓰기 능력을 갖추는 데 중점을 두어 설정하였다. 글자를 바르게 쓰고, 자신의 생각을 문장이나 짧은 글로 쓰면서 쓰기에 흥미를 갖고 부담없이 쓰는 태도를 기르는 데 주안점을 둔다.[*34]

[2국03-01] 글자를 바르게 쓴다.
[2국03-02] 자신의 생각을 문장으로 표현한다.
[2국03-03] 주변의 사람이나 사물에 대해 짧은 글을 쓴다.
[2국03-04] 인상 깊었던 일이나 겪은 일에 대한 생각이나 느낌을 쓴다.
[2국03-05] 쓰기에 흥미를 가지고 즐겨 쓰는 태도를 지닌다.

⊙ [2국03-01] 글자를 바르게 쓴다.

• 전체에서 부분으로 배워나가는 글자 익히기

앞에서도 이야기한 것처럼 글자를 익히는 것은 '전체에서 부분으로' 나아간다. '문장법→단어법→음절법→자모법'으로 가르치는 하향식 지도방법이 아이들의 발달단계를 생각한 글자 익히기 과정이다. 물론 쓰기를 가르치는 것은 힘들고 쉽지 않은 일이다. 단순히 이것이 한글 자음과 모음이니 하며 그냥 따라서 쓰게 할 수도 없고, 더구나 우리 한글이 상형문자가 아닌 소리글자이기 때문에 아이들에게 소리를 그림으로 전달하는 것도 쉽지 않다. 아이들이 배우는 여러 과목을 자세히 나누어(분류) 보면, 정신을 요구하는 것이 있고, 행위(몸)를 요구하는 것이 있는데, 수학에서 셈하기를 할 때 숫자 속에 많은 정신이 들어 있다. 예를 들어 '숫자 1'을 가르칠 때[*35]를 살펴보자.

---

*34 교육부, 2015 개정 교육과정 국어과 1-2학년 성취기준.
*35 김용근, 선생님은 살아 있는 교육과정이다. 물병자리. 2014.

1) 내용 : 1은 모든 숫자에서 처음이라는 것. 가장 큰 숫자라는 것. 원

2) 활동

가) 여러분(아이들) 각자는 '1'입니다. 스스로 각자 바르게 서 보세요!

여러분 각자는 단지 '1'입니다.

– 한 발자국 떼고 한번 위로 뛰어 보고 한 번 박수치기 한다.

나) 우리가 알고 있는 이 세상에 '하나'인 것은 어떤 것이 있을까요?

– 아이들 대답 : 하나의 신, 하나의 세계, 하나의 태양. 하나의 머리, 하나의 달, 나, 너. 한 달 따위들을 말한다.

다) 우리가 어떻게 1을 보여줄까?

– 손가락 하나. 한 사람!

라) "어떻게 1을 쓰지?"(아라비아 1을 보여준다)

3) 동작

하나–I : 내 두 손으로 하늘에 도달하기 위해, 나는 창처럼 곧게 서 있다.

내 모양은 '나'의 수를 표현한다. (두발로 선 사람)

4) 작업

선생님은 칠판에 아라비아 1을 쓰고 아이들에게 공중에 1을 그리거나, 교실 바닥에 발로 그리거나 옆 짝의 등에 손가락으로 차례로 써보도록 하고 나서 공책(에포크 공책) 위에 손가락으로 쓰도록 한다. 그런 다음 아이들에게 숫자 1을 크게 그리도록 한다.

이렇게 숫자는 정신적인 법칙을 포함하고 있어서 셈하기 수업 자체에 풍부한 정신이 들어 있다. 여기서 '쓰기'는 어느 교과의 영역을 말하는 것이 아닌 행위 그 자체를 말한다, 예를 들어 국어 시간에 문장이나 글쓰기, 수학시간 문제를 그대로 옮겨쓰기, 사회, 과학에 칠판에 쓰여 있는 내용이나 아니면 교사가 내준 여러 종류의 내용물 따위들을 공책에 그저 따라 쓰는 것은 정신이 많이 들어 있지 않다. 국어 시간 '쓰기'의 경우 글자의 형태를 익히기 위해 오로지 연습을 요구할 뿐, 그 자체에 생각을 많이 하게 하거나 느끼게 하거나 하는 정신이 많이 들어 있지 않다. 하지만 한자의 경우는 약간 다르다. 사물이나 자연의 형태를 그대로 나타낸 상형문자이기 때문에 정신이 들어 있다고 할 수 있다. 하지만 우리 한글은 소리글자이기 때문에 아이들에게 쓰기를 가르칠 때에는 글자와 글자 자체의 뜻을 연결해야 하므로 상당히 많

은 의미와 노력을 기울여야 한다.

ㄱ+ㅏ+ㅇ= 강

자모법으로 '강'을 가르칠 때 음절을 한 글자로 가르치지 않고, 'ㄱ'과 'ㅏ' 'ㅇ'의 세 단위로 분리하여 가르친다. 다시 말해 'ㄱ' 에 'ㅏ'를 더하면 '가'가 되고 다시 'ㅇ'을 더하면 '강'이 된다는 식으로 철자 위주의 분석적인 지도 방법이다. 이러한 자모법식 글자 깨치기는 초등 1학년 아이들에게 맞지 않다. 따라서 아이들에게 적합한 글자 지도방법은 문장법→단어법→음절법→자모법의 하향식 지도방법이다. 이런 것이 바로 발달단계에 맞는 글자 익히기다. 교사가 아이들에게 'ㄴ'을 가르치면서, "이게 'ㄴ' 이야."라고 했을 때, 아이들은 이게 왜 'ㄴ'인지 제대로 알 수가 없다. 그렇다면 아이들에게 단순히 개념이 아닌 그야말로 글자를 익히게 하는 방법은 없을까? 사실 'ㄴ' 이라는 것은 자음이고 하나의 개념 또는 정의다. 하지만 어린 아이들은 말 자체를 배우고 있는 과정이라 예를 들어 '나'라는 글자를 알게 되고 자신들도 무의식적으로 말하는 과정에 '나'라는 소리가 여러 번 들리면 아주 재미있어 한다. 귀에 익숙한 소리가 들리는 것이다. 아이들은 소리 안에 살고 있기 때문에 여러 가지 생활의 경험에서 살아 있는 말을 배우게 된다. 말은 살아 있다. 하지만 글자는 말 그대로 행위를 보여 주는, 죽어 있는 것이다. 글자를 배운다는 것은 어떻게 보면 생명력이 없는 말을 배우는 것이다. 그렇기 때문에 말과 글자가 어떤 관계가 있는지 이에 대해서 알고 아이들에게 제대로 알려주어야 한다.

그럼 그 방법은 자음 'ㄴ'이 아이들에게 어떻게 다가올까? 물렁물렁하거나 부드러운 느낌으로 다가올 것이다. 헌데 '나비' '나무' '나물' '나이'…. '나비'의 경우, 'ㄴ'의 특성이 잘 나타나 있다. 새들이 '날'아다니는 것, '나무'에도 'ㄴ'의 특성이 잘 들어 있다. 이렇게 'ㄴ'의 특성이 들어 있는 낱말들을 찾을 수 있다. 아이들에게 '나비'의 생김새나 행동을 이야기해 줄 수 있고, '나무'에 대해서도 활엽수, 침엽수, 사막에 사는 나무 따위들을 이야기할 수도 있다. 이렇게 'ㄴ'과 관련된 여러 낱말들을 이야기하고 나서 교사는 아이들에게 'ㄴ' 소리가 많이 나는 낱말을 이용해서 짧은 시를 지어서 들려준다.

나비가 날개를 나풀나풀 거리며
나무에 사뿐히 앉는다.
나비는 날개를 나란히 두고 있다가

나무에 바람이 오니
나비는 날개를 나풀나풀 거리며 나 홀로 날아간다.

이 시로 아이들이 놀이를※ 할 수도 있다. 나비가 되어 이 나무 저 나무에 옮겨다니는 놀이를 할 수 있다. 또한 마지막으로 그림으로 그리기도 한다. 위의 시를 읽는 순간 머릿속에 이와 관련된 그림들이 스쳐 지나갔을 것이다. 아이들은 시를 낭송하면서 'ㄴ'에 대한 많은 경험을 할 수 있다. 다음에는 다른 글자를 배우기보다는 어제 배웠던 시나 놀이를 되풀이한다. 배움에 대한 깊이 있는 내면화를 위해서이다. 그런 다음 교사는 'ㄴ'에 대한 특징을 칠판에 그린다. 수업 마지막에는 이 'ㄴ'을 그린 뒤에 비로소 "이것이 'ㄴ' 이란다."라고 이야기를 해준다.

['ㄴ'관련 칠판그림과 글자]

그런 다음 교사는 아이들에게 어른들은 'ㄴ'을 이렇게 쓴다고 이야기한다. 이렇게 되풀이하면서 'ㄴ'의 특성이 안으로 들어오도록 한다. 이러한 방법으로 아이들에게 한글의 자음과 모음을 배우게 해야 한다. 이렇게 아이들이 글자를 소리와 그림으로 배우게 되면 말(언어)이 지니고 있는 소리와 형태 사이를 연결할 수 있게 되고, 이러한 것을 머리보다는 가슴으로 자연스럽게 익히게 되면서 글자 하나하나에 정신(깊은 뜻)이 아주 많이 들어 있는 것을 깨닫게 된다.

"아하, 'ㄴ' 자가 저렇게 되네. 이런 글자도 있구나, 나비도, 나무도, 노래도…."

"어, 'ㄴ' 자로 이렇게 많은 단어가 만들어지는구나!"

"…."

※ 14쪽 [글자 익히기 다양한 활동 소개]에 자세히 소개하였음.

이러한 과정에서 아이들은 'ㄴ'이라는 글자가 왜 이렇게 생겼는지 이해하게 된다. 물론 한자나 영어처럼 자연의 사물에서 가져온 것이 아니기에 조금은 어려움이 있지만 그래도 자연 사물에 'ㄴ'과 관련을 지을 수 있는 것들이 많다는 사실을 알게 해주는 것이 필요하다. 이렇게 하기 위해서는 결국 교사의 부단한 연구와 노력이 요구된다. 단순히 주어진 글자표를 가지고 외우라고 하거나 이것은 이렇게 연결되는 것이라고 가르치는 것은 죽은 지식을 가르치는 것이며 영혼이 없는 수업을 하는 것과 같다. 더구나 1-2학년 아이들에게 자신의 밖에 있는 자연에 살아 있는 것을 내 안으로 받아들이게 하는 것은 머리보다는 가슴이 중심이 되어야 한다. 깊은 배움과 울림은 오래간다. 더구나 글자 하나하나를 알아갈 때마다 아이들은 세상의 위대함과 담임교사의 위대함을 함께 느끼고 무한 존경과 신뢰를 보낸다. 이렇게 글자를 가르칠 때 아이들에게 그림과 소리를 배우게 하는 것은 결국 우리 인류가 글자(한자, 영어)를 처음 만들게 되었던 방법을 그대로 보여주는 것이다. 글자는 말 속에 들어 있는 것이 그림(글자)이라는 형태로 나타난 것이다.

다음에 소개하는 글자 특성은 정답이 아니다. 하나의 예시 사례이기 때문에 교사가 나름대로 자료를 찾고 재구성을 하면 된다. 리듬과 함께 해보는 활동을 하나 소개한다.

[다른 예] 'ㅈ'에 대해서

나는 작은 다람쥐랍니다. 아주 작고 작은 나무집에 삽니다. 조그마한 입으로 조잘조잘 거리며, 작고 작은 발로 재잘거리며 도토리를 까고, 징검다리를 건널 때는 조심조심하고, 저녁이 되면 나무집으로 돌아가서 잠을 잡니다.

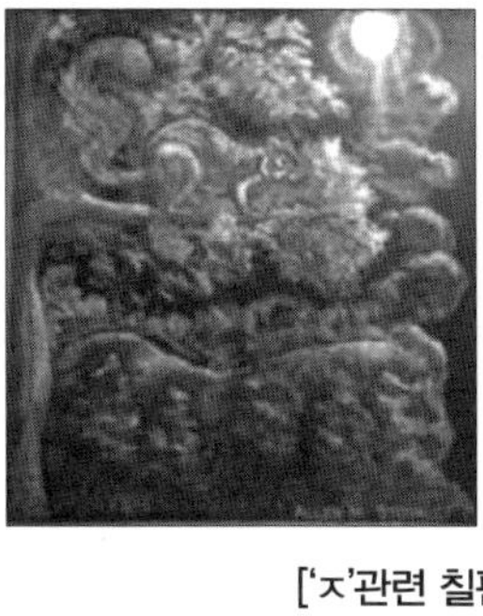

['ㅈ'관련 칠판그림]

이것을 가지고 아이들과 리듬활동을 할 수도 있는데, 먼저 둥글게 원을 만들고, 오른쪽 방향으로 서서 함께 위 내용을 말하면서 걷는다. 이때 'ㅈ' 소리를 낼 때 함께 박수를 친다. "나는 작(박수)은 다람쥐(박수)랍니다. 아주(박수) 작(박수)고 작(박수)은 나무집(박수)에 삽니다…." 박수를 칠 수도 있고, 맑은 소리가 나는 나무 막대기로 칠 수도 있고, 멈출 수도 있고, 순간 앉을 수도 있고, 교사마다 여러 방법을 생각해 내서 하면 된다. 그야말로 똑같은 내용이 없는 창의성이 발휘되는 부분이다. 글자를 어떻게 어떤 내용으로 담아갈지는 오로지 담임교사의 고민과 연습에 의해서 만들어진다. 획일화된 내용을 가르치는 교과서하고는 하늘과 땅 차이이다. 그러다 보니 여러 학급이 있는 학년에서도 교실마다 자기 빛깔을 낼 수 있다. 말 그대로 영혼을 불어넣는 수업을 제대로 실현하는 것이다. 여기서 한 가지 주의할 점이 있다.

이 두 그림의 차이점이 무엇일까? 아이들에게 어떤 그림을 보여주거나 그리도록 하는 것이 좋을까? 왼쪽 그림의 경우는 아이들이 에포크 공책이나 도화지에 글씨를 쓸 때 망설이거나 두려워한다. 사방이 다 열려 있기 때문이다. 이 시기 아이들은 아직 세상을 향해 다 열려 있지 않고 주위로부터(교사, 부모, 어른) 보호를 받기를 원한다. 때문에 교사가 칠판에 그림을 그려 놓고 그냥 공책이나 도화지에 따라 그리게 하지 않고 오른쪽처럼 테두리를 먼저 그리게 하고, 그 안에다 글씨를 쓰는 것이 아니라 그리도록 지도한다. 그러면 아이들은 편한 마음으로 글자의 특성을 느끼면서 잘 따라 그린다. 친절하게 아래 그림처럼 안에 낱자 이외의 글씨를 써 넣는 것은 좋지 않다. 글씨를 알아가는 단계인데 굳이 이렇게 개념화시킬 필요는 없다. 그림 자체로만 글씨를 알아가게 하면 된다.

이런 식으로 소리표기를 하는 경우가 있는데, 이것도 글자지도가 되기 때문에 가능하면 낱자 그대로 있는 것이 좋다.

[다른 예] 'ㅂ'에 대해서

벌들이 벌꿀을 보물처럼 생각해서
벌들은 벌꿀을 보물단지에 모아둔다.
벌들은 벌꿀을 작은 보자기에
보일 듯 말 듯 모아둔다.
–이하 줄임–

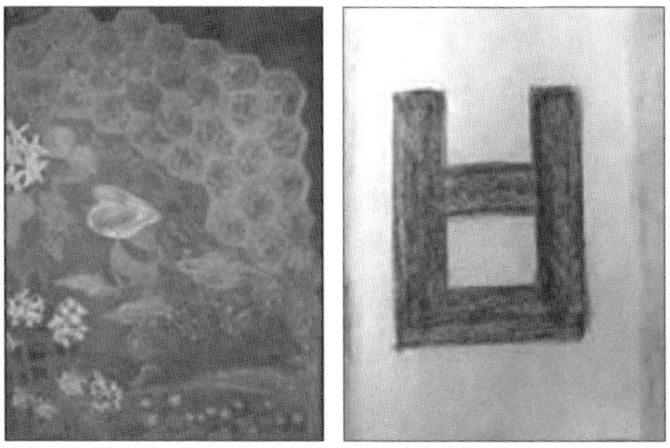

[칠판그림과 글자]*36

*36 https://kr.pinterest.com/pin/423127327464457846/

[다른 예] 'ㅅ'에 대해서

산에 산양은 산바위틈에 주로 살지요.
산양은 다른 산동물이나 사람들이
가기 어려운 산 절벽에도 잘 갑니다.
산양은 산새와 사이좋게 잘 지냅니다.
–이하 줄임–

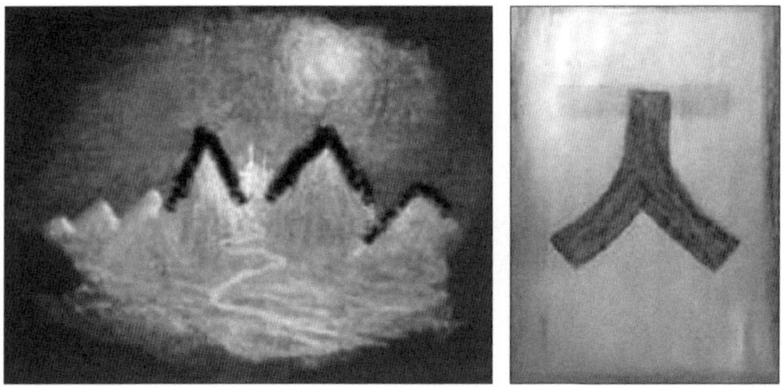

[칠판그림과 글자]

⦿ 'ㄹ'에 대해서 '룸펠슈틸츠헨' 옛이야기를 중심으로 글자 공부를 한다면…

• 줄거리

옛날 한 방앗간 주인이 자신의 딸은 짚을 물레로 짜면 황금으로 바꿀 수 있다고 거짓말을 했다. 그 근처를 지나던 황금을 좋아하는 왕은 그 말이 사실인지 시험해 보기로 하고 방앗간 주인의 딸을 왕궁으로 데려왔다. 딸에게 방안 가득한 짚과 물레를 준 왕은 사흘 후 아침까지 짚을 황금으로 바꾸지 못하면 살려 두지 않겠다고 말했다. 시름에 빠진 딸 앞에 난쟁이가 나타나 짚을 황금으로 만들어줄 테니 대가를 달라고 말했다. 딸은 난쟁이에게 첫째 날은 목걸이를, 둘째 날은 반지를 주었고 난쟁이는 방안 가득했던 짚을 황금으로 만들어 주었다.

-이하 생략-

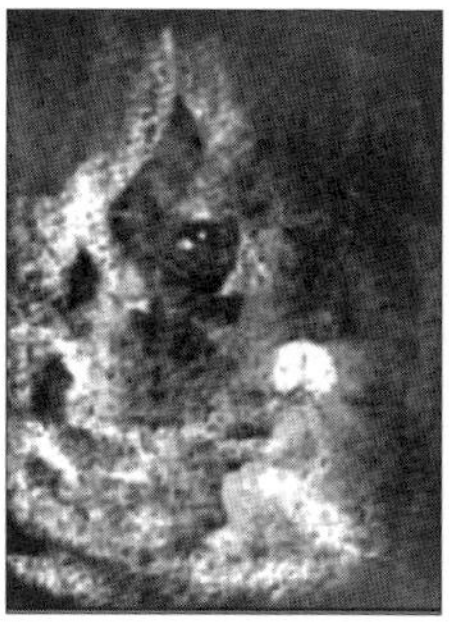

칠판그림*37

글자

[다른 예] 'ㅘ' 에 대해서

과자나라 왕국의 왕과 왕비는 과자를 좋아합니다.
왕과 왕비는 다른 과자를 놔두고
와플과자만 찾아요.
과자가게에도 와플과자가 많아요.
와플과자에는 사과잼이 들어 있어요.
–이하 줄임–

칠판그림*38

*37 https://www.pinterest.com/pin/483644447462725752/
*38 http://images.google.de/imgres?imgurl

[다른 예] 'ㅈ'에 대해서

제비들이 전봇대 전기줄에 앉아
지저리 주저리 지귀지지 지저귀고 있다.
제비 아래로 잠자리들이 날아다니자
제비들이 잠자리를 잡으러 휘익 날아오른다.

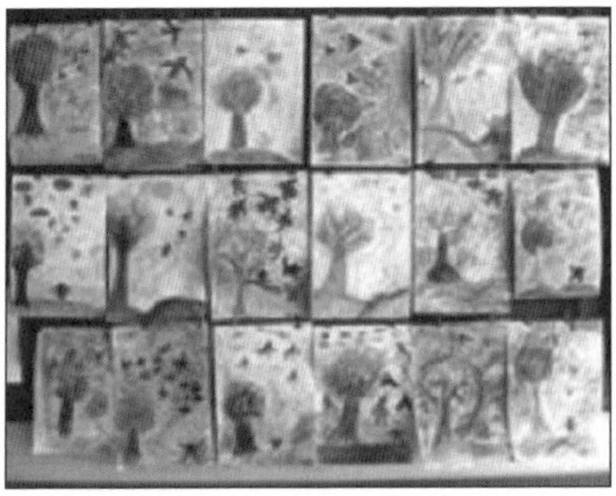

['제비'를 크레용으로 그린 아이들 작품]

[다른 예] 'ㅗ'에 대해서

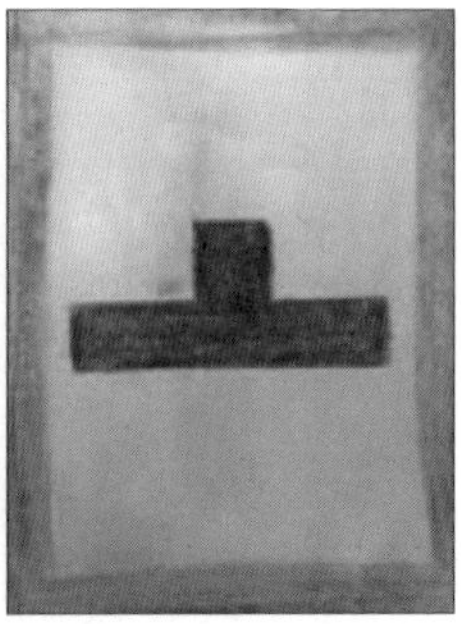

[칠판그림과 글자]*39

*39 https://www.google.de/search?q=duck+chalkboard+waldorf

[다른 예] 'ㅣ'에 대해서

기린은 목이 길어서 기린이라네요.
기린은 목이 길어서 큰나무의 잎을
잘 따먹지요.
기린은 다리도 길어서 성큼성큼 잘 뜁니다.

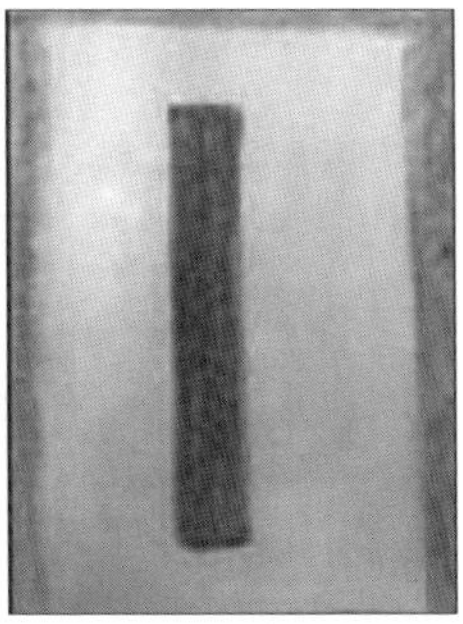

[칠판그림과 사진]

[다른 예] 'ㅟ'에 대해서

〈시골 쥐와 서울쥐 이야기〉

칠판그림

[다른 예] 'ㅏ' 에 대해서

아가가 아장아장 한발 한발 앞으로 걸어갑니다.
아가는 방끗방끗 웃으며 잘 걸어갑니다.

아가가 아장아장 잘 걸어서 엄마 품에 안깁니다.

[다른 예] 'ㄱ'에 대해서

〈개구리 왕자〉

• **줄거리**

옛날 마음이 너그러운 임금님에게 예쁜 공주님들이 있었어요. 공주들 가운데서 막내공주가 제일 아름다웠어요. 막내 공주는 황금공을 가지고 노는 것을 가장 좋아했어요. 어느 날, 막내공주는 궁궐 정원 가까운 숲 속으로 놀러갔어요. 막내공주는 그만 황금 공을 놓쳐서 연못으로 퐁 빠뜨렸어요. "어머, 내 황금공!" 막내공주는 연못 앞에서 엉엉 울었어요.

"공주님, 그만 우셔요. 햇살 같은 공주님이 울면 이 숲 속의 모든 생물들이 함께 슬퍼진답니다." 막내공주가 눈을 떠 보니 개구리 한 마리가 연못 잎에 앉아 있었어요. "지금 네가 말했니?" "네, 저예요. 무슨 일 때문에 울고 있나요?" "내가 제일 좋아하는 황금공을 연못에 빠뜨렸어." "만약 제가 황금공을 찾아주면 무엇을 해주실래요?" "뭐든지 다 해줄 거야." "전 공주님과 함께 먹고 자는 친구가 되고 싶어요." "좋아, 좋아." 막내 공주는 개구리의 말을 자세히 듣지도 않고 무조건 공을 찾을 생각에 고개를 끄덕였어요.

-이하 생략-

우리나라에서는 〈우렁각시〉가 이와 비슷한 내용이나 중요한 것은 'ㄱ'이 되풀이되어서 나오는 옛이야기를 골라야 한다. 내용도 중요하지만 글자와 연계가 되어야 한다.

특정 한 가지 내용으로 가르치는 것이 아니라 교사 나름대로 생각해 낸 것을 가르치기 때문에 내용도 수십 가지가 될 수 있다. 그야말로 제각기 자기 색깔대로 글자를 가르칠 수 있다. 예를 들어 'ㅈ'에 대해서도 이렇게 가르칠 수 있다.

[예시1]

나는 작은 다람쥐랍니다. 아주 작고 작은 나무집에 삽니다. 조그만 입으로 조잘조잘거리며, 작고 작은 발로 재잘거리며 도토리를 까고, 징검다리를 건널 때는 조심조심하고, 저녁이 되면 나무집으로 돌아가서 잠을 잡니다.

[예시2]

제비들이 전봇대 전깃줄에 앉아
지저리 주저리 지귀지지 지저귀고 있다.
제비 아래로 잠자리들이 날아다니자
제비들이 잠자리를 잡으러 휘익 나른다.

[예시3]

저고리에 작은 주머니를 달으니
저고리가 아주 주옥처럼 빛난다.
저고리에 주머니를 또 달으니
저고리에 주머니들이 주렁주렁 주름살 없이
이러 저리 잘 매달려 있다.

이렇게 문장법의 장점 가운데 하나가 교사의 역량(?)에 따라서 내용이 얼마든지 다르게 가르칠 수 있다는 것이다. 똑같은 것이 거의 없다고 할 수 있다. 이것은 곧 다양성이며 교육과정을 얼마든지 재구성할 수 있다는 사례를 보여주는 것이다. 그야말로 살아 있는 교육과정을 그대로 실현하는 것이다. 'K'를 예로 들어보자.

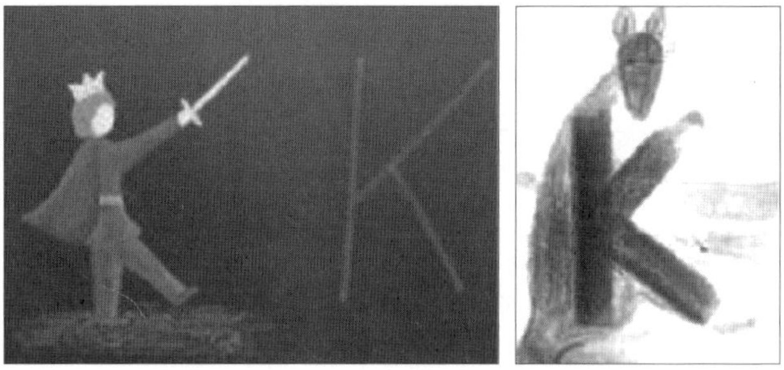

왼쪽은 'King'의 'K'로 오른쪽은 'Kangaroo[*40]의 'K'로 지도할 수 있다. 그만큼 다양성이 열려 있기 때문에 그 중심은 교사다. 교사에 따라서 지역 환경이나 문화에 맞게 내용을 재구성해 가르치면 된다. 중요한 것은 실천의지다.

참고로 발도르프학교에서는 글자(문자) 지도를 이렇게 한다. 쓰기에 관한 내용을 이야기하기 전에 신중하게 이야기를 고른다. 이 이야기에서는 묘사될 수 있는 인물 또는 물건들이 나오고 또 이들을 이야기 속에 나오게 함으로써 아이들의 공감을 일깨울 수 있다. 교사가 칠판에 관련 이야기를 그려 놓고, 이 이야기를 들려주면 아이들은 이야기의 한 장면을 직접 그린다. 물론 칠판에 그려진 그림에는 글자가 들어 있다. 예를 들어 H가 도입될 경우 이야기에서 집(Haus)이 특별한 뜻을 가질 수 있다. 그 뒤에 아이들이 집을 그린다. (그림 참고)

*40 https://kr.pinterest.com/pin/22869910583218594/

또 이어서 특징이 조금만 보이거나 아니면 아예 빠진 집을 그리게 하는데, 이 그림 안에 집 문자 H를 끌어들인 뒤에 3단계·4단계에 거쳐 그리는 과정을 통해 문자 H를 찾아내게 한다.(그림 참고)

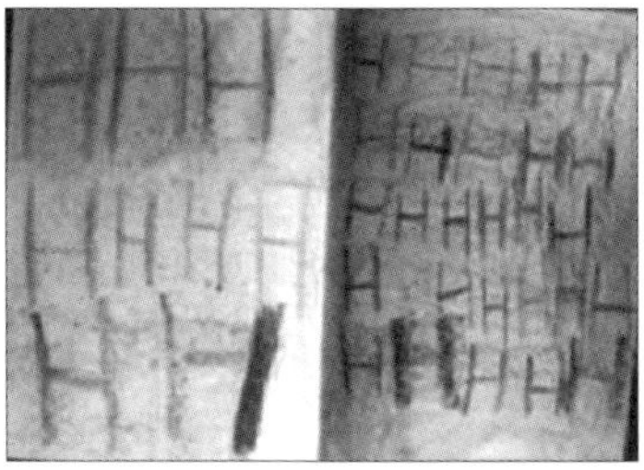

이제 글자가 시작되었고 아이들은 (그리기에 가까울 정도로) 되풀이해서 새김질하며 연습을 할 수 있다. 그렇게 해서 아이들은 추상적인 문자를 알게 된다. 글자는 이야기의 전개와 그려진 그림과 연관되어 생생하게 기억 속에 남아 있게 된다. 이러한 방법으로 우리는 아이들의 발달단계에 맞지 않는 개념중심의 가르침을 피할 수 있다. 아이들은 추상적인 개념을 벗어나 그림으로 생각을 한다. 글자 쓰기는 사각크레용*41을 쓰게 함으로써 더욱 뚜렷한 특징을 나타낼 수 없는데, 이것은 아이들이 사각크레용과 같이 여러 색깔들을 감각으로 받아들일 수 있기 때문이다. 이 과정은 계속해서 움직임과 말하기(언어) 연습으로 이어지고 강화된다. 이렇게 하여 아이들은 글자 형태를 오이리트미를 하면서 확인하고, 아니면 모래 혹은 도화지 위에 새겨보기도 한다. 여기에 글자와 관련한 시 한편을 골라서 함께 낭송하는 것으로 글자의 도입 과정을 마무리 짓는다.

*41 177쪽에 사각크레용에 대한 사진 소개해 놓았음.

['ㅎ' 글자 익히기 과정 소개]

⊙ 'ㅎ'관련 그림은 앞의 내용 참고해서 차례로 'ㅎ'을 그린다. 처음 낱자 연습에서 점차 단어와 문장으로 발전해가는 과정을 다른 글자를 연습한 자료를 함께 소개한다.

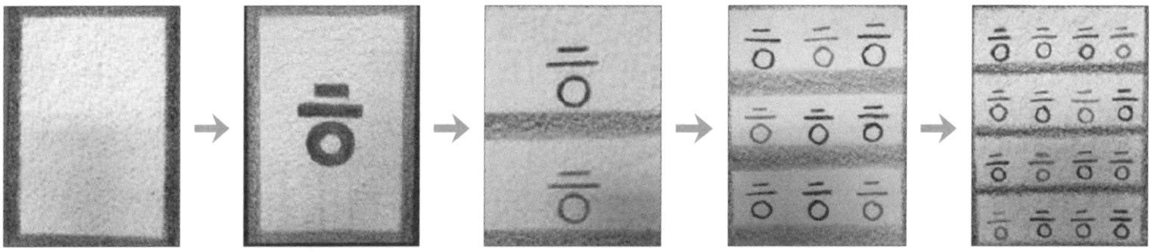

⊙ 띄어쓰기는 글자 사이에 *표시를 한다. *는 눈이라고 말한다. 눈이 오면 세상에 동물, 나무, 사람도 쉬어야 하기 때문에 이렇게 표시한다고, 그러면 아이들은 자연히 띄어쓰기를 익히게 된다. 3학년에 올라가서는 *를 표시 안 해도 글자 사이를 띄우는 것을 알게 된다.

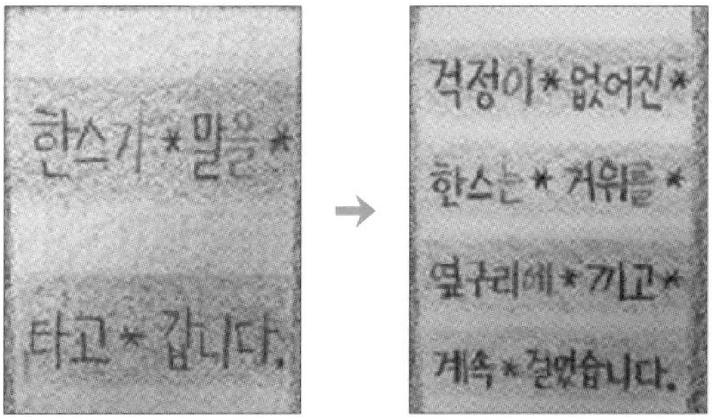

⊙ 5일 리듬주기에 맞게 글자 익히기 수업과정

<table>
<tr><th>영역</th><th>1일</th><th>2일</th><th>3일</th><th>4일</th><th>5일</th></tr>
<tr><td>율동적인 부분
(약 26분)</td><td colspan="5">•하루의 시작 : 아침인사나누기, 아침시, 생일시, 간단한 소식 나누기(아이들이 교사에게)
•리듬활동 : 아이들을 깨우고 집중시키기 위한 동작하기
•글자와 관련한 운문과 시를 리듬 있게 함께 낭송하기
•노래 부르기와 리코더나 리듬악기 연주하기</td></tr>
<tr><td>내용 부분
(약 28분)</td><td>•이야기 들려주기

'ㅎ'이 많이 있는 이야기를 골라서 들려준다.*42
예) 행복한 한스</td><td>•어제의 이야기 경험 떠올리기

오늘도 어제의 내용 줄거리를 들려주고 나서 오늘 분량의 이야기를 들려준다.
칠판에 '행복한 한스'에 관련된 칠판그림을 보여준다.</td><td>•어제의 이야기 경험 떠올리기

•오늘도 첫날과 어제의 내용 줄거리를 들려주고 나서 오늘 분량의 이야기를 들려준다.

•칠판그림 옆에 'ㅎ'자를 써놓은 것을 보여준다.(미리 써놓기)</td><td>•어제의 이야기 경험 떠올리기

•오늘도 첫날과 어제의 내용 줄거리를 들려주고 나서 오늘 분량의 이야기를 들려준다.

•칠판그림 옆에 'ㅎ'자를 여러 개(2,3,4) 써놓은 것을 보여준다.(미리 써놓기)</td><td>•어제의 이야기 경험 떠올리기

•오늘도 첫날과 둘째 날, 셋째 날, 넷째 날 내용 줄거리를 들려주고 나서 오늘 분량의 이야기를 들려준다.

•'ㅎ'을 관련하여 색깔과 관련해서 이야기를 해준다.

•습식수채화 준비를 아이들과 함께 한다.</td></tr>
<tr><td>'과제' 부분
(약 26분)</td><td>•첫날에는 이야기 듣기 시간이 많아서 아이들 공책에는 이야기 제목 정도 쓰거나(물론 칠판에 쓰여져 있는 것은 그대로 그린다) 공책에 배경과 테두리를 칠해놓는 정도의 활동을 한다.</td><td>•아이들은 칠판에 그려진 '행복한 한스' 그림을 에포크 공책에 그린다.</td><td>•아이들은 칠판의 'ㅎ'을 공책에 따라 그린다.</td><td>•아이들은 칠판의 'ㅎ'을 공책에 따라 그린다.</td><td>•아이들과 습식수채화 그리기 작업을 한다.

•습식수채화 뒷정리를 한다.</td></tr>
</table>

*42 책을 그대로 읽어 주기보다는 다 외워서 들려주는 것이 좋다. 이야기 내용은 담임교사가 지역이나 환경이나 아이들 기질들을 생각해서 이에 맞는 주제를 골라서 들려주면 된다.

• 글자 익히기 과정은 앞의 5일 간 리듬주기로 진행한다.
• 글자를 하나씩 배워 나갈 때마다 교사는 머메이드지에 그려서 교실 칠판 앞이나 뒤 환경구성 위에다 걸어 놓는다. 아이들이 날마다 오며가며 글자들을 자연스럽게 익히게 한다. 숫자도 마찬가지다.

• 아래 있는 글자 익히기 과정은 2학기부터 가르치는 것이 좋다. 글자와 문장을 조금씩 늘려나간다.

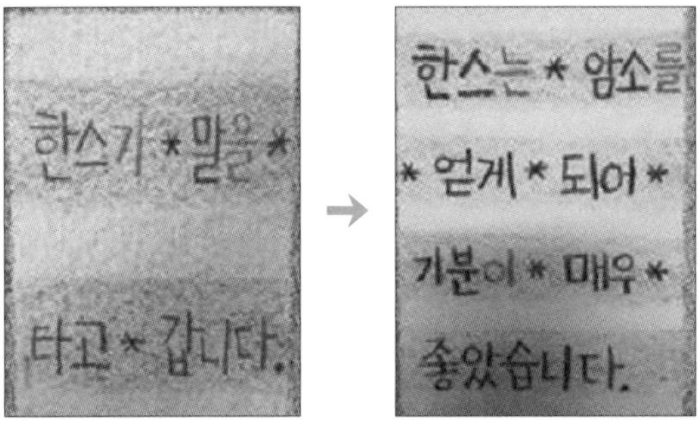

• 2학년에서 들려주는 '우화'는 내용이 짧기 때문에 2-3일 되풀이해서 들려주고, 대신에 이와 관련한 형태그리기나 산책활동 시간을 많이 활용하면 된다. 이와 관련해서는 뒷장 수학편에서 교과끼리 연계 수업의 대안 제시 내용에서 소개하고 있다.
• 습식수채화 작업은 단순히 그리게 하는 것이 아닌 글자나 숫자를 내면화시키는 것이기 때문에 수업에서 꼭 해야 할 교육 프로그램이다.
• 하루 블록수업이 마무리되기 10분 전에 꼭 1학년은 옛이야기, 2학년은 우화나 성인이야기를 들려주는 것이 좋다. 수업시간에 들려주고 있는 이야기와 꼭 연계할 필요가 없다. 세상의 수많은 이야기를 언제 다 들려줄 수 있겠는가? 더구나 이 시기 아이들은 이야기 듣기를 좋아하기 때문에 이야기를 들려주는 시간을 꼭 마련해야 한다. 물론 책을 그대로 읽어주는 것이 아니고, 들려주어야 한다.

[글자 익히기 다양한 활동 소개][43]

'ㄹ' 과 'ㅈ' 익히기

*43 수학 '숫자' 익히기 과정도 이와 같은 방법으로 가르친다.

['ㅓ' 글자 익히기 과정 소개]

가. 이야기

어부와 어부의 아내*44

옛날 한 어부와 어부의 아내가 바닷가의 다 쓰러져 가는 오막살이집에서 살고 있었어. 어부는 날마다 고기를 잡으러 바다에 나갔어. 그가 하는 일이라고는 그것밖에 없었어. 이날도 그는 바닷물 속에 낚싯대를 드리우고 맑은 물 속을 들여다보고 있었어. 그는 한정 없이 그렇게 앉아 있기만 했어. 그 때 그의 낚싯대가 물속으로 푹 가라앉았어. 그가 재빨리 낚싯대를 들어 올렸더니 커다란 가자미 한 마리가 낚시에 물려 올라왔어. 그런데 가자미는 그에게 이렇게 말했어.

"어부 아저씨, 제발 부탁이니 절 좀 살려 주세요. 저는 진짜 가자미가 아니라 요술에 걸린 왕자랍니다. 저를 죽여서 좋을 일이 없잖아요? 저는 맛도 별로 없어요. 제발 저를 물속에 놔주세요."

"잠깐만, 그렇게 긴말 할 필요없다. 아무튼 난 말하는 물고기는 원치 않으니 물속에 다시 놓아주겠다."

그렇게 말한 어부는 가자미를 맑은 물속에 놓아주었지. 가자미는 뒤에 기다란 핏자국을 남긴 채 물 속으로 헤엄쳐 들어갔어. 어부는 몸을 일으켜 아내가 있는 오막살이집으로 돌아갔어. 어부를 본 아내가 물었어. (중략)

나. 칠판그림 '어부이야기'

*44 출처:(어른을 위한)그림형제 동화전집 1-2(그림형제 지음,김열규 옮김,현대지성사)

다. 형태그리기 (물결)

라. 글자 익히기 과정 'ㅓ'

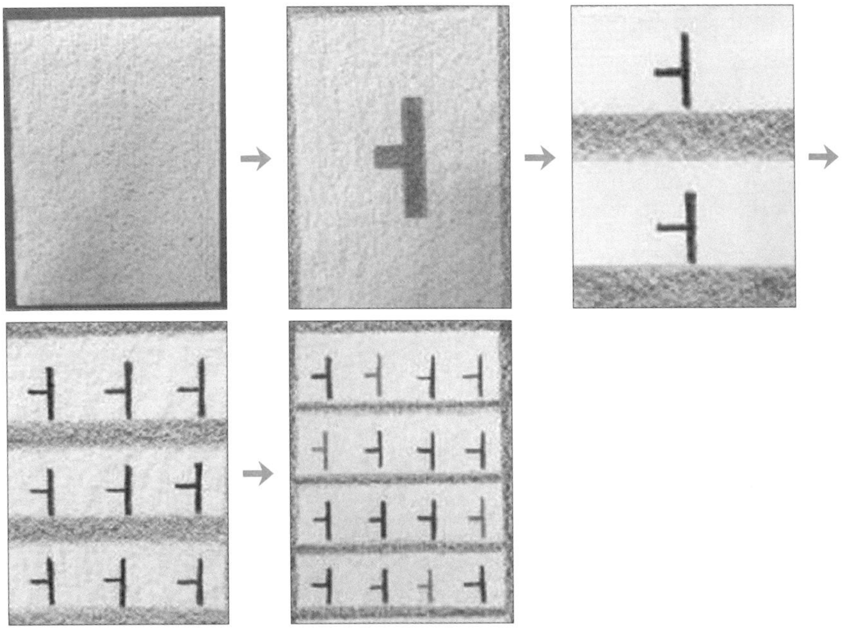

[독일 발도르프학교 1학년 글자 익히기 과정 소개]

D자 그림에서 D로

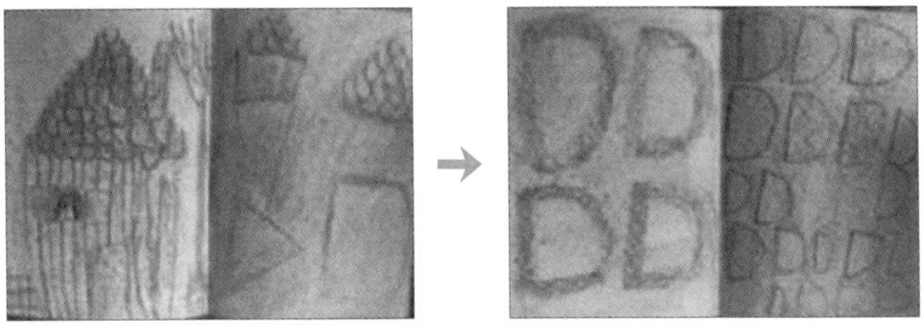

F자(FISH)에 대해서

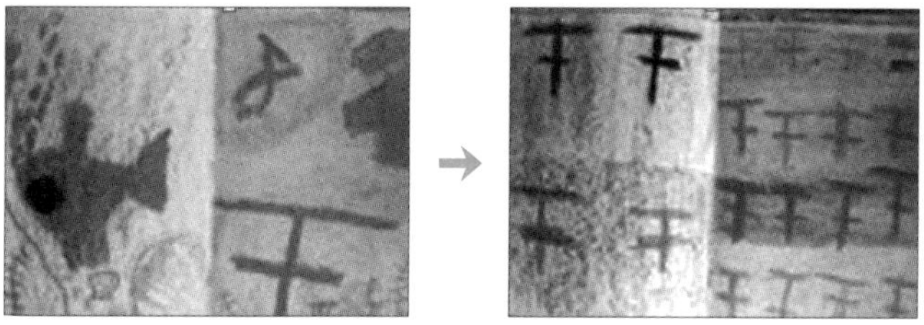

물론 한글을 영어나 한자처럼 그림으로 작업해서 글자를 깨치게 하는 것이 쉽지는 않다. 영어의 경우 [Wave]는 '파도' 또는 '물결'로 표현하고 있고 [whale] '고래'와 자연스럽게 연결된다.

'바람이 부는 바다 물결 속에 고래가…'를 'Windy Whales in the ocean Wave'로 표현해 낼 수 있다. 그렇지만 우리 글자의 경우 '바람이 부는 바다 물결 속에 고래가…'로 'ㅂ' 'ㅁ' 'ㄱ ' 같은 글자를 이어서 말하는 것이 쉽지 않다. 그렇게 되려면 '바람이 부는 바닷가 바위사이 모래 속에 바지락 조개가 바스락바스락거리며 움직이고…'라고 할 수 있다. 조금은 영어와 의미가 다를 수 있지만. 우리 글자를 문장꼴로 바꾸는 것은 결코 쉽지 않다. 중요한 것은 교사의 실천의지가 있어야 이런 것도 가능하다. 인터넷 교사동아리 사이트나 사기업체 사이트에서 제공하는 즉 남이 다 해놓은 것을 가져다 쓰는 것은 글자의 참된 뜻을 알지 못하고 기계적인 가르침만 있을 뿐이다. 물론 이러한 것조차 전혀 하지 않는 분들에 비해서 조금은 낫지만 그래도 영혼을 불어 넣는 수업을 하기 위해서 많은 고민과 노력, 실천이 필요하지 않을까?

⊙ 문제가 많은 쓰기 수업

(다) 교수·학습 방법 및 유의 사항[*45]

① 가장 기본적인 글자, 낱말, 문장을 바르고 정확하게 쓰게 하는 데 주안점을 두되, 학습자가 생활 속에서 흔히 접하는 것을 중심으로 반복해서 학습하도록 한다.
② 글자 바르게 쓰기를 지도할 때에는 학습자의 발달 단계와 수준을 고려하여 기본적인 낱말과 문장을 제시하여 글씨 쓰기를 연습하도록 한다. 학습자의 수준을 넘는 낱말

*45 교육부, 2015 개정 교육과정 국어과 1-2학년 성취기준.

이나 문장을 제시하면 쓰기를 어려워할 수 있으므로 적절한 수준의 낱말이나 문장을 제시하여 쓰기에 흥미를 갖도록 지도한다. 특히 읽기 능력에 비해 쓰기 능력의 발달이 늦다는 점을 고려한다.

③ 받아쓰기는 글자를 정확하게 쓰는 데 도움이 될 수 있으나, 학습자가 부담을 갖게 되면 국어 활동에 자신감을 잃을 수도 있으므로 신중하게 활용한다. 너무 어려운 글자를 받아쓰게 하여 국어에 대한 흥미가 떨어지지 않도록 유의하며 요소 중심으로(예: 된소리 되기 현상이 나타나는 낱말) 지도한다.

④ 기초 한글 학습이 부족한 학습자를 위해서는 문자 학습에 흥미를 느낄 수 있도록 놀이 중심, 활동 중심으로 교수·학습을 진행한다.

교수·학습방법과 유의사항에 대해서 제대로 이야기하고 있으나 실제 학습에는 이를 제대로 반영하지 못하고 있다. 문제는 가르치는 방법에서 개념과 기능중심이기 때문이다. 소리가 가지고 있는 특성을 가지고 글자를 하나의 그림으로 만들어 내는 것이 쉽지 않다는 것이다. 더구나 글자의 형태를 가르치는데 소리로부터 동작을 만들어 내는 것이라 'ㅅ'이면 'ㅅ' 소리에 맞게 손과 발을 이용해서 동작으로 표현해야 한다. 그렇다면 소리가 먼저일까? 동작이 먼저일까? 글자가 만들어지기 전까지 사람들은 어떠한 방법으로 자신들의 생각(?)을 다른 사람들에게 전달했을까? 잘 살펴보면 대부분 소리는 동작의 흔적인 셈이다. 예를 들어 'ㅁ' 소리를 길게 내어보고 이 소리가 어떤 동작과 어울릴지 생각해 본다. 움직임을 느꼈다면 'ㅁ' 소리와 함께 손과 발을 이용해 본다. 이러한 움직임은 소리와 바로 연결될 수 있다. 소리에도 떨림이 있기 때문이다. 이것을 현대과학에서는 흔히 파장*46이라고 한다. 발도르프학교에서는 동작을 만들어 글자와 연결하는 방법을 '오이리트미'*47 수업으로 발전시켰다.

*46 〈물리〉 파동에서, 같은 위상을 가진 서로 이웃한 두 점 사이의 거리.

*47 몸과 마음과 정신을 움직여 음악과 언어를 표현하는 동작예술로서, 발도르프학교에서만 운영되고 있다.

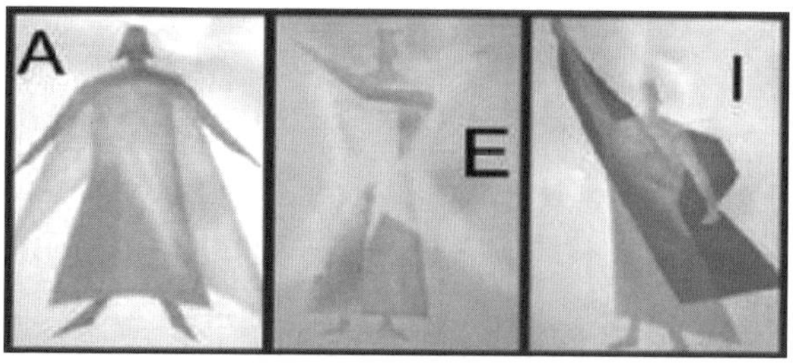

*48

2015년 6월 30일까지 근무했던 강원 고성 공현진초에서 전교생이 움직임 교육을 할 때 삼월 초 1학년 아이들은 주로 균형감각에 해당하는 내용을 많이 한다. 이때 글자와 관련된 내용을 하기도 하는데, 학생 수가 많은 교실에서 하기에는 공간이 넉넉하지 않기 때문에, 체육관이나 다목적실을 이용하면 된다. 또한 교과시간을 국어 시간에 한정하기보다는 즐거운 시간을 이용해도 된다. 이것이 교과의 재구성이다. 교과끼리의 연계 수업이기 때문에 이렇게 하기 위해서는 교사의 고민과 노력이 우선되어야 가능하다.

한글 자음과 모음을 이러한 방식으로 익히게 해야 한다. 그렇기 때문에 최소한 한 학기 정도는 해야 한다. 더구나 삼월 한 달 동안은 수학보다는 국어를 우선으로 가르쳐야 한다. 글자를 제대로 알아야 쓰기를 할 수 있고 읽을 수 있다. 셈하기는 말로도 얼마든지 가능하다. 그렇지만 글자를 깨우치기 전에 쓰기는 쉽지가 않다. 그렇기 때문에 교사는 아이들에게 글자를 익히게 하기 위해 여러 가지 방법들로 가르치고 발전시켜야 한다. 이 가운데 그림을 가지고 글자를 배워 나가는 방법과 동작을 만들어 글자와 연결해 가는 방법을 가장 많이 쓴다. 이러한 교육방법을 경험한 아이들은 많은 변화가 일어난다. 하지만 우리는 대부분 글자를 배울 때 시켜서, 베껴서(보고 그대로 따라 쓰기) 배워 왔다. 이러한 글자 배우기는 내면화되지 않고, 단지 머리로만 받아들이게 된다.

그렇다면 이미 초등학교에 들어오기 전에 어린이집이나 유치원에서 글자를 다 배우고 온 아이들은 어떻게 해야 할까? 글자를 다 알기 때문에 그대로 놓아두어야 할까? 글자를 전혀 익히지 않고 오는 아이들도 있는데 이 아이들하고의 차이를 어떻게 극복해야 할까? 글자와 쓰기를 배우고 왔다고 하더라도 교사는 이것을 무시하고 전

*48 https://www.google.co.kr/search?q=letters+drawing+grade+1+for+waldorf+pdf

혀 모른다고 생각하고 가르치는 것이 좋다. 그림과 소리를 이용한 방법으로 글자와 쓰기를 배우게 한다면 이미 배웠다고 하더라도 각각의 글자가 지니고 있는 뜻을 확실히 알 수 있으며 글자를 보는 눈이 달라진다. 이전(초등학교 들어오기전)까지는 배웠다고 해도 마치 커다란 산이나 앞이 제대로 안 보이는 안개 속에서 이러한 글자들을 봤기 때문에 새롭게 느껴질 것이다. 물론 공부가 시작되면 "이 글자 알아요!" 하는 아이들이 있겠지만 꾸준히 해나가면 점점 줄어들게 되고 곧 잊게 된다. 그래서 아이들은 그림과 소리로 익힌 글자를 어른이 되어서도 부모가 되어서도 잊지 않고 평생을 간직하게 된다. 이것은 곧 깊이 있는 울림이 있는 내면화이기 때문이다. 단편적인 기억은 그 당시에는 효과가 있을 수 있지만 아이들의 전 생애를 살펴봤을 때 어떻게 어떤 방법으로 왜 가르쳐야 하는지에 대해서 신중하게 생각해야 한다.

그렇기 때문에 초등학교 교육과정에서 글자를 익히게 하는 과정을 소홀히 다루어서는 안 된다. 앞에서 교육부가 제시한 핵심 성취기준에는 단순 방법과 기능에 대한 내용만 있지 어떻게 왜? 해야 하는지에 대한 내용이 빠져 있다. 아이들의 처지와 발달단계를 전혀 생각하지 않은 주먹구구식 교육과정 편성은 결국 아이들 삶을 가꾸는 데 전혀 도움이 되지 않는다. 이것을 그대로 따라 가르쳐서는 안 된다. 여기에 한술 더 떠 교육과정 재구성 기본 원리도 제대로 이해 못하면서 교육과정 재구성이 어떠하다고 이야기하는 교사들이 있다. 단순히 같은 주제를 묶어 놓은 것이 재구성이 아니다. 무엇이 어떻게 왜? 어떤 문제가 있는지에 대해서 제대로 알고 이야기해야 한다. 교육과정 재구성은 바로 이 잘못된 교육과정과 교과서를 내려놓고 교사 자신의 살아 있는 교육과정을 실천하는 것이다. 물론 교과서를 내려놓고 가르친다면 학부모들이 다소 불안해 하겠지만 삼월이나 달마다 학부모 모임이나 상담시간에 아이들에게 글자를 어떻게 가르치고 글씨를 어떻게 써 나가는지를 이야기한다면 학부모들이 가지고 있는 오해(?)를 말끔히 해결할 수 있다. 그렇게 하기 위해서는 담임교사의 노력과 실천이 있어야 한다. 고민을 하지 않는 가르침은 울림이 적다. 울려도 금세 날아가 버린다. 깊은 울림을 위해 신뢰와 믿음을 주는 교육은 한순간에 되지 않기 때문에 살아 숨 쉬는 교육을 위해 끊임없는 노력과 실천을 해야 한다.

⊙ [2국03-01] 글자를 바르게 쓴다

아이들은 연필을 쥐고 글씨를 써야 한다. 그렇다면 아이들 손에 연필을 권해야 한다. 보통 어른들이 쓰는 연필은 가늘기 때문에 이 시기 아이들이 쥐고 쓰기에는 어려움이 많다. 연필 또한 굵어야 한다. 이에 대한 친절한 안내가 먼저 있어야 한다. 또한 연필심 색깔은 되도록 검은 색보다는 여러 색깔을 이용하도록 해야 한다. 세상에는 검정과 흰 여백만 있는 것이 아니고 무지개처럼 여러 색들이 아름답게 펼쳐 있다는 것을 깨닫게 해주어야 한다. 교사의 상상력 부재는 자칫 아이들에게 영혼의 상처뿐만 아니라 내적성장과 외적성장의 결핍을 가져온다. 물론 부모들의 과다욕심도 마찬가지다. 아이들에게 막대크레용이나 색연필을 섬세하게 다루는 방법을 가르치는 것은 호흡과 순환의 균형을 이루게 하고, 상상력에 활기를 불어 넣어준다. 아이들은 교구 하나라도 신경을 써서 쓰도록 해주는 교사를 원한다.

또한 쓰기 과정은 1학년에서 말하였던 과제를 정리하는 데 목적이 있다. 어려운 글자들과 쉬운 글자들을 적절하게 꾸준히 쓰는 것이 필요하다. 1학년 때부터 꾸준히 연습으로 이어져 왔기 때문에 중요하다. 여기에 노란색은 형용사, 파란색은 명사, 자주색은 대명사, 빨간색은 동사, 오렌지색은 부사, 갈색은 관형사, 초록색은 조사와 같이 색의 다양한 부분에 말을 붙여서 수업을 하면 아이들은 더 쉽게 이해한다.

⊙ [2국03-02] 자신의 생각을 문장으로 표현한다
[2국03-04] 인상 깊었던 일이나 겪은 일에 대한 생각이나 느낌을 쓴다

이 시기 아이들은 자신이 겪은 일들에 대해서 생각을 적는 것이 쉽지 않다. 아이들의 생각을 쓸 수 있는 능력의 한계를 어디까지 보고 있는가? 더구나 초등학교 모든 아이들이 입학 전에 글자를 다 깨우치고 온 것도 아닌데, 글자를 모르는 아이들이 있는데, 그럼 이 아이들은 어떻게 자신의 생각을 글로 써야 하는 것인가? 아이들이 겪은 것을 잘 정리해서 글로 쓰는 것도 중요하지만, 이 시기 아이들에게 더 중요한 것은 머리로 받아들이게 하는 것보다 가슴 즉 감성(감정)을 풍부하게 느낄 수 있도록 해주는 교육활동이다. 그래서 시나 노래로 함께 표현하기도 하고, 아니면 그림(크레용으로 그리기, 색연필, 물감으로 그려보는 습식수채화 따위) 그리기 작업으로 표현하는 것이 더 좋다. 생각을 문장으로 표현하는 것은 굳이 1학년부터 하지 않아도 된다. 이것은 생각을 필요로 하기 때문에 '생각의 힘'이 어느 정도 만들어지는 학년에서 서서히 시작해도 된다.

연필을 쥐는 힘도 약한 아이들에게 단순히 활동을 했으니 그 결과를 처리하라고 하는 것은 바람직하지 않다. 더구나 아이들의 발달단계를 생각한다면 지금 당장 하지 않아도 된다는 생각으로 교사는 가르쳐야 한다. 또한 이 시기 아이들은 '손힘' 즉 쥐는 힘이 약하기 때문에 연필 잡는 것이 쉽지 않다. 그렇다면 교육과정이나 교과서 집필자나 심의자들은 이 시기 아이들에게 연필 굵기는 어느 정도 굵기가 적당한지를 정확히 제시해 주는 것도 필요하다. 청소년들이나 어른들이 쓰고 있는 가는 연필을 그대로 쓰는 것이 바람직한지 아니면 굵기가 두꺼운 연필을 써야 한다든지에 대해서 최소한의 정보를 알려주어야 한다. 이렇다 할 도움이나 안내 없이 무조건 글자를 알았으니 글씨를 써야 한다는 것은 무책임한 행위다. 아이들을 이해한다는 것은 단순히 어른의 처지에서 생각을 해서는 안 되는 것이다.

글자를 깨우쳐 나가는 과정이나 이것을 글씨로 표현하는 것을 소중하게 여길 수 있도록 배려를 해주는 것이 진정으로 교육과정이나 교과서를 고민해서 만들려는 사람들의 생각과 마음이다. 그렇지 않다면 그저 상급 교육기관에서 시키는 대로 하는 영혼 없는 사람들이 모여서 만든 것에 지나지 않기 때문에 이런 교육과정과 교과서를 굳이 애써 가르칠 필요가 없다. 교육부에서는 '성취기준'이라는, 아이들 발달단계를 전혀 생각하지 않은 요상한 것을 만들어서 제시하고 있다. 이것에 나와 있는 것을 가르치지 않으면 마치 교사로서 가르침에 대한 책임과 의무를 다하지 못한 사람으로 분위기를 조성해서 여기에 구속되게 만들고 있는 것이 지금의 현실이다. 그러다 보니 많은 교사들이 과감한 용기와 결단이 없으면 쉽게 교과서를 내려놓지 못하고 있는 것이다.

굳이 '자신의 주변에서 일어난 일에 대한 생각을 문장으로 쓸 수 있게' 한다면 대부분 아이들이 글자를 깨우치는 2학기부터 한 문장씩 시작해서 늘려 나가는 것이 좋다. 간단한 '서사문' 쓰기를 지도하는 것이 바람직하다. 1-2학년 아이들의 글쓰기 능력 상태는 어느 정도인가? 소개할 내용을 쓸 정도는 보통 4학년이다. 세상에 대해서 제대로 인식도 못하는 아이들이 어떻게 소개하는 글을 쓸 수 있을까? 아이들이 스스로 작가라고 생각하지 않는 이상 이것은 분명 발달단계에 전혀 맞지 않는 주먹구구식 성취기준이다. 아니라면 이 시기 아이들이 어떻게 소개할 내용을 쓸 수 있는지 철학적인 근거를 밝혀라! 그렇지 않다면 이것은 이 시기 아이들에게는 전혀 도움이 되지 않는 내용이다. 이 시기 아이들의 글쓰기 능력을 어디까지 보고 있는지. 어떻게 이런 생각을 할 수 있었는지 그저 놀랍다. 유치원 누리과정을 보면 마치 천재형 사람들을 만드는 것처럼 구성되어 있다. 어른들의 무개념 교육철학과 과장된 욕심이 수많은 아이들을 힘들게 해서는 안 된다.

5 문법 수업의 내실화를 위해서

초등학교 1·2학년 문법 영역 성취기준은 학습자가 기초 문식성*49을 습득하여 학교에서의 국어생활에 원활히 적응하도록 하는 데 중점을 두어 설정하였다. 한글을 해독하고 낱말과 문장, 문장 부호를 바르게 사용하며 말과 글에 대한 관심을 갖게 하는 데 주안점을 둔다.*50

[2국04-01] 한글 자모의 이름과 소릿값을 알고 정확하게 발음하고 쓴다.
[2국04-02] 소리와 표기가 다를 수 있음을 알고 낱말을 바르게 읽고 쓴다.
[2국04-03] 문장에 따라 알맞은 문장 부호를 사용한다.
[2국04-04] 글자, 낱말, 문장을 관심 있게 살펴보고 흥미를 가진다.

⊙ [2국04-02] 소리와 표기가 다를 수 있음을 알고 낱말을 바르게 읽고 쓴다.

받아쓰기 과정을 꾸준히 해야 가능한 내용이다. 받아쓰기를 위한 받아쓰기가 아닌 글자를 알아가는 과정에서 리듬활동이나 말하기 과정을 함께 진행하는 것이 좋다. 아침마다 아이들과 '아침시'를 낭송하는 것도 좋은 방법 가운데 하나이고, 칠판 그림을 이용한 글자 익히기 과정을 자연스럽게 따라하게끔 하는 것도 좋다.

6 살아 숨쉬는 문학 수업을 위해서

초등학교 1·2학년 문학 영역 성취기준은 문학에 대하여 친밀감과 흥미를 느끼도록 하는 데 중점을 두어 설정하였다. 재미있는 발상과 표현이 담긴 작품을 활용하여 말의 재미를 느끼거나 작품에 묘사된 인물이나 사건을 상상하고 자신의 생각이나 느낌, 경험을 자유롭게 표현하는 활동을 통해 문학에 입문하도록 하는 데 주안점을 둔다.*51

*49 문식성 : 글을 읽고 쓸 수 있는 능력을 의미한다. 문식성은 단순히 글을 해독하고 표시하는 것 이상으로 읽기와 쓰기에 대한 태도와 기대, 생활 속에서 읽기와 쓰기 행동이 갖는 의미와 가치까지를 포함한다.(네이버 지식검색)

*50 교육부, 2015 개정 교육과정 국어과 1-2학년 성취기준.

[2국05-01] 느낌과 분위기를 살려 그림책, 시나 노래, 짧은 이야기를 들려주거나 듣는다.
[2국05-02] 인물의 모습, 행동, 마음을 상상하며 그림책, 시나 노래, 이야기를 감상한다.
[2국05-03] 여러 가지 말놀이를 통해 말의 재미를 느낀다.
[2국05-04] 자신의 생각이나 겪은 일을 시나 노래, 이야기 등으로 표현한다.
[2국05-05] 시나 노래, 이야기에 흥미를 가진다.

⊙ 느낌과 분위기를 살려 그림책, 시나 노래, 짧은 이야기를 들려주거나 듣는다.

글자 익히기 과정과 전혀 관련성이 없는 내용을 선정하기보다는 글자와 관련된 것을 골라야 한다. 가장 좋은 것은 교사가 직접 만들어 낸 것이다. 노래도 글자와 관련된 것을 골라야 하는데 교사가 만든 시나 짧은 이야기를 가지고 하면 좋다. 노래를 만들기 힘들면 노랫말을 바꾸어서 함께 부르는 것도 좋다. 여기에 노래를 더 풍부하게 해주는 것이 '펜타토닉'*52이다. 이것을 이용해서 노래를 부르면 더 활기하고 곱다. 물론 여기에서 조심해야 할 것은 1-2학년 수준에 맞지 않는 박자나 리듬은 피해야 한다. 소리나 모양을 흉내 내는 말을 활용하는 활동을 해보고 말로 이야기하는 것까지는 좋으나 생각이나 느낌을 글로 표현하는 것은 아직 글자를 배워나가는 아이들에게 무리다.

이 성취기준은 결국 아이들이 글자를 완전히 익히고 초등학교에 들어온 것을 가정해서 제시한 것이라 보는데, 이것은 아이들 발달단계를 생각하지 않는 어른들의 생각이다. 이 내용을 제시한 어른들은 과연 이 시기에 글로 제대로 표현할 수 있었는지 궁금하다. 마치 그렇게 할 수 있을 것이라고 생각하는 것 자체가 큰 문제다. 이 시기 아이들의 특성을 조금이라도 안다면 이렇게 '성취기준'이라고 제시하지 않을 것이다. 너무 무리한 요구다. 그렇다면 글자를 모르는 아이들은 어떻게 하란 말인가? 이 아이들을 위해서는 어떠한 배려도 기다림도 없는 이 교육과정과 교과서를 배우게 해야 하는가?

---

*51 교육부. 2015 개정 교육과정 초등 국어 교육과정 1·2학년 문학 영역편.

*52 '펜타토닉' 악기는 음계 안에서 아래쪽, 위쪽으로 열린 상태의 위치에 있어 시작 음과 끝 음이 똑같이 되풀이 되기 때문에 이러한 음 체계는 바로 9세까지 아직 완전하지 않은 아이들의 내적 상태와 일치하는 것으로 발도르프학교에서는 1·2학년에서 주로 이용하고 3학년부터는 7음계 리코더를 쓴다. 아이들 발달단계에서 꼭 필요한 악기임에도 아쉽게도 우리 교육과정에서는 소개되지 않고 있으며, 실제 1·2학년 교실에서도 이용하지 않고 있다.

◉ 1·2학년 아이들에게 어떤 이야기를 들려주어야 할까?

이 나이 아이들은 세상을 자욱한 안개처럼 바라본다. 그렇기 때문에 의지할 대상이 필요하고 보호를 받아야 한다. 물론 더 어린 아이들은 말할 것도 없다. 그렇기 때문에 이 아이들은 세상에 대해서 늘 꿈을 꾼다. 꿈을 꾸면서 안개가 조금씩 걷히면서 서서히 자신의 존재를 세상에 내놓게 된다. 또한 이 아이들은 '나'를 중심으로 세상을 바라본다. 자기중심이라고 할 수 있는 주관적인 힘이 크게 작용하는 시기다. 한편으로는 아직 세상을 보는 힘은 커지지 않았다는 것을 뜻한다. 8살 전까지의 아이들은 보이는 대로 세상을 보고, 그림을 그린다고 해도 보이는 대로 그대로 그린다. 그렇다고 사실대로 그리는 것이 아니고 아이들 자신들 수준에서 보고 느낀 것을 쓰거나 그린다. 8살 이전 아이들이 그린 그림은 마치 추상화 같기도 하다. 그래서 어떤 부모는 '그림을 왜 이렇게 그렸어!' 하고 야단을 치기도 하는데, 아직은 세상이 구체적으로 다가오지 않기 때문에 있는 그대로 느끼는 그대로 그리는 것이다. 또한 교사(부모)가 제시한 그림을 따라 그려도 비슷하지 않은 이유 역시 세상을 제대로 인식하지 못하기 때문이다. 그렇기 때문에 이 시기 아이들에게 가장 좋은 이야기는 시간과 공간을 뛰어넘는 옛이야기이다. 그렇다고 창작 동화를 권하는 것은 아니다. 요즘 옛날이야기 책들 가운데 글쓴이가 우리 시대 사람인 경우가 있는데 이것도 권할 것이 안 된다. 오로지 옛날부터 입에서 입으로 전해 내려오는 이야기를 말한다. 옛이야기와 창작 동화는 이야기가 가지고 있는 정신적 가치에서 많은 차이가 있다. 옛이야기는 우리 현대인이 알지 못하는 정신적인 그 이상의 것이 담겨져 있기 때문에 1학년 이하 아이들에게 알맞다.

더구나 옛이야기는 나이를 뛰어넘어 많은 사람들에게 사랑받았지만 내용이 상투적이며 지나치게 비현실적이라는 이유로 여러 사람들에게 비판받아 오기도 했다. 약자와 강자가 싸우면 약자가 늘 이긴다는 것과 외모가 아름다우면 성격도 착하며 외모가 못 나면 성격도 나쁘다는 것 따위들이 그 이유이다. 옛이야기의 이러한 구성 때문에 읽는 사람은 현실과 다른 헛된 꿈만 꾸거나 인물에 대해 편견을 가질 수 있다는 것이다. 이러한 이유로 옛이야기가 많은 비판을 받지만, 여전히 많은 사람들에게 사랑받고 있는 이유는 무엇일까? 바로 옛이야기는 어린이들의 세계, 즉 꿈과 희망이 담겨 있으며 아이들은 본능적으로 새로운 사실과 미지의 세계에 강한 호기심을 가지고 있는데 이러한 본능적인 호기심을 충족시켜 줄 수 있는 것이 동화이기에 즐기는 것이 아닐까? 괴테도 '인생 사는 법칙을 어렸을 때 읽던 동화에서 배웠다'라고[53] 하였다. 그만큼 우리 아이들이 자라는 데 옛이야기와 우화는 자양분이다. 그렇기 때문에 함부로 아무 이야기나 들려주어서는 안 되고 발달단계에 맞는 내용을 들려주어야 한다.

참고로 4살부터 7살 아이들에게 들려주기 좋은 이야기를 소개한다.[54]

• 4–5살 : 가장 단순한 이야기들과 연속되는 말로 구성되어 있는 것.

《맛 좋은 죽》 (그림 동화#103) 《금발의 소녀와 세 마리 곰》 (Spindrift)
《꼬마 이와 꼬마 벼룩》(Spindrift) 《커다란 순무》(러시아, Autumn Book)
《벙어리장갑》 (러시아)
《생강 과자로 된 사람 The Gingerbread Man》
《조니 케이크 The Jonny Cake》 (영국)
《배고픈 고양이》 (인형극 대본)
《작은 집》 (Spindrift) 《늙은 할머니와 그녀의 돼지》 (영국 동화)
《고양이와 생쥐》 (영국 동화)
《따라가고 싶은 꼬마 남자애》 (인형극 대본)
《언제 뿌리는 아이들을 깨우나》
《자그마한 붉은 암탉》
《도시 쥐와 시골 쥐》

• 5–6살 : 단순한 이야기지만 위의 것들보다 약간 복잡한 이야기들. 내용은 보통 유쾌하며 지나친 슬픔이나 싸움이 별로 없다.

《우락부락한 숫염소 세 마리》 (Spindrift) 《세 마리 아기 돼지》 《늑대와 일곱 마리 새끼 염소》 (그림 동화#5) 《팬케이크 만드는 기계》 (Let Us Form a Ring) 《난쟁이 요정들》 (그림동화#39) 《은화가 된 별》 (그림 동화#153)

---

*53 하지현, 행복한 아이, 지혜로운 아이로 키우는 전래동화 속의 비밀코드.(주)살림출판사 2005,49.
*54 라히마 볼드윈 댄시, 당신은 당신의 아이의 첫 번째 선생님입니다, 2004, 섬돌출판사.

《허긴과 순무Huggin and Turnip》(The Seven Year Old Wonder Book)

•**6–7살 :** 요정 이야기(fairy tale)와 관련이 있다. 주인공들이 장애물을 만나기는 하지만 아이의 영혼에 지나친 부담을 주지는 않는다.

《개구리 왕자》(그림동화#1) 《홀레할머니》(그림 동화#24)《빨간 모자》(그림 동화#26) 《브레멘의 음악대》(그림 동화#27)《황금 거위》(그림 동화#64)《물렛가락과 북과 바늘》(그림 동화#188)《숲속의 잠자는 공주 》(그림 동화#169) 《여왕벌》(그림 동화#62)《눈 아가씨》(인형극 대본) 《일곱 마리 까마귀》(그림 동화#25)《흰눈이와 빨간 장미》(그림 동화#161)《찔레꽃 공주》(그림 동화#50)《불타고 있는 성의 공주》(Let Us Form a Ring)《트위기Twiggy》(Let Us Form a Ring)《당나귀 왕자》(그림 동화#144)《게으름뱅이 잭》(영국 동화)《룸펠스틸츠헨》(그림 동화#55)

•**7–8살 :** 유치원이나 어린이집에서보다는 초등학교 1학년 정도에 들려주는 것이 좋다. 이야기 속에서 주인공들이 만나는 도전들이 보다 어려워지고 악의 세력이 좀 더 강렬하게 묘사된다. 유치원 선생님들은 자기 반 아이들 대부분이 곧 일곱 살이 되는 나이라면, 일 년이 끝날 즈음에 이 이야기들 중에서 한 개나 두 개를 골라 들려줄 수 있다.

《백설 공주와 일곱 난쟁이》(그림 동화#53)《요린데와 요링겔》(그림 동화#69)《헨젤과 그레델》(그림 동화#15)《신데렐라》(그림 동화#21)《라푼첼》(그림 동화#12)

그렇다면 1학년 아이들에게는 어떤 옛이야기를 들려주는 것이 좋을까? 외국 옛이야기 '그림 형제' 동화집 200편 이야기 가운데 다음과 같이 55편의 이야기를 골랐다.*55

*55 그림 형제, 어른을 위한 그림형제 동화전집.김열규 옮김. 제I-10권, 한길사, 2004.

1. 황금새 2. 세 명의 실 잣는 여자 3. 열두 형제 4. 열두 명의 사냥꾼 5. 당나귀 가죽 6. 하얀 뱀 7. 용감한 재봉사 8. 영리한 한스 9. 엄지동자 10. 곰가죽 11. 여섯 마리 백조 12. 어린 거인 13. 거위 치기 아가씨 14. 거인과 재봉사 15. 생명의 물 16. 세 개의 깃털 17. 배낭과 모자와 뿔피리 18. 여섯 사내가 세상을 헤쳐 나간 이야기 19. 세 행운아 20. 가난뱅이와 부자 21. 노래하며 날아오르는 종달새 22. 황금 산의 임금님 23. 겁 없는 왕자 24. 철의 사나이 한스 25. 충신 요하네스 26. 솜씨 좋은 사냥꾼 27. 파란 등잔불 28. 도둑 신랑 29. 어부와 그의 아내 30.황금 머리카락 31. 여섯 하인 32. 지빠귀 부리 왕 33. 은혜를 모르는 아들 34. 수정 구슬 35. 영리한 하인 36. 땅속 나라의 난쟁이 37. 굴뚝새와 곰 38. 세 형제 39. 악마와 악마의 할머니 40. 다 떨어진 신발 41. 성실한 페르디난트와 불성실한 페르디난트 42. 쇠 난로 43. 게으른 하인츠 44. 어린 양과 물고기 45. 지멜리산 46. 물소 가죽 장화 47. 게으른 열두 하인 48. 재주꾼 사형제 49. 외눈박이, 두눈박이, 세눈박이 50. 도둑과 그 스승 51. 진짜 신부 52. 최고의 도둑 53. 힘센 한스 54. 샘가의 거위지기 소녀 55. 연못속의 요정 '닉세'

〈황금거위 – 역경을 이겨내는 이야기〉

① 줄거리

*56

형제와 부모에게 무시당하던 마음씨 착한 한 바보가 숲에서 만난 노인에게 먹을 것을 나눠 준 대가로 얻은 황금 거위 덕택에 공주와 결혼까지 하게 된다는 이야기. 착한 사람은 복을 받는다는 옛이야기 속에 황금만 있으면 무엇이든지 얻을 수 있는 세태를 꼬집고 있다.

*56 https://de.wikipedia.org/wiki/Die_goldene_Gans

② 칠판그림*57

③ 아이들의 에포크 공책*58

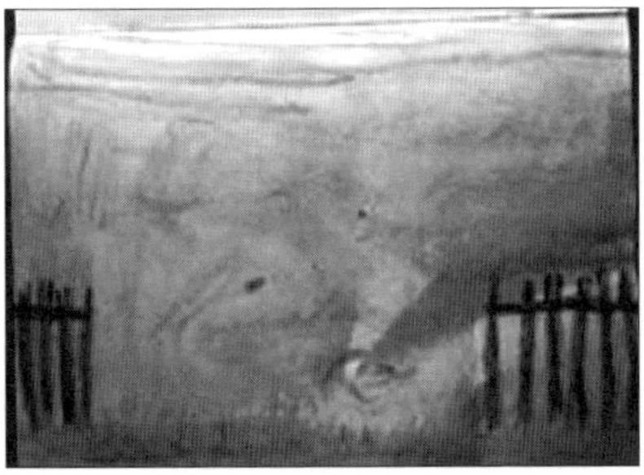

〈황금새– 주인공이 역경을 헤쳐나가는 이야기*59〉

① 줄거리

A

㉠ 왕이 사과를 도둑 맞는다.

㉡ 왕이 세 왕자들에게 차례대로 사과나무를 감시하라고 한다.

㉢ 세 왕자들 중 막내왕자만이 사과를 훔치는 황금새를 발견한다.

B

㉣ 발견된 황금새를 잡기 위해서 세 왕자들이 차례대로 길을 떠난다.

㉤ 막내왕자만이 여우의 조언과 도움을 받고 황금새를 잡는다.

㉥ 하지만 막내왕자는 금기를 어기고 황금새도 빼앗기며 새로운 과제를 받는다.

---

*57 http://www.waldorf-ideen-pool.de/index.php?aid=2415

*58 독일 카셀발도르프학교 1학년 에포크 공책 자료.

*59 http://images.google.de/imgres?imgurl

ⓢ 새로운 과제를 해결하려는 순간 왕자는 또 한 번 금기를 어기고 새로운 과제를 받는다.

ⓞ 마지막 과제를 해결하면서 앞에서 받은 두 과제들도 모두 해결한다.

② 교육 효과

〈황금새 Vom goldnenVogel〉 이야기는 황금새 문제를 해결하는 내용까지 크게 두 부분으로 나뉜다. B에서 사건 ㉠과 ㉣은 뒤에 일어나는 사건들의 필연적인 조건이 되며, 사건들은 모두 서로 종속적인 관계에 놓이게 된다. 그리고 마지막 사건은 이들 모든 사건들을 다시 감싸고 해결하며 하나의 커다란 통일성을 이룬다. 더 큰 동화구조의 전체성은 사건의 삽입구조형식의 원칙에 따라 그 자체 내에 보다 작은 것을 품고 있으며, 전자와 후자는 다시 독립적으로 나뉘어져 있다. 이러한 특징이 나타나는 이유는 동화 속에서 나타나는 인물들뿐만 아니라 사건들도 고립되어 있기 때문이다. 모든 사건들이 고립되어 있어서 앞에 일어난 사건과 관계가 형성될 필요가 없다. 이렇게 사건을 고립시키는 기술은 이야기를 확실하게 정리하도록 도와준다. 바로 이러한 기술이 아이들이 동화를 이해하게 되는 이유라고 말할 수 있다.[*60]

③ 칠판그림[*61]

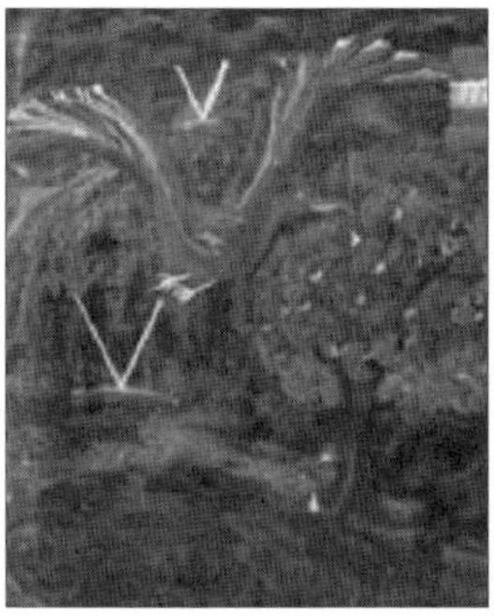

Bruno Bettelheim[*62]에 의하면, 주인공 또는 어리석은 바보가 힘든 역경을 잘 헤치고 나중에 좋은 보상을 받는 것은 아이들의 경우 자신들이 해야 할 과제가 주어지면 마치 옛이야기속 주인공이 느끼는 대로 똑같이 느끼는 것을 경험하게 된다고 한다. 주인공의 행동이나 말투를 그래도 따라하는데 때로는 과제를 수행하는 것이 불가능하다고 느낄 때 '난 할 수 없어!' 이것이 심할 경우, 아이는 자포자기

*60 한정희, 민속동화의 구성과 양식 분석《그림형제 동화》를 중심으로, 연세대 대학원 독문과,2007.

*61 https://kr.pinterest.com/pin/502432902156825823/

*62 1903~1990. 오스트리아 빈 출신의 심리학자로 정서장애 어린이, 특히 자폐아의 지도와 교육으로 유명함. 1938년 빈 대학에서 박사 학위를 받고, 디하우와 헨빌트에 있는 독일 수용소에 1년 간 수감되었다가 풀려난 뒤 미국으로 이주. 그 뒤 미국에서 주로 정서 장애가 있는 어린이를 치료하는 일에 평생을 바쳤다. 1976년 동화를 심리적으로 분석한《옛이야기의 매력》을 내놓아 어린이 문학과 어린이 심리학에 크게 공헌하였다. (출처 : https://www.openkid.co.kr/book/author_view.aspx)

한 상태에 빠질 수도 있다. 동화는 과제를 수행할 수 있다는 것을 보여주는데, 동화 속에서 이것은 주로 초인적인 힘이나 다른 인물을 통해서 이루어진다. 이러한 도움을 받기 위해서는 이야기 앞에서 나오는 것과 같이 주인공 자신이 무언가 '모자란 존재'여야 하는데, 이와 같은 조건은 스스로 할 수 있는 일이 없다고 생각하는 아이에게 용기를 준다. 그리고 동화는 아이들에게 아무리 힘든 상황이 닥쳐도 마지막에는 모든 문제가 풀리므로, 자포자기해서는 안 된다는 걸 암시한다.*63 더구나 이 모든 상황이 현실세계에서는 생각할 수 없는 비현실적인 일이다. 상상에서만 가능한 것이라고 할 수 있지만 이러한 비현실적인 상황이 아이들을 안심시킬 수 있다. 아직 아이들이 꿈을 꾸듯이 세상을 바라보기 때문이다. 예를 들어 어두운 방이 있고 바깥엔 빛이 있는데 무슨 소리가 들리고 그 소리가 점점 안쪽으로 크게 들리거나 누가 들어온다면, 어른들은 그대로 사물 자체로 보니까 별 차이가 없이 무엇인지 알 수 있지만, 이때 불이 켜져 갑자기 밝게 되면 어린 아이들의 경우는 깜짝 놀란다. 밖에서 큰소리가 날 때에도 어른들의 경우는 이미 경험이 있어서 어떤 상황인지를 짐작하기 때문에 이에 대해서 특별한 반응을 보이지 않지만, 아이들은 깜짝 놀랄 정도로 바깥 소리에 신경을 쓴다. 아이들이 크게 놀라는 것은 밖에서 무슨 일이 일어났는지 짐작할 수 없기 때문에 사실 그대로 받아들이는 것이다. 마치 앞이 잘 보이지 않는 안개 속을 걷는 것과 같은 것이다. 이러한 상태를 꿈꾸는 상태라고 하는데 이는 학년이 높아지거나 나이가 많아질수록 점차 깨어나게 된다. 그렇기 때문에 발도르프학교에서 1-4학년까지 시와 5-12학년까지 아침시 내용이 다른 것도 바로 발달단계에 따른 것이다. 1-4학년까지는 세상이 나에게 온갖 것을 주었다면, 5-12학년에서는 내가 세상을 바라본다. 이때 바라본다는 것은 주관적인 것인 아닌 객관적으로 세상을 본다는 것이다. 그만큼 꿈꾸는 상태에서 깨어났다는 것이다.

[쇠라(Seurat, Georges)의
'라그랑드자드섬의 일요일 오후']

[시냐크(Signac, Paul)의
'생 트로페의 소나무']

이 그림들은 '점묘화'다. 19세기 후반 인상주의에 '점묘화'*64가 유행했는데, 자세히 보면 점뿐이지만 멀리 보면 나무나 그림 따위들로 나타난다. 이런 그림들에 대해서 슈타이너 박사는 '느낌이라는 것이 꿈과 같은 것'이라*65고 하였다.

따라서 옛이야기도 아무거나 들려주어서는 안 된다. 어떤 내용으로 어떻게 구성되었는지를 먼저 살펴봐야 한다. 주인공이 모험과 역경을 헤쳐 나가는 비슷한 내용의 옛이야기들은 아이들이 거의 다 좋아하는 것이다. 결국 해낼 수 있다는 자신감을 가지게 하는 것이다. 그래서 담즙질이나 우울질*66 성향을 지닌 아이들에게 들려주면 좋다.

말장난이나, 신변잡기, 옛이야기 아류작 같은 창작동화는 아이들 삶을 풍부하게 해주지 못한다. 중요한 것은 창작동화를 지은 사람들이 같은 시대 사람들보다 정신세계가 월등히 뛰어난 것이 아니라면 굳이 추천할 필요가 없다. 더 중요한 것은 앞에서도 이야기한 것처럼 아이들은 아직 꿈꾸는 듯이 세상을 보기 때문에 갑자기 현실적인 문제들을 맞닿게 하는 것은 바람직하지 않다. 아이들이 현실세계와 초현실세계를 자유롭게 넘나들면서 자신을 둘러싸고 있는 '현실'의 불안을 떨쳐버리고 '현실'을 있는 그대로 받아들일 수 있을 때, 이 두 세계를 조화롭게 하면서 새롭게 나아갈 수 있다는 것을 배우게 된다.

또한 아이들은 동화의 세계를 멀리 있고 비밀이 가득한 미지의 세계라고 여긴다. 이러한 요소는 아이가 줄거리를 쉽게 이해할 수 있게 할 뿐만 아니라 '상상력이 풍부한' 아이에게 환상이 가득한 상상의 세계를 제공하여 주기 때문에 현실세계만을 내세우는 창작동화는 그만큼 적절하지 못하다. 굳이 창착동화를 들려주고 싶다면 5학년 이후에 해주는 것이 좋다.

또한 옛이야기는 수백 년 동안 거듭되면서 표면 의미와 심층 의미를 함께 지니게 되었는데, 이에 대해서 Bettelheim는 어린이에게 존재의 한계인 죽음이나 늙음에 대하여, 또는 영원한 삶을 얻으려는 소망에 대하여 어떻게 극복하여 무사히 성장할 수 있는지를 상징의 형태를 통해 암시해 준다. 그래서 전래동화는 어린이들을 기본인

---

*63 Bettelheim,Bruno:KinderbrauchenMärchen.München1980.

*64 점을 찍어서 그린 그림이다. 선과 면이 아닌 수많은 점들로 화면을 구성하기 때문에 밀도 높은 화면을 만들 수 있지만 일반 그림을 그릴 때보다 더 많은 시간이 필요하다. 동양화도 있지만 주로 서양화에서 많이 나타난다. 19세기 후반 등장한 신인상주의 화가 쇠라(Seurat, Georges,)와 시냐크(Signac, Paul) 등이 인상주의미술을 계승하고 과학적으로 재해석하는 방법으로 점묘주의(pointillism)를 발전시켰다. [네이버 지식백과] 점묘화 [點描畵] (두산백과)

*65 루돌프 슈타이너, 영혼의 수수께끼, 1917.

*66 김용근, 〈선생님은 살아 있는 교육과정이다〉(물병자리)-'기질편' 참조.

삶의 역경과 대면하게 한다[*67]고 하였다.

〈들장미공주-잠자는 숲속의 미녀〉

① 줄거리

아이를 간절히 원하던 어느 왕과 왕비가 귀여운 딸을 얻게 되었다. 공주의 탄생을 축하하기 위해 왕은 나라 안의 마법사를 초대하기로 했다. 손님을 대접할 황금 접시가 열두 개밖에 없었기 때문에 부득이하게 왕은 열두 명의 마법사만 초대할 수밖에 없었다. 초대받은 마법사들은 한 사람씩 공주에게 마법을 걸어 아름다움, 지혜 등 훌륭한 선물을 주었다. 열한 번째의 마법사까지 선물을 주었을 때, 초대 받지 못한 열세 번째 마법사가 나타나 "공주는 방추에 찔려 죽을 것이다."라고 저주를 걸었다. 미처 선물을 주지 않았던 열두 번째 마법사는 그 저주를 풀 수는 없었지만 대신 죽음이 아닌 100년 동안 깊은 잠이 들도록 바꾸었다.[*68] (이하 생략)

② 교육 효과

주인공 혼자서는 역경을 이겨내기 힘들다. 누군가 도움이 있어야 가능하게 된다는 것이다. 1학년 아이들은 아직은 완전하지 않다. 그러다보니 교사나 부모의 도움이 필요하게 되고, 세상은 주어진 대로 쉽게 헤쳐 나갈 수 있는 곳이 아니라 누군가의 도움이 필요하고 세상을 향해서 배워야 한다는 것을 알게 해주는 이야기다. 백설 공주도 이와 비슷하다.

③ 칠판그림[*69]

이러한 정리의 기준은 1학년 아이들 나이에 맞는 것을 중심으로 한 것인데, 주로 주인공이 모험이나 역경을 겪는 내용으로 '나'를 중심에 둔 내용을 골라냈다. 물론 우리 옛이야기도 있는데 굳이 외국 것을 찾는 것에 대해 문제가 있다고 이야기하는 사람들도 있을 것이다. 문제는 옛이야기가 같은 제목이라도 전하는 사람에 따라, 시대적

*67 Bettleheim,B.(1976). The Uses of Enchantment : The Meaning and Importance of Fairy Tales .N.Y.:Knopf.

*68 https://ko.wikipedia.org/wiki/위키백과, 우리 모두의 백과사전.

특성에 따라, 지역적 특성에 따라 내용이 조금씩 다르다. 그렇더라도 옛이야기를 채록해서 엮는 것은 그대로 소개해야 한다. 예를 들어, '삼년고개'의 경우[*70]이다.

> 삼년고개란 지명의 역사는 정확히 알 수 없다. 이 설화는 일제강점기인 1923년에 한 일본인이 채록하여 펴낸 《온돌야화(溫突夜話)》란 자료집에 처음으로 채록되었다. 이 자료가 일제강점기보통학교 교과서인 《조선어독본(朝鮮語讀本)》(1930~1937)에 게재된 전래동화 '삼년고개'의 원전이다. 해방 이후에도 〈삼년고개설화〉는 3~4차 교육과정기(1973~1987)를 제외하고는 줄곧 초등학교 국정 교과서의 전래동화 교재로 채택되었다. 많은 동화집들에도 이 설화가 거듭 게재되었음은 물론이다.

이렇게 소개하고 있어서 여러 책에서 엮음은 있어도 '저자'는 없다, 헌데 '반쪽이'는 옛이야기이고 지은 사람을 알 수 없는데도 '저자'가 여러 명이다. 물론 작가들 나름 재해석과 현대 감각에 맞게 표지, 안의 그림들을 제각각으로 구성하고 편집을 했다고는 하나 '저자'라는 것보다는 '엮음'으로 봐야 한다. 국내 여러 작가들이 펴낸 '반쪽이' 책들을 보면,

이외에도 같은 제목으로 출간된 책이 여러 곳이 더 있다. 이 '반쪽이'뿐만 아니라 다른 제목의 책들이 이와 비슷하다. 단지 여기서는 '반쪽이'를 예를 들었을 뿐이기 때문에 다른 오해가 없기를 바란다.

사실 옛이야기들은 대부분 지은이를 알 수 없다. '그림 형제' 동화집의 경우도 200년 전에 독일 '카셀' 지방에 내려오는 전설과 설화, 민담을 모아 〈그림 동화집〉으로 알려진 〈어린이와 가정의 이야기 그림동화〉를 출판하면서 이름을 알리게 된 것인

---

*69 https://kr.pinterest.com/pin/518828819545683847/

*70 [네이버 지식백과] 삼년고개 (한국민속문학사전(설화 편), 국립민속박물관)

데 자신들이 '지음'으로 출간을 하지 않았다. 우리나라의 경우에도 옛이야기를 소개하고 있는 옛이야기 모음집이나 한국전래동화집도 OOO지음보다는 OOO엮음으로 해서 펴내는 책들이 있는데 이는 올바른 표기라고 할 수 있다. 따라서 옛이야기 더구나 지은이를 알 수 없는 내용에 대해서는 〈그림형제동화집〉이나 우리나라 옛이야기들은 '지음'이 아닌 '엮음'으로 해서 출간해야 한다. 그래야만 아이들이 이에 대해서 헷갈려하지 않는다. '저자'라고 하면 책을 누가 지었구나! 하고 자칫 오해할 수 있다. 더구나 옛이야기에는 창작동화가 흉내 내지 못하는 정신세계의 힘과 사람의 본질과 세계의 현실을 진실하게 담고 있는 무언가가 있다. 우리의 옛이야기나 〈그림형제동화집〉을 다 읽어 본 교사(어른, 학부모)라면 이것이 얼마나 고귀한 것인지를 알게 될 것이다. 여기서 우리 옛이야기를 자세하게 소개하지 않는 이유는 앞에서 말한 것과 같기 때문이다. 그렇지만 소개한다면 설화집에 나온 이야기를 추천한다. 예를 들어 '임금님 귀는 당나귀 귀!' 아니면 원전에 충실한 '팥죽할멈과 호랑이' '요술항아리' '재주 많은 일곱 쌍둥이' '바리데기', '지혜로운 아들' 따위들로, '엮음'으로 되어 있는 책들을 추천한다. 그런 다음 줄거리 가운데 주인공이 역경을 헤쳐 나가는 내용의 이야기 중심으로 고르면 된다.

['구렁덩덩신선비' 칠판그림][*71]

이런 것은 어떻게 생각해야 할까? 우리가 전래동화라고 알고 있는 '토끼와 거북이'가 과연 우리의 옛이야기일까? 아니다. 이솝우화에 나오는 이야기다. 헌데 어떻게 우리 옛이야기로 바뀌어서 전해져 내려왔을까?

"The Tortoise and the Hare", from an edition of Aesop's Fables illustrated by Arthur Rackham, 1912[*72]

'나뭇꾼과 산신령' 이라는 옛이야기는 어느 나라 동화일까? 이솝우화에 나오는 이야기다. '산신령과 도끼'라는 제목으로 소개되고 있다. '의좋은 형제'의 경우는 어느 나라 동화일까? '가을에 추수를 해서 형님집과 아우집에 서로 곡식을 가져다주다가

*71 조명숙선생님(전주, 덕일초 교사)이 그렸습니다.
*72 https://en.wikipedia.org/wiki/The_Tortoise_and_the_Hare

중간에서 마주치는 이야기' 바로 탈무드에 나오는 이야기다. 왜 이런 옛이야기들이 우리나라 옛이야기로 바뀌어서 전해져 내려오는 것일까? 일제강점기 때 외국어(독일어, 영어)가 일본어로 그것이 다시 우리 글로 번역되고 또 세월이 흘러 사람들 입에서 입으로 전해오면서 우리 옛이야기로 된 것이 아닐까?*73 그렇다면 초등학교 1·2학년 아이들에게는 어떤 기준의 옛이야기와 우화를 들려주어야 할까?

1) 내용이 충실한 원작동화를 들려주어야 한다.*74 요즘 동화들을 보면 출판사나 편집자 마음대로 내용을 줄이거나 바꾸는 경우가 있다. 심지어 제목까지 바꾸어 나오는 동화들이 아주 많다.

예를 들어 〈잠자는 숲속의 공주〉의 원래 제목은 '장미공주'다. 또한 〈백설공주〉의 원작에는 마녀가 숲속의 난쟁이 집에 살고 있는 백설공주를 찾아가는 모습이 세 번 나오는데, 서점에 나와 있는 책들은 대부분 한 번으로 그려져 있다. 여기에 사과 한 개로 백설공주를 없애려고 하는 내용이 나온다. 그래서 아이들에게 원작을 들려주면 오히려 원작 내용이 틀리다고 이야기하는 경우가 있다.

그러다 보니 나중에 내용이 제대로 된 원작을 읽으면 아이들은 혼란스러워한다. 그동안 자신들이 알고 있었던 많은 내용들이 정확하지 못하다는 것에 대해 좋지 않은 느낌을 가지게 된다. 그래서 어릴 때 아이가 처음 책을 대하거나 아니면 글자를 익혀서 혼자서 책을 읽게 되면(이런 경우보다는 부모가 어린이집 교사들이 책내용을 들려주어야 하고, 너무 빠른 나이에 혼자 책을 읽게 하는 것을 멀리하도록 해야 한다) 내용이 제대로 된 원작 동화들을 구해서 들려주거나 읽게 하는 것이 좋다. 가능하면 원본에 가까운 동화작품집을 고르는 것이 좋다.

2) 선과 악의 구별이 분명해야 한다.

동화 속에서 선이 승리하고 악이 벌을 받으면 아이는 분명 만족스러워한다. 〈백설

---

*73 '선녀와 나무꾼' '혹부리 영감' '청개구리 이야기'…. 우리가 잘 알고 있는 이 친숙한 전래동화들은 사실 원전(原典)이 존재하고 있었다. 오늘날 간행되는 여러 동화집의 연원을 따져 올라가면 일제시대의 '3대 전래동화집'과 만나게 된다는 것. 그것은 1924년 조선총독부가 낸 '조선동화집'과 1926년 심의린의 '조선동화대집성', 그리고 1940년 학예사에서 나온 화계(花溪) 박영만(朴英晩·1914~1981)의 '조선전래동화집'이다. 안타깝게도 이 중 현재까지 실물이 전해지는 책은 '조선동화집'뿐이었다.그런데 박영만의 '조선전래동화집'이 드디어 발굴됐다. 권혁래(權赫來) 숭실대 국문학과 교수〈사진〉는 최근 찾아낸 이 책 본문을 현대어로 바꾸고 자세한 해제(解題)를 단 '화계 박영만의 조선전래동화집'을 한국국학진흥원(www.koreastudy.or.kr) 근현대 국학자료 총서로 냈다. 김정란 건국대 불문학과 교수는 이에 대해 "'페로 동화'나 '그림 동화'에 비견될 만한 우리 동화집이 발견된 것"이라고 평가했다.(조선일보, 2006년)

*74 김용근, 선생님은 살아 있는 교육과정이다, 물병자리, 2014.

공주〉에서 마녀가 불타는 구두를 신고 춤을 추다가 죽어 가고, 〈늑대와 일곱 마리 어린 양〉에서 배에 돌멩이가 가득 차 늑대가 우물에 빠져 죽고, 〈홀레 할머니〉에서 큰언니가 더러운 오물을 뒤집어쓰고 평생을 살아가야 하는 모습, 〈황금새〉에서 두 형이 나중에 벌을 받게 되는 모습, 〈헨젤과 그레텔〉에서 마녀 할머니가 빵 굽는 가마에서 타 죽는 모습들은 아이들을 당황하게 만들지 않는다. 동화에서 나쁜 행동을 한 자는 자기가 한 일 때문에 나중에 자연스럽게 큰 벌을 받게 된다는 사실에 분명한 정의가 존재하기 때문이다. 아이들은 동화 속 주인공들이 겪는 모험과 승리로 악(정의롭지 못한 행동)은 그 죗값을 반드시 치른다는 것을 통해 안심하고 편안함을 느낀다. 하지만 요즘 동화책을 보면 출판사 편집자 마음대로 원작을 각색을 하다 보니 악에 대한 부분이 분명하게 드러나지 않고 있다. 예를 들어 죄를 많이 짓고도 나중에 용서를 구하는 장면이나 함께 잘 살았다고 하는 것들은 아이들에게 좋은 교훈을 주지 못한다. 오히려 가치관의 혼란을 가져다줄 뿐이다. 이런 동화를 많이 읽다 보니 아이들 가운데는 '죄를 많이 짓거나 아니면 거짓말을 해도 나중에 용서를 빌며 되겠지'라는 잘못된 생각을 하는 경우가 생겨난다. 〈흥부와 놀부〉가 이에 해당한다. 처음부터 선과 악에 대한 구분, 권선징악에 대한 내용이 철저하면 아이들은 결코 그릇된 생각이나 행동을 하지 않는다. 오히려 선에 대한 생각과 마음가짐으로 이 세상을 바라보고 살아갈 것이다. 아이들 가운데 거짓말을 많이 하는 아이가 있는 경우, 이 아이의 주변 환경을 자세히 살펴볼 필요가 있다. 아이 혼자서 지금 이 상태까지 온 것이 아니다. 분명 아이 주변에서 옳지 못한 환경을 제공하고 옳지 못한 가치관을 심어 주었기 때문에 아이는 그대로 보고 배운 것뿐이다. 그렇기 때문에 슈타이너 박사는 동화가 표현하는 세계와 어린 아이의 세계가 본질적으로 같다고 했다. 그 두 세계는 도덕적인 절대성, 자유롭게 움직일 수 있는 상상력, 무한히 변화할 수 있는 가능성을 똑같이 갖고 있는 세계라고 했다.[*75]

⊙ 1학년 국어 교육과정은 이렇게

중요한 것은 우리 옛이야기든 그림형제동화집이든 1학년 동안 다 들려주는 것은 무리다. 앞에 소개한 것들 가운데 한글 깨치기와 수학 숫자와 관련된 내용을 간추려서 들려주면 된다. 꼭 어떤 이야기를 정해서 들려줄 필요는 없다. 그렇다면 획일적

---

*75 라히마 볼드윈 댄시, 당신은 당신의 아이의 첫 번째 선생님입니다, 2004, 섬돌출판사.

인 교과서와 다를 바가 없다. 예를 들어 우리 반 아이들 가운데 '담즙질' 성향을 지닌 아이들이 많다면 모험을 즐겨하는 내용을 중심으로 국어과 학년 교육과정에서 요구하는 '[2국05-05] 시나 노래, 이야기에 흥미를 가진다.'에 맞게 계획을 세우면 된다. 그렇게 되면 교사 자신만의 살아 있는 교육과정을 운영할 수 있고, 읽기나 쓰기, 수학, 즐거운 생활과도 연계할 수 있는 창의융합형 교육을 할 수 있으며, 군더더기를 확 빼고 핵심만 가르치는 교육과정을 운영할 수 있는 것이다. 더구나 아이들 발달단계에 맞는 내용을 가르치는 것이라 효과가 더 있을 수밖에 없다. 그렇게 하기 위해서는 시간을 내야 한다. 또한 아이들의 삶속으로 교사가 들어가야 한다. 그렇지 않고 단지 인터넷교사동호회에서 제공하는 자료를 가져다 쓰는 것은 별 도움이 되지 않는다. 실천하지 않는 가르침은 오래가지 못한다는 것을 우리는 너무나 잘 알고 있지 않은가? 그런데도 주저하는 이유는 뭘까? 그것은 우리(교사)에게 이미 가르침에 대한 세속화가 너무 많이 진행되었기 때문이다. 이것을 훌훌 벗어던지지 않고서는 올바른 교육을 할 수 없다. 삶이 있는 교육과정을 백날 이야기한들 정작 교사 자신이 제대로 된 실천을 하지 못한다면 결국 공허함만 쌓이게 된다. 그리고는 이런 것을 이야기하는 사람이나 실천하는 사람들을 보면 그것은 나와 상관없는, ○○○에 미쳐서 무슨 교육을 하는 사람들이기 때문에 가능하다고 단정짓게 된다. 누구는 교사가 되는 순간부터 이렇게 할 수 있었던 것이 아니다. 바로 미래로부터 교사 자신을 선택해서 온 아이들을 어떻게 맞이하고 도움을 줄까 하는 교사로서의 책임과 의무를 느끼기 때문에 이렇게 고난(?)의 길을 가는 것이다.

⊙ 옛이야기에는 색깔이 단순하다.

옛이야기 속에는 시간성과 공간성을 뛰어넘는 전체성을 지니고 있다. 전체를 하나로 생각하고 보고 느끼게 한다. 옛이야기 밖의 현실에서는 여러 가지 혼합된 색이 많은 데 비하여, 동화에서는 빨간색, 흰색, 파란색, 노란색과 같이 맑고 순수한 색이 많다. 그러다 보니 이야기 속에 나오는 인물들이나 사물들을 표현하는 색이 단순하고 분명하다. 그렇기 때문에 1·2학년 즐거운 생활에서는 색을 느끼는 작업을 많이 해야 한다. 크레용이나 굵은 색연필로 그리는 작업 이외에도 물감을 이용한 습식수채화를 해야 한다. 크레용과 굵은 색연필은 고체이기 때문에 색이 서로 잘 섞이지 않아 정해진 색으로 색감을 표현해 내지만 액체는 물감을 이용해서 색감을 느끼게 한다. 이때의 습식수채화는 단순하면서 명확한 것을 배우게 해주는 작업이 되어야 한다. 더구나 교과끼리 연계성을 이야기하면서 전혀 연계되지 못한 교육과정을 운영하고 있다면, 1·2학년 국어에서 '옛이야기'와 '우화'를 배웠다면, 미술에서는 이에 맞게 수업을 진행해야 한다. 형태가 명확한 그림들은 아직 이 시기 아이들에게 맞지 않다. 이 시기 아이들은 꿈꾸는 듯 세상을 보기 때문에 아래의 왼쪽 그림보다는 오른쪽 그림이 더 편하게 다가온다. 또한 전체에서 부분으로 나아가는 과정을 익히게 된다. 아래 왼쪽이 1학년 '즐거운 생활'*76에 나오는 내용이고, 오른쪽 그림들이 습식 수채화 그림들이다.

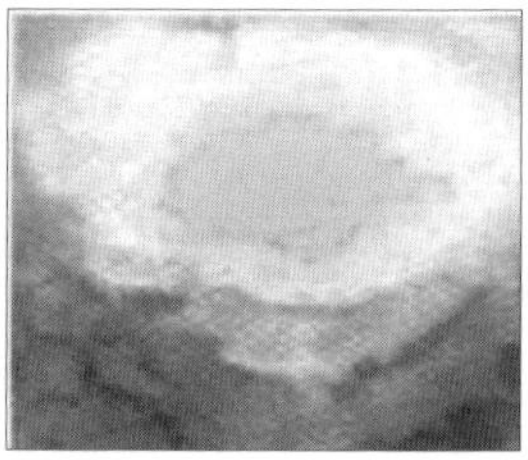
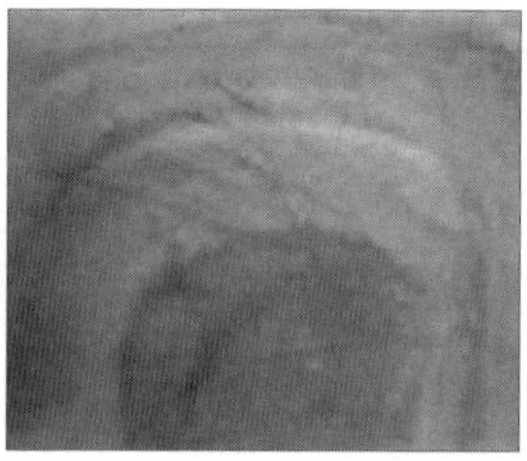

⊙ **[2국05-04] 자신의 생각이나 겪은 일을 시나 노래, 이야기 등으로 표현한다**

성취기준 선정 근거가 '학습자들의 실제 독서 환경과 글이나 말에 대한 능동적 수용의 중요성을 고려하여' 선정했다고 하는데 단편적인 기억을 요구하고 있다. 아이들이 미처 내면화되기도 전에 제대로 알고 있는지를 알아보는 것은 성급한 요구다. 우리 몸에 음식물이 들어와서 소화되기까지 그리고 대장을 거쳐서 몸 밖으로 나가기까지 오랜 시간이 걸리는 것처럼 아이들에게도 소화를 할 수 있는 시간을 주어야 한다. 더구나 그렇게 하기 위해서 단지 머리로만 받아들이는 수업에서는 그 효과가 적다. 내용을 그림(시각화)으로 표현해 내는 수업이 이루어질 때 가능하다. 더구나 기억을 되살리기 위해서는 아이들에게 '잠'이 필요하다. IN-PUT을 했으면 바로 OUT-PUT를 해야 한다는 것은 아이들 배움에 도움이 되지 않는다. 더구나 가르치고 배우는 것이 어찌 한 번에 이루어질 수 있는가? 시간을 두고 기다려 주어야 한다. 앞에서 이야기한 '에포크 수업' 내용을 살펴보면 이해가 될 것이다. 또한 그림이 포함된 책을 읽히기보다 여기서는 아이들이 읽게 놓아두는 것이 아니라 교사가 이야기에 대해서 들려주어야 한다. 그래서 아이들이 마음껏 상상할 수 있도록 해주어야 한다. 글자를 깨우쳐 가는 과정이기 때문에 책 읽고 난 느낌을 쓰게 하는 것은 아직

*76 교육부, 2009 개정 교육과정, 1학년 즐거운 생활.

이르다. 그래서 '독후감'을 쓰게 하는 행위는 오히려 책을 멀리 하게 하는 독이 묻은 사과를 주는 것과 같다.

⊙ 2학년 아이들에게 들려주어야 할 이야기

• 우화가 왜 중요한가?

1학년에서 들려주는 옛이야기들은 주로 '나'라는 주인공이 개인적으로 고통과 슬픔을 겪는 내용들로 이런 이야기들은 어린시절(유아기, 1~7살)로부터 점차 벗어나는 아이들의 느낌을 표현하는 것들이다. 이 시기 아이들은 스스로가 이 세상에 늘 좋은 것만 있는 것이 아니라는 것을 느끼면서 그래도 나쁜 것보다는 좋은 것과 좋은 사람들이 더 많다는 것을 깨닫는다. 또한 동화는 우리에게 길을 가르쳐 준다. 생애가 아닌 삶의 단면을 보여준다.

2학년에서는 한 발자국 더 나아가 '너'를 익히는 단계다. 도덕성을 요구한다고 할 수 있다. 전체에서 부분, 즉 하나에서 둘로 나누어지는 시기다. 이야기 수업으로는 '우화'를 들려주거나 배워야 한다. 하지만 우리 교육과정에서는 이에 대해 제대로 소개하고 있지 않다. 교과서 관련 여러 문제(교육과정, 동화, 국어교육 따위)를 지적한 기존 책들에서도 이 부분에 대해서는 언급하지 못하고 있다.[*77] 초등 2학년에서 들려주어야 할 우화를 2009 개정 국어과 교육과정에서는, 4학년에 소개글로 편성해 놓았다. 무엇을 어떻게 왜 가르쳐야 하는지에 대한 이해가 부족한 내용이다. 2015 개정 교육과정에서는 어느 학년에 편성해 놓았을까?

우화는 옛이야기와 달리 동물이나 식물 또는 무생물들을 통해 사람의 성격을 풍자하여 유익한 교훈을 주는 짤막한 이야기이다. 상대(너)의 행동을 제대로 바라보는 힘이 생겨나게 하는 것으로 우화는 관념적이고 어려운 철학적 말들과 달리 아이들과 친숙한 동식물을 통해 서로 나누고 일깨우는 수단으로 즐겨 쓰인다. 더구나 주제는 일상생활의 상식적인 도덕적 교훈이다. 쉽고 재미있는 이야기를 통해 직접 경험하지 못한 다양한 체험을 하고, 다른 사람의 느낌, 행동을 생각해 보게 한다. 상상의 날개를 펴게 하고, 도덕적이며 윤리적인 내용을 배우도록 하여 도덕성 발달의 동기를 제공한다. 실제로 교육 현장에서 우화의 도덕적 가치와 효과를 중요시 여기고 아이들의 기본 생활습관 지도에 필요한 도덕적 행동 변화를 알아보는 연구를 해오고

---

*77 김용근, 선생님은 살아 있는 교육과정이다, 물병자리, 2014.

있다. 이 가운데서 가장 중요한 부분은 도덕성 발달이다. Piaget의 이론에 따르면 초등학교 1·2학년이 발달단계상 타율적 도덕기에서 자율적 도덕기로의 과도기에 있는 시기로서 도덕성 정립이 도덕성의 성패를 좌우한다고 볼 수 있는 중요한 시기이다. 우화는 이 시기 아이들의 발달단계에 맞는 자양분과 같은 것이다.

1학년 아이들에게 '그림형제' 동화나 우리나라 옛이야기를 충분히 들려주었거나 그런 이야기들을 경험했다면, 2학년에서 들려주는 우화와 성인이야기는 아이들에게 또 다른 세상을 보게 하고 내면의 세계를 살찌우게 한다. 우화하면 이솝우화가 가장 먼저 생각날 것이다. 이 우화를 영유아기 아이들에게 들려주는 것이 효과적이지 않을까 생각할지도 모르지만 전혀 도움이 되지 않는다. 왜냐하면 영유아기는 아직까지 미분화된 시기다. 그렇기 때문에 세상을 자기중심적으로 보고 보는 대로 생각하기 때문에 상대에 대한 배려나 깨달음을 느끼는 것은 힘들다. 만약 그런 아이들이 있다면 어른스러운 아이(?)일 것이다.

예를 들어 2학년 아이들 가운데 1학년 때 옛이야기를 제대로 배우지 않았다면, 이런 아이들을 위해서 담임교사는 3, 4월에 1학년에게 꼭 들려주어야 했던 동화를 몇 편 골라 들려주고 나서 우화를 들려주어야 한다.[*78] 2학년에서는 1학년 때 주로 들려주었던 옛이야기가 우화나 성인이야기, 전설로 바뀌는데 이런 이야기들은 아이들의 정신 발달단계에서 아주 중요한 의미를 갖는다. 더구나 동물이 사람을 대신해서 나오는 우화는 사람의 내면에 존재하는 영혼의 특성을 그대로 보여준다. 우화를 2학년 나이보다 어린 나이에 들려주는 것은 그다지 좋은 결과를 가져올 수 없기 때문에 신중하게 그 나이에 맞는 이야기를 들려주는 것이 필요하다.

그렇다면 어떤 우화를 들려주는 것이 좋을까? 우리가 잘 알고 있는 '이솝우화'를 권한다. 물론 나라마다 동물들을 소재로 한 우화들이 있기 때문에, 여기서 꼭 '이솝우화'를 고집해야 하는 것은 아니다. 교사 나름대로 선택해서 활용하면 된다. 그나마 이솝 우화를 꼽는 이유는 이솝우화에는 현실에서 흔히 발견할 수 있는 인간의 모습들을 가진 동물들이나 사람들이 나오기 때문이다. 우화에 나오는 인물들은 사람의 여러 성격들인 경솔함, 욕심, 잔인성, 허영, 명예심, 오만 따위들의 성격을 지니고 있다. 이솝우화에서는 어떠한 이상적인 인물도 그려져 있지 않다.[*79] 또한 이솝우화는 선에 대한 어떠한 보상이나, 약자를 위한 비현실적인 기적이나 도움을 기대할 수 없

*78 김용근, 선생님은 살아 있는 교육과정이다, 물병자리, 2014.

으며 각자의 힘으로 각자의 상황에 맞게 대처하여야 한다고 말해 준다. 세상을 있는 그대로 직시할 것과 자신 외에 의지할 만한 것은 없다고 가르침으로써, 세상과 세상에서 살아남는 방법에 대한 매우 실용적이고 현실적인 교훈들을 가르치고 있다.*80

우화의 경우도 창세이야기와 예로부터 내려오는 옛이야기에서 찾으면 좋다. 다른 나라 이야기(우화)보다는 자기 민족 고유의 이야기들 속에서 찾아 들려준다면 아이들은 더 친숙하게 받아들인다. 여기서 '이솝우화'를 제시한 것은 단지 방향성에 초점을 맞춘 것이다. 그렇기 때문에 나머지는 우리나라 고유한 옛이야기 속에 나오는 동물이야기(토끼와 호랑이, 꾀 많은 토끼, 은혜를 갚은 호랑이 따위들)들은 좀 더 연구해서 더 좋은 자료집을 엮어 낼 필요가 있다. 우리에게도 얼마든지 좋은 우화 자료들이 있기 때문에 멀지 않은 날에 제대로 된 좋은 자료집이 나오리라고 기대해 본다.

또한 우화는 쓰기 활동이 중요하다. 사실 출처가 어떤 것이든(자기 나라든 다른 나라든) 우화는 아이들의 쓰기 능력 신장에 감탄할 정도로 도움을 준다. 듣기의 '내면 활동'에서부터 이야기에 이르기까지 이 수업은 다음날 그 이야기를 다시 들려줄 때 아이들은 대부분 그 내용을 기억해 낸다. 물론 여기에는 교과서 수업이 아닌 교실에서 주기집중수업을 진행한 후 아이들이 칠판그림을 공책에 그리거나 이야기 내용을 집에 가서 다시 정리할 때 가능하다. 다른 학원이나 학습지 활동을 하지 않는 상태에서 해야 교육적인 효과가 있다. 다음날 이러한 활동은 다시 말하기(되새김질)에 몇 가지 상상력을 이끌어 낼 수 있다. 또한 1학년 때는 며칠에 걸쳐서 긴 이야기를 들려주기 때문에 동화 속에서 일어나는 여러 가지 사건들을 기억해내는 데 많은 어려움이 있다. 하지만 여기서는 짧은 이야기들을 들려주기 때문에 대부분의 아이들이 그 내용을 쉽게 기억해 내며 아주 흥미로워한다.

우화를 듣고 나서의 쓰기 활동은 이야기를 자유롭게 다시 표현(말하기)하기에 초점을 두어야 한다. 처음에는 교실의 일부분에서 서로의 노력(교사의 질문으로 여러 아이들이 대답하고 교사는 대답하는 내용들을 칠판에 적는다)으로 이루어지고, 그렇게 해서 적

---

*79 김정수, 이솝우화에 나타난 도덕성 분석, 경희대학교 대학원, 2008.

*80 심향분(1996), 이솝우화의 아동문학 교육적 가치에 관한연구,성균관대석사논문.
'연구논문에 의하면 동물들이 등장하는 우화 304개를 살펴본 결과, 대부분의 우화에서는 등장인물이 둘 혹은 셋 만이 등장하고 있다고 이야기한다. 이들은 그 성격에 따라서 대략 등장인물 A와 B로 나누어 볼 수 있다. 등장인물 A는 주로 잘못된 행동을 하며, 등장인물 B는 등장인물 A로 하여금 잘못된 행동을 하도록 유도하는 역할을 하거나 등장인물 A의 행동에 대해 자신의 잘못이나 우둔함을 깨닫게 해 주는 등장인물 B의 역할로 주로 담당한다'고 하였다.

절한 문장이 서로 모아져 만들어지면 그 다음에 아이들은 칠판에 쓰여진 내용들을 자신들의 공책에 그대로 쓴다.

쓰기 과정은 1학년에서 말하였던 과제를 정리하는 데에 목적이 있다. 어려운 글자들과 쉬운 글자들을 적절하게 꾸준히 쓰는 것이 필요하다. 1학년 때부터 꾸준히 연습으로 이어져 왔기 때문에 중요하다. 여기에 노란색은 형용사, 파란색은 명사, 자주색은 대명사, 빨간색은 동사, 오렌지색은 부사, 갈색은 관사, 초록색은 전치사와 같이 색의 다양한 부분에 말을 붙여서 수업을 하면 아이들은 더 쉽게 이해한다.

이미 1학년 때 이러한 과정에 익숙했다면 여기에 특별한 설명이 필요가 없으나 처음 시작하는 아이가 있다면 간단한 설명을 해줄 필요가 있다. 아이들이 글자(한글)에 친숙하고 어떤 경우에는 낱말에 자신감이 있었지만, 어떤 글자 특히 초성, 중성, 종성 글자들을 다시 소개할 때 위에 있는 색깔별 방법을 쓰면 아이들은 쉽게 글자를 이해하고 받아들인다.

쓰기가 날마다 진행하는 주요 수업(블록제수업인 경우 후반부 시간에)의 중요 부분이며, 시간은 규칙적인 그리기(색칠하기) 연습을 위해 나누어져야 한다. 각 우화에 대해 아이들은 각자의 공책에 관련 그림 그리기를 하게 하면 좋은데 아이들은 이러한 활동들을 무척 기대하고 좋아한다.

습관적으로 행해지는 칠판 내용만을 되풀이하는 쓰기와 그리기는 주의를 기울여야 할 것이다. 그렇지 않는다면 무미건조한 활동이 될 수 있기 때문이다. 이 활동을 뜻 깊고 생동감 있게 만들어 가는 것이 중요하다.*81

우화 수업에서 연극은 아주 중요하고 필요하다. 아이들은 어떤 하나의 우화에 친숙해진 후, 작은 모둠 단위로 그 이야기를 연극으로 재현해 보는 활동을 하면 좋다. 이러한 연극 재현 활동은 1~3학년 아이들에게 상상력을 풍부하게 해주기 때문에 수업을 할 때 잘 생각해서 계획을 세워야 한다. 본 수업 전 생일시나 말하기활동 시간에 해보면 좋다. 아침마다 이루어지는 말하기(합창하듯) 활동은 연극 말하기 활동으로 자연스럽게 이어지기 때문에 따로 훈련을 할 필요가 없다. 평상시에 활동한 것을 그대로 보여주는 것이다. 그래서 아이들은 분명한 발음과 목소리를 이용하여 말하기에 대한 필요성을 깨달을 수 있다.

연극은 왜 아이들이 이런 대사를 되풀이하고 그런 역할을 하도록 요구받는지에

---

*81 김용근, 선생님은 살아 있는 교육과정이다, 물병자리, 2014.

관하여 명백하게 밝히지 않고 개별적으로 내면화 작업을 하는 데 좋다. 연극 장소는 어느 곳이나 가능하지만, 학급 연극에서 역할을 나누는 것은 아이들에게 교육적인 치유의 가치를 부여하는 목적으로 이루어져야 한다. 그렇지만 배역을 정할 때 아이들 가운데 꼭 하고 싶은 배역이 있는 아이가 있다면 그 이유를 충분히 듣고 알맞은 배역을 정해주는 것이 좋다. 이러한 활동을 하면서 아이들 스스로 치유가 된다는 것을 느끼게 된다. 이러한 말하기 활동은 날마다 중요한 활동이 되는데, 직접적인 이야기는 다시 말하기에서부터 한 명 또는 여러 아이들이(모둠) 이야기를 함께 하는 연극에 이르기까지 여러 가지 이야기거리가 아이들에게 제공된다. 이를 단지 하루 이틀해 보는 것에 그치기보다는 여러 날 동안 이야기 다시 말하기를 하는 것이 좋다.

자기 스스로 학습 활동을 하는 데 활용하라는 국어 공부 안내는 일종의 답안지다. 스스로 공부하라면서 친절하게 안내할 필요는 없다. 교사 역량에 맞게 학급에서 알아서 하는 것이 자꾸 정해진 틀 속에 가두어 두려고 하는 것보다 낫다.

그렇기 때문에 교과서를 내려놓는다면 얼마든지 살아 있는 수업을 할 수가 있다. 교육과정은 있되 교과서는 교사들과 아이들이 스스로 만들어 가는 것이 진정한 자기 스스로 학습이다.[*82]

⊙ 2학년 아이들에게 꼭 들려주어야 할 우화(칠판그림)와 성인이야기

가) 우화

(1) 생쥐와 사자(칠판그림과 에포크 공책 사례)

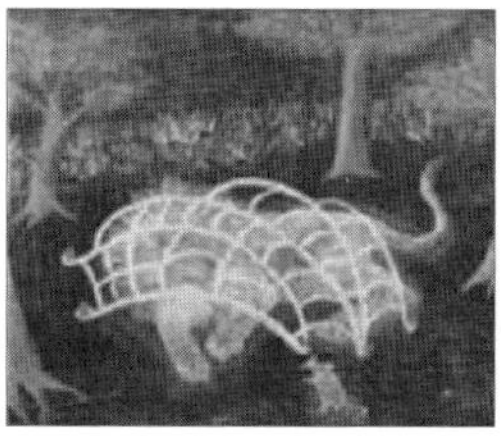

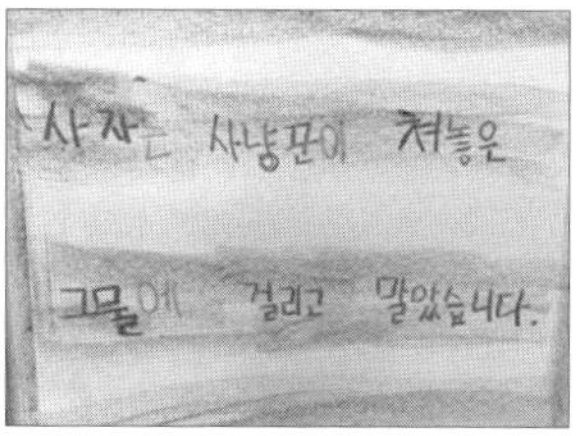

(2) 여우와 포도

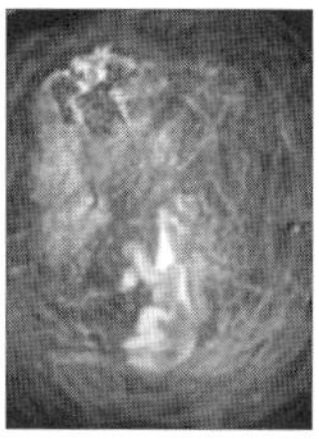

(3) 황새와 여우

(4) 토끼와 거북이 (5) 꾀많은 까마귀

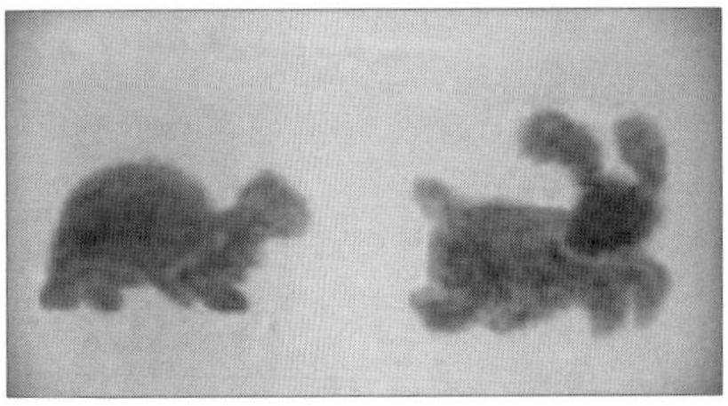

(6)고집 센 염소

(7) 까마귀와 여우

(8) 욕심 많은 개

(9) 은혜를 갚은 개미

(10) 황소와 개구리

(11) 공작새

(12) 꾀많은 토끼

(13) 시골쥐와 서울쥐

(14) 베짱이와 개미

(15) 꾀부린 당나귀

이 외에도 여러 우화가 있다. 우화 조건에 맞으면 얼마든지 골라서 아이들에게 들려주면 된다. 그 가운데 '별주부전'은 우화이기는 하나 내용이 길다. 여러 상황이 전개되기 때문에 우화가 지닌 특성과는 다소 거리가 멀다. '원숭이 꽃신'도 사람 대신 동물들이 나오긴 하지만 내용이 너무 길다. 또한 창작동화이다. 한 예로 '강아지똥'은 훌륭한 동화이기는 하나 요즘 아이들보다는 200-300년 뒤의 아이들에게 들려주면 좋다. 더구나 옛이야기나 우화, 성인이야기에는 '정신성'이 들어 있다. 물론 창작동화에 정신성이 없다는 것은 아니다. 옛이야기나 우화, 성인이야기에 관련된 책들을 많이 읽어보면 현재 창작동화들이 내용구성이나 그 속에 담은 주제가 무엇인지를 알 수 있다. 초등 1학년 과정에서 꼭 들려주어야 할 이야기 가운데 '행복한 한스'나 '은화가 된 별'의 경우 이야기 속에 담긴 뜻은 우리가 생각하고 있는 것 이상으로 높은 정신성을 가지고 있다. 다른 옛이야기들도 이런 정신성을 가지고 있는데, 여기서는 이 두 가지 옛이야기에 어떤 정신성이 들어 있는지 간략하게 소개한다.*83

*82 김용근, 선생님은 살아 있는 교육과정이다, 물병자리, 2014.

(가) 행복한 한스 : 신으로부터 금을 얻고 삶을 살아가나, 어머니를 만나러 가고 싶어 한다. 어머니는 땅을 뜻하며, 금이란 고난이 있지만 절망하지 않고 다시 일어서며 금을 물에 빠뜨렸을 때 자기가 이루고 싶은 대로 이루어졌다 좋아하며 고마워한다. 고난이 있어도 만족하며 살아가는 한스의 모습에서 우리는 끊임없는 고난 속에서 한발씩 내디딜 때마다 길이 열리며 내 안이 성장하게 됨을 알 수 있다.

(나) 은화가 된 별 : 투명한 옷은 정신으로 만들어진 옷이다. 그 정신의 옷이 금을 받아들인다. 소녀는 가진 게 없으며 본인의 것을 다 주며 희생하는데 이는 높은 경지의 인간의 상태를 보여준다. 쓸쓸해지며 속세를 떠나고 가치가 바뀌게 되며 정신적인 삶을 살게 되는 상태이다. 현대인들의 물질중심의 삶과는 대조적이다.

나) 성인(Saint) 이야기

2학년 2학기 중반부터 들려주면 좋다. 기간으로 봤을 때 여건에 따라 두세 편 정도 골라서 들려주면 된다. 아이들이 1학기와 2학기 초까지 우화 속에 등장하는 동물의 이야기를 통해 숨어 있는 지혜를 듣게 되므로 쉽게 이해할 수 있다. 성인과 관련된 이야기일 경우에도 교사는 이야기의 주제가 성인이 동물과 특별한 친밀 관계를 갖고 이야기의 핵심에 놓여 있는 전형적인(원형적인) 그림(장면)들을 잘 알고 나서 이야기를 들려주어야 한다. 1학년 때 들은 동화 내용이 아이들에게 정신적 충만감을 주었던 것처럼 성인이야기 역시 마찬가지다.

왜냐하면 여기서 사람이 정신적으로 겪게 되는 힘든(?) 과정의 모습들을 만나기 때문이다. 더 높은 수준의 정신적 발달에 포부를 가짐으로써 아이들 각자는 비로소 자신들의 낮은 동물적 본능을 하나둘씩 이겨내고 초등 3학년 과정을 맞이하게 된다. 그렇기 때문에 성인이야기는 아이들 발달단계에 꼭 거쳐야 하는 과정이다. 하지만 2015 개정 교육과정과 2009 개정 교육과정에는 이에 대해 한마디로 없다. 더구나 시중에 나와 있는 국어교육이니 학년별 권장도서에도 전혀 소개되고 있지 않다. 그것은 발달단계에 대해서 중요시 여기지 않거나 아니면 모르기 때문이다. 앞에서도 말한 것처럼 성인이야기에 나오는 연관된 동물들은 기초적인 동물적 본능의 전형적인 모습이겠지만, 성인은 동물들의 이러한 본능을 더 높은 의식 단계로 끌어올림으

---

*83 2016년 8월 독일 발도르프교육 직무연수 내용을 한성지 선생님(경기 능곡초 교사)이 정리한 내용의 일부를 소개함.

로써 새롭게 달라지는 계기를 가져와(감화, 감동) 더 높은 자아의식에 도달하는 데 도움이 된다.

아쉽게도 우리나라에서 '성인' 관련 이야기를 찾기란 쉽지가 않다. 통일신라시대 '원효'대사 이외에는 뚜렷한 업적을 남긴 사람들이 드물다. 물론 관련 자료를 더 찾아보지 못한 한계일 수도 있지만, 모든 것을 내려놓고 그야말로 성인의 길을 가신 분들을 주변에서 찾기가 쉽지 않다. 천주교에서 '김대건' 신부를 이야기할 수 있지만, 종교적인 면에서보다는 삶 자체로써 일반 대중들에게 귀감이 될 수 있는 사람들을 찾기가 힘들다.

예를 들어 서양에서는 대표되는 인물이 '성프란시스코'가 있다. 여기서 주의할 점은 옛이야기나 우화처럼 이야기를 어떠한 설명이나 해석이 없이 아이들과 관련시켜서 들려주어야 한다. 이야기 속에 들어 있는 말과 행동이 자연스럽게 아이들 가슴 속으로 받아들여질 수 있도록 해야 한다. 그래서 자칫 독후감이나 느낀 점을 이야기하라는 것은 오히려 내면화를 감소시키기 때문에 절대 하지 말아야 한다. 하지만 이 시기 초등 1·2학년 아이들은 본능적으로 자신을 이야기 속 삶과 똑같이 여기려는 경향이 있다. 그 상상의 삶은 아이들의 마음에 이야기할 수 있는 깊은 영감을 준다. 이는 영혼을 불어넣는 수업을 하는 교사의 교실에서만 일어날 수 있다. 영감이나 감동을 주지 못하는 수업에서는 기대하기가 어렵다. '성프란시스코' 일화에 관련된 칠판그림 몇 개를 소개한다. 동물과의 관련성을 잘 살펴보면 앞에서 이야기한 것을 이해할 수 있다.

[칠판그림 1]*84

[칠판그림 2]*85

*84 http://www.chalkboarddrawing.org/gallery-of-drawings?xtags=saints-and-legends
*85 https://kr.pinterest.com/pin/447474912947682473/

◉ 우화수업에는 데칼코마니 수업이 필수다.

데칼코마니[*86]를 수업(미술)시간에 가르친다면, 몇 학년 어느 교과에서 가르쳐야 효과가 있을까? 2009 개정 교육과정 각 학년 교과서들을 살펴보니, 1학년 1학기 통합교과 〈봄 소단원〉 '1. 봄맞이 19~20차시 봄 교실 꾸미기'에서 정식 활동은 아니고, 지도서 도움자료에 '데칼코마니 나비 만들기'가 한 번 나온다. 물론 교과내용보다 심화된 관련이 있기보다는 단순히 표현활동을 해보는 것들 가운데 하나로 소개하고 있다.

1·2학년 통합교과 교과서에는 데칼코마니 활동이 없다. 물론 데칼코마니 활동을 꼭 해야 하는 것은 아니지만 교과와 관련해서 가르친다면 그 이상의 효과를 기대할 수 있다. 더구나 데칼코마니 활동은 2학년 '우화' 수업을 더 내면화시켜 줄 수 있기 때문에 필요하다. 교과연계를 중요시 여긴다면 최소한 이런 활동은 소개해 주어야 한다. 무엇을 어떻게 왜 가르쳐야 하는지에 대한 본질적인 문제의 접근이다. 수업 자체로 끝나는 것이 아닌 아이들 내면 깊은 곳까지 녹아 들어가게 하기 위해서는 느낌활동이 중요하다. 그렇기 때문에 발도르프학교에서 습식수채화를 1학년 때부터 수업하는 이유가 여기에 있고, 단순히 그리는 데 목적을 두는 것이 아닌 느끼는 것, 더 나아가 느낌을 이끌어 내는 데 초점을 맞추고 있다. 그러다 보니 2학년에서 '우화'수업을 더 느낄 수 있게 하기 위해서는 크레용이나 색연필 그림 작업을 하기도 하고 습식수채화 작업도 하지만, 이왕 하는 것이라면 더 맛깔스럽게 수업을 할 수 있는 방법들을 생각해 내는 것이 필요하다. 따라서 국어와 즐거운 생활 시간을 효과 있게 구

*86 미술의 표현 방법의 한 가지. 전사법이라고도 한다. 종이 위에 그림물감을 바르고 이를 두 겹으로 접거나 그 위에 다른 종이를 덮어서 문지르면 생기는 그림이다. 아트지나 켄트지, 또는 모조지와 같이 매끄럽고 흡수성이 작은 종이를 사용한다.
http://tip.daum.net/question/83749384

성하면 좋은 수업을 할 수 있다. 이러한 것이 진정한 교과끼리의 연계 수업이다. 실제 우화 수업을 하고 나서 느낌을 쓴 선생님의 이야기를 소개한다.*87

> 1학년 과정이 온전히 '나'에 대해 느끼는 시간이었다면 2학년 과정의 핵심요소는 '너'에 대해 직시하는 것이라고 발도르프교육에서 말하고 있다. 그래서 우화 수업이 2학년 과정에서 꼭 필요하다고 말한다. 실제로 우화 내용은 굉장히 현실적인 인간사 이야기가 함축적으로 들어가 있고 그 속에 교훈이 담겨 있기 때문에 아이들은 선생님이 들려주는 우화를 듣고 자신의 행동에 대해, 나아가 상대방의 행동에 대해 생각해보게 된다.
> 일주일 단위로 하나의 우화를 들려준다면 마지막 금요일에 하는 습식수채화 활동은 그전에 머리로, 가슴으로 느꼈던 우화 내용이 아이들의 정신에 내면화 되는 활동일 것이다. 습식수채화로 표현하는 대상이 그 우화와 연결되고 형태그리기와 유기적으로 이어짐으로써 하나의 리듬이 만들어진다.
> 데칼코마니 방식 자체가 한 쪽을 칠하고 그것을 반으로 접었을 때 다른 쪽에 물감이 묻으면서 하나의 작품이 완성되는 기법이다. 대칭의 모습이 뚜렷하게 나타나는 데칼코마니 그림은 어떤 논리적이고 이론적인 사고 없이 직관적으로 아이들에게 대칭을 느끼게 하고 머리로만 이해하는 것이 아닌 가슴과 정신에 내면화될 수 있는 작업이라는 생각이 들었다.
> 미완성의 내가 너를 만나 완성의 모습이 되는 그 의미를 아이들에게 말로 설명하지 않아도 시각적으로, 그리고 아이들의 삶에 하나의 인상으로 새겨진다면 이 활동을 하는 의의가 매우 중요하며 반드시 해야 하는 활동이라고 본다.
> 그런데 실제 교과서의 구성에서는 그저 하나의 미술적 표현 기법으로만 설명되어 있으며 이 활동이 어느 학년에 적합한 활동이라는 이론적 설명이나 체계적인 토대가 없다. 어느 학년에서도 하나의 표현 방식으로 활용할 수 있으나 2학년 아이들에게는 이 활동이 그 시기의 아이들에게 매우 필요하며 중요한 작업임을 알고 나서 보니 교과서의 구성이 아쉽기만 하다.

*87 정문기, 전주 효문초등학교 교사.

[데칼코마니 수업 방법]*88

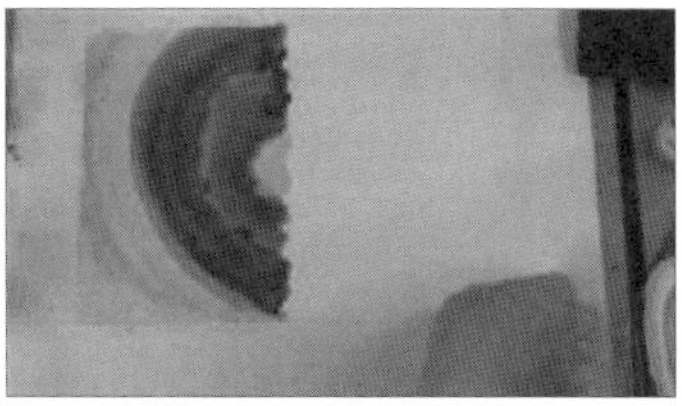

왼쪽을 물감을 충분히 칠한다.

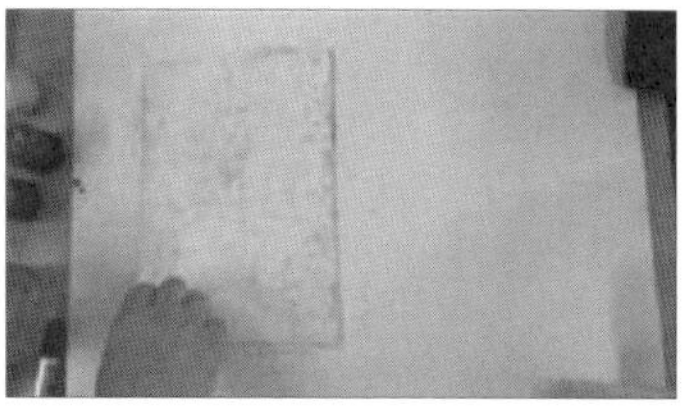

오른쪽 부분을 왼쪽 부분에 잘 덮는다.

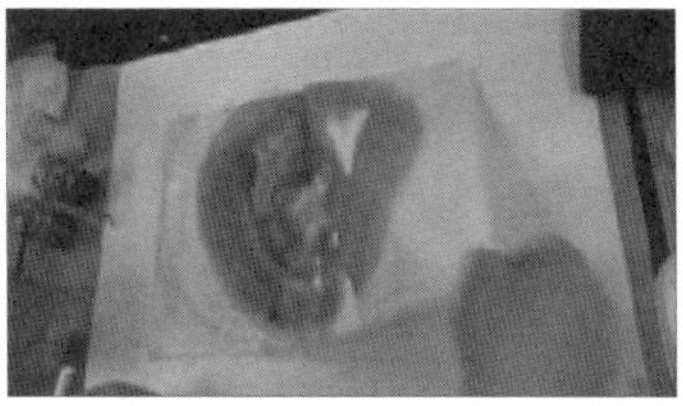

물감이 잘 묻어나도록 꼭 누른 다음 펼친다.

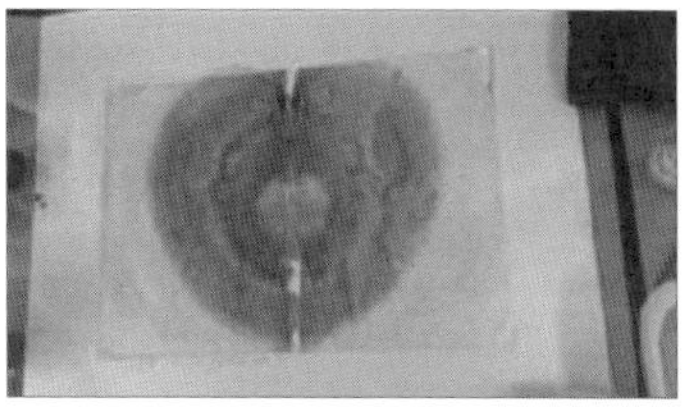

잘 마를 수 있게 펼쳐 놓는다.

[여러 가지 데칼코마니 작품 소개]

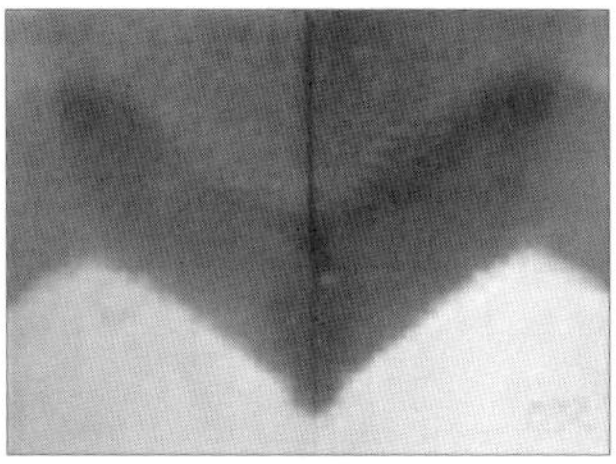

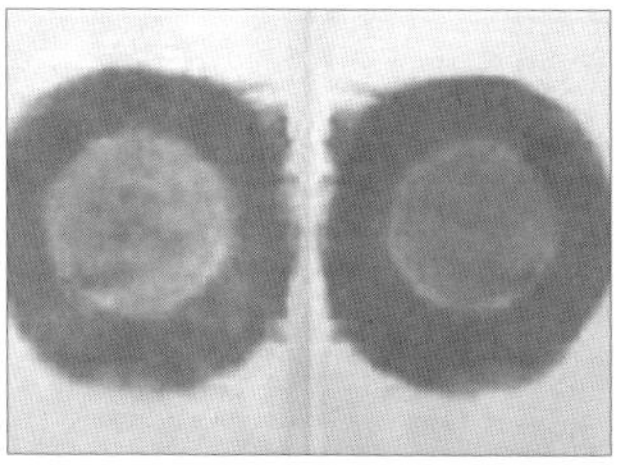

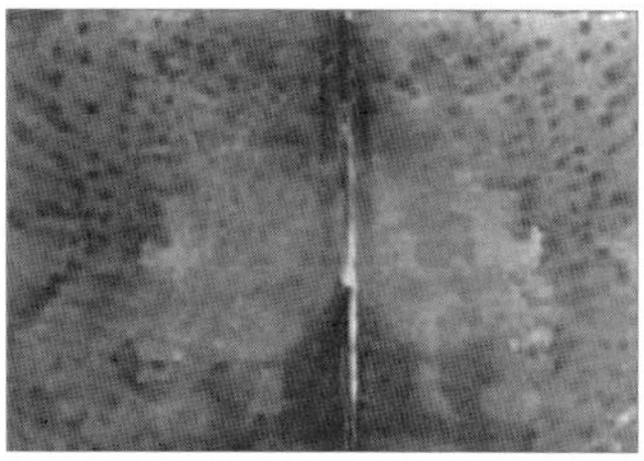

⊙ 교사에게 칠판그림은 필수다.

전쟁터에 나가는 병사가 무기를 가지고 나가야 하는 것처럼 가르침에서 가장 중요한 것이 칠판그림이다. 칠판그림을 제대로 그릴 줄 알고 수업한다면 수업은 이미 80% 성공한 것이나 다름없다. 그렇다면 교사는 왜 칠판그림을 그려야 하는가? 스마트기기나 컴퓨터 관련기기를 활용한 수업매체는 아이들의 시(눈)감각에 좋지 않은 영향을 끼친다. 미국 실리콘벨리 안에 있는 발도르프학교에서는 컴퓨터와 텔레비전을 이용한 수업을 하지 않는다. 헌데 이 학교 학부모들은 대부분이 첨단 IT산업에

*88 2학년 국어 '우화'와 관련한 데칼코마니 수업은 국내에서는 낯설고, 발도르프교육을 공부하고 있는 천안, 남원, 포항, 전주, 익산 선생님들에게만 먼저 소개하고 있다. 이는 습식수채화에 대한 기본적인 내용들을 알아야 가능하기 때문이다.

종사하는 최고 인재(CEO)들이다. 왜 자기 자녀들은 이러한 수업을 하지 않는 학교에 보내는 것일까? 우리들의 일반적인 상식으로는 오히려 자기 회사의 홍보 차원에서라도 발도르프학교에 보내지 않아야 한다. 반대로 생각하면 ICT매체를 활용한 수업이 아이들에게 나쁜 영향을 주고 있기에 이런 학교를 선택한 것이 아닐까?

우리는 언제부터인가 교실에 칠판을 이용한 판서 대신 커다란 프로젝션화면이 그 자리를 차지하고 있다. 단지 분필로 수업을 하면 먼지가 날리기 때문에 화이트보드를 쓰고, 더 나아가 간편한 컴퓨터 마우스클릭 수업을 하는 것일까? 온종일 커다란 화면만 쳐다보고 공부를 해야 하는 아이들, 얼마나 눈이 피로한가? 시감각만 자극하는 수업은 학습 효과면에서도 깊이가 얕다. 단지 시감각을 통해 바로 뇌신경계로 전달되기 때문에 아이들이 가슴 속 깊이 내면화하기가 힘들다. 우리가 어두운 영화관에서 두세 시간 좋은 영화를 보면 영화관을 나서는 순간, 감동보다는 왠지 모를 공허함을 느낀다. 더구나 자동차를 운전하다 보면 빠른 속도 때문에 시감각이 쉽게 피곤해지는 것을 느낄 수 있다. 다가오는 물체에 대한 시신경계의 쉴 새 없는 작용 때문이다. 아이들이 교실에서 아침부터 수업이 끝날 때까지 쳐다봐야 하는 커다란 화면도 결국에서는 인위적으로 조작된 화소에 의해 쉴 새 없이 전달되기 때문에 아이들의 눈이 피로하고 수업 효과도 그리 오래가지 않는다. 아무리 좋은 그림 자료도 보여주는 순간은 확 와 닿을지 모르나 가슴까지 깊이 전달되지 못한다. 그것은 시감각으로만 그치기 때문이다. 디지털 수업매체가 첨단이라고 할지 모르나 꼭 좋은 것만은 아니다. 교탁 앞에 커다란 프로젝션 티비가 있고 그 옆에 온갖 학습지가 자리 잡고 있는 교실과, 화려한 천연색 분필로 칠판에 그림이 그려진 교실의 그 분위기를 견주어 보시라. 아이들의 마음을 잔잔하게 달랠 수 있도록 하는 교실, 그것이 바로 살아 숨 쉬는 교실이다. 집과 같은 편안함을 느낄 수 있는 교실이 필요한 것이다.

교사의 영혼을 불어 넣는 칠판그림 작업은 컴퓨터(아이패드, 전자교과서) 마우스 클릭수업과 엄청난 차이가 있다. 그 차이란 바로 아이들의 인성과 감성이다. 여기에 아이들의 건강권(영혼, 시각, 청각)이다. 더구나 이런 그림 하나로 아이들은 담임교사에 대한 무한 신뢰를 보낸다. 새 학기 첫날 이런 그림으로 수업을 진행한다면 과연 아이들은 어떤 표정을 지을까? 아이들에게만 "그려라, 써라, 불러라, 해라."가 아닌 교사의 실천하는 모습 속에 아이들은 올바른 성장을 해 나가고, 교사 역시 이런 수업 준비로 또 다른 내적 성장을 할 수 있다. 그런데 이런 '칠판그림그리기 방법론' 연수를 각 시·도교육청 교육연수원에서는 왜 하지 않는 것일까? 연수 내용의 90% 이상이 머리만 받아들이고 이해하는 것이 대부분이다. 연구관, 장학사, 연구사들의 작은 생각들이 학교에 수업혁신(기본)으로 이어질 수 있다. 학교현장에 신선한 산소를 공급하는 심장과 같은 역할이 교육전문직들이 해야 할 일이 아닐까. 2015년 전북 남원, 익산, 전주, 충남 천안, 경북 포항, 울산에서 교사연수를 하면서 가장 먼저 한 것은 교육과정에 대한 이론 이야기에 앞서서 '칠판그림' 그리기 방법론이다. 그렇다고 기능과 방법만을 소개한 것이 아니다. 그림을 그리고 나서 각자의 느낌을 나누는 시간을 더 가졌다. 그야말로 느낌중심교육을 한 것이다. 최소한 칠판그림을 그릴 줄 안다면 그 다음 어떤 내용을 어떻게 가르칠지를 알게 된다. 더구나 컴퓨터 기기에서 느낄 수 없는 교사의 열정적인 모습을 아이들은 그대로 느낀다.

[한국발도르프교육학교연대 공부모임 모습]

기계가 사람 교육을 대신할 수는 없다. 그런데 왜 요즘 '거꾸로 교실'에서는 앱 이용 수업이나 미래교육이라고 하는 '스마트교육'을 맹신하려고 하는 것인가? 이것들의 가장 큰 맹점 가운데 하나가 '감성'을 놓치고 있다는 것이다. 아이들에게 가장 중요한 '감성교육'과는 거리가 멀다. 이런 교육을 못하는 것을 부끄러워하거나 무능한 교사라고 생각할 것이 아니라, 오히려 맹신하는 교사가 아이들의 영혼과 정신을 병들게 하는 것임을 알아야 한다.

더구나 2015 개정 교육과정도 기능과 개념중심 교육이다. 감성을 강조해도 부족한 현실에서 오히려 감성을 더 죽이는 교육을 부채질하고 있는 것이다. 교육과정이 그렇게 만들어져도 교사가 이를 따라하지 않으면 된다. 칠판그림 수업은 아무리 강조해도 지나치지 않는다. 오히려 그것을 외면하는 교사가 문제교사다. 가르침의 본질을 외면하는 것은 결국 교사로서 책임과 의무를 다하지 않는 것과 같다. 따라서 칠판그림의 상상력으로 아이들의 가슴을 꽉 채워야 한다. 수업혁신이라는 말은 이미 오래전부터 '교실수업개선' 이라는 말로 전해져 왔다. 교사들에게는 영원한 과제이기도 하다.

수업을 아이의 처지에서 제대로 배움과 성장이 일어나도록 교사가 관점을 바꾸어야 한다. 기존 틀이나 교과서중심, 컴퓨터 마우스클릭 수업에서는 수업혁신을 이룰 수 없다. 교육과정을 아이의 발달단계에 맞게 아이들 하나하나에게 전인적인 인격이 만들어지고 지속가능한 능력을 길러주고 있는가에 관점을 맞추어 다시 생각하고 고민해 보자는 게 교육과정의 혁신이다. 교사는 아이들을 가르치려 하지 말아야 한다. 40분(초등학교의 경우) 시간 내에 짜여진 틀 속에 개념중심의 지식을 집어넣으려고 한다. 이렇게 해야만 제대로 수업을 했다고 생각한다. 자칫하면 아이들의 건강한 성장에 독이 된다. 아이들의 발달단계에 맞지 않는 교육(교육과정)은 교육이 아니다. 그것이야말로 더 큰 폭력이다. 어른의 잣대로 위장된 교육을 경계해야 한다. 아이들의 발달단계에 맞는 살아 있는 교육과정을 만들고 운영하는 것이 참다운 인간을 길러내는 것이다. 상상력과 감성이 풍부한 가르침이야말로 점점 더 메말라가는 아이들의 인성을 적실 수가 있다.

따라서 교사는 자신에게 더 엄격하게 대해야 한다. 교사 자신에겐 후하고 아이들에게는 엄격한 교사에게서는 더 이상 배움이나 수업혁신을 기대할 수 없다. '열정'이라는 단어를 찾기가 힘들다. 컴퓨터 마우스클릭 수업이나 아이패드, 스마트기기 수업은 교사 자신에게는 후하다. 왜? 노력을 많이 들이지 않아도 남이 해놓은 것을 쉽게 가져다 쓰면 되는 편리함 때문에 점점 더 가르침의 세속화에서 벗어나지 못하게 되기 때문이다. 그러다 보니 교과서를 내려놓고 수업하는 것이 어려울 수밖에 없다. 결국 아이들의 영혼은 병들어 갈 수밖에 없다. 하지만 교사 자신에게는 아주 엄격하면서도 아이들에게는 후한 선생님에게 아이들은 수업시간마다 감동을 받는다. 자기 자신에 대한 엄격한 잣대는 한 시간 수업을 위해 서너 시간 준비하고, 그 준비 속에 교사 자신이 감동을 받는 열정에 가득 찬 선생님, 이런 선생님은 교과서대로 수업을 하지 않는다. 아이들 역시 그 모습에 무한 신뢰를 보낸다. 따라서 노력을 게을리 하지 않는다. 그것은 결국 교사 자신을 위하는 것이다.

⊙ 1·2학년에 맞게 그림 시간표(TIME TABLE) 만들기

초등 1·2학년 교실 수업시간표를 그림을 나타내는 것은 어떨까? 이 시기 아이들은 아직 글자에 대한 정확한 인식이 부족한 상태이기 때문에 딱딱한 글씨체로 예쁘게 만들었다고 하나 아이들은 가슴보다는 한낱 개념으로 여기고 머리로 받아들인다.

각 교과 특성을 살린 내용을 그림으로 표현하여 시간표를 만드는 것은 어떨까?

국어는 글자이기 때문에 'ㄱ, ㅁ, ㄷ…', 수학은 숫자와 셈하기니 '1,2,3,4…'와 '+, −'…. 음악은 악보나 음계를, 미술은 그림 도구 따위를 그려 넣는 것이다.

옆쪽 왼쪽 그림보다 오른쪽 그림이 보는 사람에게 좀 더 친근감을 준다. 아이들은 훨씬 더 친근하게 느낀다. 왼쪽 시간표는 3학년 때부터 하면 된다. 이 시기에 아이들은 글씨체에 관심을 가지기 시작하기 때문에 이에 맞게 하면 좋다.

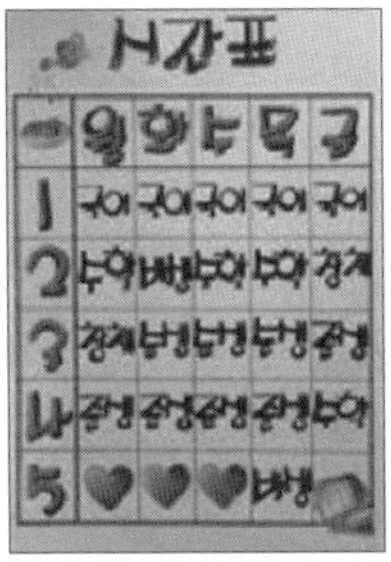

[기존 시간표]

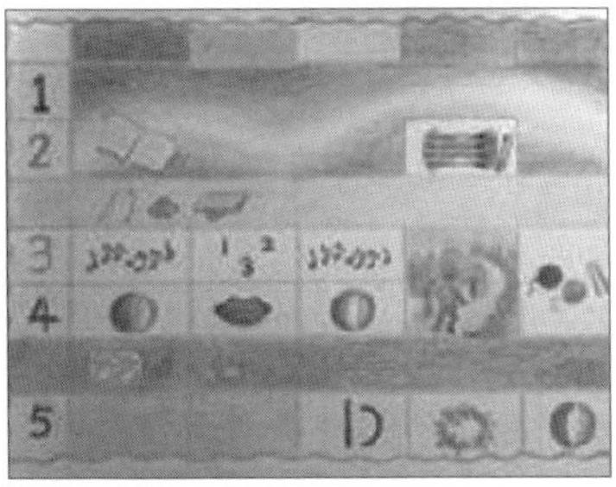

[발달단계에 맞게 만든 시간표][*89]

⊙ 학급 현황표도 그림으로

교실 앞문 앞에 학급현황판이 있다. 교사들 나름대로 창의성을 발휘해서 다양한 현황판을 걸어 놓는다. 1·2학년에 맞게 신비롭고 상상력을 이끌어 낼 수 있는 내용을 만들어서 걸어 놓으면 어떨까? 물론 학급의 간단한 정보를 자세히 알리기 위해서 사진과 인원, 학급경영 목표들을 편집해서 넣지만 1·2학년답게 개념보다는 느낌을 나타낼 수 있는 방법으로 학급현황을 만들어 놓는 방법은 어떨까? 왼쪽이 우리들이 흔히 볼 수 있는 학급현황판이고 오른쪽이 학급 아이들을 '별'로 형상화해서 그려 놓은 것이다. 물론 담임교사도 함께 조금 크게 그리면 좋고, 색깔을 조금 달리하면 남·여 구별이 되고, 그림 작업으로 해보는 것도 색다른 아이디어라고 본다.

[기존 학급 현황판]

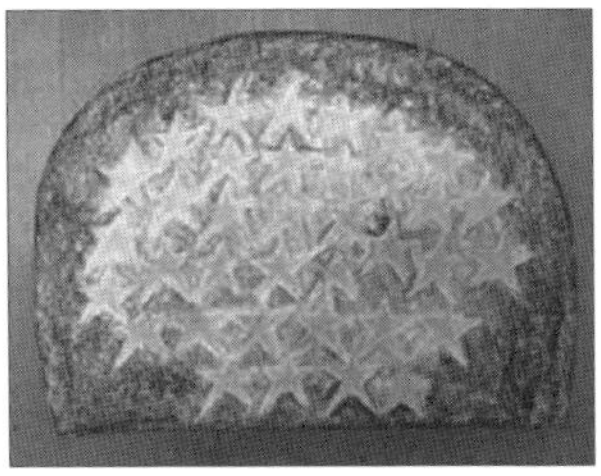

[학급현황판의 새로운 대안]

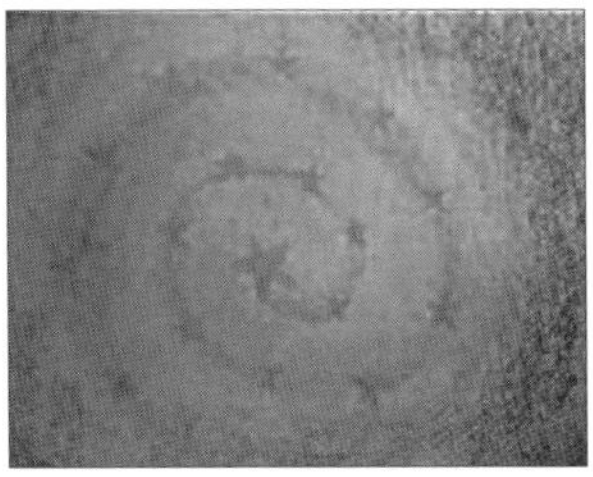

[전북 오산남초 1학년 교실 현황판][*90]

◉ 학년 교육과정도 그림으로

학년 교육과정을 힘들게 만들어서 책꽂이에 두거나 책상 서랍에 넣어 두기보다는 실제 활용할 수 있는 방법은 없을까? 바로 칠판그림으로 그려서 교실 복도 쪽 벽에 붙여 놓으면 된다. 워드로 작성한 것을 출력해서 붙여 놓기보다는 그림으로 작업해서 그것도 전지 크기 종이를 붙여 놓으면 아이들은 이것들을 보면서 꿈을 꾼다. '아! 우리가 앞으로 배울 것이 이런 거구나! 언제 저걸 배울 수 있을까?' 이것이 환경구성이라고 해서 여러 가지를 붙여 놓는 것보다는 훨씬 돋보일 것이다.

• 강원 함백, 경북 포항, 전북 전주와 익산지역 모임 연수에서

• 참고로 고학년의 경우를 소개하면, 광주 이현희 선생님의 5학년 교육과정.

◉ 국어수업에서 개념수업은 어떤 것인가?

1학년 아이들 글자 깨우치기 수업을 그림으로 나타낼 때 주의할 것이 있다. 예를 들어 아래 그림을 보여주거나 흰 종이 위에 아무런 배경 없이 그림을 그리게 하는 것은 개념을 집어넣는 것과 같다. 이 시기 아이들은 아직은 세상을 향해 두려움을 가지고 있다. 마치 안개 속을 걷는 것과 같다. 우리가 자동차를 운전할 경우나 산책을 할 경우 안개 낀 지역을 만나거나 지나게 되면 그 속을 빨리 벗어나고 싶거나 안개가 빨리 걷히기를 바라는 것처럼, 아이들의 발달 상태도 이와 같다. 그렇다고 안개

*89 문공주, 전북 남원 주생초등학교 교사 작품.

*90 전봄, 전북 익산 오산남초등학교 교사.

가 갑자기 확 걷히는 것도 아니고 서서히 걷히는 것이기에 아이들에게 그림을 그리게 하거나 보여주는 것도 바로 앞에서 보여주기보다는 저 멀리서 천천히 다가오면서 보이는 것처럼 그리게 해야 한다.

우리가 갑자기 어떤 소리에 깜짝 놀라는 것은 이 소리에 대해서 미처 준비를 하지 못하고 있어서 그렇다. 저 멀리서부터 소리가 들려오고 점점 다가와서 커지더라도 그리 크게 놀라지 않는 것은 이미 그 소리에 익숙하기 때문이다. 물체(사람, 동물)도 이와 비슷하다. 우리 앞에 갑자기 나타나면 대부분 당황하거나 놀란다. 하지만 저 멀리서 서서히 다가오면 우리는 이 물체에 대해서 조금씩 적응하게 되고 내 앞에 가까이 오거나 지나쳐도 아는 사람일 경우는 서로 반응을 하겠지만 아니면 그냥 지나친다. 그림을 그리게 하는 것도 이와 비슷하다. 갑자기 그림을 넣어 주는 것이 아니라 도화지에서 서서히 드러나게 그리도록 해야 한다. 그렇게 되기 위해서는 아이들이 우선 도화지에 무엇을 그리는 것 같지 않는 그야말로 아무렇게나 그리지만 그리고 나면 뭔가 배경이 있는 그림이 되게 해야 한다. 그런 다음 그 위에 그림들이 돋아나도록 한 번에 색칠해서 그려 내기보다는 여러 번 색칠을 해서 서서히 윤곽이 나타나도록 해서 그림이 완성되게 해야 한다. 물론 교사 역시 이런 방법으로 칠판그림이나 크레용, 색연필, 습식수채화를 그려야 한다.

더구나 이러한 방법으로 그림을 그리게 하는 것은 수업에서 가장 중요한 '균형'을 살리게 하는 것이다. 일방적으로 배움이라는 이름으로 무조건 지식들을 바깥에서 안으로 확 집어넣기보다는 바깥에서 안으로 집어넣으면 넣을수록 안에서 바깥으로 돋아나오게 하는 것이다. 바로 음과 양의 조화, 들숨과 날숨, 리듬감이 담겨져 있다. 서로가 조화를 이루지 않으면 제대로 된 그림이 나오지 않는 것처럼 상당히 쉬우면서도 결코 쉽지 않은 원리가 들어 있다. 이러한 그림그리기 방법은 아이들이 천천히 배우게 하는데 완전히 소화할 수 있도록 해주는 기다림이 필요하다. 무조건 알 것이라고 생각하고 집어넣고자 하는 것은 개념(지식)교육이다. 이 경우는 아이들이 미처 소화를 하지 못하고 생각 안에 쌓이고 쌓여 체증이 생긴다. 음식물도 이런 경우는 소화불량이 되는 것처럼, 이러한 교육이 계속 진행되면 결국 아이들은 신경질적인 행동이나 모습을 많이 하게 된다. 아이들이 "에이 짜증나!" 하는 말은 그냥 내뱉는 것이 아니다. 이 아이들이 왜 이런 말을 할 수밖에 없는가를 꼼꼼히 살펴봐야 한다. "짜증난다!"라는 것이 우리 어른들도 뭔가 일이 제대로 안 풀리고 꽉 막혀 있을 때 무식적으로 내뱉는 말이기에 이런 말들을 하는 아이들을 굳이 나무랄 필요가 없다.

따라서 초등 1·2학년 국어수업이나 수학수업, 다른 그리기 활동에서는 배경을 그리고 나서 그 위에 그림이 돋아나도록 그리게 해야 한다. 이러한 활동에 어느 정도 익숙해지면 5학년 후반부터는 배경 그림 없이 바로 대상 그림을 그릴 수 있다. 이때는 아이들이 세상을 객관적으로 바라보는 힘이 생기는 시기라 개념을 이해하기 시작한다. 그렇기 때문에 그림을 그릴 때 배경을 미리 칠하지 않고 바로 그림을 그리게 하고 나서 빈 공간은 나중에 채운다. 그렇기 때문에 1학년 아이들이나 5·6학년 아이들이 똑같은 방법으로 그림을 그리게 해서는 안 된다. 세상을 바라보고 느끼는 것이 다를 뿐 아니라, 몸 상태도 아직은 준비가 덜 된 상태와 되어 가는 상태가 다르기 때문에 그 차이점을 분명히 알고 가르쳐야 한다. 바로 '적재적소의 교육'이다.

다음에 소개하는 그림들은 우리가 흔히 보는 동식물도감이다. 아무런 배경이나 주위 환경모습이 없고 덩그러니 대상만 혼자 그려져 있다. 이러한 그림들은 단편적인 지식을 요구할 뿐이다. 최소한 동식물이 살고 있는 환경을 배경으로 나타내는 그림이라면 조금은 낫다. 그렇지만 여기에서 중요한 사실은 그림들이 너무 세밀하게 그려져 있으면 안 된다는 것이다. 초등 1·2학년이나 유치원 이하 아이들에게는 세밀화보다 형태만 보여주는 그림들이 좋다. 세밀화는 초등 6학년 과정부터 소개하거나 따라 그리게 하는 것이 좋다.

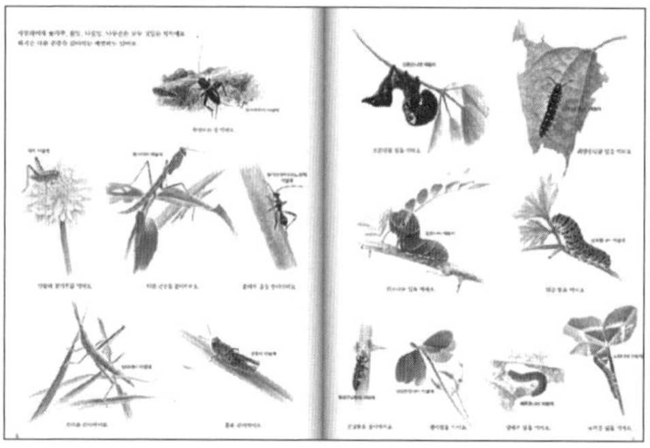

[개념중심 그림 예]*91

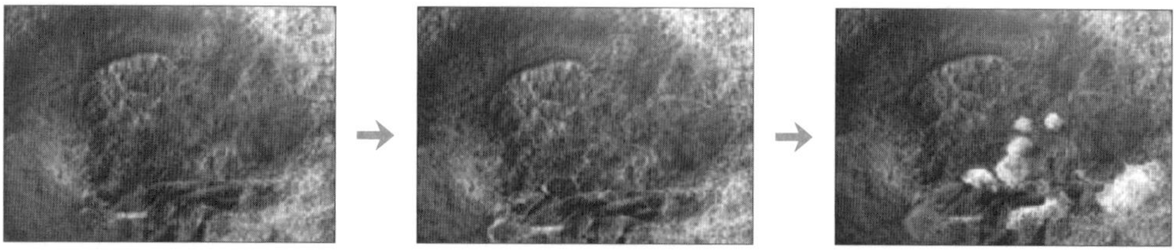

[배경중심 그림 예]

⊙ 칠판그림과 크레용 그림을 위한 교구 소개

가) 칠판분필

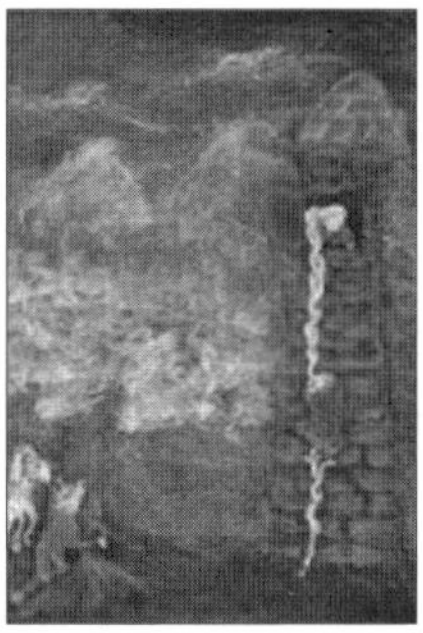

나) 크레용

다) 구입 : 국내에서 제작되지 않고 전량 외국 수입제품이기 때문에 값이 조금 부담스럽지만 무독성이고 친환경제품이라서 안심하고 아이들이 쓸 수 있다.

*91 https://www.google.co.kr/search?

3장

수학 교과서 바로 알고, 제대로 가르쳐야 한다.

1 수학 교과서, 우려가 현실로!

교육단체 사교육걱정없는세상 분석… "선행학습 여전히 유발"

(서울=연합뉴스) 이윤영 기자 = 2015 개정 교육과정에 따라 새로 개발된 초등학교 1, 2학년 수학교과서 내용이 선행학습을 하지 않으면 이해할 수 없게 기술되는 등 문제점이 여전하다는 지적이 제기됐다. 교육시민단체인 사교육걱정없는세상(이하 사교육걱정)은 내년 3월 새 학기부터 쓰이게 될 초등 1, 2학년 새 수학교과서의 현장검토본을 입수해 분석한 결과 아이들의 발달 단계에 맞지 않는 내용이 많았다고 23일 밝혔다.

숫자배우기에 대한 우리 교과서와 일본 교과서

사교육걱정 분석에 따르면 우선 1, 2학년 새 수학교과서에 포함된 교육과정 분량이 기존 교과서에 비해 6.5%밖에 줄지 않았으나 페이지 분량은 30% 이상, 특히 수학익힘책은 절반으로 대폭 줄어든 것으로 나타났다. 교육부는 기존의 스토리텔링 수학이 글자가 너무 많아 어렵고, 책도 너무 무겁다는 지적이 있어 페이지를 많이 줄였다고 설명하지만, 사교육걱정은 페이지 축소로 오히려 내용이 더 어려워졌다고 주장했다.

예를 들어 기존 초등 1학년 1학기 교과서 1단원에는 숫자 0의 개념을 배우는 소단원이 별도로 있어 더 자세하고 친절하게 배울 수 있었는데, 새 교과서는 페이지 축소로 인해 내용도 함께 축약돼 버렸다는 것이다. 사교육걱정은 또 수학교과서에 글자가 많이 등장하고 긴 문장 형태로 답을 쓰게 하는 등 문제도 여전하다고 지적했다. '연결큐브' '행복랜드' '미션' '우즐카드' '퀴즈네어 막대' '수 배열표' 등 어려운 어휘도 다수였다. 사교육걱정은 "국어시간에 겨우 한글 자모를 배우는 아이들이 수학시간엔 문장을 직접 쓰면서 문제를 풀어야 하는 셈"이라며 "이는 교육부가 내년부터 초등 한글교육 분량을 크게 늘리겠다고 한 방침과도 맞지 않는다"고 말했다.

초등 국어 1학년 1학기 수준을 넘어서는 수학익힘책

일본 등 외국 교과서와 비교해도 우리 초등 교과서는 어렵고 진도도 빨라 선행교육을 유발할 우려가 있는 것으로 지적됐다. 1~5의 수 개념을 익히는 내용만 보더라도 일본의 초등 1학년 교과서는 12쪽, 핀란드 교과서는 16쪽에 걸쳐 설명하고 있지만 우리는 2쪽에 그쳤다. 또 일본의 1학년 수학 교과서의 처음 25쪽은 어떤 문장제 글도 나오지 않는다. 학교에서 배운 내용을 집에서 스스로 공부할 수 있게 교과서와 별도로 제작하는 수학익힘책 역시 문장이 길고 지시문도 많아 부모가 도와주지 않으면 아이들이 혼자 이해하기에 어려운 것으로 나타났다.

이 단체는 "현장검토본이 불과 4개월 만에 제작되는 등 교과서 개발이 무리하게 추진돼 이런 문제점이 나타났다"며 "지금이라도 현장 지적을 받아들여 쉽고 친절한 교과서를 만들어야 한다."고 말했다.*92

개념중심만으로 가르치는 수학

아이들이 왜 수학 수업을 싫어하거나 힘들어할까? 수학 교과서는 이 분야에 실력 있는 선생님들과 대학교수들이 참여해서 만든 아주 좋은 교과서(교육과정)인데, 그렇다면 누구에게 문제가 있는 것일까? 분명 좋은 교과서인데 아이들이 제대로 이해하지 못하고 있다면 아이들에게 문제가 있는 것일까? 아니면 아이들의 발달단계를 전혀 생각하지 않고 개념중심의 생각으로 만들어서 그럴까?

'수학'을 재미있게 가르칠 방법은 없을까? 아니면 수학이라는 학문이 아이들에게 정말 재미없는 과목일까? 오늘도 수많은 아이들이 수학을 이해하고 극복하기 위해 사교육에서 힘겨운 싸움(?)을 하고 있다. 수학이 재미없고 어려워서 사교육으로 대신할 바에는 아예 처음부터 수학을 재미있게 만들면 안될까?

---

*92 http://www.yonhapnews.co.kr/bulletin/2016/08/23/0200000000AKR20160823062151004.HTML?input=1195m

수학 교과서가 아이들에게 쉽게 다가가지 못하는 것은 실생활과 많이 떨어져 있기 때문이다. 1~5학년까지 수학 교육과정 목표는 아이들의 생활기능과 밀접한 관계가 있는 행동영역에서 계산능력을 끌어올리고, 내부에서 점차 외부로 넓혀 나가도록 해야 한다.

이 시기 아이들은 모든 것을 살아 있는 것으로 생각하고 느끼기 때문에 살아 있지 않는 것(기계적인 것, 개념들을)에 대한 인식들은 아이들이 살아 있는 것에 대한 개념을 완전히 확립한 뒤에야 발달시켜야 한다. 하지만 수학 교육과정에서는 이 부분을 명확하게 제시하지 못하고 있다. 더구나 발달단계 즉 아이들 처지에 대해서 이해하고 배우게 하는 배려가 부족하다. 무엇을 어떻게 왜 가르쳐야 하는지에 대한 명확한 제시가 녹아들어야 하는데, 그렇지 못한 것이 허술함으로 다가오는 것이다. 수업시간에 아이들이 푸는 문제도 가능하면 실생활과 관련 있는 문장제 중심으로 진행해야 한다. 문제풀이식 학습지(수학익힘책)는 결코 아이들이 수학을 좋아하는 것으로 생각하게 하지 않는다. 이것을 왜 풀어야 하는지를 모르고, 꼭 풀어야만 하는 부담감을 느끼게 하기 때문에 결국 죽은 지식을 배우는 것과 같다. 20-30년 전 초·중·고등학교 시절 누구나 느꼈던 '지옥 같은 수학시간'과 거의 다를 바가 없다.

아이들이 수학을 좋아하게 하기 위해서는 아이들이 뭘 하고 있는지에 대한 정확한 이해가 필요하다. 그렇기 때문에 실제 생활과 밀접한, 즉 아이들 자신의 주변세상과 가까운 곳에 관심을 가질 수 있도록 하는 것이 필요하다. 그것을 중심으로 수업을 진행해야 한다. 더구나 초등학교 1학년은 형식적인 방법으로 수학을 배우게 하는 것이 아니라 감성과 온전한 몸(신체) 발달을 밑거름으로 해서 온몸으로 배우게 해야 한다. 하지만 2015 개정 교육과정 교과서는 머리로만 생각하게 하는 개념중심으로 가르치기 때문에 아직 이에 대해서 준비되지 않은 아이들이 수학을 어려워하고 힘들어 하는 것이다. 그래서 선생님들은 아이들이 수학을 잘 배울 수 있도록 하기 위해서 발달단계를 기초해서 수업을 설계해야 한다. 단순히 1학년이니까 이렇게 가르쳐야 하는 것이 아니라 출생부터 7살까지 이 아이들이 거쳐 온 과정을 명확히 파악하여 가르쳐야 한다. 곧은 설계가 튼튼하고 아름다운 집을 지을 수 있는 것처럼 수업도 이와 비슷하다.

따라서 1-2학년 담임교사들은 형식적이고 개념(지식)중심을 가르치기 전에 아이들의 동작활동이 자유롭게 아무런 방해를 받지 않고 잘 자라왔는지를 먼저 살펴야 한다. 어린 아이들의 모든 동작은 뇌와 직접 연결되어 있다. 뇌는 많은 동작(눈 근육, 소리 근육, 크고 섬세한 운동의 상호 조정, 눈과 손, 눈과 발의 상호 조정, 직립, 기기, 걷기, 뛰기, 균형 잡기, 정중앙 가로지르기)을 배우면서 연결을 발달시켜 나가는데 이 연결들은 이후에 생각(사고)의 기초가 된다. 이 연결이 만들어지지 않고서는 여러 가지 방법(방식)의 학습(컴퓨터게임, 텔레비전, 스마트폰, 책)으로 생각을 풍부하게 하는 것은 힘들다. 따라서 개념중심으로 공부가 시작되기 전에 뇌의 발달 원인이 되는 다양한 동작을 익히고 배우는 활동을 통해 아이들 자신의 몸(신체)이 어떻게 준비되어야 하는지를 알 수 있다. 아이가 쓰고 읽고 학문적인 수학 공부를 시작하기 전 8살이 될 때까지 기다리는 것이 중요하다는 것을 알게 되므로 1학년 아이들이 초등학교에 입학하면서 갖게 되는 마음은 공부를 하면서 행복한 사람이 될 것이라고 생각들을 할 것이다. 이러한 것은 출생에서부터 7살까지 자신감과 골고루 균형 잡힌 정서적인 삶과 활기 넘치는 활동들을 충분히 했다면 이 시기 아이들 누구나가 자유로운 생각을 지닌다.

2015 개정 교육과정에서 추구하는 인간상이 '창의융합형 인재'라고 하지 않았는가? 그렇다면 수학교육도 이에 맞게 편성되어야 한다. 하지만 이러한 것들이 아이들이 충분히 체험(경험)하지 못하는 교육과정으로 편성되고 운영된다면 아이의 학습 능력을 가로막게 되는 것이고, 결국 수학포기자들을 길러내는 교육과정이 될 것이다.

더구나 2015 개정 교육과정의 특징 가운데 하나가 '수학을 포기한 학생'(일명 수포자) 문제다. 초등학교 들어와서 얼마 지나지 않아 수학이 어렵고 재미가 없어서 포기하는 아이들이 생겨나고 있는 현실에서 이렇게 '수학을 포기'하거나 하려는 아이들이 많아지고 있다면 이것은 수학이 어렵기 때문이고, 나이에 맞지 않게 배워야 할 내용(학습)이 많다는 것이다. 그렇기 때문에 아이들은 수학을 마치 거대한 산처럼 느끼면서 날마다 많은 부담을 느끼고 학교생활을 하고 있는 것이다.

그래서 2015 개정 교육과정에서는 지나치게 복잡하거나 어려운 내용을 다루고 평가하지 않도록 제한하고자 하지만 중요한 것은 수학을 처음 만나게 되는 아이들에게 가르치는 방법에 문제가 있기 때문에 이에 대한 대안 제시가 필요하다. 또한 '빨리빨리' 속성과정으로 가르치기보다는 숫자 하나라도 완전히 온몸으로 익힐 수 있도록 천천히 진행하는 교육과정으로 만들어져야 수학을 처음 만나게 되는 아이들도 쉽게, 그러면서도 재미있게 수학공부를 하게 된다. 헌데 '수학이 어렵고 힘들다고 생각'하는 것과 '수학을 포기'한 것은 전혀 다른 이야기다. 만약 수학이 재미있고 쉽게 구성되었다고 해도, 과연 사교육 문제가 해결될 수 있을까?

물론 사교육은 우리 사람들이 이기심을 내려놓기 전까지는 없어지지 않을 것이다. 탐욕과 물질이 만연한 사회에서 서로가 치열한 경쟁을 하는 현실에서 수학을 쉽고 재미있게 배우게 한다면 사교육이 줄어들 수는 있지만 없어지지는 않는다. 중요한 것은 그래도 사교육을 줄일 수 있다면 줄일 수 있도록 최소한 방법을 찾고 해결해야 한다는 것이다. 그래서 지식중심 학문을 위한 학문으로 수학을 구성하기보다는 생활기능과 밀접한 관계가 있는 행동영역에서 계산능력을 끌어올리고, 안에서 점차 바깥으로 넓혀 나가도록 하는 나선형 형태로 구성해야 한다. 또한 수능이나 학교평가에서도 상대평가보다는 절대평가로 바꾸어야 한다. 이를 통하여 아이들에게 수학은 실생활 중심의 배움이라는 것을 알게 해주어야 하지 않을까? 실생활에 익숙하다는 것은 결국 연습과정을 충분히 했기 때문에 가능하다. 단지 배운 것 그 자체로 끝나는 것이 아니라 실제 생활과 관련된 내용들을 배우게 하고, 이것을 제대로 익히게 하는 과정이 필요하다. 아무리 쉬운 것도 익히는 과정은 힘들고 부담스럽다. 몸무게를 줄이기 위해서는 음식물을 줄이거나 운동을 하지 않으며 안 되는 것처럼, 힘들어도 쉽게 그만두지 않아야 하는 것처럼, 교사는 가르치는 방식에 대해서 고민과 노력을 해야 한다. 더구나 교사는 아이들이 수학 속에 들어 있는 '정신'을 온전히 잘 받아들일 수 있도록 최선을 다해야 한다. 그렇기 때문에 획일적이고 개념중심인 교과서 내용을 그대로 가르쳐서는 안 된다. 자신만의 독특한 방법으로 살아 있는 수업을 해야 한다. 수학이 초등학교 첫 입문과정에서 두려움을 주는 교육이 아닌 신기함과 호기심이 가득한 것이라는 것으로 바라볼 수 있도록 해주는 것이 교사의 의무이자 책임이다.

전인적으로 성장하도록 도울 수 있을까?

〈수학과 교육과정의 목표〉

2. 목표[*93]

수학의 지식을 이해하고 기능을 숙달하며 수학적으로 추론하고 의사소통하는 능력을 길러, 생활 주변과 사회 및 자연 현상을 수학적으로 이해하고 합리적으로 문제를 해결하며, 수학에 대한 바람직한 학습 태도를 갖추고 실천하는 능력을 기른다.

---

*93 교육부, 2015 개정 교육과정 수학과 교육과정.

가. 초등학교

⑴ 생활 주변 현상을 수학적으로 관찰하고 표현하는 경험을 통하여 수학의 기초적인 개념, 원리, 법칙을 이해하고 수학의 기능을 숙달한다.

⑵ 수학적으로 추론하고 의사소통하며 창의·융합적 사고와 정보처리 능력을 바탕으로 합리적으로 문제를 해결한다.

⑶ 수학 학습의 즐거움을 느끼고 수학의 유용성을 인식하며 자주적인 학습 습관을 기른다.

1학년에서는 더하기, 빼기를 가르치는 데도 아이들한테 어떤 방법이 더 적절한지를 꼼꼼히 생각해서 가르쳐야 한다. 예를 들어 1+2+3+4=10 이렇게 가르치는 것은 결과가 하나만을 요구하지만, 10=4-3-2-1로 가르치면 나누어주는 느낌을 지니게 되고, 여기에 여러 가지 방법도 있다는 것을 알게 된다. 3+7=10 보다는 10=7+3을 먼저 가르치고, 또 6=10-? 이 방법을 먼저 가르치고 나서 다음에 10-4=6 이렇게 가르치는 방법이 필요하다. 또한 나누기도 2=10÷?를 먼저 가르치고, 10÷5=2 이것은 그 다음에 가르치게 함으로써 전체에서 부분으로 세상을 알게 해주는 것이 필요하다. 따라서 1학년 과정에서 기초 덧셈이나 뺄셈이나 곱셈, 나눗셈을 함께 가르쳐야 한다. 무슨 이유로 지금까지 수학과 초등 1학년 교육과정에서 곱셈, 나눗셈을 빼놓았을까?

굳이 발도르프교육을 내세우지 않더라도 '피아제의 계열과제'에서도 제3수준(7-8살부터 시작) 조작적 가역성에 의해 10개 정도의 막대를 정확하게 계열 문제를 해결할 수 있는 능력을 지니고 있어서 수의 기호를 써서 덧셈, 뺄셈, 곱셈, 나눗셈을 할 수 있다고 하였다. 또한 피아제는 6살부터 덧셈과 뺄셈의 기계적인 계산을 익힐 수 있다고 하였다. 그래서 덧셈과 뺄셈을 확실하게 가르치기 위해서는 아동의 인지발달구조를 생각하는 학습지도가 되어야 한다고 하였다. 결국 발달단계에 맞게 학습지도를 해야 한다는 뜻이다.

'덧셈'은 더한다는 것으로 '함께 묶는다, 같이 합한다. 한 쌍의 수를 유일한 수로서 이름을 바꾼다' 와 같은 뜻으로 가르쳐야 하고, '뺄셈'도 7살부터 의미 있는 연산을 하고 받아 올림(내림)이 있는 덧셈(뺄셈)은 2학년부터 해야 발달단계에 맞게 제대로 가르치고 배우는 것이다.

또한 덧셈의 교환성은 7살 이후에 나타나 8~9살 교육과정에서 가능하고, 덧셈의 결합성은 8살 이후에 가능한 만큼 이에 맞게 교육과정을 편성하는 것이 바람직하다. 더구나 덧셈과 곱셈의 연산구조는 서로 밀접한 관계가 있고, 두 구조는 동수 누가*94의 처지에서 단일 연산의 구조를 구성하므로 이에 맞게 교육내용이 구성되어야 한다. 7~8살쯤에 곱셈의 개념이 습득되므로 논리적 곱셈능력은 덧셈능력과 거의 동시에 발달되고 그 단계도 비슷하다. 따라서 피아제의 실험에서도 7~8살 사이의 아이들은 4가지의 짝을 동시에 분류할 수 있는 능력이 있다고 하였다. 피아제의 발달론에서는 7살 정도에 덧셈과 곱셈 가능한 동수누가*95의 개념에서, 곱셈의 식을 알아내고, 곱셈구구표를 만드는 것은, 곱의 기호와 식을 이해하고 곱셈구구를 학습할 수 있는 7~8살에서 가능하며, 곱셈의 교환성과 결합승도 이 시기에 쉽게 학습 가능하다고 하였다. 또한 곱셈과 나눗셈은 역연산의 관계로 동시 학습 가능하다고 하였다. 한마디로 초등 1학년 과정에서 수리능력의 올바른 발달을 위해서는 기초적인 곱셈이나 나눗셈도 가능하다는 것이다.

전세계에 있는 발도르프학교에서는 1학년 때부터 덧셈, 뺄셈, 곱셈, 나눗셈을 가르치고 있는 것이 특별한 것이 아니라, 이 시기 아이들에게 꼭 맞는 계산 교육법을 가르치고 있는 것이다. 피아제 실험연구에서도 증명된 바와 같이*96 균형 잡힌 계산 방법을 익히기 위해서는 기초과정을 골고루 가르쳐야 한다. 이것이 바로 제대로 된 '역량'강화 교육이다.

*97

*94 같은 수를 여러 번 더하는 것. 동수누가는 곱셈식으로 나타낼 수 있다.

*95 3+3+3+3+3+3=18 → 곱셈식 3x6=18

*96 이은희 (2002).초등학생의 수 감각 육성 방안에 관한 연구. 인천교육대학교 교육대학원 석사학위논문.

*97 덧셈, 뺄셈, 곱셈, 나눗셈에 대한 칠판그림.
https://www.google.co.kr/search?q=math+1+waldorf&newwindow=1&espv=2&biw=1920&bih=9

물론 '수'는 하나의 개념이고 숫자는 그 개념을 나타내기 위해 붙여진 이름 또는 그 표현이다. 즉 12에서 숫자 1은 십의 자리수로 수 10을 뜻하고, 숫자 2는 1의 자리수로 수 2를 뜻한다.

그렇기 때문에 '수'에 대해서는 1학기 동안에 충분한 시간을 가지고 가르치고, 아이들 또한 천천히 배우게 한 다음에 '덧셈', '뺄셈'을 가르쳐야 한다. 초등 1학년 아이들이 빨리 배운다고 해서 또 나이에 맞게 많은 것을 배운다고 해서 세상이 크게 달라지는 것도 아니다. '적게 배우는 것, 많이 배우는 것이' 아니라 '하나를 배우더라도 제대로 배워야' 한다. 초등 1학년에게는 시간성이 큰 의미가 없다. 천천히 완전히 소화를 할 수 있게끔 기다림의 교육이 필요하다. 그렇게 되면 지금보다는 최소한 수학을 포기하는 즉 '수포자'가 덜 생겨난다. 2학기부터 더하기와 빼기를 가르치고 2학년에는 2학기에 곱셈 구구단을 가르치는 것이 아이들에게 알맞다. 단순히 개념중심으로 외우게 하는 것이 아니라 온몸으로 익히게 하는 활동이 필요한데, 예를 들어 1에서 100까지 숫자를 칠판에 정성들여 쓰고 가로, 세로로 한 치 비뚤어짐이 없이 아주 반듯하게 쓴다. 첫날에는 숫자만 쓰고 둘째 날에 2단에 동그라미를 한다. 셋째 날에 4단과 6단, 이렇게 하루에 두 단씩 동그라미를 해나가는데 7단은 가장 마지막에 한다.

2, 4, 6단과 3, 6, 9단은 같은 형제인데 7단은 혼자라서 맨 나중에 한다는 것, 아이들은 이런 이야기를 들려주면서 가르치는 구구단을 원한다. 7단은 아주 특별한 수다. 일주일은 7일, 7살, 무지개는 7가지 색, 별(북두칠성) 7개 따위들을 이야기하고 '동그라미가 많은 숫자는 부자 숫자, 동그라미가 적은 숫자는 가난한 숫자다' 이런 이야기를 곁들이면 아이들은 수에 더 흥미를 가지고 익힐 것이다. 물론 각 단마다 색깔을 달리해서 동그라미를 해나가는 것도 좋은 방법이다. 그렇게 되면 아이들은 각 단을 쉽게 구별할 수 있게 된다. 또 다른 방법 하나는 두꺼운 도화지에 원을 그리고 원 위에 20개 점을 찍어 숫자를 쓰고 핀침으로 고정하고, 2배, 3배, 4배, 5배, 6배, 7배, 8배, 9배씩 실로 연결해 가면 멋진 도형이 만들어지므로 이 역시 아이들이 아주 좋아한다. 아니면 손뼉을 이용해서 구구단을 익히게 하는 것도 좋다. 3박자를 기본으로 해서, 예를 들어 2단 경우, 2X1은 박수 두 번에 손으로 곱하기 표시를 하고 나서 손뼉 한번을, 2X5는 박수 두 번에 손으로 곱하기 표시를 하고 나서 손뼉 3번과 두 번을 연이어서 치게 한다. 손뼉 구구단은 의외로 아이들이 아주 좋아해서 아침 리듬활동으로 이용하거나, 구구단을 배우는 시간에 맨 먼저 시작하면 좋다. 이

것은 또한 아이들을 깨우는 활동이기도 하기 때문에 좋다. 이러다보면 아이들은 자연스레 구구단을 익히게 된다.

이렇듯이 수학 각 영역마다 지니고 있는 교육적인 요소들이 많은데 단순히 기능적인 요소만 내세우는 학습은 아이들에게 도움이 되지 않는다. 더구나 1·2학년 아이들의 발달단계를 생각한다면 무엇을 어떻게 왜 해야 하는지에 대해서 제대로 알고 가르치는 것이 수학이 세상을 알아가는 데 꼭 필요한 공부라는 것을 느끼게 해줄 수 있다.

1-2학년 성취기준에 대해서

1) 수와 연산*98

수는 사물의 개수나 양을 나타내기 위해 발생했으며, 자연수, 분수, 소수가 사용된다. 수 세기를 통해 도입된 자연수 개념을 바탕으로 수 개념이 분수와 소수까지 확장되고, 각각에 대한 사칙계산이 정의된다.

수는 수학에서 다루는 가장 기본적인 개념으로, 실생활뿐만 아니라 타 교과나 수학의 다른 영역을 학습하는 데 필수적이다. 또한, 사칙계산은 수학 학습에서 습득해야 할 가장 기본적인 기능이며, 이후 학습을 위한 기초가 된다.

목표나 성취기준에 어김 없이 나오는 '개념'을 배우는 것은 물론 중요하다. 하지만 무엇을 어떻게 배우기에 앞서서 '왜?' 배워야 하는지? 또한 단순히 개념 이해로 가르치고 배우기보다는 온몸으로 받아들일 수 있는 방법과 내용이 필요하다. 전인적 성장을 도울 수 있는 것은 모든 것을 골고루 제대로 가르치고 배울 때 가능할 수 있다. 머리중심 개념만 가르치면 결국 반쪽 성장만 가져올 뿐이다. 더구나 1·2학년들은 개념을 받아들이기에 조금은 어린 나이들이기 때문에 이에 맞게 수학을 가르쳐야 한다. 국어 글자를 가르치는 것처럼 수학도 이와 비슷하게 해야 한다. 세상의 이치를 알아가게 하는데도 절차가 필요한 것처럼 무턱대고 다 가르친다고 좋은 결과를 가져오는 것은 아니다. 문제는 수학 수업에서 여러 평가 요소를 공부할 때 해당 개념이나 원리를 이미 습득한 아이들과 그렇지 못한 아이들을 모두 학습에 참여할 수

*98 교육부, 2015 개정 교육과정 수학과 교육과정, 1-2학년 성취기준. 2016.

있는 기회를 제공해 주어야 한다. 해당 개념이나 원리를 사전에 습득한 아이들을 그렇지 못한 아이들과 동일하게 지도할 경우 이미 알고 있는 내용이라 자칫 지루해 할 수 있고, 그렇다고 대다수 아이들이 알고 있다고 간주하고 해당 개념이나 원리를 지도하지 않을 경우 그렇지 못한 아이들은 해당 개념이나 원리를 학습할 수 있는 기회를 갖지 못하게 된다. 그렇기 때문에 교실에서 교사가 가르치는 아이들이 모두가 모르고 처음 배운다는 것에 초점을 맞추어서 가르쳐야 한다. 설사 선행학습을 했더라도 중요한 것은 '수 감각(?)'을 기른다고 하였으니 이에 맞게 뒤처짐이 없게 아이들이 모두가 학습에 잘 참여할 수 있도록 해야 한다. 중요한 것은 개념이나 원리에 충실하게 가르치려고 한다면 아이들은 이것을 충분히 받아들일 준비가 되어 있지 않기 때문에 온몸으로 받아들일 수 있는 방법들을 생각해 내서 가르쳐야 한다.

숫자는 머리(개념)보다는 가슴으로 느끼며 배우게 해야 한다.

초등학교 1학년은 형식적인 방법으로 수학을 배우게 하는 것이 아니라, 감성과 온전한 몸(신체) 발달을 밑거름으로 해서 배우게 해야 한다. 하지만 2015 개정 교육과정과 교과서는 머리로만 생각하게 하는 개념교육이 중심이기 때문에 이에 대해서 준비되지 않은 아이들은 수학을 어려워할 수밖에 없다. 이미 우려가 현실로 나타났지 않은가? 기능을 강조하다보니 결국 수학을 포기하는 아이들을 더 만들어 내는 교육과정이다. 과연 이것이 진정으로 미래역량을 키우는 교육이라고 할 수 있을까? 교사들은 아이들이 수학을 잘 배울 수 있도록 하기 위해서는 발달론에 대한 기초지식이나 여기에 맞는 수업을 설계해야 한다. 단순히 1학년이니까 이렇게 가르쳐야 하는 것이 아니라 출생부터 7살까지 이 아이들이 거쳐 온 과정을 명확히 파악해야 한다. '적을 알고 나를 알면 백전백승'이라는 말이 있듯이 물론 아이들이 싸움판의 적은 아니지만 수업도 어찌 보면 하나의 전쟁터라면 철저한 준비를 해야만 좋은 수업을 이끌어 낼 수 있다. 곧은 설계가 튼튼하고 아름다운 집을 지을 수 있는 것처럼 수업도 이와 비슷하다. 아무리 훌륭한 수업을 한다고 해도 여운이 남는 것은 그만큼 어딘가 완벽하지 못함에서 오는 아쉬움일 것이다.

따라서 1학년 담임교사는 최소한 삼월 한 달 동안은 형식적인 학습(지도용지도서, 교사동호회에 있는 자료 따위) 이전에 아이들의 동작활동이 자유롭게 아무런 방해를 받지 않고 잘 자라왔는지를 먼저 살펴야 한다. 어린 아이들의 모든 동작은 뇌와 직접 연결되어 있다. 뇌는 많은 동작(눈 근육, 소리 근육, 크고 섬세한 운동의 상호 조정, 눈과 발의 상호 조정, 바로 서기, 기기, 걷기, 뛰기, 균형 잡기, 정중앙 가로질러 걷기 따위)을 배우면서 연결을 발달시켜 나가는데, 이 연결들은 이후에 생각의 기초가 되기 때문에 중요한 수업 활동이다. 다른 말로 표현하면 '움직임 교육'이라고 할 수 있다. 이러한 연결이 만들어지지 않고서는 여러 가지 방법(방식)의 학습(컴퓨터 게임, 텔레비전, 스마트폰, 게임기)으로 생각을 풍부하게 하는 것은 힘들다. 오히려 중독현상으로 장기기억보다는 단기기억에 익숙하게 만든다.

형식적인 학습이 시작되기 전에 뇌의 발달 원인이 되는 다양한 동작을 익히고 배우는 활동을 통해 아이들 자신의 몸이 어떻게 배울 준비가 되었는지를 알게 해주어야 한다. 이런 이유 때문에 아침 첫 수업이 시작하기 전에 시낭송, 노래, 악기연주, 생일시, 리듬활동을 하는 것이 좋다. 아이들이 읽고 쓰고 셈하기를 본격 시작하는 8살이 될 때까지는 몸에 있는 의지감각이 제대로 완성될 수 있도록 기회를 주고 기다려 주어야 한다. 하지만 아쉽게도 우리의 유치원 누리과정은 오히려 어린 아이들의 의지감각을 병들게 하고 있다. 생각의 힘이 아직 만들어지지 않은 아이들에게 생각을 요구하는 수업을 날마다 강요(?)하고 있으니 아이들이 온전하게 자라기가 힘들다.

아이들이 초등학교에 입학하면서 갖게 되는 마음은 공부를 하면서 행복한 사람이 될 것이라는 생각일 것이다. 이러한 것은 태어나서 7살까지 자신감에 골고루 균형 잡힌 정서적인 삶과 활기 넘치는 활동들을 충분히 했다면 이 시기 아이들은 누구나가 생각하고 있는 것이다. 만약 이러한 것들을 충분히 체험(경험)하지 못했다면 아이의 학습 능력을 가로막게 되므로 1학년 담임교사는 이 아이들이 입학할 때 주의 깊게 정서적 성숙도를 관찰해야 한다. 그래서 수학 공부시간에 '숫자'에 대해서 공부를 할 때도 숫자 하나하나에는 각각의 뜻이 담겨 있기 때문에 단순히 개념적인 접근보다는 '왜 이렇게 되는지?'에 대한 이해를 돕는 것으로 수업을 그려나가야 한다. 그래야만 아이들이 기초부터 차근히 다져나갈 수 있다. '수' 하나를 배우는데 최소한 5일이라는 시간이 걸린다. 하지만 아쉽게도 교과서에서는 이렇게 여유 있게 기다려 주지 않고 있다. 대강의 개념만 소개할 뿐 그 원리나 그 속에 담고 있는 정신성에 대해서는 전혀 관심이 없다. 하루에 숫자 하나를 배우는 것도 이 시기 1학년 아이들에게는 힘들 수 있는데, 하루에 서너 개씩 그것도 "이것은 4야!" "4는 이렇게 쓰는 거란다" 식으로 단순히 지식 전달 수준에 그치고 있다. 더구나 아이들이 이미 다 알고 있다고 생각하고 있는데, 이것 역시 아주 위험하다. 유치원이나 어린이집에서 설사 배워서 알고 있다고 하더라도 거기서 배운 것은 단순 암기식 수업이기 때문에 '숫자'

가 얼마나 위대한지에 대해서 잘 모른다. 이에 대해서 정확한 가르침을 담임교사의 능력으로 보여주거나 들려주어야 한다. 그래서 아이들로 하여금 세상에는 우리들이 알지 못하는 것이 이렇게 많으며, 배워야 한다는 마음가짐을 갖게 해주어야 한다.

나. 그림으로 익히는 숫자 : 이 모든 진행은 블록제 수업(80분)으로 진행한다.

숫자는 국어 글자 익히기가 3-4월에 진행되기 때문에 최소한 4월 둘째 주부터 시작하는 것이 좋다. 물론 오로지 숫자만 익히는 데 초점을 맞추어야 한다. 그림을 이용한 숫자 익히기는 아이들에게 또 다른 상상력을 자극할 수 있다. 아이들이 학교에 들어와서 적응기를 끝내고 수학공부를 하게 되는 첫날 '숫자 1'은 커다란 의미로 다가온다. 물론 학교 입학 전에 어린이집이나 유치원에서 이미 숫자를 배운 아이들은 그만큼 감흥이 떨어질 수도 있지만 숫자나 글자를 배우지 않고 학교에 들어온 아이들은 그야말로 호기심 그 자체로 눈앞에 펼쳐지는 아름다운 모습들을 뚫어지게 쳐다보고 그 속에 빠져 들 것이다. 예를 들어 먼저 하나라는 것에 대해서 칠판에 그린 다음에 숫자를 그린다.

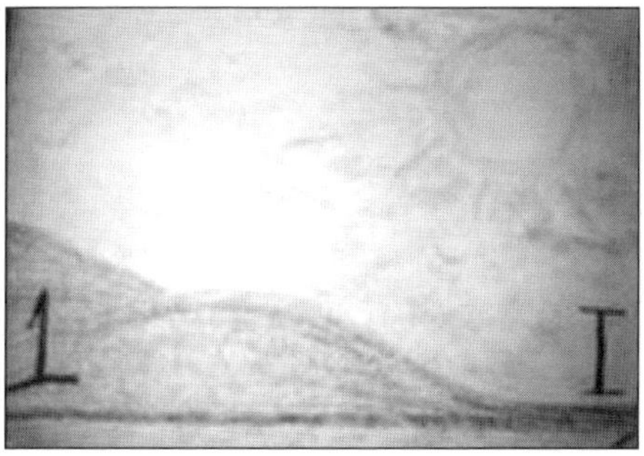

'숫자 1'에 대해서

1학년 4월 첫 주나 둘째 주 수학시간에 숫자 1을 가르친다면 다음과 같이 할 수 있다. 이 숫자는 한 살에 아이가 얻게 된 바른 자세를 나타낸다. 바로 서는 '직립'이다. 지금은 자신, 즉 하나의 단일화된 힘을 지니게 된다. 단, 아이들은 이를 의식해서는 안 되고 이와 관련한 이야기를 할 필요가 없다. 단지 담임교사의 이야기나 여러 활동에서 저절로 느끼게 하면 된다. 아이들이 영유아 시기때 기어 다니다가 서서 걸을 때 비로소 선 자세로 세상에 대한 것을 학습하고 하나씩 배움이라는 것을 터득하게 되었다. 그러면서 점차 세상에 대해서 궁금증에 대해서 물음을 던지기 시작했다. "엄마, 아빠, 이게 뭐야?" 7년이라는 시간 속에 이러한 과정을 되풀이해 오다가 초등 1학년 때부터는 그 힘을 가지고 사물의 세계를 주체로서 맞이하게 하는 것이다. 그렇기 때문에 '숫자 1'을 배우게 하는 것이 단순히 기능과 지식으로 '하나'라고 가르치는 것이 아니라는 것이다. 안개 속에 있는 아이들에게 숫자에 대한 신비로움을 일깨워 주는 수업이 얼마나 위대하고 경이로운가를 상상해 보면, 단순히 개념만을 넣어주는 수업이 얼마나 무모한가를 알게 된다.

•**내용 :** 1은 모든 숫자에서 가장 처음이라는 것. 그러면서 가장 큰 숫자라는 사실을 일깨워 준다.

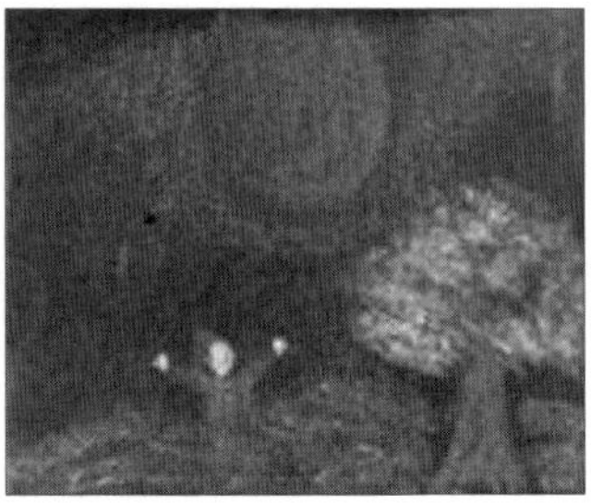

•**활동**

① 여러분(아이들) 각자는 '1'입니다. 스스로 각자 바르게 똑바로 서 볼까요?

- 아이들이 의자에서 일어선다. 또는 걸상을 양쪽으로 밀어 놓고 카펫 위에 둥글게 원을 만들어서 앉아 있는 경우는 그 자리에서 일어나게 한다.
- 그런 다음 교사가 한 발자국 떼고 한번 위로 뛰어 보고 한 번 박수 치기 한다.

② 자, 우리가 알고 있는 이 세상에 '하나'인 것은 어떤 것이 있을까요?

- 아이들 : 태양이요, 달이요, 머리요, 나요. 엄마요. 아빠요….
- 교사 : 그럼 어떻게 '1'을 보여줄 수 있을까?
- 아이들 : (아이들이 손가락을 내보이며) 손가락 하나요.
- 교사 : 그럼 이 '1'을 어떻게 쓸까? 궁금하지요? 자, 나를 따라해 보세요(※교사는 아이들을 마주보면서 공중에다 '1'을 써 본다. 아주 천천히 온힘을 기울여서)
- 교사 : 왼쪽 손가락으로 써볼까요?(아이들도 따라서 공중에다 쓴다)

• **동작**(내 몸을 수로 표현하기)

- 교사 : 자, 여러분 이번에는 하나-'1'을 내 두 손으로 하늘에 닿을 것처럼 내가

마치 창이 되어 곧게 서 볼까요?

- 아이들 : 두 손을 위로 쭉 뻗어 올린다.(※두발로 선 사람)

• **쓰기**

- 교사는 '숫자 1'에 대한 여러 가지 활동을 해본다. 또한 주변에서 이와 비슷한 것이 있는지를 물어보고 답하는 시간을 갖는다. 아이들을 자리에 앉게 한다. 이때 교사는 미리 칠판에 그려 놓은 아라비아 숫자 '1'을 보여준다.(*아이들 표정이 어떨지는 상상에 맡깁니다)

아이들이 자리에 다 앉았으면 다시 손가락을 이용해서 공중에다 1을 그리게 하거나, 옆짝 등에 손가락으로 차례로 써보도록 하게 한다. 여러 가지 충분한 연습을 했으면 에포크 공책을 꺼내서 쓰게 하는데, 이때 바로 크레용을 가지고 쓰게 하지 않고 손가락으로 몇 번 써보게 한다. 그런 다음에 사각크레용을 가지고 숫자1을 크게 그리도록 한다.

마) 숫자와 관련된 이야기 들려주기

아이들이 공책에 '숫자 1'을 다 그렸으면 수업을 마무리할 시간 10분 전쯤에 앞쪽으로 다 모이게 해서 이야기를 들려준다. '숫자 1'과 관련된 옛이야기를 고를 때는 통합된 하나, 한 단위가 잘라지고 나누어지는 것을 고르는 것이 좋다. 예를 들어 "옛날 옛날에 한 나라에 임금님이 살았어요-". 대부분 옛이야기를 보면 한 나라가 나온다. 이것은 하나된 한 나라이고, 이 세상에 하나였던 것이 하늘과 땅으로 나뉘어지는 것과 같다는 것을 뜻한다. 아이들이 '숫자 1'에 대해서 처음에 그림 그릴 때 정신없이 그렸지만 결국에는 통합된 하나를 그린다. 아울러 '숫자1'과 관련된 옛이야기는 따로 추천하기보다는 담임교사가 그 의미에 맞게 구성해서 들려주면 된다. 이것이 초등 1학년 아이들의 수학 첫째 날 수업이다. 이렇게 제대로 가르치려면 그만큼 시간이 필요하다.

바) 연습 : 에포크 공책에 '숫자 1'에 대해서 그린다. '숫자 2'에서 '12'까지도 같은 방법으로 공책에 그린다.

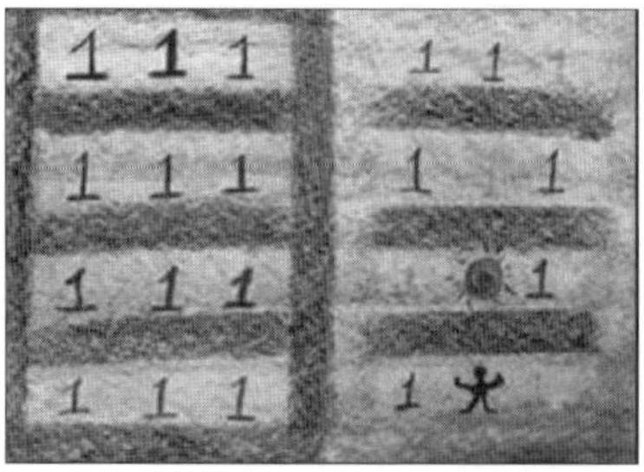

'숫자 2'에 대해서

• 내용 : 2는 갈라지는 것, 나누어지는 것.

우리는 두 개의 손을 가지고 있고 이 두 손은 서로를 만질 수 있다. 이 두 손은 둘로 된 것이다. 이 둘로 된 것은 사람이 발달해 오는 데 중요한 주제다. 몇 개의 신체 기관들 가운데 쌍으로 된 것들과 이들의 상호작용은 좋은 건강의 필수 조건이다. 아이들은 '숫자 2'를 배우면서 사람의 생리학의 부분으로서 발견된 다른 둘로 된 것을 알 수 있도록 깨닫게 된다. 예를 들어, 두 눈, 두 귀, 두 발, 따위의 각 쌍을 이루는 기관들과 그것의 기능은 사람의 의식세계에 대한 뜻과 동시에 외부세계와 관계를 함께 한다. 또한 세상에는 태양과 달, 낮과 밤, 남과 여, 왕과 여왕, 더하기와 빼기, 블록과 오목, 하늘과 땅 등이 있다는 것을 알게 된다.

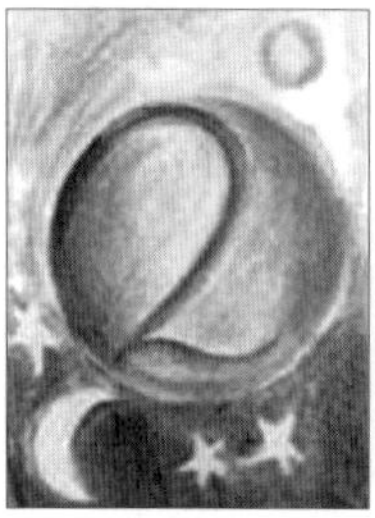
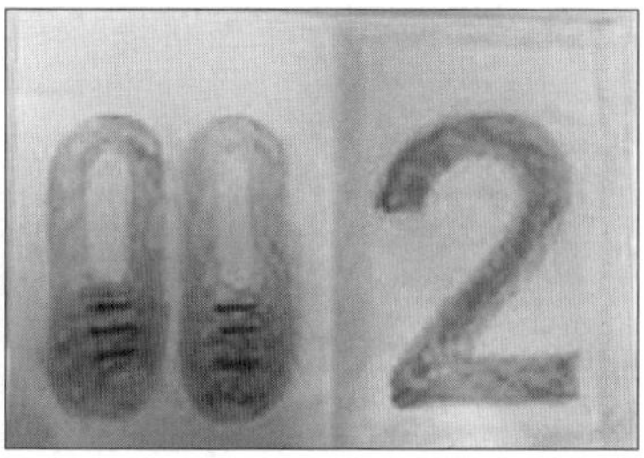

• 활동

① '숫자 1'에서 했던 방법으로 아이들의 경험을 단순히 되풀이하도록 한다.

② 2발걸음, 2뛰기, 2점프, 2건너뛰기, 무릎 두 번 만지기, 2번 박수치기 따위들을 해본다.

③ 교사 : 자, '2'를 배워 봅시다. '2'가 되는 느낌은 어떨까요?(아이들이 말하지 않고 우선 느끼도록 한다)

교사 : 여러분은 2일 때 무엇을 할 수 있지요? 여러분이 2일 때 어떤 모양을 만들 수 있을까요?

- 여러분이 서로 멀어지도록 반대 방향으로 당길 때 어떤 일이 일어날까요?

여러분이 다시 함께 모일 때 어떤 느낌이 들까요?

전에 했던 것처럼 '2'가 되면 어떻게 느껴지지요? 혼자 있는 것과 어떤지요?

'2'가 되는 것은 무엇이 있을까요?

아이들 : 두 팔요!, 두 다리요! 밤과 낮! 땅과 바다요!, 엄마와 아빠요!, 달과 해요!, 천사와 악마요! 따위들을 말한다.

교사 : 우리가 어떻게 '2'를 보여줄 수 있을까요?(두개의 손가락, 귀, 눈 따위)

• 동작

둘-2 : 나는 혼자서 나 자신을 느낄 수 없다. 그러나 하나를 가지고 다른 하나를 느낄 수 있다. 즉 하늘만 있으면 하늘인지를 모르는 것처럼 바다나 땅이 있기에 하늘이라는 것을 느낄 수 있다는 것. 따뜻한 것은 차가운 것이 있기에 따뜻하다는 것을 느낄 수 있는 것처럼.

• 작업

교사는 칠판에 아라비아 숫자 '2'를 그리고, 아이들에게 '숫자 1'을 그리게 한 방법으로 에포크 공책에 크게 그리도록 한다. 담임교사는 각 아이들이 제대로 했는지 살펴본다. 숫자 '3'에서 '12'도 이와 같은 방법으로 진행한다.

• 숫자와 관련된 이야기 들려주기

두 형제[*99]

옛날 두 형제가 살았는데, 형은 부자였고 동생은 가난했습니다. 부자인 형은 금 세공사로서 심보가 고약했지만, 가난한 동생은 빗자루를 만들어서 먹고 살긴 했어도 마음씨가 착하고 성실했습니다. 가난한 동생에게는 아이들이 둘 있었는데, 물방울처럼 서로 꼭 닮은 쌍둥이 아들이었습니다. 두 소년은 이따금 부자인 큰아버지 집으로 가서, 남은 음식을 얻어먹곤 했습니다.

–이하 줄임–

*99 그림형제 지음, 김열규 옮김, 그림형제 동화전집 1-2, 현대지성사.

〈5일 리듬에 따른 블록제 수업 전개과정-예시〉

<table>
<tr><th></th><th>1일</th><th>2일</th><th>3일</th><th>4일</th><th>5일</th></tr>
<tr><td>리듬(감성)
20분-25분</td><td colspan="5">1. 아침 소식 말하기 : 2-3분
2. 아침 시, 생일 시 : 3-4분
3. 아이들을 집중시키고 깨어있게 하기 위한 간단한 운동 : 7~8분
손뼉 치기, 발 구르기, 다양한 리듬활동
※노래와 함께 하는 리듬활동도 좋음.
4. 노래(리코더, 합창) : 5-7분
5. 말하기 훈련 : 5-7분</td></tr>
<tr><td rowspan="2">내용(사고)
30분</td><td>오늘 배울 내용 소개</td><td colspan="3">1. 어제 배운 내용 상기(5-7분)
2. 과제 발표하기(5-7분)
3. 오늘 배울 내용 소개</td><td>1.배운 내용 정리하기
2. 과제 발표</td></tr>
<tr><td colspan="5">'숫자 1'에 대해서</td></tr>
<tr><td rowspan="2">작업, 활동
(의지)
25-30분</td><td>여러 가지 리듬 활동을 나서, '숫자 1'에 대한 이야기를 들려준다.</td><td>1. 숫자와 관련된 리듬활동하기

2. 교사는 '숫자 1'과 관련된 이야기 칠판그림 보여주고, 아이들은 공책에 따라 그린다.
(한줄)</td><td>1. 숫자와 관련된 리듬활동하기

2. 교사는 '숫자 1'과 관련된 숫자연습을 위한 내용을 칠판에 쓴다. 아이들은 공책에 따라 그린다.
(두 줄)</td><td>1. 숫자와 관련된 리듬활동하기

2. 교사는 '숫자 1'과 관련된 숫자연습을 위한 내용(점점 더 세부화)을 칠판에 쓴다. 아이들은 공책에 따라 그린다.
(세줄)</td><td>1. 숫자와 관련된 리듬활동하기

2. 교사는 '숫자 1'과 관련된 숫자연습을 위한 내용(점점 더 세부화)을 칠판에 쓴다. 아이들은 공책에 따라 그린다.
(네 줄)</td></tr>
<tr><td colspan="5">※스토리텔링(숫자와 관련된 동화 듣기)
※다하지 못한 것은 집에서 해오기(자기주도학습)</td></tr>
</table>

[숫자놀이하는 공현진초 아이들]

'숫자 3'에 대해서

• 내용

3은 '모든'이라는 말이 붙을 수 있는 최초의 숫자이며, 3은 모든 것을 둘로 나누면, 중심이 남는 최초의 강한 숫자다. 처음과 중간과 끝을 모두 포함하기 때문에 전체를 나타내는 숫자다. 3의 힘은 보편적이며 하늘, 땅, 바다로 이루어지는 세계의 삼중성을 나타낸다. 3은 천계의 숫자이며, 4가 몸을 나타내는 데 비해 3은 영혼을 상징한다. 3은 4와 합쳐져 7이라는 성스러운 숫자가 된다.

또한 3과 4를 곱하면 12가 되는데, 이것은 '황도십이궁', 일 년 열두 달을 뜻한다. 3은 1과 2를 더해서 만들어지기 때문에 2와 1로 나누어질 수 있다. 3에는 모든 것을 포괄하는 '신성(아버지, 어머니, 아들)'이 있는데, 이것은 사람의 가족에도 해당된다. 3에는 중첩효과라는 권위(?)가 있다. 즉 한 번이나 두 번은 우연의 일치라고 할 수 있지만 세 번이 되면 확실성과 강한 힘을 지닌다. 우리가 가위, 바위, 보 놀이를 할 때 삼세번을 하는 것도 다 여기의 영향을 받았다.*100 또한 머리, 심장, 그리고 두 손(손가락, 발가락 마디 구성), 사고, 느낌, 신경대사, 리듬대사, 신진대사 구조의 경우도 이에 속한다. 손바닥을 펼쳐 보이고 거기에 있는 손가락 마디를 살펴보는 것도 3을 알 수 있는 좋은 방법이기도 하다. 손가락 마디가 세 마디가 아니고 두 마디나 한 마디였을 때 물건을 어떻게 집을 수 있을지에 대해서 아이들이 직접 체험해 보는 기회를 주는 것도 좋다. 불편한 점이 없는지, 그렇다면 왜 3마디로 되어야 우리가 생활하는 데 불편함이 없는지를 아이들은 스스로 깨닫게 된다.

- 태양, 달, 별들
- 머리, 몸통, 사지
- 아버지, 어머니, 나
- 하늘, 땅, 바다
- 꽃, 줄기, 뿌리 따위들

---

*100 존킹, 수와 신비주의, 열린책들.
마이클 슈나이더, 자연·예술·과학의 수학적 원형 '수의 역사', 경문서.

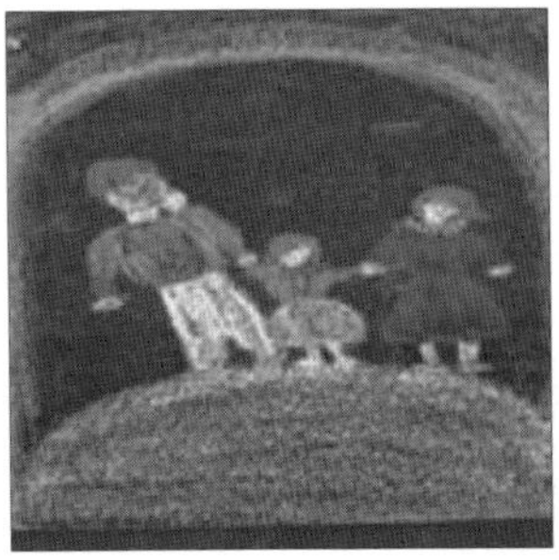  

• 활동

① 박수 세 번치기, 발을 세 번 구르기

• 동작

셋-3과 관련된 시 낭송하기(3명의 여행자)-예시*101

앞에는 둘, 뒤에는 하나
우리는 멀리 모든 땅을 여행 한다.
우리는 여행하면서 우리의 노래를 부른다.
우리의 숫자는 나 또는 우리처럼 소리 난다.

• 작업

① 아이들이 선택한 그림뿐만 아니라 세모(삼각형)을 그리도록 한다.
② '숫자 3'을 공책에 그리기 전에 설탕이나 모래판을 이용해서 그려 보는 연습을 한다.

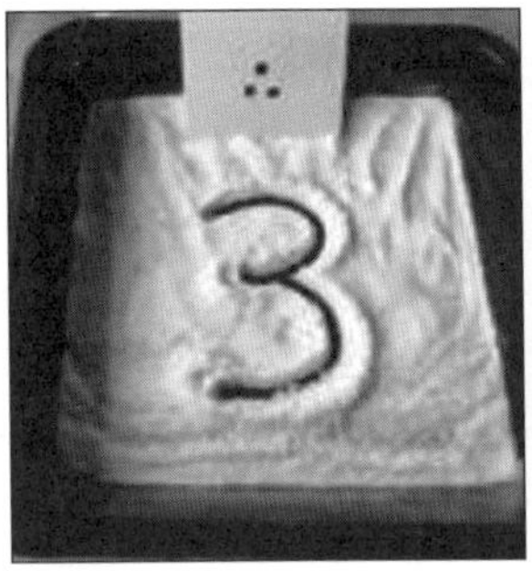 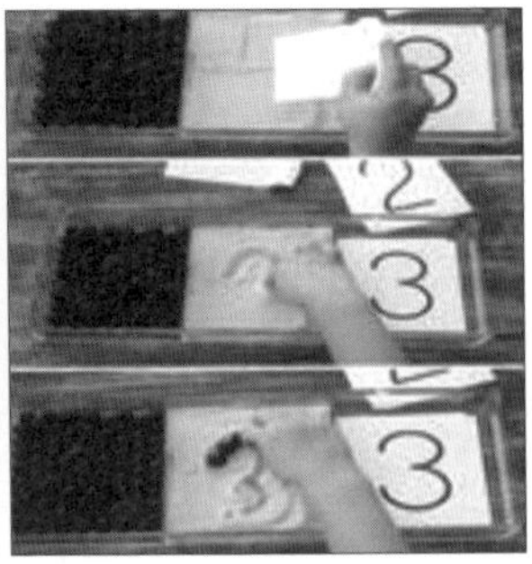

*101 교사가 학급이나 지역 환경에 맞게 재구성해서 함께 낭송하면 좋다.

• 숫자와 관련된 옛이야기

세 행운아*102

옛날 어떤 아버지가 세 아들을 불러서 맏아들에게는 수탉을, 둘째 아들에게는 낫을, 셋째 아들에게는 고양이를 주었지. 아버지가,

"나는 너무 늙어 죽을 날이 가까운 사람이다. 내가 죽기 전에 너희들이 먹고 살도록 보살펴 주고 싶었는데 돈이 없구나. 지금 너희들에게 준 것들은 거의 값어치가 나가지 않는 것 같지만, 중요한 것은 너희들이 얼마나 현명하게 쓰는가에 달려 있다. 그런 물건들을 아직 모르고 있는 나라를 찾으면 재산을 모을 수 있을 게다."

–이하 줄임–

'숫자 4'에 대해서

• 내용

슈타이너 박사는 네 다리를 가진 동물로 이 부분을 이끌어 냈다. 예를 들어 아이들에게 "너희들은 이웃의 개를 본 적이 있니? 그 개가 두 발로 걸어가니?" 이렇게 동물 속에서 4를 찾으면 아이들은 4와 네 줄에 대해서 알게 된다. 아이들은 실생활로부터 숫자 4를 가지고 관계를 만들게 되는데, 사계절, 4원소, 동서남북 따위가 있다는 것을 알게 된다. '숫자 4'에는 완전성, 전체성, 완성, 연대, 질서, 합리성, 상대성 정의를 상징하기도 한다.

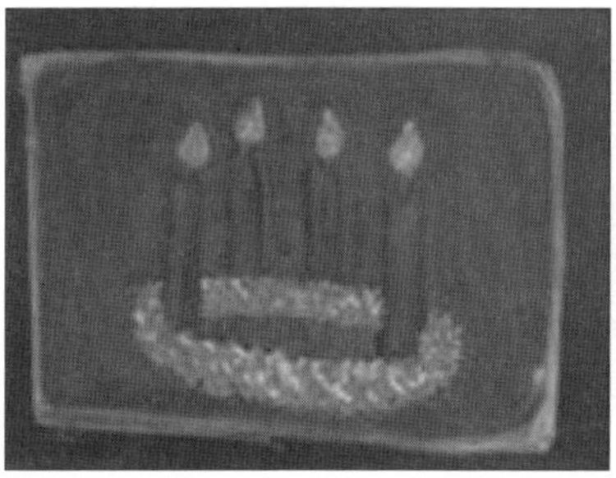

*102 그림형제 지음, 김열규 옮김, 그림형제 동화전집 1-2, 현대지성사.

• **동작**

① 숫자-4와 관련된 시 낭송하기(예시)

북으로부터, 서쪽으로부터, 남쪽으로부터, 동쪽으로부터
우리는 휘파람을 분다.
여러분이 알고 있는 우리의 숫자는 3
그러나 우리는 누구일까요?

• **작업 :** 사각형을 에포크 공책에 그린다.

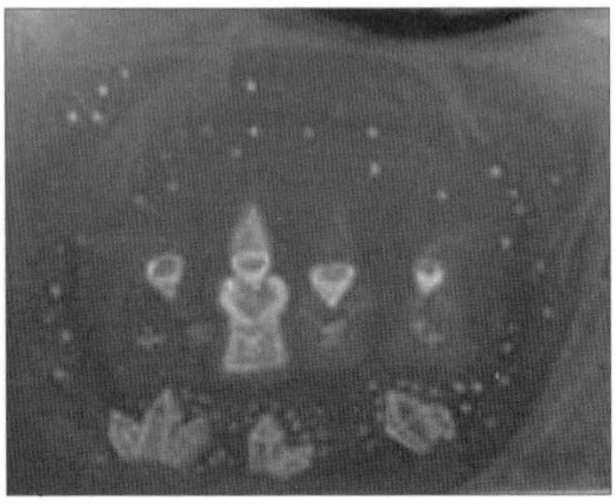

• **숫자와 관련된 옛이야기**

재주꾼 사형제[*103]

옛날에 아들 사 형제를 둔 가난한 남자가 있었어. 남자는 아들들이 다 자라자 이렇게 말했어.

"얘들아, 이제 너희들은 세상으로 나가거라. 나는 너희들에게 줄 것이 아무것도 없다. 이곳을 떠나 멀리 다른 곳으로 가려무나. 각자 기술을 배워 얼마나 잘 해 나갈 수 있는지 보아라.

그리하여 사 형제는 길 떠날 차림을 하고 아버지와 작별 인사를 나눈 뒤 함께 성문 밖으로 나갔어. 얼만 동안 가다 보니, 길마다 다른 곳으로 향하는 네거리가 나왔습니다.

–이하 줄임–

*103 그림형제 지음, 김열규 옮김, 그림형제 동화전집 1-2, 현대지성사.

'숫자 5'에 대해서

• 내용

5는 소우주로서 사람을 나타낸다. 사지를 뻗어 오각형 별모양의 한사람을 나타내는 숫자다. 오각형별에는 끝나는 점이 없기 때문에 그것은 별과 마찬가지로 완전성과 힘의 상징이다. 별 모양은 4대 원소라는 힘을 만들어 낸 중심적 창조주인 신성을 나타내는데 5는 여성인 짝수 2와 남성인 홀수 3의 결합으로 결혼의 숫자다. 사람의 다섯 손가락은 최초의 계산기 구실을 했다.*104

- 교사 : 여러분, 자 서로 가까이 붙어 있는 손가락 다 펼쳐 보이세요!

이것은 손입니다. 끝에서 이것은 나누어졌어요. 그리고 여러분들은 모든 다섯 손가락을 셀 수가 있어요. 우리 함께 세어 볼까요? 또 다섯 손가락을 가지고 무엇을 만들 수 있을까요?

- 아이들 : 별이요!
- 교사 : 맞아요! 자, 이렇게 펼쳐 해보세요. 별이 만들어지지요!

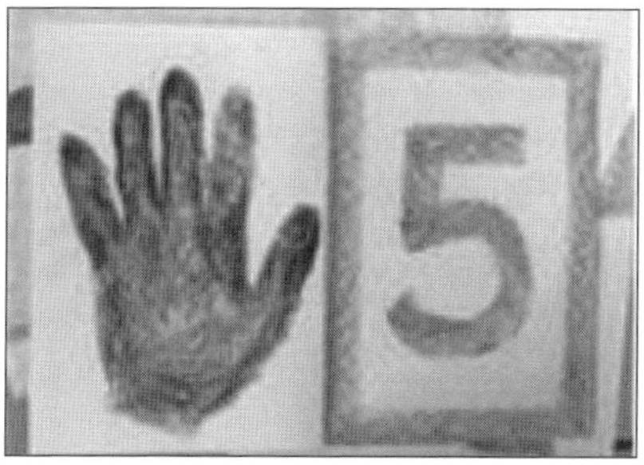

• 활동

① 5개 꼭짓점을 가진 별만들기 : 머리-두 팔- 두 다리

② 자신의 몸으로 5개 꼭짓점별을 만들고, 다섯 명의 아이들이 중심에 각각 손을 모으고 서기

③ 손가락을 다 펼쳐 보이기, 팔다리를 양쪽으로 벌리기(별모양)

---

*104 존킹, 수와 신비주의, 열린책들.
마이클 슈나이더, 자연·예술·과학의 수학적 원형 '수의 역사', 경문사.

• **작업 :** 5개 꼭짓점 별그리기

① 에포크 공책에 그리기

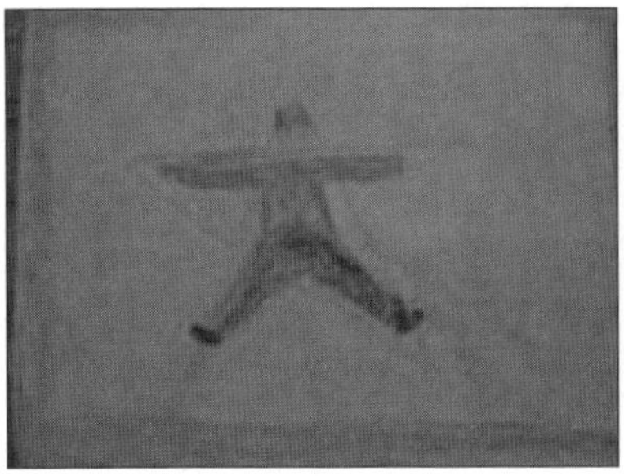

② 구체물 보여주기

③ 칠판그림

• **숫자와 관련된 옛이야기**

금화가 된 별[*105]

옛날에 한 소녀가 살고 있었지. 아버지도 어머니도 모두 돌아가셨고, 너무도 가난해서 들어가 있을 방도 잠잘 침대도 없었고, 마침내는 몸에 걸친 옷과 손에 든 한 조각 빵밖에 남지 않았어. 그 빵도 어떤 사람이 불쌍한 마음에서 준 것이지. 하지만 소녀는 마음씨가 착하고 믿음이 깊었지. 온 세상으로부터 버림을 받은 소녀는 하느님을 의지하며 들판으로 나갔어. 그러다가 어떤 불쌍한 남자를 만났어. 남자가,

"아 먹을 것을 좀 다오, 배가 몹시 고프구나."

소녀는 남자에게 가지고 있던 빵을 내밀며,

"하느님의 축복이 있기를."

계속 걸어가는데 한 아이를 만났어. 아이가 울먹이며 말했어.

–이하 줄임–

'숫자 6'에 대해서

•내용

직육면체 크리스털, 육면체 벌집, 물결정체-육각수, 다윗의 별(각각 위 아래를 향하도록 두 개의 삼각형을 만나가게 한다.)*106

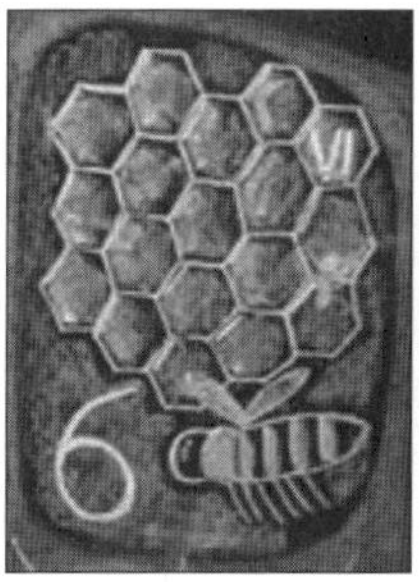

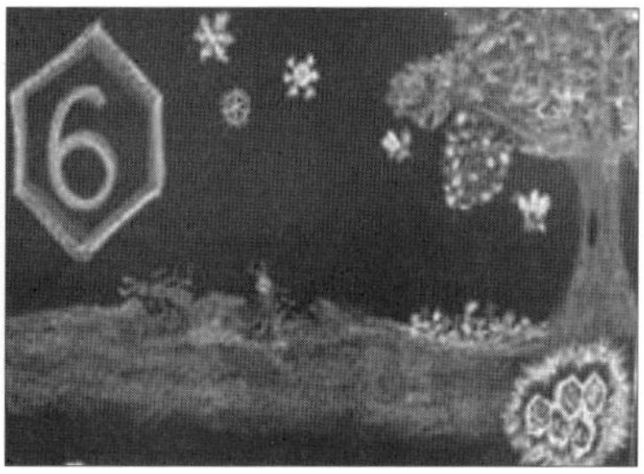

•동작

① 손을 잡고 6명이 한 모둠을 만들어 육면체 벌집과 다윗별 만들어 보기

② 벌집과 다윗별을 에포크 공책에 그린다.

다) 숫자와 관련된 옛이야기 : '여섯 사내가 세상을 헤쳐 나간 이야기'*107

---

*105 그림형제 지음, 김열규 옮김, 그림형제 동화전집 1-2, 현대지성사.

*106 존킹, 수와 신비주의, 열린책들.
마이클 슈나이더, 자연·예술·과학의 수학적 원형 '수의 역사', 경문사.

*107 그림형제 지음, 김열규 옮김, 그림형제 동화전집 1-2, 현대지성사.

'숫자 7'에 대해서

•내용

일곱 색깔 무지개, 일주일인 7일 따위를 이야기한다.*108

•숫자와 관련된 옛이야기 : '일곱 마리 까마귀'

'숫자 8'에 대해서

•내용 : 거미의 8개다리, 문어 8개 다리 따위들

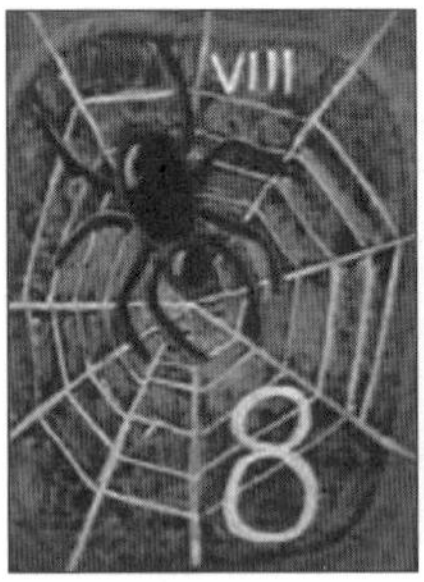

•연습하기

① 모래판

*108 안수영 선생님(서울 영훈초 교사)의 칠판그림 실천 사례.

② 에포크 공책

8	8, 8, 8, 8
	8, 8, 8, 8
	8, 8, 8, 8
	8, 8, 8, 8

• **숫자와 관련된 옛이야기 :** ‘팔색조’

‘숫자 9’에 대해서

• **내용 :** 구구단, 가장 신성한 수 따위들을 들려준다.

*109

• **숫자와 관련된 옛이야기 :** ‘땅속 나라 난쟁이’

‘숫자 10’ 에 대해서

• **내용 :** 10개 손가락, 10개 발가락 따위에 대해서 이야기한다.

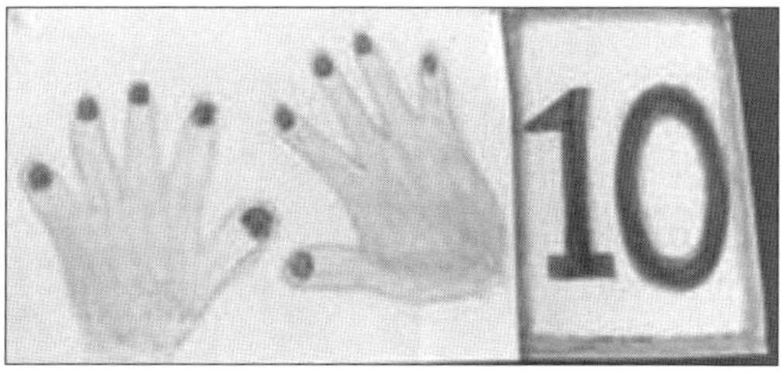

*109 https://www.google.co.kr/search/9+number+waldorf

• **숫자와 관련된 옛이야기 :** '열손가락 이야기'

'숫자 11'에 대해서

• **내용**

• **연습하기**

<table>
<tr><td rowspan="4">11</td><td>11, 11, 11, 11</td></tr>
<tr><td>11, 11, 11, 11</td></tr>
<tr><td>11, 11, 11, 11</td></tr>
<tr><td>11, 11, 11, 11</td></tr>
</table>

'숫자 12'에 대해서

• **내용 :** 12개월, 12동물(12간지) 따위들

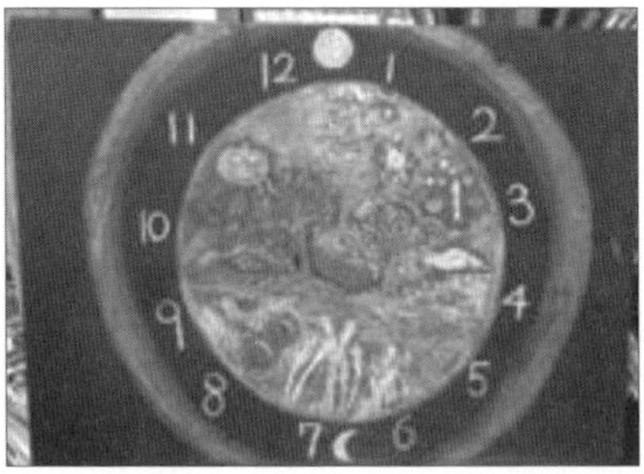

• **숫자와 관련된 옛이야기 :** '백조가 된 열두 형제 이야기'

왜 숫자를 1~10까지 가르치는 것이 아니고 12까지 가르쳐야 할까? 이에 대해서는 다음 '수감각'에서 소개하고 있다. 1~10까지의 수를 가르치는 것과 1~12까지를 가르치는 것과는 많은 차이가 있다. 2015 개정 교육과정 수학 1·2학년 성취기준 (나) 교수·학습 방법 및 유의사항에 '실생활에서 수가 쓰이는 사례를 통하여 수의 필요성을 인식하게 한다'고 하였다면, 수는 1~10까지 가르쳐서는 안 된다. 이는 단순히 십진법에 의거한 것이라고 볼 수 있는데, 일 년 열두 달이면 결국 나머지 11과 12는 어떻게 설명할 수 있는가? 실생활과 관련 있게 수를 가르친다면 결국 일 년 열두 달이라는 밑거름을 가지고, '수 익히기'와 관련해서 1에서 12까지 가르쳐야 한다. 그렇지 않다면 결국 실생활과 관련이 덜한 수를 가르치고 배우게 하는 것이다.

앞에서 아이들이 수를 익힐 때 2개의 눈, 2개의 귀, 2개 팔과 다리, 다섯 손가락, 다섯 발가락 따위들을 말할 때, 아이들 자신의 몸과 함께 연계되도록 이끌어야 한다. 자기중심에서 출발하도록 해야 한다. 그런 다음 걸상의 다리가 4개, 동서남북, 7색깔 무지개 따위들을 말할 때 비로소 아이들의 생각이 바깥세상과 관련이 된다. 이때 중요한 것은 담임교사가 사전에 얼마나 숫자가 지닌 뜻을 많이 알고 있는가 하는 것이다. 그래야만 아이들의 상상력을 제대로 이끌어 내거나 자극할 수 있다. 교사들이 숫자가 지닌 정신성을 제대로 알지 못하고 수업을 한다면 그 수업은 매력적이지 못하고, 사실에 대해서 단지 개념을 확인하는 시간으로 흐를 가능성이 많다. 수업에서 이야기를 재미있게 진행해 나가기 위해서는 그만큼 철저한 준비가 필요하다. 우리가 막연하게 알고 있는 숫자에 대해서 깊게 들어가면 놀라운 것들이 들어 있는 것을 알게 되는데, 그 놀라움은 교사 자신 뿐만 아니라 아이들도 그대로 느끼게 된다. 더구나 삼월 중순부터 학교 꽃밭에 들꽃들이 피기 시작하기 때문에 아이들과 함께 바깥으로 나가거나 아니면 아이들이 쉬는 시간에 나가서 나무나 꽃들 속에 숨어 있는 2, 3, 4, 5 따위 숫자를 찾는 것도 살아 있는 수업이 되고, 멋진 경험이 될 것이다. 따로 시간을 내기보다는 '즐거운 생활'이나 '슬기로운 생활' 시간을 충분히 활용하면 얼마든지 가능하다. 뒷장에서 소개하는 '슬기로운 생활' 시간에 산책을 활용하면 가장 좋다.

수 감각이란 뭘까?

가) 네 자리 이하의 수*110

① 0과 100까지의 수 개념을 이해하고, 수를 세고 읽고 쓸 수 있다.

② 일, 십, 백, 천의 자릿값과 위치적 기수법을 이해하고, 네 자리 이하의 수를 읽고 쓸 수 있다.

③ 네 자리 이하의 수의 범위에서 수의 계열을 이해하고, 수의 크기를 비교할 수 있다.

④ 하나의 수를 두 수로 분해하고 두 수를 하나의 수로 합성하는 활동을 통하여 수 감각을 기른다.

수 감각이 뭘까? 우리가 흔히 이야기하는 감각하고는 다른 것일까? 아니면 수 감각이라는 것이 따로 존재하는 것일까? 세상에는 다른 12감각은 있어도*111 '수 감각'은 없다. 더구나 '12'라는 숫자는 완전한 주기, 우주 질서를 상징한다. 12개월, 12동물(12간지), 예수님의 12제자, 옛날 이스라엘 부족도 12부족, 불교 달라이 라마 회의도 12명, 아서의 원탁의 기사도 12명. 이 외에도 옛 문헌을 찾아보면 우리가 잘 알지 못했던 내용들이 많이 있다. 우리 몸이 12감각으로 구성되어 있다고 하는데, 더 흥미로운 것은 우리 뇌도 왼쪽 뇌, 오른쪽 뇌가 12기관으로 구성되어 있다는 것이다.

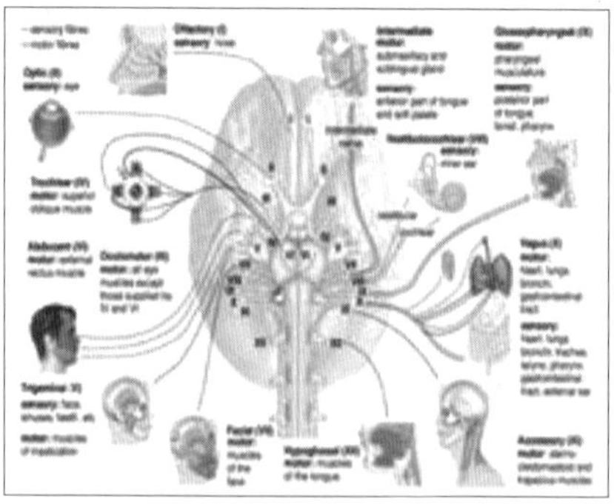

[12기관으로 이루어진 뇌구조]*112

*110 교육부, 2015 개정 교육과정 수학과 교육과정, 1-2학년 성취기준

*111 12감각은 루돌프 슈타이너 박사가 이야기한 것으로, 우리 사람에게 '균형감각, 생명감각, 고유운동감각, 촉각, 미각, 시각, 열 감각, 후각, 청각, 사고감각, 언어감각, 자아감각'이 있다고 한다. 이러한 것이 골고루 그러면서 발달단계에 따라 각 감각들이 강화된다고 하였다.

이뿐만 아니라 우리 귀와 눈도 12기관으로 구성되어 있다.

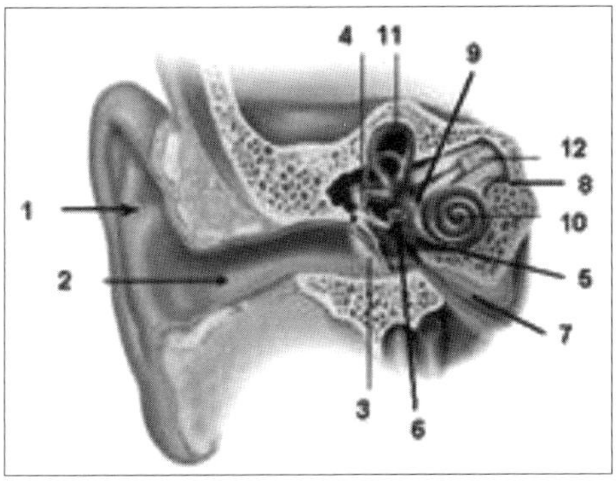

[12개의 주요 기관으로 이루어진 귀]*113

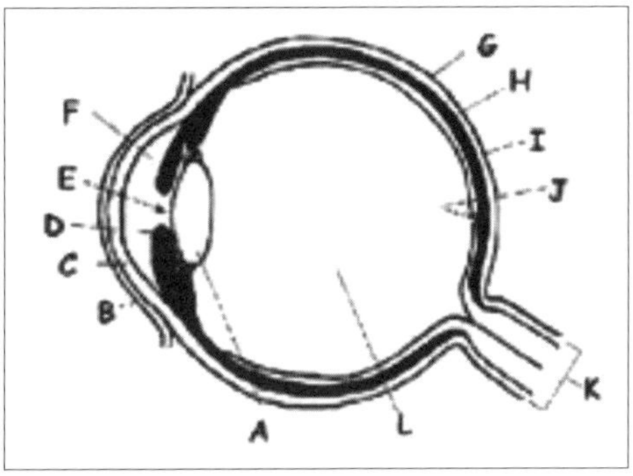

[12개의 주요 기관으로 이루어진 눈]*114

이처럼 우리 몸은 우리가 잘 알지 못하는 신비로움 그 자체다. 그렇기 때문에 '감각'은 중요하다. 따라서 우리 몸을 구성하는 12감각을 온전하게 길러주는 교육이 그만큼 중요하다. 감각이라고 아무 것이나 가져다 붙여 쓰는 것은 곤란하다. 그 의미가 무엇이고 아이들 성장과 발달에 어떠한 영향을 주는지, 또한 수업에는 어떻게 녹여낼 것인지에 대한 분명한 인식이 밑바탕에 깔려 있어야 하므로 단순 개념으로 이해시키는 것은 한계가 있다.

따라서 여기서 말하는 '수 감각'은 개념중심교육을 하다 보니 단기기억에서 오는

*112 https://www.google.co.kr/search/12+brain+nerves
*113 https://www.studyblue.com/notes/note/n/lecture-16-sense-organ-ii-the-ear/deck/6220853
*114 https://www.google.de/search/sense+12 eye

단순히 이해활동 수준을 뜻하는 것으로 봐야 한다. 12감각과는 아무 관련이 없다. 하지만 글귀를 보면 마치 무엇인가 좋은 것을 기르게 하는 착각을 가져오게 하는데 이에 유혹(?)되어서는 안 된다. 수 감각(number sense)에 대해서는 '수에 대한 직관적 느낌과 수의 다양한 쓰임과 해석을 나타내는데 정확하고 효율적인 계산으로 실수를 감지하고 합리적으로 결과를 인지하는 능력을 포함하고 있다'고 정의하고 있지만, 상당히 추상적이라 쉽게 이해되지 않는다.

Rey(1992) 는 이렇게 말했다.

'수 감각은 수와 수의 다양한 사용 및 해석에 대한 직관적인 느낌, 다양한 형태의 수를 이해하는 능력, 계산상의 오류를 바로 잡는 능력, 수를 사용하는 상식적인 접근과 관련이 있다. 수 감각은 학생이 수 감각을 가지고 있다거나 가지고 있지 않다고 단순하게 말할 수 있는 것이 아니며, 가르치다가 그만둘 수 있는 단원도 아니다. 또한 수 감각은 우연히 계발되는 것도 아니고, 수를 조작한다고 해서 수 감각이 형성된다고 볼 수도 없다.'*115

분명히 아니라는 것은 이해되나 쉽게 머릿속에 들어오지 않는다. 그렇다면 여기서 말하는 '감각(sensation , 感覺)'*116은 무엇인가? 자연과학으로 설명이 가능하지만 쉽게 눈앞에 선체로 증명되지 않는 추상적인 개념들이다. 그렇지만 말 그대로 '수 감각'을 기르기 위해서는 전제조건이 있다. 바로 전인적인 성장을 돕는 12감각을 제대로 키워주어야 한다. 이러한 사전 밑거름이 없이 단순히 개념이해에 따른 '수 감각'을 기른다는 것은 결국 모래위에 집을 짓는 것과 같다. 구체적인지 못한 사실을 가지고 이렇게 하면 마치 대안인 것처럼 그것도 미래역량을 강화시키는 것처럼 장밋빛

*115 김세나, 아동의 수 감각이 수학기학습능력에 미치는 영향, 울산대학교 교육대학원. 2013.

*116 인간과 세계의 접촉은 감각에서 시작한다. 감각(sensation)이란 신경세포를 활성화하거나 자극하여 신경 처리를 시작하게 하는 에너지다. 에너지란 물리적인 일을 할 수 있는 능력을 말한다. 여기서 '물리적(physical)'이란 용어는 크기, 에너지, 공간과 시간 등과 같이 어떤 용어로 측정 가능한 모든 것을 말한다. 중력, 거리, 형태, 빛, 진동, 움직임, 접촉 등이 모두 물리적이다. 우리가 책을 읽을 수 있는 것은 눈에 있는 신경세포들이 빛의 파동에 의해 자극을 받아 뇌 안의 감각 처리 과정을 작동시키기 때문이다. 소리의 진동, 피부의 접촉, 냄새, 근육 활동과 중력의 당김 등은 감각을 발생시키는 다른 에너지들이다.
http://terms.naver.com/entry.nhn?docId=1719814&cid=42062&categoryId=42062

환상을 심어 주어서는 안된다. 그러다보니 제대로 된 그림이나 구체물 없이 수학을 배우게 되므로 아이들이 힘들어할 수밖에 없다. 그래서 우려했던 것이 현실로 나타나고 있지 않은가?*117

더구나 2015 개정 교육과정 수학과 교육과정에서도 '수 감각'을 강조하고 있지만 새로운 것이 아니다. 우리나라에서는 2006년에 초등학교 수학과 교육과정을 개정하면서 '수와 연산' 영역에서 수 감각을 강조했다. 개정 교육과정 해설서(교육과학기술부, 2008)에 '그동안 계산 능력 못지않게 수학에서 강조되어야 할 내용인 연산의 의미, 수 감각들이 소홀히 다루어져 왔다'고 반성하면서, 지난 2009 개정 교육과정은 '수와 연산 영역에서는 자연수, 분수, 소수에 대하여 수를 바르게 읽고 쓰고 수들 사이의 관계를 이해하며 수의 성질을 탐구함으로써 수 감각을 개발하는 데 중점을 두고 있다'고 밝히고 있다. 하지만 글귀를 보면 마치 무엇인가 그럴싸하게 좋은 것을 기르게 하는 착각을 불러오게 한다. 더구나 '수 감각을 기른다'는 말은 잘못된 것이다. 차라리 '계산능력'을 기른다는 표현이 맞거나 아니면 이러한 활동을 많이 하면, '시각', '청각', '균형감각'들을 기른다는 표현이 더 옳다. 문제는 아이들이 두 수를 하나의 수로 만드는 계산 원리를 쉽게 이해하지 못한다는 것이다. 이것은 너무 빨리 1·2학년 아이들에게 도입되었기 때문이다. 그런데도 이러한 활동을 많이 하면 마치 '수 감각'이란 듣지도 못한 이상한 감각을 기른다고 하고 있다. 이러한 글귀를 봐도 얼마나 주먹구구식인지를 알 수 있다.

따라서 '수 감각'을 이야기하기 전에 12감각에 대한 정확한 이해가 먼저 있어야 한다. 그렇다고 딱딱한 이론을 아이들이 배우게 하는 것이 아니다. 음직임 활동이나 균형감각 활동, 리듬활동, 아침시, 생일시, 노래, 악기 연주들을 아침마다 하면 이것이 여러 감각들을 통해 저절로 '수 감각(?)'을 강화시키게 된다. 단순히 '수'만 가르치는 것은 헛껍데기 '수 감각'을 기르게 하는 것과 같다. 더구나 초등학교 전까지 최소한 균형감각, 생명감각, 고유운동감각, 촉각에 중점을 두고 유치원 누리과정을 해야 되고, 초등학교에서는 앞으로 상급학교 교육과정을 연결해 주는 중위감각들을 강화시켜주는 활동을 해야 한다. 즉 "와아! 멋지다! 아름답다! 맛있다!" 따위 여러 감성을 키우기 위해 기본 밑거름이 되는 미각, 시각, 후각, 열 감각들이 강화되는 내용들로

*117 2016년 8월 23일 '사교육 없는 세상' 단체가 발표한 수학교과서 문제점에 대한 언론보도 http://www.yonhapnews.co.kr/bulletin/2016/08/23/HTML?input=1195m

교육을 해야 한다. 감성(느낌)을 풍부하게 해주는 칠판그림, 말하기 수업, 습식수채화, 산책, 계절탁자, 뜨개질, 목공예, 크레용 그림, 합창, 연주, 움직임 교육 따위들의 수업을 해야 한다.

'수'라는 것은 눈에 보이지 않는 것이다. 이것을 눈에 보이게 교육을 하기 위해서는 고차원 감각이 필요하다. 더구나 개념이해가 덜 된 1·2학년들에게는 '수'를 익히는 것이 힘들다. 또한 〈교수·학습 유의사항〉에 나오는 '⑦ 덧셈과 뺄셈을 여러 가지 방법으로 계산하는 활동을 통하여 연산 감각을 기르게 한다'에 나오는 연산 감각도 옳은 표현이 아니다. 연산 기능을 기르게 한다고 표현하는 것이 맞다. 왜 '기능'인가? 이것은 2015 개정 교육과정이나 지난 2009 개정 교육과정의 핵심인 '기능'이다. 그렇기 때문에 '연산 감각'이라는 말도 의심(?)해 봐야 한다. 세상에 '연산 기능'은 있어도 '연산 감각'이라는 것은 없다. 있다면 그것은 머릿속에 있는 개념이나 관념에 불과하다.

'수' 지도에서 '수' 자체만을 학습하는 것보다 더 중요한 것은 수에 대한 감각을 기르는 것이다. '수 감각'이란 수의 뜻을 전반적으로 이해하는 것은 물론 수 사이의 관계, 수의 구성(합성과 분해), 크기에 대한 느낌들을 지니고 있어야 한다. 이를 위하여 단순히 물건의 개수를 수로 나타내는 머리(개념)로만 배우게 하는 학습보다는 수를 활용하는 여러 가지 활동학습이 더 효율적이다.

예를 들어

•10보다 작은 자연수 가르치는 차례

1~5 → 0 → 6~10

•'수' 이해를 위한 학습활동의 차례

1) 세어보기

가) 하나씩 세기

나) 둘씩 세기

다) 셋씩 세기

라) 다섯씩 세기

2) 그림으로 나타내고 글자로 그린 다음 수로 나타내기
3) 수로 나타낸 수만큼 그림 또는 구체물로 나타내기

이런 식으로 가르치면 온전한 사람으로 성장할 수 있을까?

〈교수·학습 유의사항〉*118

① 자연수가 개수, 순서, 이름 등을 나타내는 경우가 있음을 알고, 실생활에서 수가 쓰이는 사례를 통하여 수의 필요성을 인식하게 한다. (태도 및 실천)
② 수 세기가 필요한 장면에서 묶어 세기, 뛰어 세기의 방법으로 수를 세어 보고, 실생활 장면에서 짝수와 홀수를 직관적으로 이해하게 한다. (태도 및 실천, 문제해결)
⑦ 덧셈과 뺄셈을 여러 가지 방법으로 계산하는 활동을 통하여 연산 감각을 기르게 한다. (창의·융합)
⑧ 한 가지 상황을 덧셈식과 뺄셈식으로 나타내는 활동을 통하여 덧셈과 뺄셈의 관계를 이해하게 한다. (창의·융합)

*118 교육부, 2015 개정 교육과정 수학과 교육과정, 1-2학년 교수학습 유의사항.

⑨ 덧셈과 뺄셈에 관련된 실생활 문제를 만들고 해결하게 한다. (문제해결)

⑩ 곱셈의 의미는 배의 개념과 동수누가를 통하여 다루고, 1의 곱과 0의 곱은 실생활과 관련지어 다룬다. (문제해결)

⑪ 수와 연산 영역의 문제 상황에 적합한 문제해결 전략을 지도하여 문제해결 능력을 기르게 한다. (문제해결)

구호뿐인 '실천'

좋다는 요소는 다 가져다 붙여 놓았다. 실생활에서 수가 쓰이는 사례를 단순히 계산 원리를 개념중심으로 가르치면 태도가 길러질 수 있을까? 그렇게 하려면 아이들이 배우는 학습량을 대폭 줄여야 한다. 예를 들어, 수 0~100까지를 1~30까지만 1학년에서 가르치게 하면 된다. 2학년에서 나머지 40~100을, 3학년에서 이후 숫자를 가르쳐야 한다. 100까지가 아니라 1에서 30까지라고 하는 것은 대충대충 수 개념이나 계산 원리를 배우게 하는 것이 아니라, 숫자가 지닌 정신을 바르게 알고 받아들일 수 있도록, 그리고 천천히 느끼고 실천할 수 있도록 해주기 위함이다. 그래야 '실천'요소가 제대로 그 몫을 할 수 있는 것이다. 숫자를 알면 당연히 실생활에서 쓸 수 있다고 생각해서 아마 '실천'이라는 요소를 넣었는지 모르지만, 중요한 것은 배움과 실천이 따로따로인 교육과정 성취기준에서는 '실천'은 단지 그럴 듯한 구호에 지나지 않는다.

창의성을 가로막는 계산방법인데도 '창의·융합'인가?

실제 내용이나 방법이 불충분한데도 '창의·융합'이라고 할 수 있을까? 전혀 창의적이지 못한 계산방법인데도 그럴싸한 말을 가져다 붙이면 그것이 마치 만병통치약처럼 만들고 있다. 정말 현재 덧셈과 뺄셈의 계산방법이 '창의·융합'형 인간을 기르게 할 수 있을까? 오히려 정반대가 아닐까?

교사는 셈하기를 못해도 된다. 방법론자가 되어야 한다. 교사는 생각도 많이 하고 준비도 많이 해야 한다. 준비라는 것은 1·2학년 아이들 처지가 되는 것이다. 이제 막 숫자를 알게 된 아이들처럼 생각하고 느껴봐야 한다는 것이다. 그렇게 셈하기 교재 연구는 사전연습이 많이 필요하다. 가능하면 여러 가지 감각(촉각, 청각, 후각, 시각)을 건드려 주어야 한다.

그렇다면 셈하기를 어떻게 시작할 수 있을까? 셈하기 하는 것은 눈으로 볼 수 없다. 이 수업의 목표는 보는 것을 통해서 숫자로 가는 것이다. 보이는 것에서 보이지 않는 것으로 다시 만드는 것이다. 구체에서 추상이 이 수업의 목표다. 사과 5개는 5다. 이것은 사과 5개와는 다르다. 5라는 것은 보일까? 숫자에는 정신성이 있다. 이 '정신성'을 일깨워주기 위해서는 개념과 기능중심으로 가르쳐서는 안 된다.

더구나 수학에서 사칙 연산은 하나의 기술적인 도구가 아니고 사람과 밀접한 관계에서 나온다. 그렇기 때문에 교사는 이러한 생각을 가지고 아이들과 셈하기를 하면 즐겁고 행복한 수학을 할 수 있다. 더하기를 배우는 시간에 아이들에게 어떻게 더하기를 가르칠지 좋은 생각이 떠오를 것이다. 빼기시간에도 마찬가지다. 교사는 수학수업에서 다루는 수학 기호의 특징들을 잘 이해시켜서 아이들 내면에 들어 있는 긍정적인 힘들을 끌어내 주어야 한다. 예를 들어 기존 우리들이 수십 년간 가르치고 배워 왔던 '2+3=5' 계산방식 대신에 '5=2+3'의 계산방식으로 가르치면 안 될까? '5=2+3' 계산식만 하라는 것이 아니다. 전체에서 부분으로 접근 방식을 이해한다면 이에 대한 연습을 충분히 하고 나서 '2+3=5'와 같은 계산 방식으로 가르쳐야 하는 것이다. 우리 수학 교육과정에서도 소개하고는 있지만 너무 적게 다루고 있다. 기초를 튼튼히 다져나갔다면 그리 낯선 것이 아니다.

그런데 2+3=? 계산 방식은 여러 답보다는 한 가지 것의 답만 요구한다. 그래서 답이 늘 5이다. 더구나 2+3이라는 방법만 하게 되면 1차원의 세계에 머무르게 된다. 하지만 5=2+3 계산방식은 여러 차원으로 문제를 해결할 수 있다. 5는 이것일 수도 있고 저것일 수도 있고 더 많은 방법이 있을 수 있다. 다시 말해 한 문제를 여러 가지 방법으로 풀 수 있다. 사고의 유연성을 기대할 수 있다. 전체에서 부분으로 나가는 수와 셈하기의 몸풀기다.

$5 = 1 + 1 + 1 + 1 + 1$

$5 = 1 + 2 + 1 + 1$

$5 = 1 + 1 + 2 + 1$

$5 = 1 + 1 + 1 + 2$

$5 = 1 + 2 + 2$

$5 = 1 + 1 + 3$

$5 = 1 + 3 + 1$

5 = 1 + 4

5 = 2 + 1 + 2

5 = 2 + 2 + 1

5 = 2 + 3

5 = 3 + 1 + 1

5 = 3 + 2

5 = 4 + 1

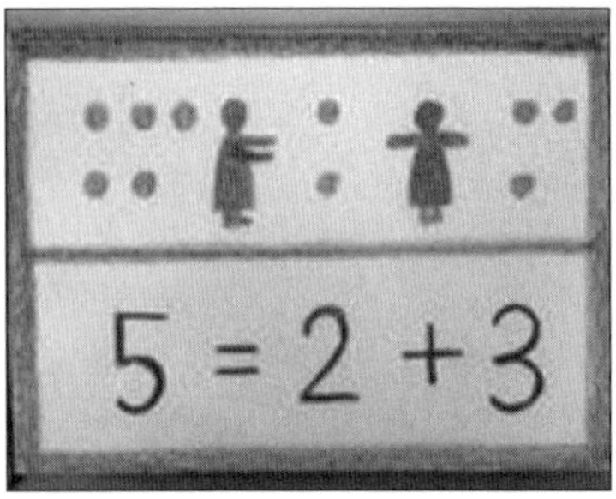

㉠

㉡

중요한 것은 위 사진처럼 칠판에 숫자를 먼저 쓰기보다는 그림화시켜서 숫자를 이해하도록 하는 것이 좋다.

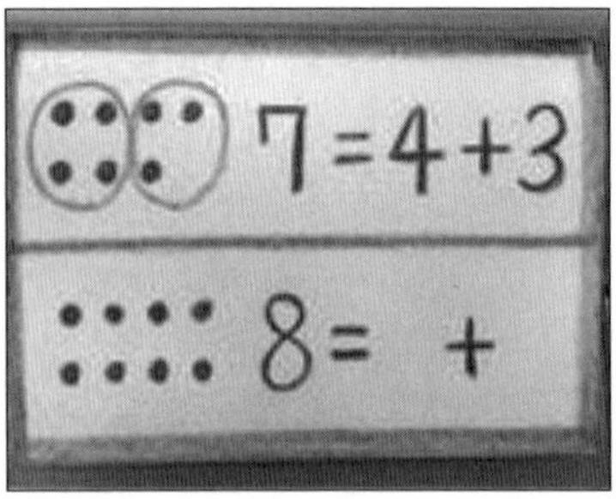

㉢

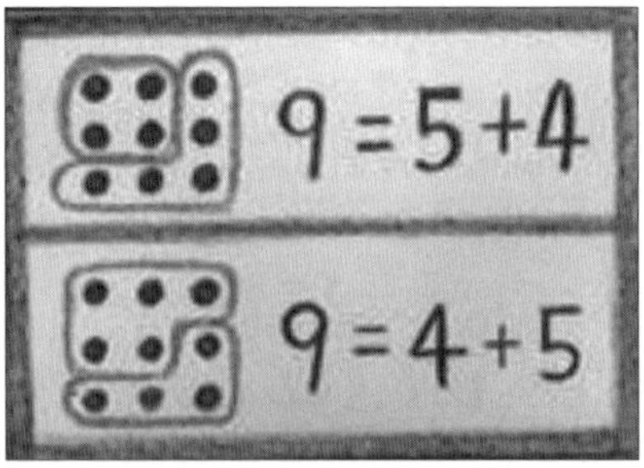

㉣

위 ㉠그림처럼 '사과 다섯 개가 있는데, 이것을 한사람에게 두 개, 다른 한사람에게 3개를 줄 수 있다'고 이야기하는 것과, '2+3=?'의 경우 '사과 2개에 3개를 합치면 모두 몇 개가 될까?'라는 접근 방법에서 많은 차이가 있다. 그뿐만 아니라 덧셈을 이런 방법으로 한다면 아이들은 다 풍부한 상상력, 긍정적인 사고를 맘껏 경험할 수 있다.[*119] 하지만 우리 교과서는 후자보다는 전자 계산방식으로 교육과정이 편성되어 있다. 물론 이 계산방식이 문제가 있다는 것이 아니다. 이것은 후자 계산방식을 충분히 익힌 다음에 전자 계산방식을 익혀나가는 것이 절차다. 중요한 것은 이 시기 아이들은 '수'에 대해서 전체로 이해하기 때문에 전체성을 기본으로 계산방식을 익히는 것이 좋다. 하지만 아직 부분에 대한 이해가 없고 만들어지지 않은 아이들에게 '2+3=5' 계산방식을 배우게 하는 것은 무리가 있다. 고대 상형문자나 알파벳이 만들어진 시기를 생각해 보자. 글자 전체를 익히는 상형문자에서 시작했다. 그렇지만 한글의 경우는 15세기에 만들어졌고, 글자가 초, 중, 종성으로 이루어져 자음과 모음을 조합해야 말을 만들어 낼 수 있다.

ㄴ + ㅗ = 노

ㅇ + ㅓ + ㄹ = 얼

그래서 아이들이 한글을 처음 배우는 데 어려움을 느끼고 있지만, 배우고 나면 다른 나라 글자보다 더 쉽다는 것을 안다. 문제는 이러한 글자배우기(자모법)는 초등 3학년 이상에서 가능하다는 것이다.[*120] 한자나 영어 알파벳처럼 상형문자를 배우는 것처럼 수학 계산방식도 같은 원리다. 전체에서 부분으로 나아가는 확산적인 사고를 길러 내는 계산 방식이야말로 미래역량을 강화시킨다.

3 = 1 + 1 + 1

4 = 1 + 2 + 1

5 = 2 + 1 + 1 + 1

6 = 3 + 1 + 2

---

12 = 4 + 2 + 3 + 1 + 2

1학년 과정에서 충분히 익힌 다음에 3+4=?, 4+6+11=?, 5-2=?, 18-7-3=? 따위 계산 방식을 충분히 배워 나가야 수학에 좀 더 많은 관심을 가지게 된다.[*121] 그래서 셈하기가 살아 있는 것이어야 한다. 즉 실제 생활하고 관련이 되어야 한다. 교육과정 해설서에는 실생활에 관련되게 지도하라고 하지만 실제 수업과는 거리가 멀다. 셈하기 수업에서 가장 근본이 되는 것을 알려주어야 한다. 가르쳐 주는 것은 셈하기라는

*119 Rudolf Steiner(1992), Discussions with Teachers, Rudolf Steiner Press.

*120 이에 대해서는 국어에서 소개하였음.

*121 김용근, 선생님은 살아 있는 교육과정이다(수학). 물병자리. 2014.

조직, 구성, 나누고, 쪼개기(분할)를 배우게 하는 것이다.

예) 참새 6마리가 모이를 먹고 있는데 4마리가 더 날아왔다. 참새는 모두 몇 마리인가?

이 문제는 덧셈의 상황임을 이해하게 해서 참새를 대체 할 수 있는 도구를 활용하여 10개씩 묶어 모두 얼마인지 알아보게 한다. 이런 활동을 되풀이하여 제시하고 아이들은 구체물 조작으로 해결하게 하여 그 과정에서 계산하는 방법을 스스로 깨닫도록 이끈다.

6+4=?

참새 10마리가 모이를 먹고 있는데 처음에 6마리가 날아왔고, 나중에 몇 마리가 더 날아왔을까?

10=6+?

참새 10마리가 모이를 먹고 있는데 처음에 6마리가 날아왔고, 조금 있다가 2마리가 날아왔고 나중에 몇 마리가 더 날아왔을까?

10=6+2+?

•기호보다는 그림 숫자를 먼저

① 그림 ➜ 기호

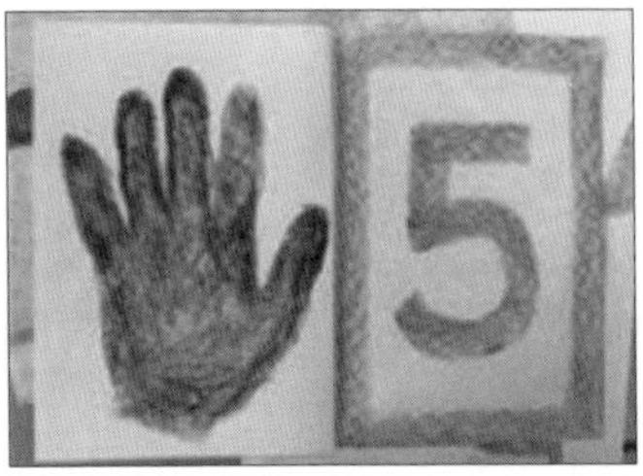

② 그림으로 나타내는 계산식

㉠ 숫자 3과 계산식

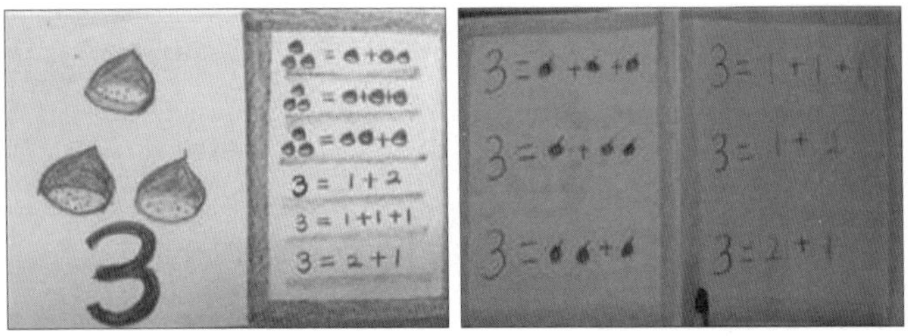

3	3 = 🍎 + 🍎 + 🍎	3 = 1+1+1
	3 = 🍎 + 🍎🍎	3 = 1+2
	3 = 🍎🍎 + 🍎	3 = 2+1

㉡ 숫자 4와 계산식

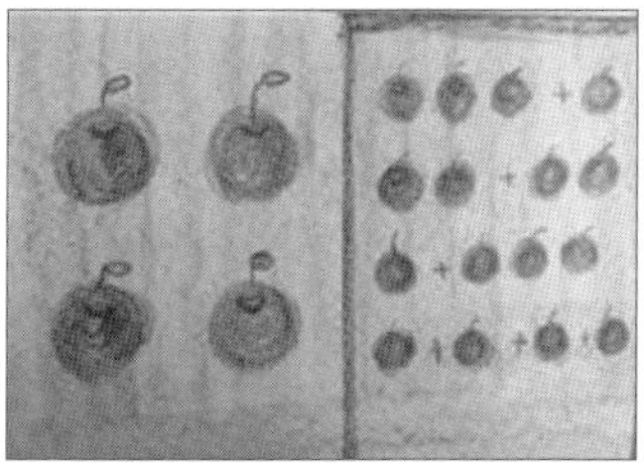

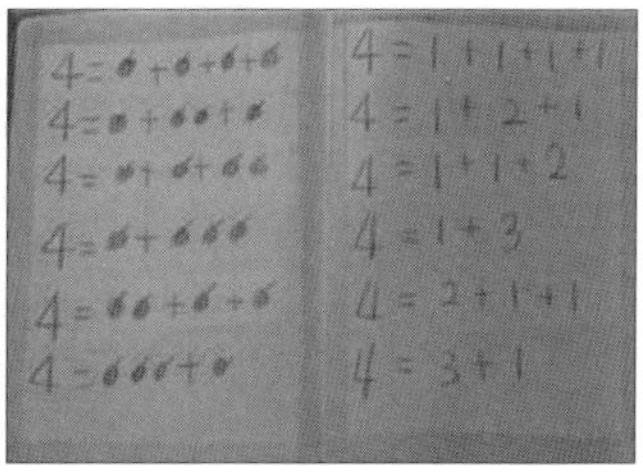

4	4 = 🍎 + 🍎 + 🍎 + 🍎	4 = 1+1+1+1
	4 = 🍎 + 🍎🍎 + 🍎	4 = 1+2+1
	4 = 🍎 + 🍎 + 🍎🍎	4 = 1+1+2
	4 = 🍎 + 🍎🍎🍎	4 = 1+3
	4 = 🍎🍎 + 🍎 + 🍎	4 = 2+1+1
	4 = 🍎🍎 + 🍎🍎	4 = 2+2
	4 = 🍎🍎🍎 + 🍎	4 = 3+1

㉢ 숫자 5와 계산식

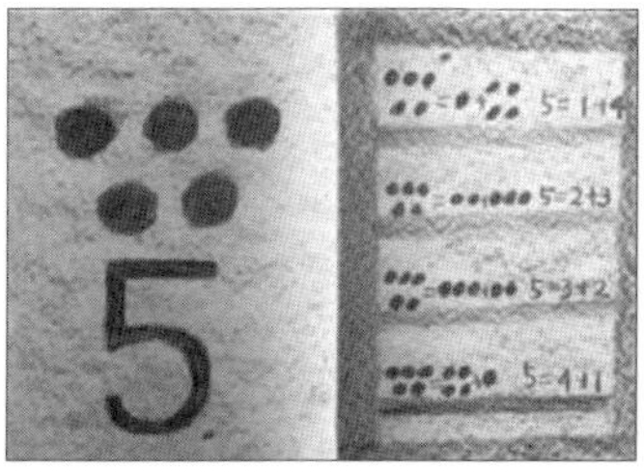

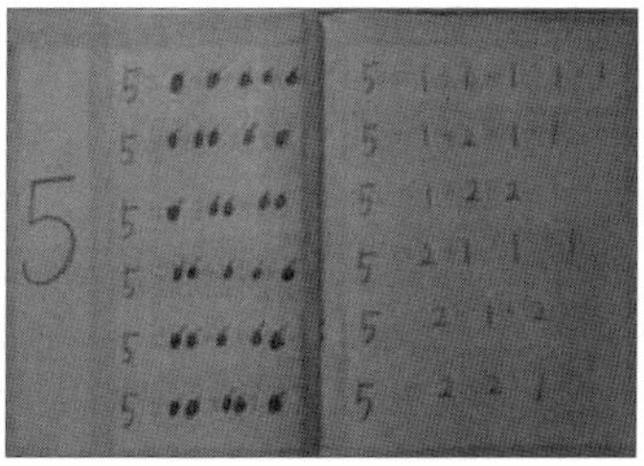

5	5 = 🍎 + 🍎 + 🍎 + 🍎 + 🍎	5 = 1+1+1+1+1
	5 = 🍎 + 🍎🍎 + 🍎 + 🍎	5 = 1+2+1+1
	5 = 🍎 + 🍎🍎 + 🍎🍎	5 = 1+2+2
	5 = 🍎 + 🍎 + 🍎🍎🍎	5 = 1+1+3
	5 = 🍎 + 🍎🍎🍎 + 🍎	5 = 1+3+1
	5 = 🍎 + 🍎🍎🍎🍎	5 = 1+4
	5 = 🍎🍎 + 🍎 + 🍎 + 🍎	5 = 2+1+1+1
	5 = 🍎🍎 + 🍎 + 🍎🍎	5 = 2+1+2
	5 = 🍎🍎 + 🍎🍎 + 🍎	5 = 2+2+1
	5 = 🍎🍎 + 🍎🍎🍎	5 = 2+3
	5 = 🍎🍎🍎 + 🍎 + 🍎	5 = 3+1+1
	5 = 🍎🍎🍎 + 🍎🍎	5 = 3+2
	5 = 🍎🍎🍎🍎 + 🍎	5 = 4+1

ⓡ 숫자 6과 계산식

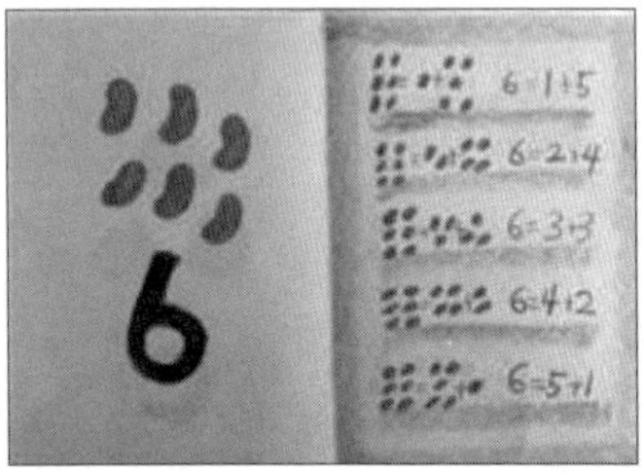

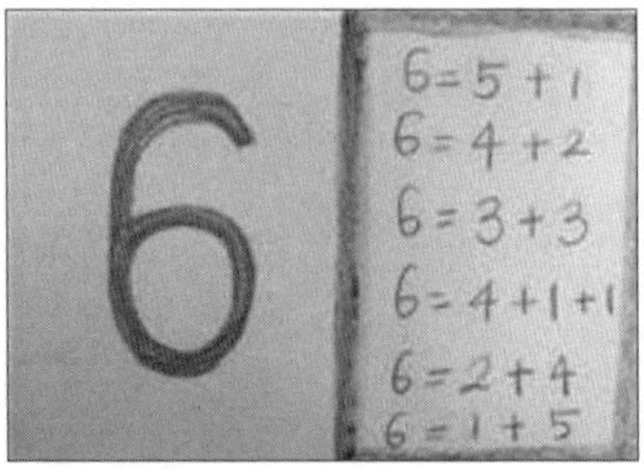

ⓜ 7, 8, 9 도 같은 방법으로 가르친다.

ⓑ 숫자 10과 계산식

우리가 10개의 사과가 담긴 한 자루를 갖고 있다면, 그 안에 10개의 사과를 가진 아래와 같은 자루를 그린다. 이제 그 아래에 숫자 10을 쓴다. 노란색으로 '1'을 쓴다고 말하고, 파란색으로 '0'을 쓴다고 말한다. 또한 가장 자체 색은 노란색 당근은 파란색으로 칠한다.

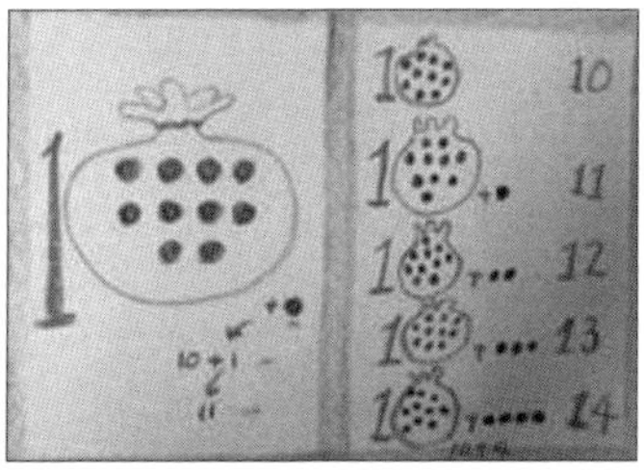

10 10 10+1=?

만약 각 주머니에 10개의 사과가 담긴 2개의 자루가 있다면, 우리는 몇 개의 사과를 가지고 있을까?(담임교사는 각 10개의 사과가 담긴 2개의 사과를 그리고 위와 같은 색으로 칠한다. 아이들은 사과의 수를 세고 '20'을 말한다) 이제 아이들은 어떻게 '20'을 쓰는지 알 수 있다. (노란색으로 2, 파란색으로 0을 쓴다) 이것은 2개의 10을 뜻한다.

ⓢ 숫자 20

20

30, 40, 50도 같은 방식으로 한다. 이것에 대한 충분한 연습으로 아이들은 적어도 20까지 이상적으로는 50내지는 100까지 쉽게 셀 수가 있다. 또한 적어도 10에서 거꾸로 셀 수 있도록 지도해야 하고 셀 수 있어야 한다.

그럼 11부터 19까지의 숫자는 어떻게 표시할까? 원리는 간단하다. 10이라는 주머니에 하나씩 더해 가면 11이 되고, 12가 되고, 13, 14, 15…가 된다.

ⓙ 숫자 11

10 + 1 = 11

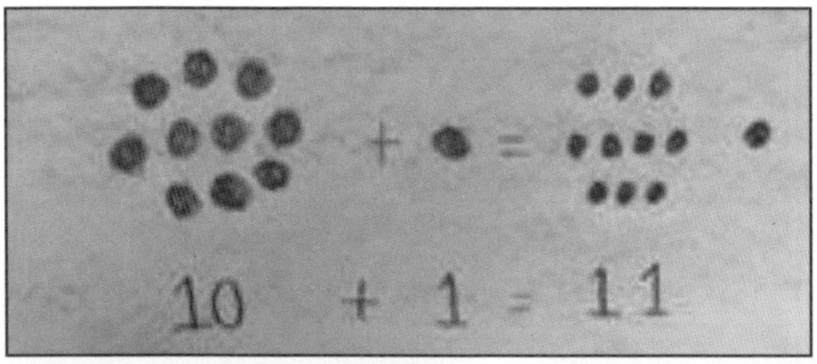

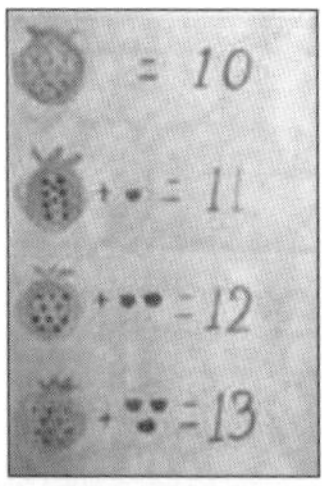

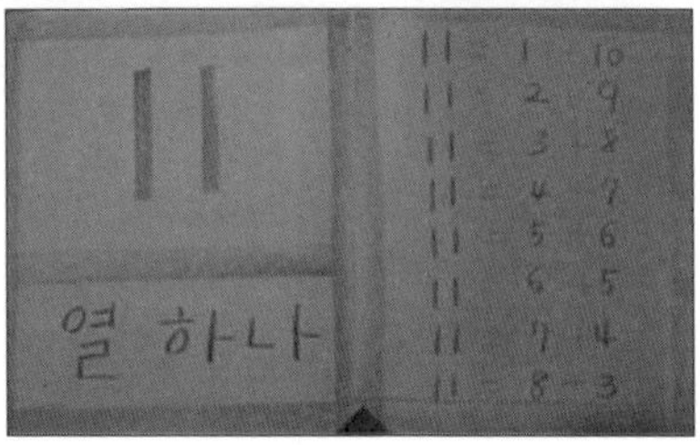

ⓚ 숫자 17과 계산식

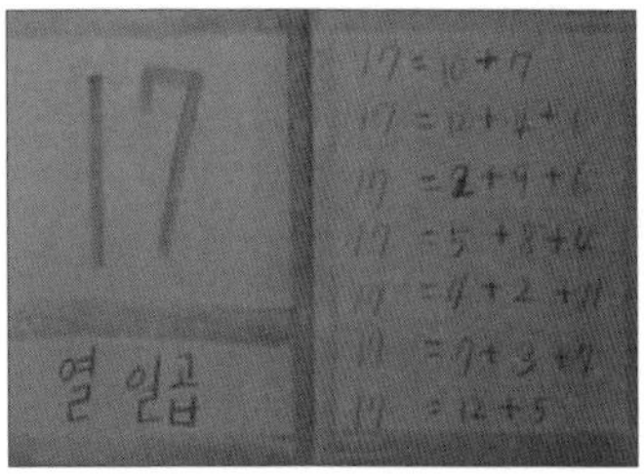

ⓛ 독일 발도르프학교 1학년 수학 수업

숫자를 날마다 하나씩 교실 뒤편에 붙여 놓는다. 아이들이 오며 가며 볼 수 있게 하기 위함으로 그러다보니 익숙하게 숫자와 친해진다.

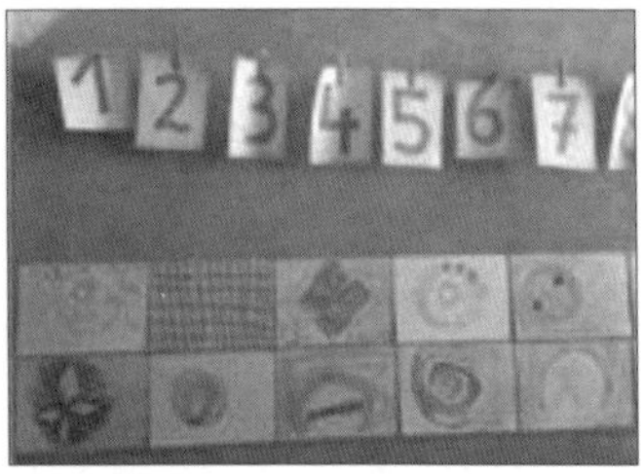

ⓔ 20 이상 수 알기

10씩 담아져 있는 자루 2개를 그림으로 나타낸다. 날마다 하루에 하나씩 숫자 하나씩을 배우게 하고, 본 수업 전에 어제 배운 내용을 되풀이(상기)하는 시간을 가지면서 자연스럽게 이어나간다.

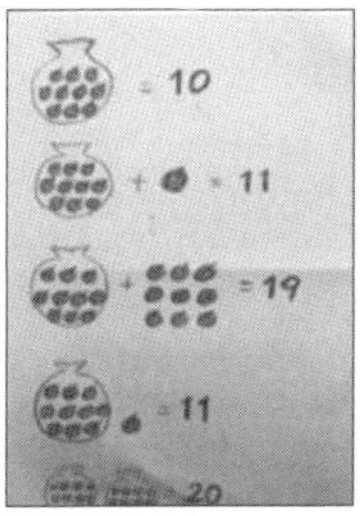

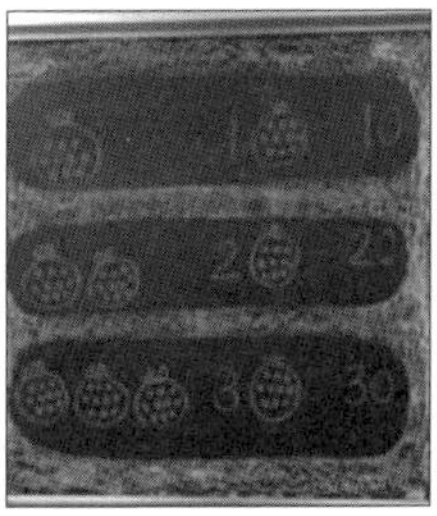

※수학 에포크 공책에 정리

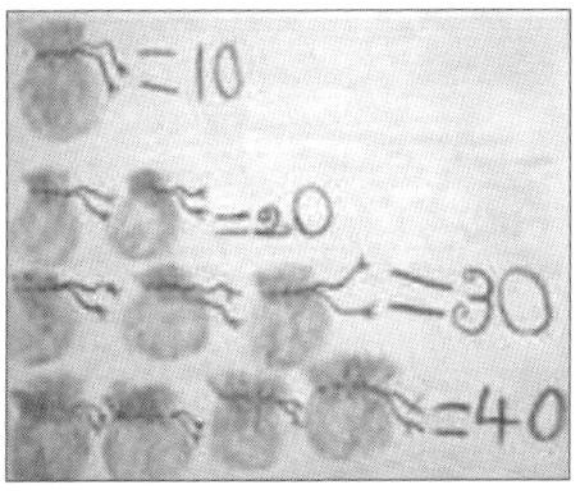

ⓕ 20 이상의 수 에포크 공책에 연습하기

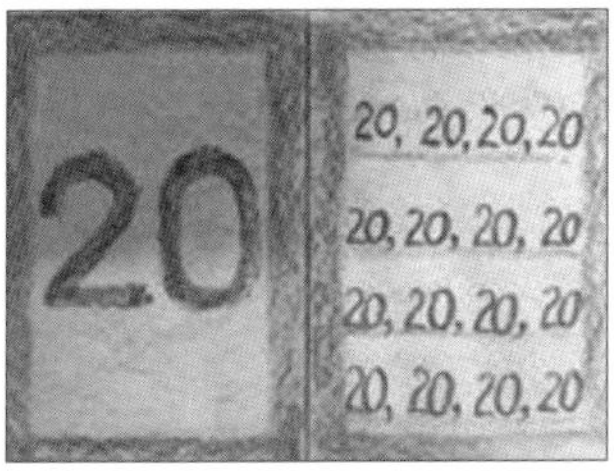

ⓖ 100 이상의 숫자 알기

※100 이상의 수를 공부할 때는 수세기를 옥수수 낟알을 실에 꿰기 활동을 해보는 것도 좋다.

[준비물] 옥수수 낟알, 바늘, 실

곱하기의 경우도*122

이것은 곱하기에도 똑같이 적용된다. 이해될 주요 개념은 '몇 번'이다. '전체는 사람이 모두 몇 개를 갖고 있는가'이다. 예를 들어 빵집 앞에 손님들에게 팔기 위한 빵이 30개가 있다. 빵집 주인은 한번에 5개의 빵만 나를 수 있는데 몇 번 나를 수 있을까?

30 = ? x 5

30은 모두 5개 덩어리 빵의 6개 모둠으로 이루어져 있다. 더하기처럼 곱셈도 30 전체로 시작해서 부분으로 진행된다. 물론 빵집 주인은 아주 활동적이고 몇 번씩이나 나르는 것을 좋아한다. '더하기'처럼 '곱하기'는 더 넓게 더 큰 숫자를 이루는 곱하기로 숫자보다는 부분으로 만들어진 전체를 이해하는 도덕적인 방식으로 가르쳐야 한다. 물론 아이들에게 앞에 있는 두 가지 계산법 가운데 한 가지만 가르치라는 것은 아니다. 두 가지 모두 가르치고 규칙 있는 연습이 되도록 해야 한다. 1~5학년 아이들은 계산문제를 분석적인 사고보다는 통합적인 사고로 세상이나 사물을 받아들이기 때문에 수업에서도 이에 맞게 가르치고 배워야 한다.

여기에 충분히 익숙해져 자연스럽게 분석에서 통합으로 넘어가는 것이 바람직한 학습 방법이다. 이렇게 계산하면(12=?+?+) 아이들은 자신이 원하는 대로 가수를 셀 수 있다. 이러한 방법은 큰 숫자에서도 마찬가지다.

*122 발도르프학교에서는 1학년 2학기 때 기초 곱셈을 시작하는데, 우리나라는 2학년부터 시작하기 때문에 이에 맞추어서 수업을 진행한다.

$12=1\times12$	$12\div12=1$
$24=2\times12$	$24\div12=2$
$36=3\times12$	$36\div12=3$
$48=4\times12$	$48\div12=4$
$60=5\times12$	$60\div12=5$
$72=6\times12$	$72\div12=6$
$84=7\times12$	$84\div12=7$
$96=8\times12$	$96\div12=8$
$108=9\times12$	$108\div12=9$
$120=10\times12$	$120\div12=10$
$132=11\times12$	$132\div12=11$
$144=12\times12$	$144\div12=12$

곱하기는 구구단이 중요한 만큼 3의 배수에서 1씩 더해지면 4의 배수, 5의 배수, 6우 배수…. 만들어지는 원리를 배우게 되고 이것 역시 칠판에 색깔로 나타내면 좋다. 색깔로 각 수의 배수를 쉽게 알 수가 있다. 아래에 칠판그림에 정리해 놓은 자료를 소개하면 다음과 같다.

구구단 계산을 할 때는 1학년 때와 마찬가지로 칠판에 그림을 그려놓고 따라 풀도록 하거나 구체물을 이용해서 충분히 익힌 다음에 기호로 된 숫자 계산을 하는 것이 아이들에게는 부담없이 다가온다.

① 2단 계산식

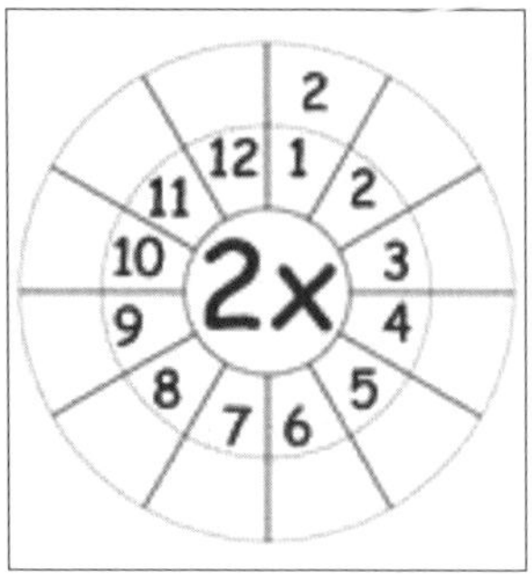

2=2	1×2=2
4=2+2	2×2=4
6=2+2+2	3×2=6
8=2+2+2+2	4×2=8
10=2+2+2+2+2	5×2=10
12=2+2+2+2+2+2	6×2=12
14=2+2+2+2+2+2+2	7×2=14
16=2+2+2+2+2+2+2+2	8×2=16
18=2+2+2+2+2+2+2+2+2	9×2=18
20=2+2+2+2+2+2+2+2+2+2	11×2=20
22=2+2+2+2+2+2+2+2+2+2+2	11×2=22
24=2+2+2+2+2+2+2+2+2+2+2+2	12×2=24

② 3단 계산식

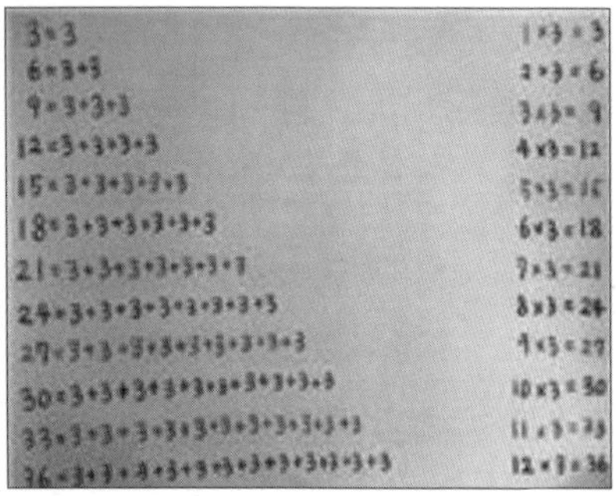
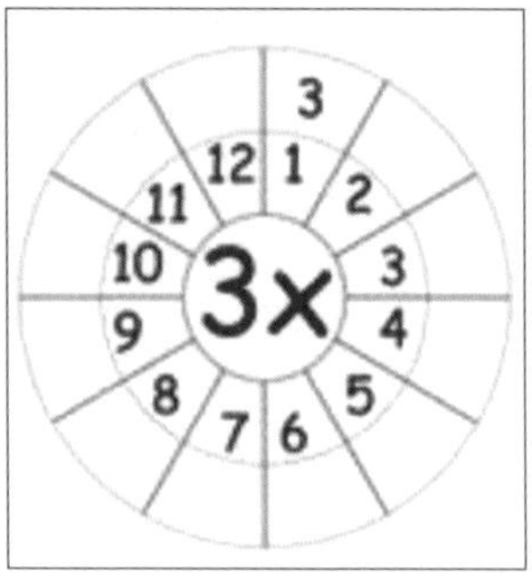

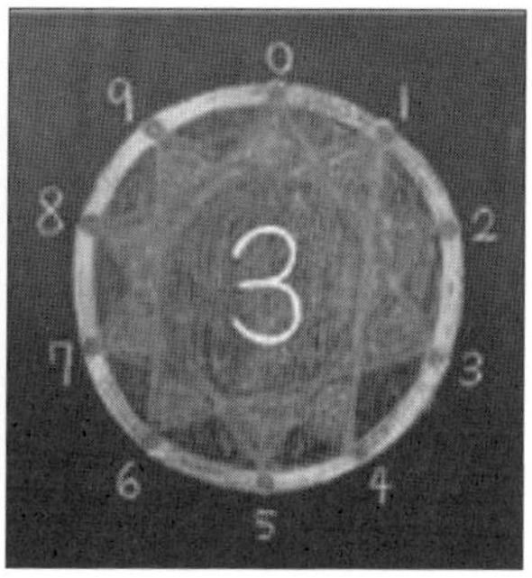

③ 4단 계산식*123

*124

*125

④ 5단 계산식

*123 문공주 선생님(남원 주생초 교사)의 실천 사례.

*124 꽃그림을 이용해서 구구단을 공부한다. 딱딱한 개념으로 접근하는 것보다는 훨씬 친숙하게 구구단을 배운다. 꽃모양은 얼마든지 재구성이 가능하다. 물론 이것을 하기 위해서는 칠판그림에 대한 연습이 필요하다.

*125 아이들이 구구단판에 실을 이용해서 4단을 직접 해본다.

⑤ 7단 계산식

[교사가 그린 칠판그림]

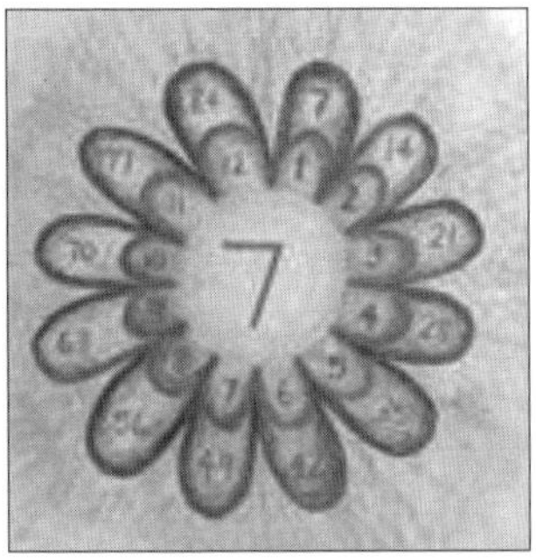

[수학 에포크 공책에 아이들이 정리]

⑥ 8단, 9단, 10단, 11단, 12단도 같은 방식으로 진행한다.

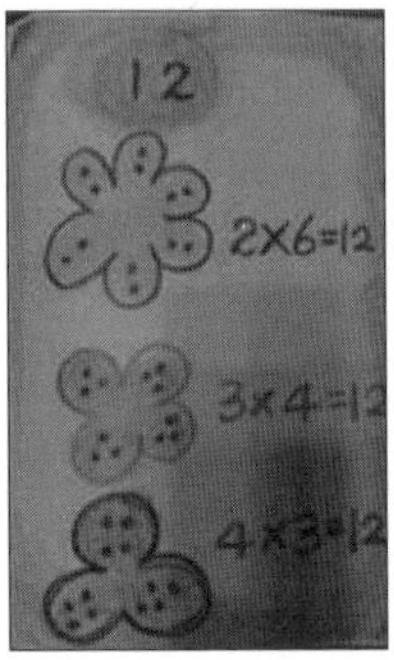

⑦ 좌우 대칭을 이용한 구구단 계산식

1×1	1
2×2	1+2+1
3×3	1+2+3+2+1
4×4	1+2+3+4++3+2+1
5×5	1+2+3+4+5+4+3+2+1
6×6	1+2+3+4+5+6+5+4+3+2+1
7×7	1+2+3+4+5+6+7+6+5+4+3+2+1
8×8	1+2+3+4+5+6+7+8+7+6+5+4+3+2+1
9×9	1+2+3+4+5+6+7+8+9+8+7+6+5+4+3+2+1
10×10	1+2+3+4+5+6+7+8+9+10+9+8+7+6+5+4+3+2+1

11×11　　　　　　1+2+3+4+5+6+7+8+9+10+11+10+9+8+7+6+5+4+3+2+1
12×12　　　　　1+2+3+4+5+6+7+8+9+10+11+12+11+10+9+8+7+6+5+4+3+2+1

이 계산식과 연계할 수 있는 교과가 있다. 바로 좌우 대칭을 배우게 되는 2학년과정에서 꼭 들려주어야 할 '우화'다. 이솝우화에서 고른다면, '여우와 포도', '시골 쥐와 서울쥐', '황새와 여우' 따위들이 있다. 또한 '즐거운 생활' 시간에 '습식수채화' 주제로 '데칼코마니'를 하면 된다. 교과 내용에 대한 연계는 억지로 끼워 맞추기보다는 있는 내용을 조합하면 된다. 물론 아이들 발달단계에 기본 지식이 있다면 충분히 가능하다.

⑧ 꽃그림을 이용한 구구단 계산식[*126]

빼기의 경우도

- 7에서 5를 빼는 것을 [7-5] 라고 쓰고
- [7 빼기 5] 라고 읽습니다.

뺄셈 역시 마찬가지다. ' 7-5=?' 우리는 이렇게 가르쳤다. 7 빼기 5는 무엇이냐는 물음을 던지게 되는데, 이 물음은 내가 7개를 가지고 있는데 5개를 가져갔다. 그러

*126 문공주 선생님(남원 주생초 교사)의 칠판그림.

면 몇 개가 남았을까? 라는 물음인데 실제와는 전혀 맞지 않다. 7-5=?는 정말로 무엇이 없어졌을까? 하는 질문이다. 하지만 우리는 이미 답을 알고 있다. 이 물음 안에 여러 가지 물음 점을 담고 있다. 그러다보니 이 시기 아이들은 자기들이 볼 수 있는 세상에 대해서 모르는 게 없다.*127

지금까지 우리는 전체에서 부분을 빼내는 계산방식에 익숙했다. 단순히 뺏어가기 보다는 더 도덕적인 태도인 '나누어 주기'가 몸에 익숙하도록 가르치고 배우도록 해야 한다. 우리는 그동안 지금도 각 학교(2015 개정 교육과정이나 과거 교육과정 교과서)에서는 여전히 전체에서부터 배우지만 빼기의 특징 때문에 모두 가졌던 것을 나누어 주고 남은 나머지를 갖게 하는 것을 배우게 한다(위 그림 참조). 예를 들어 수린이가 놀잇감 7개를 가지고 있지만, 놀잇감이 필요한 친구나 동생들에게 많이 나누어 주었다. 처음에 모두 총 7개로 시작했지만 그 결과는 수린이는 남겨진 2개만 갖고 있다. 하지만 계산방식을 기존 방식과 다르게 하면 이러하다.

2=7-?

"이 2개는 처음에 7개가 있는데 이것을 여러 사람에게 나누어주고 남은 거야!"

남겨진 2는 시작했던 7개 전체에서 생겨난 것이다. 다른 사람을 돕기 위해 많은 것을 나누어주었더니 이렇게 남았다는 것이다.

① "도토리 3개는 다람쥐가 10개에서 7개를 먹었기 때문이다"

② ① 과정을 충분히 연습한 다음에 아래 사진에 있는 계산식을 공부한다,

10-1=9, 10-2=8….

*127 김용근, 선생님은 살아 있는 교육과정이다, 물병자리, 2014.

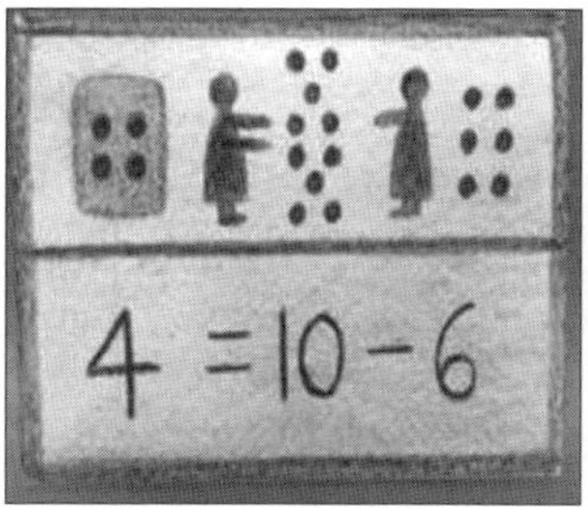

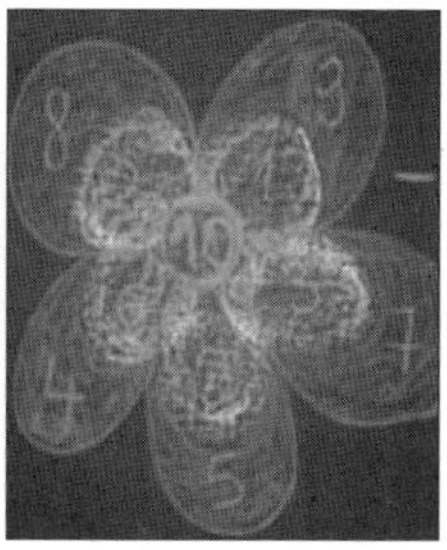

빨셈 공부를 할 때는 남아 있는 것에서 시작해야 한다. 이것이 바른 인성을 키우게 한다. 베품(기부)의 미학을 배우게 하는 가르침이다. 또한 빨셈에 들어 있는 뜻은 내게 남아 있는 것이 몇이고, 처음에는 얼마 있었는지로 돌아가는 것이다. 그리고 잃어버리거나 없어진 것이 얼마(몇 개)인지를 찾는 것이 진정한 뜻이다.

또한 산책활동하면서 좋은 빨셈 공부를 할 수 있다. 바로 '아카시아나무 잎'을 이용한 빨셈 수업이다.

아래 사진에 있는 아카시아나무 잎처럼 이파리가 11개(15,14,13,12,10,9개--.)가 있는 것을 찾는다. 아이들이 다 찾았으면 11개가 되는지 확인한다.(함께 숫자를 센다)

"자, 모두 11개입니다. 그러면 지금, 5개 이파리를 땁니다. 몇 개가 남아 있을까요?

이런 식으로 해서 산책활동을 갈 때마다 아카시아나무 잎 개수들을 골라서 빨셈 공부를 한다. 물론 나뭇잎을 함부로 따지 않도록 이에 대한 경건함 마음을 갖도록 사전에 지도를 한다. 가을에는 코스모스꽃이나 구절초를 이용하면 좋다.

나누기 경우도

나누기에서 주요 목적은 균등하게 나눠주는 것이다. 즉 평등 원리에 따라 일어나는 것을 이해하는 것이다. 예를 들어 전체 12개의 사과가 있는데 3명의 아이들에게 똑같이 나누어 주어야 한다. 그래서 아이들은 사과를 4개씩 받는다. 즉 4개씩 가지게 된 것은 전체 12개를 3사람에게 골고루 나누어 주어서 그렇게 되었다.

?= 12 ÷ 3

*128

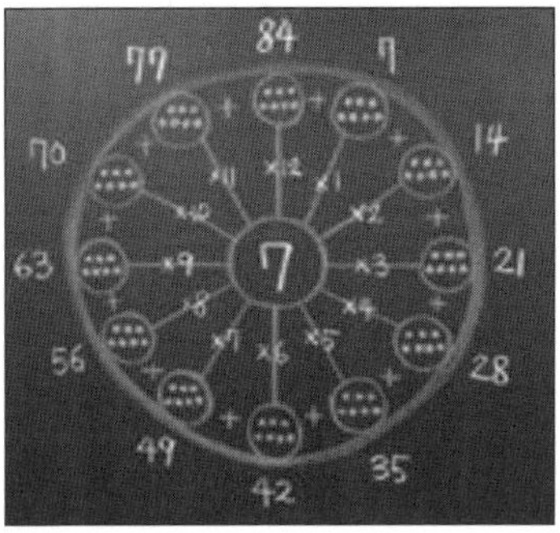

여기서 나누기 원리는 각각의 아이에게 균등하고 평등하게 전체의 부분들을 올바르게 나눠 주는 태도를 격려하게 하는 것이다. 각 계산방식마다 도덕적인 요소를 지니고 있는데, 2015 개정 교육과정과 교과서에서는 이러한 배려가 너무 적다. 있다고 해도 소홀히 다루고 있다. 그러면서 교사용 지도서에서 수학 인성교육을 이야기하는 것이 앞뒤가 맞지 않다. 수학 교과서를 배우면 마치 그럴 듯하게 이렇게 되는 것처럼 환상을 심어주고 있는데, 실제는 그렇지 못한 계산방식으로 아이들 삶을 강요하고 있다. 정말 수학을 인성교육 차원에서 제대로 다루고자 한다면 지금이라도 제대로 된 교육과정과 교과서를 다시 만들어야 한다.*129

일상생활에서 나눗셈이 이루어지는 경우는 등분제와 포함제 두 가지다. 등분제의 경우는 똑같이 나누어 주었을 때 몫이 얼마인지를 묻는 것이며, 포함제는 양의 크기를 일정한 단위로 측정하였을 때 얼마나 되는가를 묻는 상황이다. 예를 들어 '사과 15개를 3사람에게 똑같이 나누어 주었을 때 한사람이 몇 개씩 가지게 되는가?'는 등분제의 문제 상황이고, '사과 15개를 한사람에게 3개씩 주면 몇 사람에게 줄 수 있는가?'는 포함제의 문제 상황이다. 두 문제 상황의 뜻은 다르지만 어느 경우나 모두 나눗셈으로 통합된다.

다른 계산지도 방법과 마찬가지로 문제를 제시하여 구체물 조작활동으로 해결하게 하는 것이 좋다. 이런 활동을 충분히 제공하여 아이들 스스로가 계산 원리를 깨닫게 하는 것이 아주 중요하다. (두 자리 이상의 수)÷(몇 십)을 익힌 다음, 이를 밑

*128 https://kr.pinterest.com/pin/305963368405107525/
*129 김용근, 선생님은 살아 있는 교육과정이다, 물병자리, 2014.

거름으로 (두 자리 이상의 수) ÷(몇 십 몇)을 익혀 나가도록 한다.

① 5일 리듬에 맞게 셈하기(사칙연산) 수업 계획

㉠ 사칙연산 수업계획

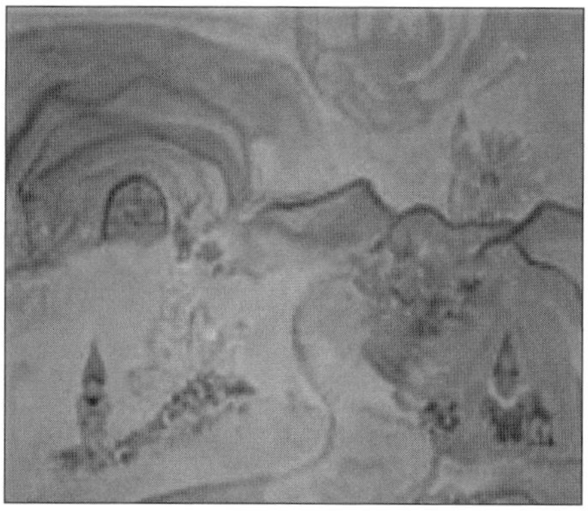
*130

날짜	내용	날짜	내용
1	4명의 형제들/자매들	11	빼기 형제
2	더하기 첫째 이야기	12	빼기 첫째 이야기
3	더하기 둘째 이야기	13	빼기 둘째 이야기
4	더하기 셋째 이야기	14	빼기 셋째 이야기
5	더하기 넷째 이야기	15	빼기 넷째 이야기
6	곱하기 형제	16	나누기 형제
7	곱하기 첫째 이야기	17	나누기 첫째 이야기
8	곱하기 둘째 이야기	18	나누기 둘째 이야기
9	곱하기 셋째 이야기	19	나누기 셋째 이야기
10	곱하기 넷째 이야기	20	나누기 넷째 이야기

사칙연산을 소개하는 방법은 아이들의 태도에 깊은 효과를 발휘한다. 전체에서 부분으로 학습하면서 우리는 합계를 배우는 지금까지의 습관처럼 해왔던 고정된 방

*130 https://kr.pinterest.com/pin/155937205817884891/

법을 뒤집어야 한다. 만약 그렇지 않다면, 예) 2+4+1++5=? 이러한 계산 방식은 아이들에게 알게 모르는 욕심을 강화시키고 있다. 점점 더 많은…. 지금 얼마나 많이 갖고 있을까를 보게 된다. 이것은 아주 미묘할 정도로 한정적으로 탐욕의 태도를 지니게 해준다. 그러나 만약 우리가 이렇게 말한다면 다르다.

"엄마는 사과 12개가 든 바구니를 갖고 있고, 아이에게 2개를 주고 이웃에게 4개를 주며 자신을 위해서는 1개를 그리고 냉장고에 5개를 넣어 둔다. 그리고 나서 합계는 이와 같다.

12=2+4+1+5

우리는 전체(이 경우는 12)에서 부분들로 가르치고 배우고 있다. 이 문제에서는 자신보다는 모든 사람들을 배려하는 태도를 지니고 있다. 동일한 것은 곱하기에도 적용된다. 이해될 주요 개념은 '몇 번'이다. 전체는 한 사람이 모두 몇 개를 갖고 있는가?이다. 예를 들어 만약 과일집 앞에 손님들에게 팔기 위한 사과가 30개 있는데, 주인 아저씨가 한번에 5개의 사과를 옮길 수 있다. 주인 아저씨는 그 사과를 몇 번 옮겨야 할까?

30=? X 5

모두 30은 5개 덩어리 사과의 6개 모둠으로 구성되어 있다. 더하기처럼 우리는 30 전체로 시작해서 부분들로 진행해야 한다. 물론 사과 주인 아저씨가 아주 활동적이고 나르는 일을 좋아한다. 이때 다혈질 아이들에게 이에 대해서 좀 더 흥미롭게 이야기를 들려준다. 더하기처럼 곱하기는 넓게 더 큰 숫자를 구성하여 곱하는 숫자보다는 부분으로 만들어진 그래서 전체를 이해하는 도덕적인 방식으로 수업을 해야 한다. 남의 것을 빼앗는 탐욕보다는 세상을 넓고 그 쓰임이 상당히 중요하다는 경제학적인 측면을 강조해야 한다. 물론 이야기나 그림숫자 계산 속에 녹아 있어야 한다. 그렇다면 더하기, 빼기, 곱하기, 나누기의 계산식은 어떻게 하는 것이 좋을까?

10의 경우 무엇과 무엇으로 만들어지는 것? 먼저 아이들에게 두 손가락을 이용한 활동을 해보는 것이 좋다. 교사가 손가락 4개를 보이고 '열'이 되려면 아이들은 몇 개 손가락을 보여야 하는지의 놀이들을 한다.

무엇과 무엇으로 '10'을 만들까?		
	0과 10	
	1과 9	
	2와 8	
	3과 7	
	4와 6	
	5와 5	

이것을 칠판그림으로 표현하면,

5일 동안 더하기 수업의 흐름

	1일	2일	3일	4일	5일
'리듬' 부분 약 40분	하루의 시작 : 아침인사, 아침시, 생일시, 간단한 소식(교사·아이들) 아이들을 깨우기 위한 동작: 셈하기, 곱하기 학습하기를 위한 동작, 리듬 있는 운문, 시 낭송하기, 노래하기, 악기 연주하기 말하기 연습				
'내용' 부분 약 40분	1. 4명의 형제(자매들)들의 소개 이야기하기 (그들이 사는 곳, 성격, 좋아하는 행동 따위들)	1. 어제의 이야기 회상하기.	1. 어제의 이야기 회상하기.	1. 어제의 이야기 회상하기.	1. 어제의 이야기 회상하기. ➜ 아이들이 주요 덧셈의 과제의 본질을 발견하도록 이끌어낸다.
		2. 더하기(+)를 충분히 기술하는 이야기(덧셈이 해결할 어려움)를 말해보도록 한다. 아이들은 합계를 배운다.	2. 더하기(+)의 새로운 이야기를 말하기 ➜ 해결해야 할 새로운 문제에 대해서 아이들은 합계를 배운다.	2. 더하기(+)의 또 다른 새로운 이야기를 말하기 ➜ 해결할 또 다른 새로운 문제에 대해서 아이들은 합계를 배운다.	2. 교사는 아이들에게 합계를 쓰는 방법을 보여준다.(이야기를 이용해 몇 번 설명한다)
		3. 교사는 수업 시 합계를 말하도록 유도한다. (3~4회)	2. 교사는 아이들에게 합계를 쓰는 방법을 보여준다.(이야기를 이용해 몇 번 설명한다)	2. 교사는 아이들에게 합계를 쓰는 방법을 보여준다.(이야기를 이용해 몇 번 설명한다)	
		4. 교사는 아이들에게 합계를 쓰는 방법을 보여준다.(이야기를 이용해 몇 번 설명한다)			
'활동' 부분 약 40분	아이들은 이야기로부터 자신의 상상력을 이용해 그린다. (분리된 종이 위에)	아이들은 합계를 쓰고 더하기(+)의 그림을 그린다.	아이들은 합계를 쓰고 오늘 이야기 중 더하기(+)의 새로운 그림을 그린다.	교사가 칠판에 여러 가지 다양한 문제를 제시하고, 아이들은 에포크 공책에 옮겨 적으면서 문제들을 해결한다.	교사가 칠판에 여러 가지 다양한 문제를 제시하고, 아이들은 에포크 공책에 옮겨 적으면서 문제들을 해결한다.

더하기 계산식의 예

①

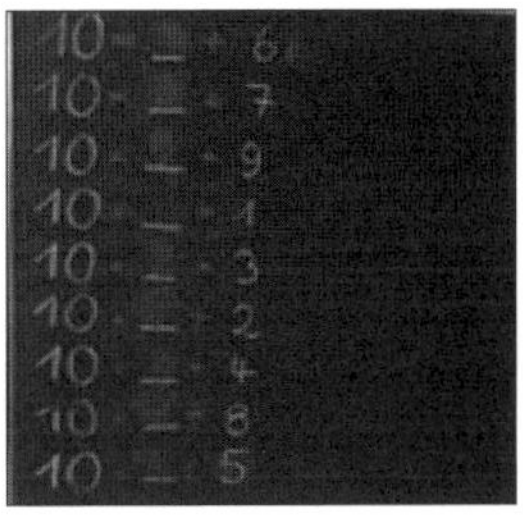

②

9	
0	9
1	8
2	7
3	6
4	5
5	4
6	3
7	2
1	8
9	0

③ 수학 에포크 공책

④ 칠판그림

위 계산식에서 ①의 방법들을 충분히 연습(2-12까지 숫자)을 한 다음에 ②, ③, ④계산식을 연습하는 것이 유연한 사고를 기르는 데 많은 도움이 된다. 또한 ③같이 칠판에 교사가 그린 것을 아이들이 수학 에포크 공책에 그리도록 한다. 물론 이 계산식은 문장제로 해야 효과가 있다. "집에 열 개의 ?이 있는데, 8과 1으로 채우면 몇 개가 될까요?"

더하기, 빼기, 곱하기, 나누기를 함께 가르치기

1-2학년 아이들 수업은 국어에서도 마찬가지지만 기호보다는 그림으로 먼저 시작한다. 그런 다음 기호를 가져오는 것이 차례다. 그래야만 아이들이 부담없이 사칙연산을 할 수가 있다.

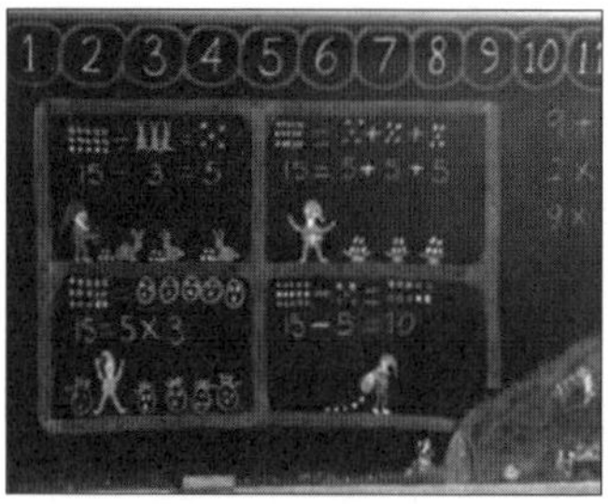

*131

X	0	1	2	3	4	5	6	7	8	9	10	11	12
0	0	0	0	0	0	0	0	0	0	0	0	0	0
1	0	1	2	3	4	5	6	7	8	9	10	11	12
2	0	2	4	6	8	10	12	14	16	18	20	22	24
3	0	3	6	9	12	15	18	21	24	27	30	33	36
4	0	4	8	12	16	20	24	28	32	36	40	44	48
5	0	5	10	15	20	25	30	35	40	45	50	55	60
6	0	6	12	18	24	30	36	42	48	54	60	66	72
7	0	7	14	21	28	35	42	49	56	63	70	77	84
8	0	8	16	24	32	40	48	56	64	72	80	88	96
9	0	9	18	27	36	45	54	63	72	81	90	99	108
10	0	10	20	30	40	50	60	70	80	90	100	110	120
11	0	11	22	33	44	55	66	77	88	99	110	121	132
12	0	12	24	36	48	60	72	84	96	108	120	132	144

$15 \div 3 = 5$ $15 = 5 + 5 + 5$

$15 = 5 \times 3$ $15 - 5 = 10$

*131 https://kr.pinterest.com/pin/455708056024266297/

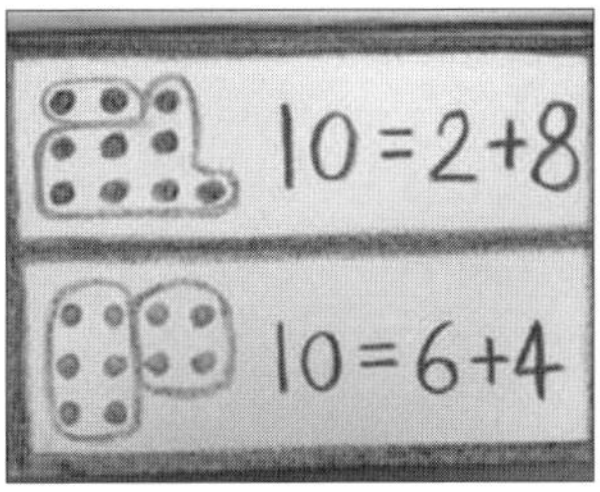

※두 개의 주사위를 가지고 합을 이끌어내는 놀이 : 주사위는 가로 15cm X 세로 15cm의 크기로 말랑말랑해야 한다.

그림을 이용한 더하기, 빼기, 곱하기, 나누기 여러 가지 계산식

①숫자6 계산식*132

② 숫자7 곱셈

③ 숫자 10 뺄셈

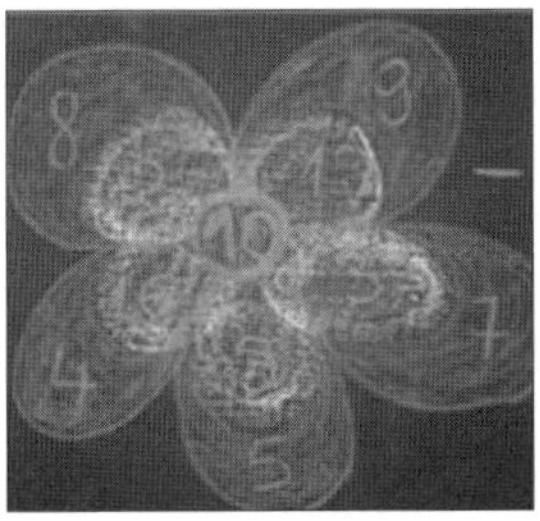

④ 구구단 5단

*132 문공주 선생님(남원 주생초 교사)의 칠판그림.

⑤ 구구단 색칠하기(학습지와 칠판그림)

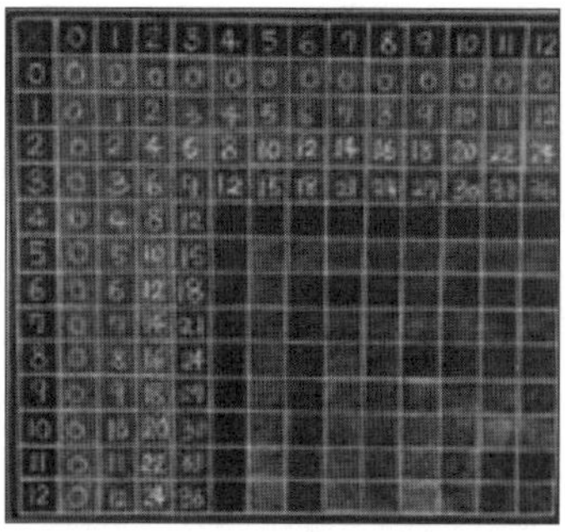

⑥ 구구단 놀이터[*133]

⑦ 구구단 광목천[*134]

⑧ 2학년 색깔분필과 모양을 이용한 계산 수업

*133 https://kr.pinterest.com/dayejem/chalk-board-drawings/

*134 교실에서 이용할 수 있도록 광목천으로 만드는데 광고사에 제작 의뢰를 하면 좋다. 크기는 보통 가로 4mX세로 4m가 적당하다.

2) 도형*135

교실 및 생활 주변에서 관찰할 수 있는 모양은 여러 가지 평면도형이나 입체도형으로 범주화될 수 있고, 각각의 평면도형이나 입체도형은 고유한 성질을 갖는다. 평면도형이나 입체도형의 개념과 성질에 대한 이해는 실생활 문제를 해결하는 데 기초가 되며, 수학의 다른 영역의 개념과 밀접하게 관련되어 있다. 또한 도형을 다루는 경험으로부터 비롯되는 공간 감각은 수학적 소양을 기르는 데 도움이 된다.

'고유한 성질을 갖는다'는 이 글귀 자체가 '개념'이다. 또한 어렵다. 1·2학년 아이들이 이러한 것을 어떻게 받아들일 수 있을까? 단순히 "원이야, 사각형이야"라고 생각하는 것이 고유한 성질일까? 그렇다면 원이나 사각형, 삼각형이 만들어지기 전에 세상에는 어떤 모양들이 있었을까? 이에 대한 물음에서부터 출발해야 한다. 더구나 '교실과 생활주변에서 관찰할 수 있는 모양은'의 이 글귀는 근대과학이 자현현상을 보고 관찰하고 이를 증명해 내는 과정과 같다. 그렇다면 내 안(아이들)에서 어떻게 느끼고 바라봐야 하는지, 이를 위해서는 어떻게 세상을 바라봐야 하는지에 대한 내용이 없다. 도형을 익히는 과정에 대해서 처음부터 어떻게 접근해야 하는지에 대한 내용이 없다. 막연하게 중간과정부터 도입하고 더구나 단순히 개념으로 접근하기 때문에 아이들이 이것을 이해하는 것이 쉽지 않다. 공간감각을 느끼게 하는 것은 머리가 아니라 온몸으로 움직임 활동을 할 때 '고유운동감각', '균형감각', '청각', '시각'들을 강화시킬 수 있다. 단지 교실에 앉아 주어진 내용에 대해서 머리로만 생각한다고 저절로 감각활동이 되는 것이 아니다. 이것은 단편적인 활동에 그치기 때문에 기억*136도 오래가지 않는다.

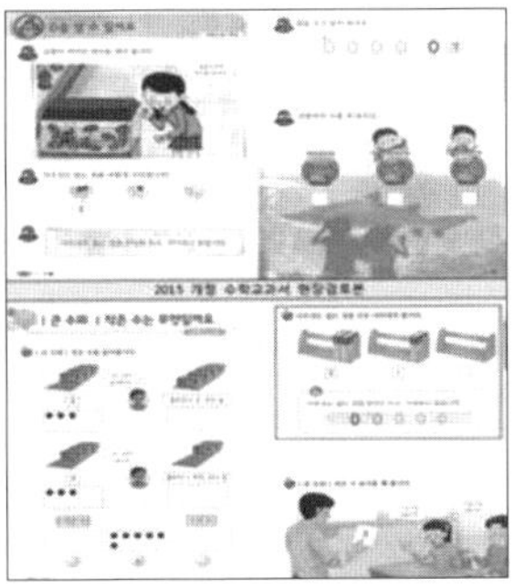

[예시자료]*137
수학 1-2학년군 수학 교과서

도형의 출발점은 직선과 굽은 선에서 시작되어야 한

*135 교육부, 2015 개정 교육과정 수학과 교육과정.
*136 기억에 대해서는 '국어'에서 자세히 소개해 놓았음.
*137 교육부, 2015 개정 교육과정 초등 1학년 수학교과서 현장검토본, 2016.

다. 이것이 발전하고, 또 주변세계에서 이와 비슷한 것들을 찾을 수 있도록 해야 하는데, 문제는 내용 짜임이다. 1학년 첫 주 첫날 수업에서 바로 직선과 곡선을 이용한 수업을 구성하고, 둘째 주부터 숫자를 익히는 수업으로 교과내용이 구성되는 것이 바람직하다. 그런데 바로 개념을 가르치도록 되어 있다. 아래 '도형' 관련 성취 기준을 보면 인지적 학습만 강조했지 정의적인(보여지는 모습을 그대로 지식으로 받아들이게 하는 것이 아니라 가슴으로 느낄 수 있는 내용으로 접근해야 한다. '햇살이 어떻게 비출까? 눈이 어떻게 내리지, 둥근 것이 어떤 것이 있을까? 바람이 어떻게 불까? 아주 센바람을 몸으로 직접 표현해 보고나서 선으로 나타내어 보기, 별이 어떻게 움직일까? 동서남북 따위들) 면을 전혀 생각지 않았다는 것을 알 수 있다.

도형 분야는 '기하학'이다. 적어도 1-3학년까지의 아이들은 자유로이 스스로 마음 가는 대로 예술적인 방식의 기본적인 기하학적 도형을 그려야 한다. 4-5학년에서는 여전히 자유로운 방식이지만, 여러 가지의 기하학적 도형을 그리며 그 도형들의 각기 다른 요소들이 서로 관련을 맺는 방식을 관찰하는 것으로 나아간다.

하지만 1학년 아이들이 배우는 도형에서 가장 중요한 것이 빠져 있다. 바로 '연습'이다. 연습과정 없이 단순히 개념으로만 설명하고 받아들이는 수업은 온전한 내면화를 할 수 없다. 더구나 아이들에게 도형의 참뜻을 머리보다는 먼저 손과 발, 몸으로 '연습'하게 하는 것은 아이들의 공간 감각의 계발이며, 이것을 통해 아이들의 정서나 인성과 같은 내적인 세계의 운동성을 훈련할 수 있다.

또한 아이들의 감각을 육체의 동작을 통해 일깨워주고, 세밀한 동작을 함께 연습해 동작을 조화스럽게 해주며, 다른 한편으로는 이렇게 행한 활동을 영혼적인 행동으로 내면화해야 하는 것이다. 최소한 아이들이 연습을 하고 나서 받아들일 수 있도록 해주어야 한다. 또한 2단원 '여러 가지 모양'에서 여러 가지 모양에는 공 모양, 상자 모양, 기둥 모양 3가지로 구분하여 지도하게 된다. 왜 3가지 모양으로 구분하여 지도하게 만들었을까? 교실에서 3가지 모양을 찾아보고, 굴려보고, 쌓아보는 활동으로 끝나는데 아이들 내면에 모양에 대한 그림이 만들어지지 않았다.

개념적인 설명과 이해는 교사나 아이들에게도 수업을 재미없게 만든다. 도형을 소개하려면 차라리 직선과 곡선이 지닌 위대함을 소개하고 배우도록 하는 것이 더 낫다.[*138]

---

*138 김용근, 선생님은 살아 있는 교육과정이다(수학), 물병자리, 2014.

도형도 역시 개념으로만 배우게 한다.

명분 없는 연계교육!

가) 입체도형의 모양

① 교실 및 생활 주변에서 여러 가지 물건을 관찰하여 직육면체, 원기둥, 구의 모양을 찾고, 그것들을 이용하여 여러 가지 모양을 만들 수 있다.

② 쌓기 나무를 이용하여 여러 가지 입체도형의 모양을 만들고, 그 모양에 대해 위치나 방향을 이용하여 말할 수 있다.

2015 개정 교육과정에 '물체의 위치와 방향'은 1·2학년군에 추가되었다. 누리과정과 연계를 위해서 추가되었다고 밝히고 있는데, 연계라는 것은 학년교육과정에서 상위개념을 학습할 때 저학년에서 다루지 않은 학습내용이 있을 경우, 이를 보완하기 위해서 추가하는 것이다. 유치원(어린이집) 누리과정과의 연계를 위해서 물체의 위치와 방향을 추가했다고 하는데, 어린 유치원 아이들에게 '물체의 위치와 방향'을 알게 해주는 것이 과연 바람직할까? 누리과정을 살펴보면 '천재형' 사람으로 만드는 내용으로 짜여져 있다. 초등학교 교육과정에서 배워야 할 내용들이 대부분이다. 글자도 익히지 않은 5-7살 아이들에게 죽어 있는 지식을 강제로 집어넣으려고 하는 어른들의 욕심이 아이들을 병들게 할 수밖에 없다. 더구나 유치원 아이들이든, 초등학교 1·2학년 아이들이든 '물체의 위치와 방향'에 대해서 제대로 인식이 가능할까? 공간능력이 아직 생기지 않은 아이들에게 마구 머리에 집어넣는다고 아이들이 다 알 것이라고 생각하는 교육과정 연구자들의 그릇된 욕심이 아이들을 병들게 하고 결국 수학이라는 것이 어렵다고 여기게 만든다. 더구나 이 내용 역시 가슴보다는 분명 머리로 받아들이게 구성될 것이라 보는데 결국 아이들은 더 힘든 배움의 길을 가게 될 것이다. 고학년에서 생각의 힘이 어느 정도 생기기 시작할 때 가르쳐도 되지 않을까? '누리과정' 연계라는 그럴 듯한 핑계를 내세우고 있지만 가르치지 않아야 할 것을 가르치게 만드는 것이라 다시 교육과정 내용을 구성해야 한다. 그러면서 발달단계를 생각했다고 한다. 발달단계에 대해서 제대로 알고 있다면 이런 내용을 섣불리 구성하지 않을 것이다. 누리과정부터 첫 단추를 잘못 끼웠다. 잘못된 것을 오히려 정당화시키려고 '연계'라는 것을 내세워 '물체의 위치와 방향'을 추가한 것은 옳지 않다. 더구나 '수학포기자'를 줄인다고 거창하게 외치지만 오히려 더 많이 늘어

나게 만드는 교육과정이라면 차라리 가르치지 않는 것이 아이들의 영혼을 살릴 수 있다. 잘못된 것을 가르치지 않는 것도 교사의 권리이자 책임이다.

처음부터 원, 삼각형, 사각형을 배우게 하는 것보다는 세상이 처음 만들어질 때 생긴 곧은 선과 굽은 선을 배우게 해야 한다. 원, 삼각형, 사각형…. 간단한 것인데 무슨 문제가 있냐고 하겠지만 이것은 어디까지나 교사(어른)의 처지에서 생각하는 것이고, 아이들은 그렇게 생각하지 않는다. 이것도 배우는 과정이 있기 때문이다. 곧은 선에는 다음과 같은 것들이 있다.

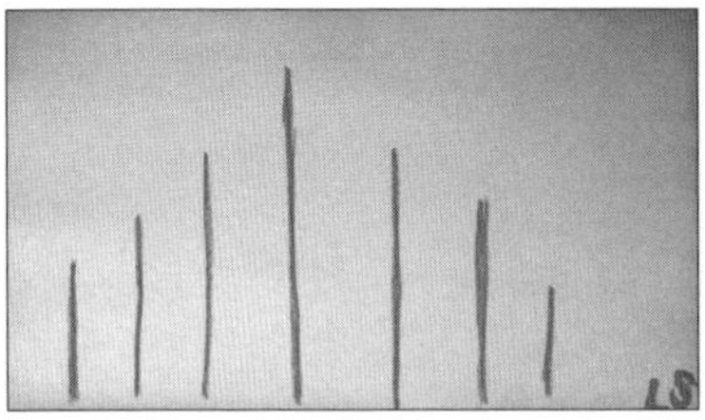
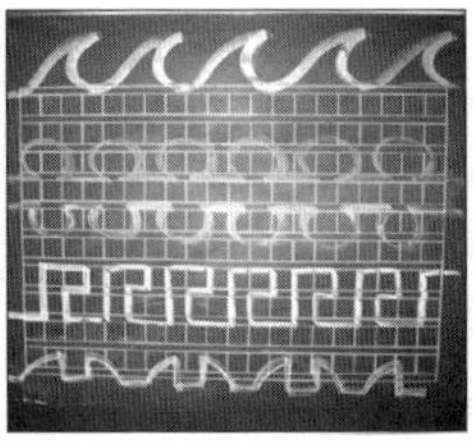

그리고 굽은 선에는 이러한 것들이 있다.

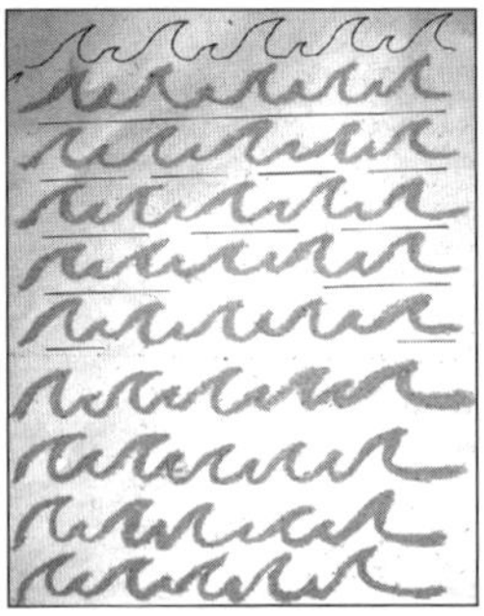
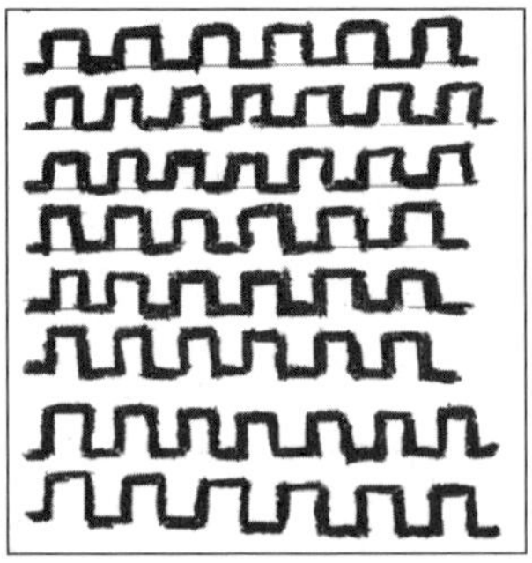

물론 이보다 더 많이 있지만, 이렇게 어느 정도 곧은 선과 굽은 선의 형태를 충분히 익히는 과정이 필요하다. 더구나 도형을 처음 배우게 되는 아이들은 물론 유치원 다닐 때 '이거다, 저거다'라고 해서 개념중심으로 배웠겠지만, 곧은 선과 굽은 선이 어떻게 닫히게 되어서 원, 삼각형, 사각형, 오각형…이 되는지를 온몸으로 익히게 해야 한다. 우리 인류가 곧은 선에서

———— 에서 △○ 까지 오는 과정에는 오랜 시간이 걸렸다. 이러한 과정을 배우지 않고 그냥 뛰어 넘어서 원, 삼각형, 사각형들을 가르치고 배우게 하는 것은 모래 위에 집을 짓게 하는 것과 같다. 기초가 튼튼하지 못한 결과만 내세우는 학습을 강요하는 것과 같다. 그렇다고 이 시기 아이들 삶에서 원, 삼각형, 사각형들을 당장 배우지 않는다고 생활하는 데 큰 문제가 있을까? 이러한 도형들을 1학년 2학기

후반에 가서 배워도 된다. 문제는 배우게 하는 방법에 문제가 있다. 단순히 '이것은 00다' 식의 배움은 단편적인 지식을 배우는 것에 지나지 않는다. 그야말로 아이들이 온몸으로 받아들이기 위해서는 처음부터 천천히 배워 나가게 해야 한다.

음식도 급하게 먹으면 체하는 것처럼 차근히 배워 나갈 때 비로소 배움의 즐거움이 생기는 것이다. '수포자'가 왜 생기는 것일까? 단순히 아이들이 탓을 하기보다는 근본적인 원인이 무엇인가에 대해서 생각을 해야 한다. '하나를 알더라도 제대로 배우게 하는 교육' 이것이 아이들을 진정으로 배려하는 교육이다. 이런 내용으로 수학과 교육과정 틀을 다시 세워야 한다. '수학 포기자'를 줄이는 것이 학습량을 적게 하는 것이라면 내용도 제대로 구성해야 한다. 중요한 것은 '재미'다. 재미있게 배우는데 어떻게 수학을 멀리할까? 흥미를 없애고 껍데기만 가르치고 있는 현실에서 '수학 포기자'가 더 늘어나고 있는 것은 당연하다. 2015 개정 교육과정은 이미 우려가 현실로 나타나고 있기 때문에 지금이라도 이에 대한 보완책이 필요하다.

꼭 필요한 내용만 그것도 발달단계에 맞는 내용들을 가르치고 배우게 해야 한다. 그러면서 천천히 배워 나가도록 하는 시간과 기회를 주는 교육에서 상상력과 창의력이 풍부한 아이들을 길러 낼 수가 있다. 그렇다면 아이들이 원, 삼각형, 사각형 따위들을 쉽고 편하게 익히게 하는 방법은 없을까? 자칫 기능만 내세우기 때문에 아이들은 이것을 따라하는 데 무척 힘들어 한다. 물론 몇몇 아이들을 금방 잘 따라하겠지만 그렇지 않은 아이들이 더 많다는 것에 관심을 가져야 한다. 이것을 쉽게 하기 위해서는 사전 연습이 필요하다.

그럼 어떻게 하면 좋을까? 먼저 손가락으로 충분히 익히는 활동을 하고나서 크레용이나 굵은 색연필을 이용하게 한다. 손가락의 움직임을 아주 천천히 1학년 수준에 맞게 간단한 리듬활동처럼 진행한다. 요즘 1학년 아이들이 연필이나 크레용을 잡고 그림을 그리거나 글씨를 쓰는 것이 결코 쉽지 않은 것을 볼 수 있다. 여러 가지 도형들을 배우게 하는 것도 마찬가지인 것처럼 천천히 익히도록 해야 한다. 이러한 과정을 거치면서 아이들은 제대로 잘 자라게 된다. 온전한 발달과 성장을 돕는다는 배움이 바로 이런 것이다. 운동 경기를 할 때도 사전에 충분히 몸을 풀지 않게 되면 자칫 다칠 위험이 큰 것처럼 말이다. 이러한 과정 없이 바로 도형들을 배우게 하는 것은 물론 얼마든지 배울 수 있다. 하지만 중요한 것은 무엇을 어떻게 왜? 배워야 하는지에 대한 분명한 제시가 있어야 한다. 배울 때 아무렇게나 배우는 것이 아니라 온전한 성장과 발달을 할 수 있게 해주어야 한다. '성취기준'이 과정중심을 위하는 것이라면 당연히 과정을 위한 내용이 있어야 한다. 그렇지 않다면 말 그대로 '결과'중심 교육이다. 그런데도 과정중심 교육을 하라고 하는 것은 앞뒤가 맞지 않는다. 그러니 교사와 아이들이 힘들어 할 수밖에 없다.

여기에 교육과정 재구성을 해야 하니 얼마나 노력과 시간이 허비되는가? 처음부터 제대로 수학과 교육과정을 제시하고 성취기준도 이에 맞게 구성해 놓으면 좋지 않겠는가? 결국 학교현장에서 아이들을 제대로 가르쳐 보지도 못한 그야말로 연구실과 책으로만 교육을 하는 사람들이 모여서 만든 교육과정이기 때문에 이러한 현상들이 일어날 수밖에 없다.

뒤처짐이 없는 교육은 이렇게 천천히 그러면서도 제대로 내면화될 수 있는 실천적인 내용을 제시해야 올바르게 학교현장에 뿌리를 내릴 수 있다. 그렇지 않다면 구호에 그치고 만다. 따라서 아이들의 삶과 발달단계를 생각하지 않은 교육과정과 교과서를 굳이 애쓰게 가르칠 필요가 없다. 도움이 되지 않는 교과서를 내려놓는 순간 아이들이 보이기 시작하고, 교사 자신의 삶속으로 아이들이 들어오기 시작한다. 교사자신의 삶속으로 들어온다는 것은 아이들을 제대로 살펴보고, 이 아이들이 커 나가는 데 무엇이 어떻게 왜 필요한지를 알게 되는 것으로, 이를 위해 애쓰는 것이 교사로서의 책무를 다하게 된다는 것이다.

무조건 찾는 것이 아닌 왜? 찾아야 한다.

2) 평면도형과 그 구성 요소

① 교실 및 생활 주변에서 여러 가지 물건을 관찰하여 삼각형, 사각형, 원의 모양을 찾고, 그것들을 이용하여 여러 가지 모양을 꾸밀 수 있다.

② 삼각형, 사각형, 원을 직관적으로 이해하고, 그 모양을 그릴 수 있다.

③ 삼각형, 사각형에서 각각의 공통점을 찾아 말하고, 이를 일반화하여 오각형, 육각형을 알고 구별할 수 있다.

무조건 찾는 것이 아니다. 왜? 어떻게 찾도록 해주어야 한다. 단순히 '삼각형, 사각형, 원의 모양을 찾고'는 수학에서 하는 것이 아니라 국어(글자 익히기), 즐거운 생활(체육활동)과 연계해서 통합으로 가르치고 배워야 한다. 단지 수학에서만 다루게 하는 것은 개념중심으로 가르치게 된다. 삼각형이나 사각형, 원은 자연의 형태에서 그 모양들을 찾을 수 있는데, 이 모양들 이전에 여러 모양의 단순 선들을 찾고 익히는 사전 과정이 필요하다. 따라서 '형태그리기'*139 작업은 초등 1·2학년 아이들에게 필수로 가르쳐야 한다. 문제는 국어와 수학, 즐거운 활동이 다 제각기 내용으로 짜여 있기 때문에 어려움이 있다. 말로는 교과끼리 연계를 했다고 하지만 전혀 연계되지 못한 내용들로 구성되어 있다. 그러다보니 결국 교육과정 재구성을 교사들이 해서 가르치라고 그 책임을 떠넘기고 있는 것이 2015 개정 교육과정의 현실이다. 차라리 국어, 수학을 다 무시하고 '형태그리기'로 시간을 확보하는 것이 가장 좋은 대안이다. 국어과 '글자 익히기'를 위해서, 수학과 '수나 도형을 익히기'를 위해서, 즐거운 생활 '움직임교육'을 위해서, 즐거운 생활 '아름다운 색칠을' 위해서 이 모든 내용들을 다 포함할 수 있기 때문에 아예 삼월 초부터 '형태그리기'를 하는 것이 좋다. 교육과정에 교과끼리 연계를 하라고 했으니, 아무런 문제가 없다. '형태그리기' 수업은 그야말로 교과끼리의 연계를 훨씬 뛰어넘는 훌륭한 통합수업을 하게 되는 것이다.

자, 그렇다면 '삼각형, 사각형, 원의 모양을 찾고'처럼 원을 어떻게 가르치면 아이들이 자연스럽게 알 수가 있을까? '이것은 원이다', '이것은 삼각형이다'라고 가르치는 것은 단순히 세상에 있는 것을 소개하는 것뿐이다. 더구나 개념으로 이해하게 만들기 때문에 아이들 또한 그것을 그대로 받아들이게 되고 그 때문에 이 속에 담긴 세상의 아름다운 진리를 알지 못하게 된다. 죽어 있는 지식을 배우는 것뿐이다.

세상에는 처음부터 삼각형, 사각형, 원이 있었던 것이 아니다. 세상이 처음 만들어진 것은 곧은 것과 굽은 것으로 만들어졌다는 것은 대단히 큰 사실이기 때문에 교사에 의해서 아이들한테 마치 빛의 속도처럼 빠르게 받아들일 수 있도록 해야 한다. "아! 그렇구나!" 하는 깊은 충격을 주는 것, 그래서 아이들의 잠들어 있는 의식을 확 깨우는 것, 의식을 깨운다는 것은 아이들한테 깊이 느꼈다는 것이다. 그렇게 되면 아이들은 어른이 되어도 초등학교 1학년 때 배웠던 이러한 내용들을 그대로 기억할 수 있다. 기억이 가물가물하다는 것은 그만큼 장기기억보다는 단기기억에 그치기 때문이다. 더구나 개념중심으로 가르치게 되면 기억해 내는 능력이 적기 때문에 초등학교 때의 큰 사건에 대해서만 기억이 날 뿐. 나머지는 그야말로 희미하게 기억해 낼

*139 발도르프학교에서만 하는 교육활동이다. 교과를 강화시키는 것으로 1-2학년 때 글자나 수학 숫자를 익히는 데 많이 이용되고, 고학년으로 갈수록 교과와 연계에서 다룬다. 주로 기하학이 시작되는 5학년까지 다루는데 학교마다 학년 차이는 있다.

뿐이다. 여기서 중요한 것은 교사가 어떻게 전달하느냐, 나타내느냐이다.

예를 들어 '원'에 대해서 이야기할 때, 교실에서 의자를 옮길 수 있는 공간이 있다면 의자를 치우고 교사와 아이들이 동글게 원을 만들도록 한다. 동그랗게 원을 만들었으면 아이들이 서가지고 가운데 중심을 향해 전부 모였다가 가운데 점을 향해 다시 뒤로 가는, 이런 과정을 여러 번 되풀이한다. 그러면서 늘 둥근 원에 머물러 있을 수 있도록 주변, 바깥, 중심이 아닌 중심도 원이 만들어지게 한다. 이때 이러한 것이 한꺼번에 안으로 갔다가 밖으로 나갈 때 원이 동그랗고 예쁘게 만들도록 힘을 기울인다. 이렇게 '원'이라는 것은 내가 그 가운데 한 선, 한 점, 우리 모두 안에 있고, 내가 여기서 나오면 원을 이룰 수 없기 때문에 우리는 하나로 되었을 때 아름다운 원이 생길 수 있다는 것을 아이들 스스로가 느끼고 깨닫게 하는 것이다. 더구나 중요한 것은 원으로 섰을 때 원이 되기 위해서는 다른 사람을 봐야 한다는 것이다. 직선으로 한 줄로 서 있다면 다른 사람을 자신의 눈으로 제대로 볼 수 없고 단지 앞, 뒷사람만 가까스로 볼 수 있다는 것, 직선(곧은 선)에서는 내가 내 자신한테 집중되어 있고, 내가 나로 모여 있다는 것, 여기에 굽은 선은 내가 굽힐 수 있고 다른 사람을 배려할 수 있고 몸을 숙일 수 있을 때, 또한 내가 남을 위해서 한 발자국 뒤로 물러설 수 있을 때, 하나의 사회(원)가 만들어질 수 있다는 것이다. 바로 공동체라는 것을 몸으로 느낄 수가 있다. 물론 교사의 긴 설명이 필요없다. 이러한 과정을 여러 차례 해보는 것, 일회성으로 한두 번 하는 것이 아니고, '원'을 배우는 단원이라면 이러한 과정으로 진행해야 한다. 움직임을 했으니, 크레용으로 에포크 공책에 그려보기도 하고, 즐거운 생활 시간에는 바깥에 나가서 여러 활동을 하기도 하고, 국어 시간에는 '원'과 관련된 옛이야기를 듣고, 즐거운 시간에는 습식수채화로 그려보기도 하고, 이러다보면 최소한 5일이 필요하다. 또한 이 안에는 중요한 리듬이 들어 있다는 것, 최소 5일 동안 아이들은 살아 있는 리듬을 느끼고 배우게 되는 것이다. 그래서 아이들은 자연스레 온몸으로 익히고 받아들인 것이라 아주 오래오래 기억할 수 있다. 한두시간 만에 후딱 가르치는 것은 아이들의 상태를 전혀 배려하지 않는 것이다. [5일간 활동 소개]에 대해 뒤쪽에서 자세히 다루고 있다. 이렇게 천천히 배울 수 없기 때문에 초등 1·2학년 아이들이 배우기에는 물론이고 다른 3-6학년이 배우기에도 학습량이 많다. 확 줄여야 한다. 그래야만 수학과가 내세우는 수학다운 수학을 배울 수 있다. 그렇지 않다면 죽은 지식을 배우지 않게 하기 위해서 교육과정과 교과서를 과감하게 내려놓는 것이 좋은 방법이다.

이해가 어렵고 어렵다!

〈교수·학습 유의 사항〉[*140]

① 쌓기 나무를 이용한 모양 만들기, 칠교판을 이용한 모양 채우기나 꾸미기를 통하여 도형에 대한 공간 감각을 기르게 한다. (추론)

② 입체도형의 모양이나 평면도형의 모양을 다룰 때 모양의 특징을 직관적으로 파악하여 모양을 분류하고, 분류한 모양을 지칭하기 위해 일상용어를 사용하게 할 수 있다. (정보처리)

③ 입체도형의 모양과 평면도형의 모양을 이용한 모양 만들기와 꾸미기의 주제는 학생들에게 친근한 소재인 동물, 탈 것, 건물 등으로 다양하게 제시한다. (창의·융합)

④ 쌓기 나무로 만든 입체도형의 모양에 대해서 '~의 앞', '~의 오른쪽', '~의 위', '2층' 등을 사용하여 말하게 한다. (의사소통, 추론)

–이하생략–

'교수·학습 유의 사항'에서 제시한 '추론', '정보처리', '창의융합'.

이렇게 편성하기 때문에 수학이 어렵고 재미가 없는 것이다. 더구나 기능만 있다. 단지 초등 1·2학년 아이들 발달단계에 맞는 내용만 제대로 가르치면 좋지 않을까? 백화점식 교육을 한다고 해서 다 효과가 있는 것이 아닌 것처럼 '적게 배우는 것이 많이 배우는 것'처럼 그 취지에 맞게 교육과정 내용들을 구성하면 좋지 않을까? ,하나라도 온전히 배우게 기다려 주는 교육이 필요하다. 쌀이 밥이 되기 위해서는 끓고 뜸도 들여야 한다. 끓었다고 뚜껑을 열어놓으면 밥이 설익는 것처럼, 시간을 두고 아이들이 제대로 소화할 수 있도록 뜸을 들이는 배움이 되게 하면 안 될까? 그렇게 되면 찰진 밥이 되어 맛나게 먹을 수 있는 것처럼, 뒤처짐이 없는 아이들이 덜 생겨나는 수학교육이 되지 않을까? 어설프고 주먹구구식 교육과정구성이 결국 교사나 아이들을 힘들게 만들고 있으니 우리 교육은 언제까지 이런 것을 되풀이해야만 할까?

본질에 대한 접근은 이런 것이 아니다.

말만 바꾼다고 과연 능동적으로 수학을 받아들이는데 도움을 줄 수 있을까?[*141]

*140 교육부, 2015 개정 교육과정, 수학과 교육과정 1-2학년편.

가르치는 계산방식을 바꾸지 않거나 학습량을 줄이지 않고, 또한 발달단계에 맞게 성취기준을 제시하지 않고서는 공염불이다. 이것을 배우는 것은 아이들이다. 이 아이들이 세상을 어떻게 보고 어떻게 알아가는 것이 좋을지에 대한 분명한 내용이 있어야 한다. 단순히 단어 바꾸기나 자신들의 입맛에 맞는 사람들로 채워진 공청회는 의미가 없다.

전체에서 부분으로*142

2015 개정 교육과정에서 1·2학년 내용 가운데 발달단계에 맞지 않는 내용들이 많다. 개념이나 계산 원리에 이르는 과정에서 논리가 적용되지 않거나 여러 번의 활동을 해서도 학급의 많은 아이들이 제대로 이해할 수 없는 어려운 내용이 많이 있다. 예를 들어 초등학교 1학년 과정에서 '덧셈식과 뺄셈식의 관계를 이해한다'는 내용의 경우 대다수 1학년 학생들이 쉽게 받아들이지 못하고 있다. 2+5=7, 7-5=2와 같은 계산방식은 단순히 덧셈식과 뺄셈식을 찾아 쓰는 활동에서 수학은 이해가 아니라 단순히 답을 암기하는 것으로 받아들인다. 이 나이는 아직도 숫자를 세분화시키는 것이 어렵다. 그런데다가 1학년 2학기는 받아 올림이 있는 덧셈식과 뺄셈식의 관계까지 배우게 되는데 이 때 아이들은 아주 큰 산을 만나는 것처럼 느껴서 많이 두려워하거나 힘들어 한다. 학교에서 내준 과제를 밤늦게까지 끙끙대며 하는 아이들

---

*141 강완, 2015 수학과 교육과정 공청회 자료, 학습자 중심 교육관과 교육과정, 2015.
'개발 방향에서는 이에 대하여 직접 언급한 부분이 없는데, 이 부분에 대하여 그 성격과 명칭 등을 언급하여 보충하면 더 좋을 것이다. 아울러 이 부분의 진술에 있어서 행위의 주체가 대부분 추상적인 수학적 내용으로 되어 있는데, 어차피 수학은 인간의 행동을 통하여 전개되므로 주어를 명시적으로는 표현하지 않더라도 '우리'또는 '나'를 의미하는 인간이 행위의 주체가 되는 문장으로 제시하면 더 좋지 않을까 제안한다.
이것을 인간 중심의 행동으로 기술하면 다음과 같이 될 것이다.
인간은 사물의 양을 나타내기 위해 수를 사용하였으며, 처음에는 주로 자연수, 분수, 소수를 사용하였다. 인간은 수 세기를 통한 자연수 개념을 바탕으로 수 개념을 분수와 소수까지 확장하고, 각각에 대한 사칙계산을 정의하였다.
인간이 수학에서 다루는 가장 기본적인 개념은 수이며, 실생활뿐만 아니라 타 교과나 수학의 다른 영역을 학습하는 데에도 수를 필수적으로 사용한다. 또한, 우리가 수학 학습에서 습득해야 할 가장 기본적인 기능은 사칙계산이며, 이후의 학습에 기초가 된다.
이러한 인간 중심의 성취 기준 기술은 학생들이 수학을 '나'와 관계없는 별개의 것으로 여기는 소외감을 해소하고, 보다 가깝고 능동적으로 수학을 받아들이는 데에 도움을 줄 수 있을 것이다.'
*142 김용근, 〈선생님은 살아 있는 교육과정이다〉 '수학편'에서 자세히 소개하고 있음.

을 우리는 주변에서 흔히 본다. 학년이 올라갈수록 수학공부가 재미있다고 하는 아이들은 손가락을 꼽을 정도로 드물다. 학교 과제이기 때문에 마지못해서 하는 아이들. 이 아이들의 표정을 살펴보았다면 이런 성취기준을 제시하지 않을 것이다. 집에서 하는 과제는 교실에서 흥미를 가지고 배우는 것이 시간이 부족해서 이를 집에서 조금 더 하는 것으로 해야 하는데, 과제(숙제)를 위한 과제를 하고 있으니, 어찌 즐겁게 과제를 할 수 있을까? 결국 발달단계를 이해 못하는 사람들이 만든 교육과정이라 이런 결과가 있는 것이 당연한 것인지도 모른다. 무엇을 어떻게 왜 가르쳐야 하는지에 대한 정확한 이해가 필요하다.

그렇다면 우리는 아이들 발달단계에 맞는 교육과정을 왜 만들어 내지 못하는 것일까? 나름대로 발달단계를 생각했다고 하나 그 내용을 들여다보면 흉내만 내었지 실제 내용은 전혀 그렇지 못하다. 더구나 교과끼리의 관련성도 거의 없다. 최소한 학년단위에서 무엇을 어떻게 가르칠 것인가에 대한 협의가 이루어져야 할지 않을까? 각 교과마다 만든 사람들이 다르고 그것을 한 사람(교사)이 가르쳐야 하기 때문에 제대로 전달이 되지 않는 것은 당연할지 모른다.

초등학교 1학년 시기는 몸(신체)이나 생각(사고)이 아직 분화되지 않았고 학교 교육을 통해서 조금씩 분화해 나가는 시기이므로 교육과정도 이에 맞게 편성해야 한다는 것이다. 따라서 교육과정의 기본 맥락이 전체에서 부분으로 구성되어야 한다. 국어 교과에서 옛이야기를 중심으로 수업이 이루어진다면, 수학에서는 전체성을 강조하는 계산방식을 또 여기에 스토리텔링도 옛이야기에서 가져와 들려주어야 하고, 즐거운 생활 시간의 움직임 활동도 세상을 바로 보고 설 수 있는 고유운동감각이나, 생명감각, 균형감각을 강화시킬 수 있는 내용으로 이루어져야 한다. 하지만 현 교육과정은 이러한 배려를 제대로 하지 않고 있다. 오로지 단위 시간 내에 주입하고자 하는 개념중심 학습을 주로 이루고 있다.

따라서 교육과정이 제대로 운영되기 위해서는 무엇보다도 아이들 발달단계를 먼저 알아야 하고, 이에 맞게 구성되어야 한다. '적재적소' 라는 말처럼 나이에 맞는 교육, 그래야만 우리 아이들이 제대로 성장해 나갈 수 있다.

가르치고 배워야 할 내용이 너무 많다

1학년 아이들이 배워야 할 숫자는 어디까지일까? 2015 개정 교육과정이나 과거 교육과정에서는 다음과 같이 명시하고 있다.

'① 0과 100까지의 수 개념을 이해하고, 수를 세고 읽고 쓸 수 있다.'*143

아이들이 과연 0에서 100까지 제대로 이해를 할 수 있을까? 있다고 해도 교사들은 어떻게 가르쳐야 할까? '수 개념을 이해하고'라면 "이것은 1이고 이것은 5이고, 이것은 10이고, 이것은 30이고, 이것은 99이고, 이것은 100이란다"라고 단순히 이것은 무엇이다 식으로 가르치면 되는 것일까? 중요한 것은 1·2학년 아이들은 개념을 온몸으로 쉽게 받아들이지 못한다. 어른(교사)의 처지에서 아무리 쉽다고 생각하는 더하기나 빼기 문제도 아이들 가운데는 아주 어려워하거나 부담스러워하는 아이들도 있다. 그만큼 어른(교사)이 생각하는 것과 달리 아이들은 개념을 쉽게 받아들이지(이해) 못하다. 단순히 '수 개념을 이해하고'라는 말은 전적으로 어른(교사)들 생각이다. 그렇다면 수행평가도 '이해했다' '못했다' 아니면 '노력을 요함'으로 단정 짓고 말 것인가? 아이들 처지를 생각하는 배움은 생각에도 없는 것일까? 당연히 알아야 하고, 그렇지 못하면 도움이 필요한 학습부진아로 단정 짓고 마는 것인가? 그렇기 때문에 현재나 앞으로 바뀔 교육과정에서는 '수학 포기자'를 줄어들게 하지 않고 점점 더 만들어 낼 수밖에 없다. 초등학교 교육과정에서 수학은 아이들에게 그야말로 흥미를 가지고 배우게 해주어야 한다. '개념' 중심으로 가르치는 것은 이미 흥미하고는 거리가 멀다. 1·2학년에서 아무리 수학 관련 좋은 수업을 요란하게 해도 개념중심이라면 그것은 교사자신을 위한 수업이지 아이들은 그 안에 없다. 숫자 하나라도 천천히 익히게 기다려 주는 교육은 과연 힘들까? 세상이 빠르게 돌아가니 가르치고 배우는 것도 속성으로 해야 하는 것일까?

1학년 동안 '0에서 100까지' 배우는 것은 아이들에게 큰 무리다. '1에서 50까지' 정도만 가르쳐도 충분하다. 나머지 숫자는 2학년에 가서 가르치고 배워도 된다. 대충 가르치고 배우는 것보다 하나라도 제대로 알고 배우는 것이 필요하다. 받아들일 준비도 안 되어 있는 아이들에게 한꺼번에 많은 숫자를 보여준다고 아이들이 다 알지는 못한다. 세상을 조금씩 알아가는 것처럼 숫자도 조금씩 넓혀 나가도록 교육과정 구성을 해주어야 한다. 1학년 아이들이 숫자 100을 모른다고 당장 생활하는 데 큰 문제가 있는 것도 아니라면 굳이 힘들게 가르칠 필요가 없다. 숫자 100을 제대로 받아들이고 이것을 이용해서 어떻게 생활할지에 대해서 알 수 있는 나이가 있기 때문에 성급하게 넣어줄 필요가 없다. 소화되지 않게 너무 많은 음식을 먹으면 분명

*143 교육부, 2015 개정 교육과정, 수학과 교육과정.

탈이 난다. 몸이 제대로 돌아오기 위해서 많은 아픔(설사, 구토…)이 따르는 것처럼 1학년 아이들도 마찬가지다. 자꾸 이야기하는 것이지만 학교현장 경험이 많은 교사들 중심으로 교육과정 틀을 세운다면 이렇게 무개념으로 교육과정을 대충 만들지 않을 것이다. 예를 들어 숫자 1에 대해서 최소한 다음과 같은 과정이 필요하다. 개념을 그림과 이야기로 받아들일 수 있도록 해야 한다,

[예시] *144

1-하나 　　　　　 1

수학을 처음 배우는 날 첫 시간에 아이들은 직선(1이라는 숫자)이 새로운 뜻을 지니고 다시 나타난다. 이 숫자는 한 살에 아이가 얻게 된 바른 자세를 나타냈고, 지금은 자신, 1이 하나 된 힘을 깨닫게 해준다.(단, 아이들은 이를 의식해서는 안 된다) 아이들은 선 자세로 배움으로써 이 힘을 얻었고, 이를 가지고 사물의 세계를 주체로서, 한 개인으로서 맞이할 수가 있다.

•**내용 :** 1은 모든 숫자에서 가장 처음이라는 것. 그러면서 가장 큰 숫자라는 사실을 일깨워 준다.

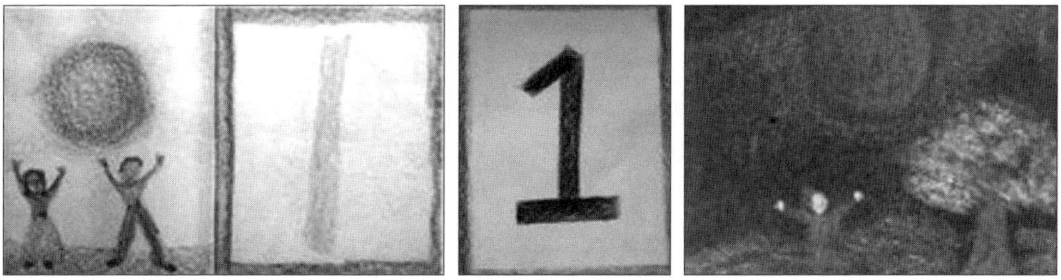

•**활동**

① 여러분(아이들) 각자는 '1'입니다. 스스로 각자 바르게 똑바로 서 볼까요?
- 아이들이 의자에서 일어선다. 또는 걸상을 양쪽으로 밀어 놓고 카펫 위에 둥글게 원을 만들어서 앉아 있는 경우는 그 자리에서 일어나게 한다.

---

*144 김용근, 선생님은 살아 있는 교육과정이다. 수학편.

- 그런 다음 교사가 한 발자국 떼고 한번 위로 뛰어 보고 한 번 박수 치기 한다.

② 자, 우리가 알고 있는 이 세상에 '하나'인 것은 어떤 것이 있을까요?

- 아이들 : 태양이요, 달이요, 머리요, 나요. 엄마요. 아빠요….
- 교사 : 그럼 어떻게 '1'을 보여줄 수 있을까?
- 아이들 : (아이들이 손가락을 내보이며) 손가락 하나요.
- 교사 : 그럼 이 '1'을 어떻게 쓸까? 궁금하지요? 자, 나를 따라해 보세요(※교사는 아이들을 마주보면서 공중에다 '1'을 써 본다. 아주 천천히 온힘을 기울여서).
- 교사 : 왼쪽 손가락으로 써볼까요?(아이들도 따라서 공중에다 쓴다)

•동작(내 몸을 수로 표현하기)

- 교사 : 자, 여러분 이번에는 하나-'1'을 내 두 손으로 하늘에 닿을 것처럼 내가 마치 창이 되어 곧게 서 볼까요?
- 아이들 : 두 손을 위로 쭉 뻗어 올린다.(※두발로 선 사람)

•쓰기

- 교사는 '숫자 1'에 대한 여러 가지 활동을 해본다. 또한 주변에서 이와 비슷한 것이 있는지를 물어보고 답하는 시간을 갖는다. 아이들을 자리에 앉게 한다. 이때 교사는 미리 칠판에 그려 놓은 아라비아 숫자 '1'을 보여준다.(*아이들 표정이 어떨지는 상상에 맡깁니다)

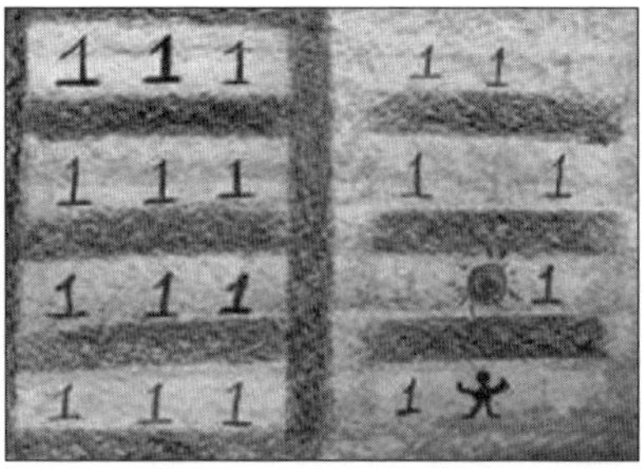

아이들이 자리에 다 앉았으면 다시 손가락을 이용해서 공중에다 1을 그리게 하거나, 옆짝 등에 손가락으로 차례로 써보도록 하게 한다. 여러 가지 충분한 연습을 했으면 에포크 공책을 꺼내서 쓰게 하는데, 이때 바로 크레용을 가지고 쓰게 하지 않고 손가락으로 몇 번 써보게 한다. 그런 다음에 사각크레용을 가지고 숫자 1을 크게 그리도록 한다.

•숫자와 관련된 이야기 들려주기

아이들이 공책에 '숫자 1'을 다 그렸으면 수업을 마무리할 시간 10분 전쯤에 앞쪽으로 다 모이게 해서 이야기를 들려준다. '숫자 1'과 관련된 옛이야기를 고를 때는 통합된 하나, 한 단위가 잘라지고 나누어지는 것을 고르는 것이 좋다. 예를 들어 "옛날 옛날에 한 나라에 임금님이 살았어요…". 대부분 옛이야기를 보면 한 나라가 나온다. 이것은 하나 된 한 나라이고, 이 세상에 하나였던 것이 하늘과 땅으로 나뉘어지는 것과 같다는 것을 뜻한다. 아이들이 '숫자 1'에 대해서 처음에 그림 그릴 때 정신없이 그렸지만 결국에는 통합된 하나를 그린다. 아울러 '숫자 1'과 관련된 옛이야기는 따로 추천하기보다는 담임교사가 그 의미에 맞게 구성해서 들려주면 된다. 이것이 초등 1학년 아이들의 수학 첫째 날 수업이다. 이렇게 제대로 가르치려면 그만큼 시간이 필요하다.

•연습 : 에포크 공책에 '숫자 1'대해서 그린다. '숫자 2'에서 '12'까지도 같은 방법으로 공책에 그린다.

이러한 과정은 초등학교 40분 수업에서 모두 다루기가 쉽지 않다. 여러 날 최소한 5일 정도가 필요하다. 이렇게 '숫자 1'을 아이들이 배우는 데 많은 시간이 필요한 것은 아이들이 받아들이는 것이 모두 똑같지 않기 때문에, 또한 아이들도 연습이 필요하다는 것이다. 물론 이미 초등학교에 들어오기 전에 숫자를 다 익힌 아이는 너무 지루한 수업이 될 수도 있지만, 반 아이들 전체가 처음 만나는 것이라 생각하고 교사는 가르치면 된다. 그렇게 되면 이미 다 알고 있는 아이들도 자신들이 머리로 외우다시피해서 알게 된 것과 전혀 다르게 또 자신들이 알지 못하는 숫자 속에 숨겨져 있는 여러 이야기들을 알게 되어 이내 이 수업과정에 빠져 들게 된다. 물론 이러한 수업을 하기 위해서는 교사의 많은 노력과 실천이 뒤따라야 한다. 단순히 교사처지로만 가르친다면 아이들은 무척 지루하고 힘든 수업시간이 될 것이다.

더구나 아이들이 숫자를 '0에서 100'까지 빠르게 미처 소화도 못하게 배우자마자 이내 더하기와 빼기의 관계를 배우게 하고, 2학년에서는 분수를 배우면 분수의 모든 개념을 금방 배우도록 해서 아이들은 점점 수학을 어렵고 하기 싫어하게 된다. '수학포기자'를 줄인다고 하지만 이것은 말뿐이다. 달라진 것이 없다. 아래 '도형' 성취기준을 봐도 아이들이 쉽게 받아들이기가 힘든 내용으로 구성되어 있다.

나. 도형*145

교실 및 생활 주변에서 관찰할 수 있는 모양은 여러 가지 평면도형이나 입체도형으로 범주화될 수 있고, 각각의 평면도형이나 입체도형은 고유한 성질을 갖는다.
평면도형이나 입체도형의 개념과 성질에 대한 이해는 실생활 문제를 해결하는 데 기초가 되며, 수학의 다른 영역의 개념과 밀접하게 관련되어 있다. 또한 도형을 다루는 경험으로부터 비롯되는 공간 감각은 수학적 소양을 기르는 데 도움이 된다.

'다. 측정 라. 규칙성 마. 자료와 가능성'도 마찬가지다. 더구나 가르칠 양이 많다 보니 교사들도 깊이 있게 제대로 가르치지 못하고 있다. 더구나 교과서를 가지고 하다 보니 진도를 생각해야 하고 그렇지 않게 되면 학부모들의 따가운 시선(?)을 받아야 하기 때문에 많은 교사들이 결국 개념중심으로 교과서대로 가르칠 수밖에 없다. 따라서 아이들이 수학을 제대로 배우기 위해서는 현행이나 바뀔 교육과정 내용을 확 줄여야 한다. 1학년에서는 최소 1-30까지만 배우도록 하고, 이를 가지고 기초 더하기, 빼기, 나누기, 곱하기를 다루는 것으로 구성되어야 한다. 2학년에서 좀 더 넓게, 3학년에서 더 넓게, 4학년, 5학년, 6학년으로 초등학교 아이들에게 꼭 필요한 내용을 중심으로 가르치도록 해야 한다. '생활 주변과 사회 및 자연 현상을 수학적으로 이해하고 문제를 합리적이고 창의적으로 해결하며, 수학 학습자로서 바람직한 태도와 실천 능력을 기른다'고 수학과 교육과정 목표에서도 분명히 명시하지 않았는가? 그렇지 않다면 목표는 말 그대로 장밋빛 환상이다. 목표를 중심으로 내용이 채워져야 하는데 그렇지 않게 된 이유 가운데 하나가 아이들 발달단계를 중심으로 구성하지 않았기 때문이다. 각 학년의 발달단계에 대한 제대로 된 연구나 농산어촌과 도시의 학교현장 조사연구를 충분히 해서 무엇을 우리 아이들에게 꼭 가르쳐야 하는지를 목표로 삼고 이에 맞게 학년별 발달단계에 맞게 교육과정을 구성해야 한다. 그래야만 수학교과가 내세우는 목표를 제대로 실현할 수 있다.

교과서를 가지고 직접 가르치는 사람은 누구?

직접 가르쳐 본 사람들만이 그 경험을 살려서 다음을 계획하거나 준비할 수 있다. 물론 머리만으로도 가능하겠지만, 실제 생활과 떨어진 학문은 아이들 삶에 도움이

*145 교육부, 2015 개정 교육과정, 수학 1-2학년 교육과정.

되지 않는다. 더구나 교실에서 교과서를 가지고 직접 가르치는 교사들의 숫자보다 연구실에서 얄팍한 학문 권위에 빠져 있는 사람들이 더 많이 구성되어 있는 것이 수학 교과서 연구진이다. 이러니 학교현장의 목소리를 제대로 담아낼 수가 없고, 아이들 삶에 도움이 되기보다는 연구자 자신들의 이름 내기의 도구로 만들어지는 교과서를 굳이 애써서 가르칠 필요가 있을까? 아이들의 발달단계를 제대로 모르는 사람들이 아이들의 상태를 제대로 알 수 있을까? 더구나 배움에는 많은 차이가 있다.

사전 연구를 한 곳도 대부분 대도시 교육대학교 부속초등학교와 한두 군데 학교를 대상으로 했다. 이렇게 단편적인 연구결과를 가지고 교과서 틀로 세우고 있으니 얼마나 졸속인가? 최소한 대도시, 농산어촌을 대상으로 골고루 사전연구가 이루어져야 좀 더 깊이 있는 연구와 자료로 학교현장 요구를 제대로 반영한 교육과정과 교과서를 만들어 낼 수 있다. 2015 개정 수학교육과정의 연구에서도 직접 현장연구와 조사가 제대로 되지 않았다. 결국 머리중심이다 보니 각 영역마다 '개념'이라는 말을 수없이 쏟아 붓고 있다. 더구나 많은 예산을 들여서 만든 교육과정과 교과서를 학교현장 교사들이 외면한다면 그것은 국가적인 낭비이다. 물론 졸속으로 이루어지기 때문에 개정 교육과정을 추진할 때마다 생기는 일이라 아쉽다.

'교육은 백년지계'라는 말은 그저 말뿐이다. 물론 교육과정 틀을 세우는 데 전문가가 필요하다. 하지만 구성 비율은 20%면 충분하다. 요즘 학교현장 교사들의 실천사례 책들이 봇물처럼 쏟아지고 있는데, 교육전문가라고 자처하는 이들의 책은 아주 드물다. 설사 있다고 해도 현장교사들에게 큰 호응을 받지 못하고 있다. 이것은 학교현장에서 아이들을 오랜 시간 동안 가르쳐 본 경험이 적기 때문에, 즉 바로 가르치고 배우는 데서 나온 진한 경험과 감동이 덜하기 때문이다. 책은 결국 죽은 지식에 지나지 않는다. 그렇기 때문에 교과서가 살아 숨쉬기 위해서는 그 틀을 세우는 연구와 심의진에 현장교사들을 많이 배정하는 것이 제대로 된 교육과정과 교과서를 만들어 낼 수 있다. 또한 자신들의 입맛에 맞는 현장교사들로 채우기보다는 다양한 목소리를 담아내야 한다. 그래야 한쪽으로 치우치지 않는 균형 잡힌 교육과정을 만들 수 있다. 또한 교육과정은 유행이나 정권이 바뀌면 어김없이 나오는 영화 같은 소재가 되어서는 안 된다. '교육이 백년지계'라는 말처럼 오래두고 가르치고 배울 수 있도록 하는 교육과정이어야 한다. 발도르프학교 교육과정의 경우, 역사가 거의 100년이 다 되어가는데도 크게 달라지지 않았다. 물론 시대 요구로 한두 개 추가되거나 빠지는 것이 있지만, 사람 발달을 기본으로 두고 있기 때문에 여기에 맞춘 것이다.

그만큼 발달단계가 중요하기 때문에 발달단계를 제대로 반영하지 않은 교육과정은 모래 위에 집을 짓는 것과도 같다. 불안하기 때문에 수시로 고치고 또 고치고 해나가기 때문에 결국에는 땜질 교육과정이 될 수밖에 없다.

우리의 경우 3-4년마다 바뀌는 교육과정은, 제대로 이해하여 가르치고 배우려고 하면 또 바뀌고 하기 때문에 대부분의 현장교사들은 총론은 물론이거니와 교육과정의 방향이나 성격을 충분히 파악할 수 없다. 많은 예산을 들인 각 시도교육청 교육과정 담당자 연수, 각 시·군교육지원청 교육과정 담당 장학사 연수, 각 시·군교육지원청에서의 관내 선생님들을 대상으로 연수를 한들 충분한 논의 없이 만들어진 것이라 전달하고 받아들이는 것도 형식에 그치는 것이 대부분이다. 그러다보니 학교현장 선생님들이 효과 있게 교육하기도 힘들다. 이제 이러한 것들이 3-4년마다 되풀이 되고 있어서 학교현장 교사들도 여기에 큰 신경을 쓰지 않는다. 또 하나의 일거리로 생각하고 있을 뿐이다. 분명 교육부 관계자들도 이렇게 졸속으로 진행하는 것에 대해서 문제가 있을 것이라 생각하고 있을 것이다. 결국 위정자들의 입맛에 맞는 교육홍보용으로 만들어진 교육과정이기에 개정 교육과정이라는 말보다는 정권 교육과정으로 부르는 것이 맞다. 또 앞으로 몇 년 있으면 바뀔 교육과정과 교과서인데 누가 여기에 열정을 쏟아 부으며 가르치겠는가? 삶이 담겨져 있지 못하는 교육은 결국 헛껍데기일 수밖에 없다.

뒤처짐이 없는 아이들을 위한 올바른 수학 수업을 위해서

• 1학년부터 더하기, 빼기, 곱하기, 나누기를 배우게 해야 한다.

피아제도 이 부분에 대해서 앞쪽에서 말한 것처럼 1학년이라고 해서 더하기, 빼기만 배우게 하는 것은 균형 있는 수업이 아니다. 곱하기, 나누기도 조금씩 함께 배우는 기초과정을 다루게 해야 한다. 셈하기는 단순히 계산 원리를 배우는 것이 아니라 그 속에 담겨 있는 실생활에 필요한 기능을 익히는 것이기에 수업에서 날숨과 들숨에 맞는 균형 잡힌 배움이 일어날 수 있다. 또한 그림 숫자로 먼저 공부를 시작한 다음에 기호를 도입해야 아이들이 큰 어려움이 없이 자연스럽게 '수'에 대한 개념이나 셈하기를 할 수 있다. 칠판그림의 중요성을 다시 강조한다.

• 1·2학년 수학 수업을 효과 있게 하기 위해서는

수학 수업이 있는 날에는 수업 전에 운동장이나 놀이터에 모여서 낮은 울타리 벽

위를 걷거나, 평균대, 늑목들을 건너뛰고, 쓰러진 나무 몸통 위를 걷고, 보도블록 위에 그려진 선 위를 걷거나, 균형 잡기 위에서 흔들고 나서 교실에 들어오는 활동을 권한다. 이런 행동들은 공간(기하학)의 인식을 자리잡는 데 아주 좋다. 이렇게 수학 수업은 온몸으로 익히게 하는 것이 필요한데, 숫자를 배울 때는 담임선생님도 아이들이 강하게 교사 자신의 동작을 따라 하도록 많은 리듬감 있는 동작을 해주는 것이 좋다. 그러면 아이들은 동작을 정확하게 박자에 맞추어서 리듬감을 익힌다. 이렇게 하면 아이들이 자신의 몸을 이용해서 숫자 사이의 관계들을 의식적으로 경험한다. 만약 우리 몸에 있는 손가락, 팔, 다리들이 숫자와 관계가 있다는 것을 안다면 숫자의 개념(수를 이해하고 작용 방법 따위)을 세우는 데 훨씬 쉽게 받아들인다. 예를 들어, 손뼉에 맞추어 걷거나, 나무막대기 장단에 맞추어 빠르게 느리게 걷거나, 펜타토닉이나 리코더의 리듬에 맞추어서 움직이거나, 은은한 소리가 나는 종소리에 맞춰 움직이거나, 아니면 교사가 "말이 들판을 힘차게 달리는 것처럼 달려보자!" "물 위에 조용히 떠 있는 오리처럼 움직여 보자!" "눈을 감고 걸어보자" 식으로 온몸으로 익히는 과정으로 수학 공부를 위한 몸 풀기를 해본다.

[나무막대기 소리내기]

[실 놀이하기]

[줄넘기]

[콩 숫자세기]

1학년 수학 배움 과정 예시

	1학기					2학기					
월	3	4	5	6	7	8	9	10	11	12	2
내용	국어 (글자)	수학 1.수 '1–6'	국어 (글자)	수학 1.수 '7–12'	국어 (글자)	수학 1.수 '13–20'	국어 (문장)	수학 1.20–100 2.셈하기	국어 (문장)	수학 2.셈하기	

국어와 연계해서 수업을 진행해야 한다. 2015 개정 교육과정과 2009 개정 교육과정의 경우, 국어에서는 한글을 익혀나가는데, 수학에서는 바로 문제풀이를 위한 문장이 나온다. 주어진 문제의 문장을 읽고 계산식을 풀어야 하기 때문에 교사나 아이들이나 어느 장단에 맞추어야 할지 상당히 혼란스럽다. 더구나 글자를 전혀 익히지 않고 들어온 아이들의 경우는 그야말로 막막할 것이다. 따라서 3월과 4월 국어시간에는 자음과 모음을 하나씩 깨쳐 나가면서, 수학에서는 단지 숫자에 대해서 배워 나가는 것이 연계성이다. 수를 배운다고 해서 글자를 배우는 것이 아니라 그림으로 수를 이해하기 때문에 글자를 몰라도 아무 문제가 되지 않는다. '수'는 글자가 아니기 때문에 더구나 글자를 익히는 과정처럼 그림으로 먼저 받아들이는 방법으로 수를 익혀 나가고, 여기에 관련 숫자를 이용해서 간단한 더하기, 빼기, 곱하기, 나누기를 배우게 하면 된다.

수는 5일(주단위)에 하나씩 배우는 것이 바람직하다. 국어에서 글자 하나를 5일 동안 배우게 하는 것과 같다고 보면 된다. 천천히 배워 나가도록 해야 한다. 초등학교 1학년 아이들이 뭐가 그리 바쁜 것이 있겠는가? 학원이다 과외다 바쁘게 만드는 것은 어른들이지 아이들은 전혀 바쁘게 생활하려고 하지 않는다. 그런 면에서 수학에서는 단순히 수만 배우는 것이 아니라 숫자 속에 들어 있는 '정신'을 배우고 또한 숫자를 가지고 다양한 셈하기도 하고 여기에 관련된 이야기도 듣게끔 한다. 처음에는 천천히 기초를 다져나간다는 생각으로 하면 숫자 20을 넘어가면 어느 정도 익숙해져 1학년 과정을 끝마칠 때는 숫자 100을 충분히 익히게 된다.

사실 아이들이 숫자를 전혀 모르는 것이 아니다. 최소한 5까지는 무난히 셀 수 있다. 왜? 손가락이 5개로 되어 있기 때문에 어느 정도는 이에 대해서 살아온 짧은 경험(?)으로 알 수가 있다. 그래서 대부분의 아이들은 앞에 3개의 사과가 놓여 있으면 즉시 “3개의 사과가 있어요!”라고 말한다. 따라서 수학적 개념이 이 기초 위에 세워져야 하기 때문에 더구나 5 이상 숫자를 배울 때는 5개의 수를 명확하게 알게 하는 것이 중요하다. 손가락을 쓰면서 셈할 때 한 손에 5개의 손가락을 갖고 있다는 것을 아래 내용처럼 담임교사와 함께 하면 쉽게 이해한다.

7은 5와 2
8은 5와 3
9는 5와 4
6은 3과 3
8은 4와 4
10은 5와 5

따라서 수를 아는 것은 우리 몸으로부터 나온다. 아이들은 두 팔과 두 다리를 갖고 있다는 사실을 가지고 ‘2’의 가치를 경험함으로써 시작한다. 손가락 놀이에서 손가락을 제대로 알게 하는 것은 5까지 세고 그 뒤에 10가지 세도록 한다. 발가락 또한 10이지만 어떤 아이들은 이것을 잘 알지 못하기도 해서 담임교사는 발가락을 포함해 손가락을 이용한 수세기 놀이를 해보는 것도 필요하다.

숫자와 셈하기를 잘 하기 위해서는 자연 구체물이 필요하다.

- 바구니
- 씨앗 꼬투리
- 가능한 어느 정도 같은 크기의 작은 돌
- 어느 정도 같은 크기의 단추
- 나무토막
- 나무 열매 따위들

담임교사는 1학년이 시작하기 전에 다양한 바구니들을 미리 모아둘 필요가 있다. 바구니들은 교사가 한해를 시작하기 위해 준비해야 하는 장비의 한 부분인데, 아쉬운 것은 1·2학년 담임 발표가 전년도 12월에 발표된 학교에서는 큰 어려움이 없겠으나 2월말에 담임 발표하는 학교에서는 삼월까지 준비할 시간이 부족하기 때문에 그 피해는 고스란히 아이들에게 돌아가게 된다. 이에 대한 배려로 1학년 담임은 미리 발표하는 것도 하나의 방법이기도 하다. 교실에 여러 구체물들을 마련해 놓았다는 것은 좋은 수업을 할 수 있는 준비를 해 놓았다는 것과 같다. 또한 아이들에게도 그만큼 오감으로 느낄 수 있는 기회를 준 것이다. 의지를 이용해서 구체적인 경험을 할 수 있다는 것은 아이들에게 큰 행운이다.

그렇다면 1학년 아이들에게 꼭 필요한 것에는 무엇이 있을까? 더구나 3-4월 수학 시간의 '수'와 관련된 내용은 초등학교 6학년 전 과정을 통해 필수가 되어야 하는데, 아쉽게도 학교현장에서는 이것을 소홀히 다루고 있다. 2015 개정 교육과정에도 이 부분에 대해서는 전혀 언급을 하지 않고 있다. 바로 '리듬활동'이다. '수'를 배울 때도 덧셈이나 뺄셈, 곱셈을 배울 때도 리듬활동은 아이들이 온전히 성장하는 데 중요한 몫을 한다. 수업 중에 이루어지는 간단한 리듬활동은 몸(신체)과 감각을 일깨우고 살아 있게 유지시켜 주며, 공부할 뇌를 자극하고 그 결과 새로운 수학에 대한 개념들을 쉽게 받아들이게 한다.

리듬활동없이 바로 수학 수업을 진행하는 것과 수학과 관련된 여러 가지 리듬활동을 하고나서 수학 수업을 진행하는 것에는 많은 차이가 있다. 하루도 아니고 날마다 진행되는 것이라면 엄청난 차이가 있다. 이 리듬활동은 아이들을 깨우고, 밤사이 잠들었던 영혼과 몸의 각 부분을 적절하게 연결(12감각)시켜 줌으로써 좋은 학습이 이루어지게 해준다. 날마다 진행되는 리듬활동은 교실 분위기를 따뜻하고 질적으로 좋은 분위기를 만들어 주며 이로 인해 아이들은 행복과 기쁨을 충분히 느끼게 된다.

또한 리듬활동을 하면서 수업을 머리와 몸이 하나가 되도록 하여 안정감을 가지고 수업에 적극 참여하고자 하는 태도를 가지게 해준다. 그만큼 리듬활동은 아이들의 삶을 풍부하게 하는 데 많은 도움을 주는 훌륭한 교육 요소 가운데 하나이다. 이러한 리듬활동이 혈액활동(↑↓)의 활발한 움직임으로 깨울 수 있기 때문에 수업을 하기 전의 몸풀기다. 운동선수가 몸풀기를 제대로 하지 않고 경기에 나설 때 몸이 경직되고 경기가 잘 안 풀리는 것과 비슷한 경우다. 더구나 저학년 아이들에게는 자양분과도 같다. 그렇다고 리듬활동에 어떠한 교본이나 틀이 있는 것이 아니다. 교사 자신이 나름대로 그동안 익혀 두었던 것이면 된다. 아니면 연수나 교사연구회 활동에서 배운 것을 적용하면 되는데, 중요한 것은 아이들 발달단계에 맞게 해야만 그 효과가 크다. 리듬활동으로는 몸을 이용한 여러 동작활동이 있는데 간단한 리듬감을 주는 춤, 노래, 말하기, 짧은 놀이, 콩주머니 나르기, 둥근 막대를 가지고 놀기, 양모솜으로 만든 공으로 놀기, 손뼉 치기, 발 구르기, 발끝으로 서기, 건너뛰기 활동 따위들이 있다. 그렇지만 중요한 것은 본수업 전에 다루는 리듬활동은 바로 이어서 진행될 수업에서 지도하게 될 내용과 연결되어야 한다. 예를 들어 손뼉 치기를 하면 물론 이것은 곧 이어질 '수' 배우기와 관련이 있다.

[예1]

교사와 아이들이 함께,

하나!(손뼉 한번 친다), 둘!(두 번 친다), 셋!(세 번 친다)--.

※열까지 함께 친다.

[예2]

7까지 올라갔다가 내려온다.

교사가 1,3,5,7,6,4,2. 아이들 2,4,6,7,5,3,1 이 되게끔 교사가 먼저 치고 아이들이 나중에 친다.

[예3]

발 구르기로 숫자 세기

발 구르기를 이용해서 10까지 세어본다.

[예4]

박수 3번에 맞추어서 구구단 2단에서 12단까지 친다.

[예5] 콩주머니 놀이 : 원모양으로 둘러앉고 한손에서 한손으로 콩주머니를 건네는 동안 셈하기 놀이로 콩주머니를 위로 던지고 잡을 때마다 숫자를 센다.

[예6] 콩주머니 만들기

① 준비물 : 결명자, 15cmx15cm 천

② 사진자료[*146]

*146 익산 김경유 선생님과 최재희 선생님 학급의 실천활동 모습.

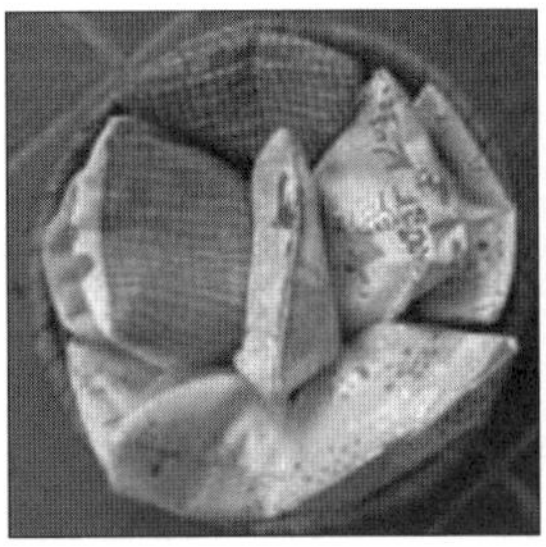

[예7] 여러 가지 콩주머니 놀이

전체 학급을 대상으로 할 때 아이들이 한 명씩 한 줄로 서거나 둥글게 선다. 모두가 신호(구호, 예를 들면 시~작~!)에 맞춰 동시에 던지도록 한다. 던지는 활동 사이에는 늘 쉼이 있도록 하며 그 리듬을 다음과 같이 해본다. 던지고, 박수치고, 쉬고, 던지고, 박수치고, 쉬고... 개인별 콩주머니 활동을 할 때 20번 정도를 떨어뜨리지 않을 때 숙달되었다라고 할 수 있다. 숙달되었다고 하는 것은 이 활동을 그만두어야 한다는 것이 아닌 다음 단계를 할 준비가 되었다는 것을 뜻한다. 그러면 이 활동을 준비활동으로 활용할 수 있다.

① 두 손으로 던지기, 콩주머니 1개

같은 손으로 주고받는다.

a. 콩주머니 1개를 오른손으로

b. 콩주머니 1개를 왼손으로

② 한 손으로 던지기

같은 손으로 주고받는다.

a. 콩주머니 1개를 오른손으로

b. 콩주머니 1개를 왼손으로

③ 두 손으로 두 번 동시에 던지기, 콩주머니 2개

콩주머니 두 개를 각각 손에 하나씩 들고 동시에 던지고 같은 손으로 동시에 받는다.

④ 한 손으로 앞, 뒤로 던지기

한쪽 손에서 다른 손으로 콩주머니 한 개를 던지고 받는다. 이때 오른쪽에서 왼쪽, 왼쪽에서 오른쪽으로 번갈아 던지고 받는다.

a. 콩주머니 1개를 오른쪽에서 왼쪽으로

b. 콩주머니 1개를 왼쪽에서 오른쪽으로

⑤ 한 손으로 등 뒤에서 주고받기(팔을 몸 뒤로 돌려서 주고받기)

콩주머니 한 개를 등 뒤 한 손에서 다른 손으로 주고받는다. 콩주머니를 전달하기 위해서 등 뒤에서 손이 만난다.

a. 오른쪽에서 왼쪽으로 등 뒤에서 주기

b. 왼쪽에서 오른쪽으로 등 뒤에서 주기

⑥ 균형 잡기 위에서 2개의 콩주머니로 저글링하기

⑦ (줄이나 분필로 바닥에 '8'모양의 선을 그려 놓는다.) 8자 모형의 도형을 따라 걸으면서 2개의 콩주머니로 저글링하기

다른 교과와 연계한 수학 수업하기

① 꾀 많은 까마귀(2학년)

㉠ 이야기 들려주기

㉡ 칠판그림

㉢ 활동 : 까마귀가 항아리 속에 돌을 넣는 것을 함께 세기

*147

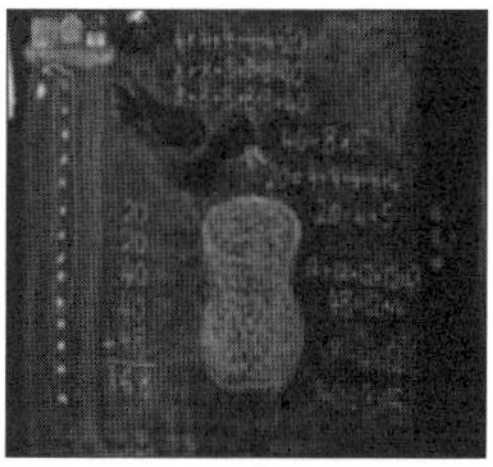

① 토끼와 거북이(2학년)

㉠이야기 들려주기

㉡ 칠판그림

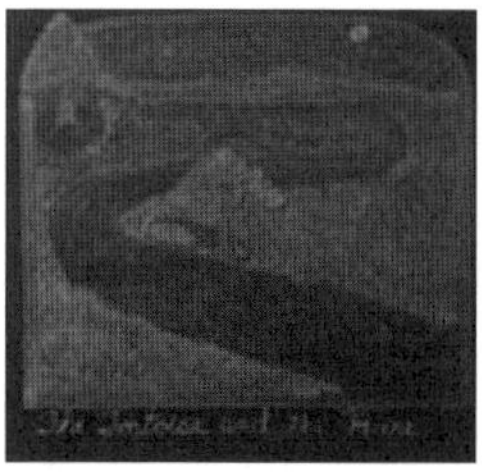

*148

*147 http://www.waldorf-ideen-pool.de/index.php?aid=2415

*148 http://www.chalkboarddrawing.org/gallery-of-drawings?xtags=fables

㉢ 활동 : 거북이와 토끼가 걸어가는 발자국 수 세기

㉣ 밀랍왁스 만들기 : 즐거운 생활

*149

③ 고집이 센 염소 : 구구단 4단

㉠ 이야기 들려주기

㉡ 칠판그림[*150] 2학년 국어(우화)

㉢ 리듬 활동 : 친구를 상대로 막대기를 서로 주고받기 → 즐거운 생활

*151

㉣ 형태그리기(좌우대칭 연습하기) → 슬기로운 생활(산책활동)

㉤ 데칼코마니 작업하기 ➔ 즐거운 생활(앞쪽 국어편 참조)

④ 공작새 : 2학년 우화

㉠ 칠판그림

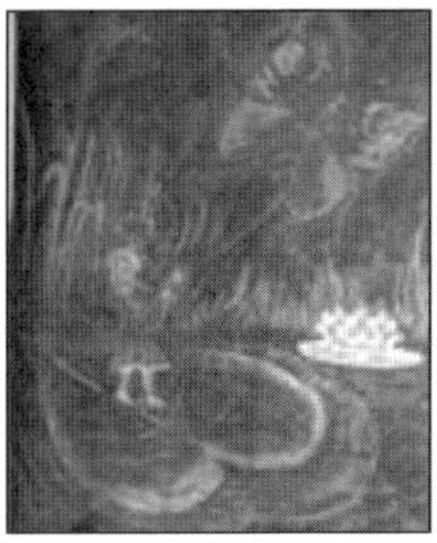

*152

㉡ 공작새를 이용한 곱셈식 연습

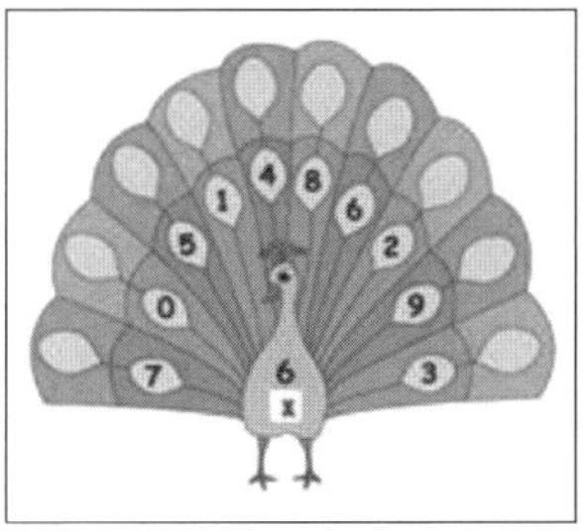

⑤소녀와 나비 : 1학년 옛이야기

㉠ 칠판그림

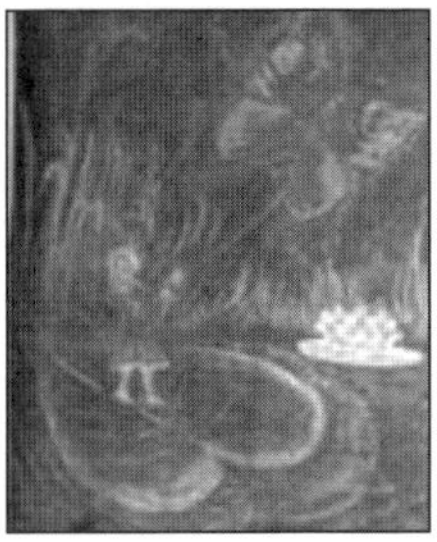

*153

㉡ 나비를 이용한 덧셈식 연습

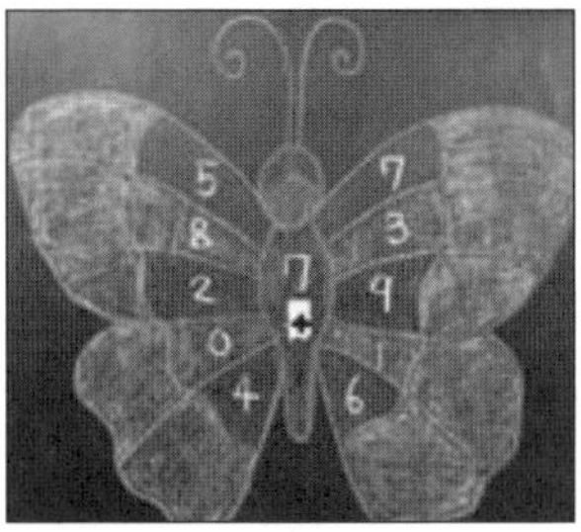

⑥ '자수시계' 만들기

㉠ 2학년 2학기 단원에서 나오지만 2학년 아이들에게는 부담스러운 내용이다. 3학년에서 가르쳐도 되는데, 굳이 2학년에 편성해 놓은 이유가 무엇일까? 이에 대한 명쾌한 근거를 제시해 주었으면 좋겠다. 아이들이 어려워하는 것은 아직 개념이 만들어지지 않았다는 것인데 시간이라는 추상을 이해하게끔 하니 보통 힘든 것이 아니다. 물론 모형 종이시계를 만들어 보는 활동이 있기는 하지만 아이들이 접근하기에는 쉽지 않은 내용이다. 그렇다면 이것을 부담이 조금 덜하게 가르칠 수 있는 방법을 소개한다.

---

*149 https://kr.pinterest.com/pin/569283209123525974/

*150 http://www.chalkboarddrawing.org/gallery-of-drawings?xtags=fables

*151 2016.8.19. 전북 오산남초에서 '수업에게 수업을 묻다-2' 교사연수 사진 자료.

*152 https://kr.pinterest.com/pin/482237072581764769/

*153 https://kr.pinterest.com/pin/146930006570811315/

㉡ 원형자수를 이용한 시계 만들기
- 관련 교과 : '슬기로운 생활'
- 준비물 : 자수 관련 실과 천, 바늘, 원형틀

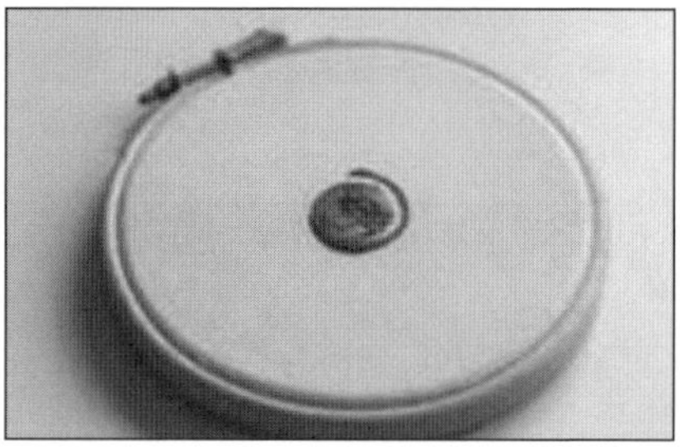

*154

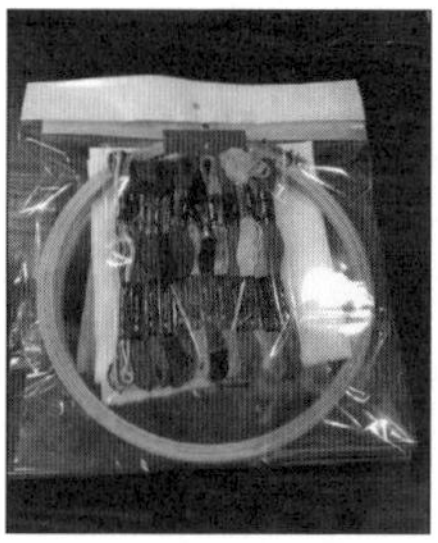

㉢ 방법 : '수학' 시간과 '슬기로운 생활'을 이용해서 해본다. 물론 시계 관련 단원을 배울 때 바로 교과서에 있는 것처럼 가르치지 말고, 앞에서도 여러 번 말한 것처럼 아래 사진처럼 칠판그림을 그려서 이야기를 나눈 다음에 본 수업을 시작하는 것이 좋다. 더구나 1일, 1주일, 1개월, 1년 사이의 관계를 알기 위해서는 아래 오른쪽 칠판그림을 이용한 수업이 좋다.

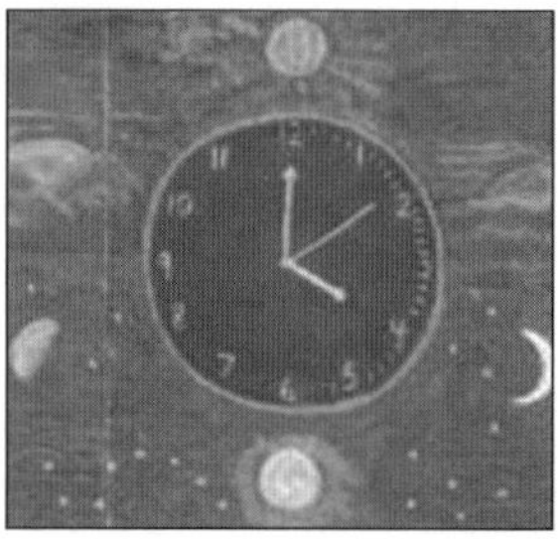

*155

자수를 이용하는 것이 힘든 경우에는 두꺼운 머메이드지를 이용해서 만들어 보는 것도 방법이다. 이것을 가지고 조작활동을 한 다음에 실제 시계를 보여주고 수업을 진행하는 것이 올바른 과정이다. 이 책에서는 '슬기로운 생활'에 수공예를 해야 하기 때문에, 2학년 2학기 교육과정에 이 '자수시계' 만들기를 편성해 놓는다. 많은 문양이나 어려운 것을 요구하는 것이 아니고, 숫자를 바느질하는 것이기 때문에 짧은 기간 안에 자신만의 '자수시계'를 만들 수 있다. '자수시계'나 '종이시계'를 만드는 가장 중요한 것은 바로 머리보다는 온몸으로 먼저 익히고 나서 머리로 '시각과 시간'을

*154 https://www.google.co.kr/search?q=%EC%9E%90%EC%88%98&newwindow
*155 https://kr.pinterest.com/pin/390265123935164153/

받아들이게 한다는 것이다. 그래야 제대로 된 배움이 일어난다.

⑦ 시계 이야기 들려주기

'삼형제' : 시계 바늘의 속성을 최대한 반영한 내용으로 얼개를 짜서 들려준다.

㉠ 만드는 과정*156

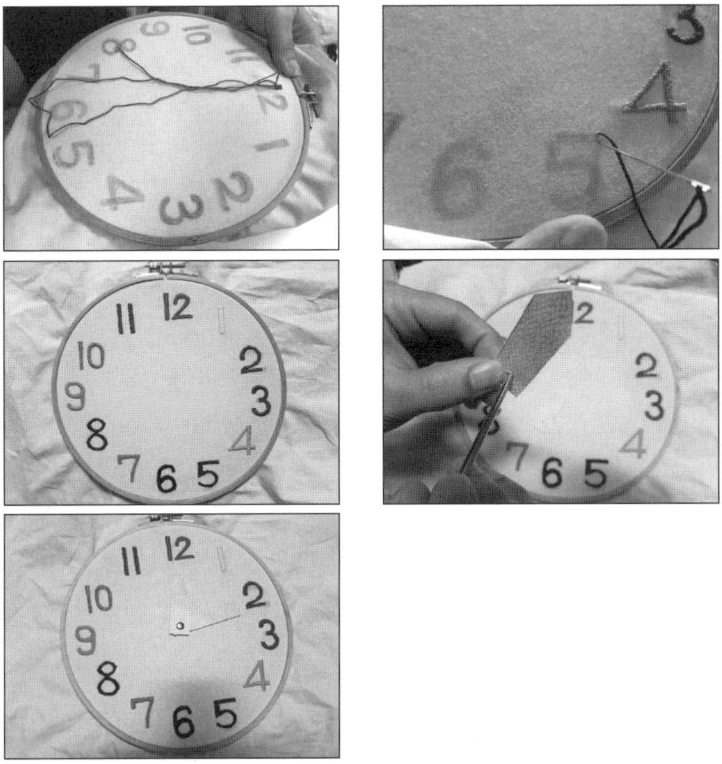

㉡ 자수시계 만들기

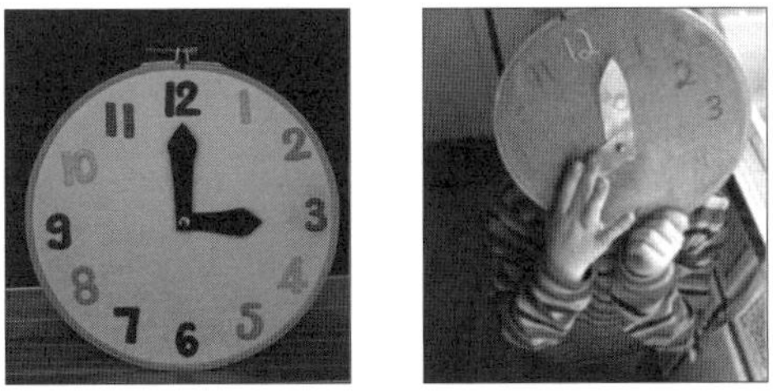

㉢ 종이시계 만들기*157

*156 정문기 선생님(전주 효문초 교사)의 실천 사례.

*157 https://kr.pinterest.com/pin/189010515589975730/

4장

자연을 더 멀어지게 하는 슬기로운 생활

1 아이들은 아직 받아들일 준비가 되어 있지 않다

초등 1·2학년 아이들은 아직 논리적이거나 형식적, 추상적인 생각을 하기가 어렵다. 피아제는 인지발달 단계를 전조작기는 2-7살, 구체적 조작기는 8-12살 형식적 조작기는 12살 이후 나이로 구분하고 있다. 따라서 초등 1학년과 2학년의 경우 전조작기 후반기에 해당되며 아직 전조작기의 특징이 두드러지게 나타나고, 구체적 조작기로 넘어가는 단계에 놓여 있다고 할 수 있다. 구체적 조작기는 초등 3학년부터 6학년까지가 해당되며 초등학교 시기의 대부분에 걸쳐 나타난다. 전조작기의 아이들은 직관적으로 판단하고 자아중심적이며 의인화된 생각을 하는 특징을 보인다. 이것에 대해서 슈타이너 박사도 이와 비슷한 이야기를 했다. 대부분의 아이들은 구체적인 생각의 단계, 즉 사물에 대해 제대로 알아가는 가시적인 범위인 '지금-여기'에 제한되어 있다. 따라서 아직 논리적이거나 추상적인 사고를 할 수 있는 능력이 부족한 시기이다. 이처럼 자신의 지각에 따라 움직이는 아이들은 자기중심적인(물활론)[*158] 생각을 하기 때문에 자신의 관점과 다른 사람의 관점을 아직 구분하지 못한다. 아이들은 자신의 관점이 오로지 맞는다고 생각하고 다른 사람들의 지각이나 관점이 자신의 것과 다를 수 있다는 것을 이해하지 못한다. 그래서 이 시기의 아이들을 위한 교육은 구체적인 경험을 하게 해주어야 한다. 구체적인 조작이나 감각적인 경험을 할 때 비로소 제대로 된 배움이 가능해진다. 따라서 머리(개념)중심 설명이나 추상적인 생각에 기대는 것보다는 구체적인 놀이나 활동에 의한 학습으로 다가서고 이를 통해 아이들로 하여금 학교는 필요한 내용을 배울 뿐만 아니라 즐거운 장소임을 깨닫게 해주어야 한다.

더구나 이 시기의 아이들은 보존 개념이 완전히 발달되지 않아 개념과 관념을 대부분 잘 처리하지 못한다. 따라서 이 시기에 해당되는 초등 1·2학년 학생들에게 학문적 지식과 개념을 배우게 하는 것은 적절하지 못하다고 볼 수 있다. 또한 너무 지나치게 자연과학적 절차에 따른 탐구활동에 치중해 자연현상에 대해서 온몸으로 느끼는 것이 아니라 머리로만 배우게 하면 아이들은 그만큼 감흥을 느끼지 못한다는 것이다. 느끼더라도 제대로 느낀 것이 아니라 머리로 단지 짧은 기억만 하게 된다. 더구나 여기에 '평가'까지 있으니, 제대로 받아들이지 못하는 공부가 되고 있다. 1·2학년 아이들은 이 시기에 세상에 대해서 자신의 주변과 자아를 연결하며 주변의 식물, 동물, 돌, 산, 강, 들에 대해 배우게 되는데 인위적으로 가르칠 것이 아니라 자연스럽게 스스로 배우게 해주어야 한다. 따라서 추상적 표현인 개념, 지식, 정의는 가르치려고 하지 말아야 한다. 모든 것은 아름답고 환상적이며 하늘, 구름, 별, 꽃, 동물, 돌들은 마치 동화에서처럼 아이들은 자신의 성장과 용기와 자연에 대한 순응 또는 사나움 따위들로 살아 있는 듯(의인), 서로 이야기를 나누는 듯(물활론)이 세상을 바라보고 느끼게 해야 한다. 예를 들어 식물원이나 동물원으로 현장학습을 가게 되면 교사는 이에 대해서 자세히 설명할 필요가 없다. 아이들이 위험한 행동(장난)을 하지 않는 이상 아이 스스로가 무엇을 봤든 무엇을 느꼈든 아이들 스스로에게 맡겨야 한다. 교사는 단지 체험이라는 것에 목적을 두고 그 기회를 마련해 주면 된다.

2015 개정 교육과정(물론 과거 교육과정도 마찬가지로)이나 2009 개정 교육과정에서 '슬기로운 생활'은 아이들의 발달단계에 맞지 않는 너무 많은 내용들을 아이들이 배우도록 요구하고 있다. 다음에 제시한 '슬기로운 생활'의 '성격'을 봐도 너무 거창하다. 초등 1·2학년 아이들의 활동 기대치를 너무 높게 설정해 놓았다. 마치 우리 아이들 모두를 영재나 천재로 보고 있는 듯하다. 더구나 문제는 자연 현상을 이것저것 너무 친절할 정도로 자세히 쪼개놓고 분석하려 한다는 것이다. 세상이 아직 둥글다는 것 자체도 알지 못하는 아이들에게 너무 일찍부터 둥글다는 개념을 주입하는 것처럼 편성되어 있다.

---

*158 모든 사물은 영혼이 있으며 그 영혼이 인간에게 영향을 미친다는 믿음이다.
[네이버 지식백과] 물활론 [物活論, animism]
① 1단계(4~6세경)는 모든 사물은 살아 있다고 생각한다.
② 2단계(8~9세경)는 움직이는 것은 모두 살아 있다고 생각한다.
③ 3단계(8~12세경)는 스스로 움직이는 것만 살아 있다고 생각한다.
④ 4단계(11~12세경)는 생물만 살아 있다고 생각한다.

1. 성격*159

'슬기로운 생활'과는 자신이 생활하고 있는 주변 세계에 관해 지속적인 관심을 가지고 사회와 자연의 다양한 모습과 관계, 그리고 변화 등에 대해 적극적으로 탐구하여 합리적으로 사고하고 행동하는 사람을 기르는 데 초점이 있는 교과이다. '슬기로운 생활'과에서는 창의적 사고 역량, 지식정보처리 역량, 의사소통 역량을 교과의 중요한 역량으로 삼고 있다. 창의적 사고 역량은 주변에 관심을 갖고 다양한 현상과 관련지어 창의적으로 생각할 수 있는 능력이다. 지식정보처리 역량은 주변에 관심을 갖고 여러 가지 자료를 수집, 분류, 이해할 수 있는 능력이다. 의사소통 역량은 주변을 탐구하는 과정에서 다른 사람들과 의견을 나누고, 그 결과를 공유할 수 있는 능력이다.

'슬기로운 생활'과에서는 교과 역량과 더불어 관찰하기, 무리 짓기, 조사하기, 예상하기, 관계망 그리기로 대표되는 탐구기능을 익히는 데 중점을 둔다. 이를 구현하기 위해 '학교', '봄', '가족', '여름', '마을', '가을', '나라', '겨울'의 8개 영역(대주제)으로 내용을 선정하였고, 이는 '바른 생활'과와 '즐거운 생활'과와의 통합을 고려한 것이다.

2 아이들을 너무 과대평가하고 있다

'창의적 사고 역량'이 주된 목표인데, 문제는 초등 1·2학년 아이들은 아직 만들어지지 않았고 만들어지는 시기라는 것이다. 세상을 향해 느끼고 배울 수 있는 능력이 제대로 만들어지지 않았는데 어떻게 '주변에 관심을 갖고 다양한 현상과 관련지어 창의적으로 생각할 수 있는 능력과 주변에 관심을 갖고 여러 가지 자료를 수집, 분류, 이해할 수 있는 능력'을 기를 수 있겠는가? 몸과 마음이 미처 만들어지지 않았는데, 어떻게 바깥 세상에 대해서 판단과 이해를 할 수 있을까? 머리로는 가능할 수 있겠으나 몸과 마음은 아직 아니다. 중요한 것은 이 시기의 아이들의 경우 자연현상에 대한 경험이 적다. 더구나 요즘처럼 땅을 가까이 하지 못하는 아이들에게는 더더욱 힘든 일이다. 음식 재료도 숙성이나 발효가 되어야 제 맛을 내는 것처럼 아직도 배워

*159 교육부, 2015 개정교육과정, 1-2학년 슬기로운 생활.

야 할 것이 많은 아이들에게, 개념이 제대로 만들어지지 않은 아이들에게 그 이상의 것을 요구하고 있는 것은 분명 문제가 있다. 자료를 수집, 분류, 이해할 수 있는 능력을 과연 초등 2학년 아이들이 해낼 수 있을까? 이제 막 알을 깨고 나와 주변 세상을 하나하나씩 알아가고 있는데, 미처 눈 뜨기도 전에 아니면 음식물을 소화도 하기 전에 무엇을 알았는지 영양소까지 분석해 내라고 하는 것은 무리다. 어른들의 잣대로 아이들도 그럴 것이라고 생각하는 것 자체가 아주 위험스러운 생각이다.

3 굳이 이렇게 내용을 구조화시킬 필요가 있을까?

봄, 여름, 가을, 겨울별로 자세히 무엇을 배우게 하고 이것을 제대로 배웠는지 평가하는 것이 과연 바람직한가? 굳이 이렇게 계절별로 나누지 않고 '절기교육'을 학교나 교사 역량에 따라 운영하라고 하면 안 될까? 절기교육이 이 모든 것을 다 대신할 수 있다. 차라리 우리 '24절기 교육'을 제시하는 것이 훨씬 융통성 있고 창의적인 결과를 가져올 수 있다.

4 '창의융합적으로 생각하는 것'이 뭘까?

> 2. 목표*160
> 다. 주변에서 일어나는 현상을 창의융합적으로 생각하고, 자료를 수집·분류·이해하며, 탐구하는 과정에서 다른 사람과 의사소통한다.

그냥 생각이면 생각이지, '창의융합적으로 생각'을 하면 뭔가 특별한가? 일반적으로 생각한 것과 전혀 다른 것인가? 그냥 '창의 있게' 아니면 '새롭게' 생각한다고 하

*160 교육부, 2015 개정교육과정, 1-2학년 슬기로운 생활.

면 안 될까? 굳이 말을 이렇게 어렵게 쓸 필요가 있을까? '창의융합적'이란 말을 쓰면 아주 학문적이고 그럴 듯하게 보일 것이라 여기겠지만 이 말에는 삶이 없다. 즉 영혼이 없다. 초등 1·2학년 아이들이 자연현상을 보고 생각을 하면 어느 정도 할 수 있을까? 아이들이 대단한 존재라고 하지만 '창의융합적'이란 표현은 아니다. 아이들 발달단계에 대한 정확한 이해가 없는 사람들의 전형적인 생각에서 나온 개념중심 관념론이다.

5 누구를 위한 성취기준이고 평가인가?

(1) 학교

(다) 평가 방법 및 유의 사항

① 학교 안과 밖, 교실을 둘러보면서 시설물의 위치와 학생들의 학교생활 모습에 관심을 갖고 이해하는지를 평가한다.

② 친구 소개하기, 관계망 그리기 등의 과정을 통해 자신과 친구와의 관계에 대해 이해하는지를 평가한다.

③ 관찰하기, 조사·발표하기, 성장 흐름표 만들기 등의 과정을 통해 몸의 여러 부분과 하는 일을 관련지어 이해하는지를 평가한다.

④ 나의 재능, 흥미를 조사·발표하는 활동을 통해 나에게 맞는 꿈을 찾아가는 과정을 평가한다.

자연현상에 대해서 느끼는 것을 '평가'할 수 있을까? 주어진 과제를 수행함을 위해 태도나 기능에 대해서 어느 정도 눈에 보이기 때문에 평가를 할 수 있다고 하더라도 사람마다 느끼는 것이 다른데 어떠한 근거로 획일적인 평가를 할 수 있을까? 책을 읽고나서 꼭 느낀 점(독후감)을 써야 책을 읽었다고 인정할 수 있을까? 느낀 점을 꼭 글로 쓰지 않더라도 이에 대한 이야기를 말로 많이 하면 되지 않을까? 아이들마다 관심을 가지고 느끼는 것이 제각기인데 획일적으로 평가를 하려고 하는 것은 슬기로운 생활의 성격인 '창의융합형'으로 생각하는 힘을 키우는 것과 맞지 않다. 성격과 목표에서는 창의성을 키우고자 하는데 평가에서는 오히려 창의성을 죽이고자 한다면 슬기로운 생활 교육과정 편성과 구성에 문제가 있다. 아이들의 자유로운 상상력을 이끌어내기 위한 수업보다는 주어진 틀 속에서 얼마나 가르치고 알았는가에 대해서 단순히 기능적인 요소를 강조하고 확인(평가)하는 수업이 될 것이 뻔하다.

아이들이 제대로 느끼고 배울 수 있도록 기다려 주고 발달단계에 맞는 교육을 하면 안 될까? 왜 무리하게 해서 아이들의 창의성과 상상력을 싹트지 못하게 하는 것일까? 자연현상이나 사물에 대해서는 차츰 학년이 올라가면서 하나씩 배워도 된다. 중요한 것은 그것을 배울 수 있는 힘을 기르게 하는 것이 1~2학년에서 슬기로운 생활이 해야 할 과제인데, 오히려 더 망치고 있으니 차라리 배우지 않게 하는 것이 아이들의 삶을 가꾸는 것이다. 전세계 대안교육으로 자리를 잡아가고 있는 발도르프학교에서는 8학년(*우리나라 중학교 2학년)때부터 실험·실습에 대한 내용을 공부한다. 그 전까지는 몸과 마음을 건강하게 만드는 교육활동에 많은 시간을 할애해야 한다. 아이들이 세상을 살아가면서 배워야 할 여러 가지 자연현상에 대한 개념과 정의들은 배워야 할 나이가 있다는 것이다. 그 나이에 맞게 적재적소에 가르치고 배워야 세상을 향해 제대로 바라볼 수 있고, 그 속에서 조화로운 삶을 살아갈 수 있는 것이다.

2015 개정 교육과정 1·2학년 슬기로운 생활 '영역별' (다) 평가 방법 및 유의 사항

① 살펴보기, 조사하기, 경험 카드 만들기 등의 과정을 통해 봄, 여름, 가을, 겨울 날씨와 생활 모습을 관련지어 이해하는지를 평가한다.

② 봄이 되어 볼 수 있는 동식물을 대상으로 관찰하기, 조사하기, 무리 짓기 등이 적절하게 이루어졌는지 평가한다.

② 여름에 사용하는 생활 도구를 종류와 쓰임에 따라 무리 짓는 과정을 평가한다.

④ 여름방학 동안 자신이 하고 싶은 일과 해야 할 일에 대해 발표하는 과정을 평가한다.

③ 단풍, 낙엽, 열매의 모양과 특징을 관찰하여 무리 짓기를 할 수 있는지 평가한다.

④ 추석에 먹는 음식의 종류와 하는 일 등을 기준에 따라 무리 지을 수 있는지, 그리고 다른 세시 풍속과 비교하여 발표할 수 있는지 평가한다.

④ 겨울방학 동안 하고 싶은 일과 해야 할 일에 대해 발표하는 과정을 평가한다.

과연 이러한 것들이 누구를 위하는 것들인지? 가장 중요한 것은 평가 내용들을 살펴보면, 아이들은 단순히 수업에서 평가대상일 뿐 주체가 아니라는 것이 명확하게 드러난다. 더구나 아이들이 온몸으로 제대로 느낄 수 있도록 기다려 주어야 하는데 평가에서는 배려가 없다. 이러한 배려가 없기에 이 땅의 수많은 아이들이 배움이라는 소화불량에 걸려 있는 것이 어찌 보면 당연한 일이다. 실생활에 가까운 교육이 아닌 오히려 멀리 하게 하는 교육을 과연 아이들에게 가르칠 필요가 있을까?

6 슬기로운 생활 '계절' 영역은 계절탁자 꾸미기로 다 해결된다

2) 봄[*161]

2.1 봄맞이

[2슬02-01] 봄 날씨의 특징과 주변의 생활 모습을 관련짓는다.

[2슬02-02] 봄철에 사용하는 생활 도구를 종류와 쓰임에 따라 구분한다.

2.2 봄 동산

[2슬02-03] 봄이 되어 볼 수 있는 다양한 동식물을 찾아본다.

[2슬02-04] 봄에 씨앗이나 모종을 심어 기르면서 식물이 자라는 모습을 관찰한다.

4) 여름

4.1 여름맞이

[2슬04-01] 여름 날씨의 특징과 주변의 생활 모습을 관련짓는다.

[2슬04-02] 여름에 사용하는 생활 도구의 종류와 쓰임을 조사한다.

4.2 여름 생활

[2슬04-03] 여름에 볼 수 있는 동식물을 살펴보고 그 특징을 탐구한다.

[2슬04-04] 여름방학 동안 하고 싶은 일과 해야 할 일을 계획한다.

---

*161 교육부, 2015 개정교육과정, 1-2학년 슬기로운 생활.

6) 가을

6.1 가을맞이

[2슬06-01] 가을 날씨의 특징과 주변의 생활 모습을 관련짓는다.

[2슬06-02] 여러 가지 자료를 활용하여 가을의 특징을 파악한다.

6.2 가을 모습

[2슬06-03] 추석에 대해 알아보고 다른 세시 풍속과 비교한다.

[2슬06-04] 가을에 볼 수 있는 것을 살펴보고, 특징에 따라 무리 짓는다.

8) 겨울

8.1 겨울맞이

[2슬08-01] 겨울 날씨의 특징과 주변의 생활 모습을 관련짓는다.

[2슬08-02] 겨울철에 쓰이는 생활 도구의 종류와 쓰임을 조사한다.

8.2 겨울나기

[2슬08-03] 동식물의 겨울나기 모습을 살펴보고, 좋아하는 동물의 특성을 탐구한다.

[2슬08-04] 겨울에 하고 싶은 일, 해야 할 일 등을 조사한다.

슬기로운 생활에서 봄, 여름, 가을, 겨울을 4개 영역(대주제)으로 나누어서 여러 가지 학습요소와 교수학습 방법, 평가방법까지 소개하고 있다. 문제는 여기서 제시하고 있는 내용들이 초등 1·2학년 아이들의 삶을 충분히 대변해 주지 못하는 개념(지식) 중심이라는 것이다. 계절에 따라서 자연스럽게 보고 느끼고 해야 하는데 아이들 수준에 맞지 않는 내용을 너무 강요하고 있다. 더구나 대도시 아이들이 계절의 변화를 느끼는 것은 쉽지 않다. 학교 숲 환경 자체가 충분하지 않은 상황에서 자칫 지식 전달 수업으로 흐를 경향이 많다. 계절별 영역들을 다 배우려면 최소한 계절마다 한 번 이상 자연현상과 관련 있는 장소에 현장체험학습을 다녀와야 한다. 안전교육이 강화된 시점에서 현장체험학습을 자주 가기란 쉽지 않다. 농어촌 학교에서는 학교 안이나 정문을 나서면 쉽게 경험을 할 수 있지만 대도시 학교에서는 쉽지 않다. 그렇다고 슬기로운 생활에서 요구하는 '자신이 생활하고 있는 주변 세계에 관해 지속적인 관심'을 멀리할 수도 없고, 지역 여건과 학교, 교실여건을 최대한 반영해서 운영해야 한다. 계절변화와 감각을 최대한 경험하게 하고, 각 영역에서 요구하는 여러 가지 내용을 충분히 경험할 수 있게 하는 것이 있다. 바로 '계절탁자' 꾸미기다. '계절탁자' 꾸미기 하나면 슬기로운 생활이 요구하는 창의적 사고 역량, 지식정보처리 역량, 의사소통 역량들을 충실히 실현할 수 있다. 계절탁자 꾸미기는 교실 밖의 자연현상을 교실 안으로 끌어들이는 것이다. 봄, 여름, 가을, 겨울, 계절별로 교실 안에서 자연스럽게 계절의 변화와 그 속에 담긴 여러 요소들을 익히게 해준다. 문제는 담임교사가 부지런해야 한다는 것이다. 계절의 변화에 대해서 제대로 인지하고 있어야 한다. 우리의 24절기만 제대로 알고 여기에 맞게 운영을 하면 되기 때문에 중요한 것은 하고자 하는 관심과 의지다. 여기에 주 1회 산책활동을 필수로 진행한다면 더 큰 효과를 기대할 수 있다.

따라서 초등 1-2학년 아이들에게는 지식(개념)을 넣으려고 하기보다는 자연현상에 대해서 잘 느낄 수 있도록 하는 주변 환경과 만날 기회를 주는 것이 우선이다. 교육이 가진 본디 뜻이 이끌어내는 것이다. 그렇다면 이에 맞게 상황을 만들어 주고 아이들이 충분히 느끼게 하는 교육을 해야 한다. 그래야만 아이들이 전인적 성장을 해 나갈 수 있는 것이다.

이래서 계절탁자(Nature table)가 중요하다.

계절탁자는 계절의 변화에 따른 자연의 변화와 사람들의 삶의 모습이 담겨진 여러 가지 자연물과 교사가 직접 만든 인형 등으로 꾸민 탁자다. 봄에는 파릇파릇 새싹이 돋아나고, 세상의 모든 동식물들이 잠에서 깨어나 살아 꿈틀대기 시작하는 모습을, 여름에는 활발한 자연의 힘을, 가을에는 여러 가지 곡물과 과실이 우리 사람의 삶을 풍요롭게 하고 있는 모습을, 겨울에는 앙상한 나뭇가지에 하얀 눈이 덮여 모든 땅 위의 생물들이 자신 내부로 움츠리고 있는 모습을 보면서, 아이들은 자연의 변화와 흐름으로 자연에 대한 사랑과 사람에 대한 원천적인 힘을 경험하게 된다. 이렇게 계절탁자는 계절과 절기의 흐름, 문화 행사(축제)의 분위기를 교실 안에 가득히 채워 주는 환경구성의 중심이 된다.*162 이렇듯 계절탁자는 우리들이 학교, 집 밖에서 느낄 수 있는 계절의 분위기를 책상 위로 가져와 아이들에게 사진처럼 보여주는 것이다. 책상이든 서랍장이든 무엇이든지간에 아이가 느낄 수 있는 특별한 공간이면 된다. 교실 앞쪽 모서리에 설치하면 좋다. 조그만 것이라도 상관없다. 겨울이면

*162 바람아래 어린이집, '계절탁자에 대해서'.

겨울 분위기에 맞게 꾸미고, 봄이면 실크천으로 봄기운이 물씬 풍기는 색을 배경(바닥과 뒤편)으로 나타내고, 그 위에 봄을 나타내는 꽃이나 인형, 곤충들로 표현해 놓는다. 구체물도 좋고, 나뭇가지나 나무 인형, 뜨개질, 펠트인형도 좋고 주변에서 쉽게 구할 수 있는 것이면 다 좋다. 단 플라스틱이나 인공적인 것은 피하는 것이 좋다. 여름에는 바닷가의 조개를 올려놓을 수도 있고, 가을에는 밤이나 솔방울, 낙엽을 깔아서 분위기를 낼 수 있다. 겨울에는 흰솜을 이용해서 눈이 온 모습을 꾸며 놓는다. 중요한 것은 교사 자신이 늘 계절의 변화와 색을 스스로 느껴야 한다는 것이다. 처음에는 혼자하기 어려울 수 있지만 동료 선생님들에게 자문을 구하거나 같은 학년 선생님들과 함께 작업하고 그 느낌들을 나누면서 추가 보완해서 꾸며 놓을 수 있다. 꾸밀 때 주의할 것은 계절탁자가 단순히 놀이로 가지고 놀 수 있다는 느낌이 들게 꾸며 놓아서는 안 된다. 꾸며 놓은 계절탁자를 보면서 아이들은 자연스럽게 세상(자연)에 대한 경외심이 들도록 해주어야 한다. 바로 자연에서 얻을 수 있는 것들이 이렇게 많다는 것을 스스로 느끼게 해주는 것이다. 바로 '느낌' 중심 교육이다. 산책활동에서도 이와 마찬가지다. 아이들 스스로 느끼게 하는 것이 중요하다. 계절탁자를 꾸며서 아이들에게 공개하는 날 교실은 온통 소란스러울 것이다. 그 소란스러움이란 아이들의 궁금증이 충만하다는 것이다. 교사에게 이것저것 물어보거나, 아니면 꾸며 놓은 물건들 앞에서 골똘히 바라보고 있는 아이들 모습을 상상할 수 있을 것이다. 또한 교실 앞의 빈 공간이 이렇게 계절탁자로 채워진다면 한층 더 자연스러운 교실 분위기가 만들어진다.

계절탁자에는 이런 교육의 효과가 있다.

- **순수한 아름다움의 장소 :** 교실 한쪽에 자연물로 꾸며진 계절탁자는 그 자체로 아름다움을 준다. 교사의 정성으로 꾸며지는 계절탁자를 날마다 보면서 아이들은 말하지 않아도 아름다움을 몸으로 영혼으로 느끼게 된다.
- **상상력을 주는 도구 :** 계절탁자 위에 꾸며진 이야기들은 아이들의 상상력을 자극한다. 아이들은 저마다 계절탁자를 보면서 다른 이야기들을 상상하게 된다. 계절탁자 위에 놓여진 '순간'의 장면에 아이들 각자 상상력을 발휘하여 과거나 미래로 여행을 떠나게 되는 것이다. 또한 계절탁자 위의 이야기들이 놀이로 연결될 수도 있다.
- **이야기 창고 :** 아이들에게 들려줄 이야기를 계절탁자 위에 꾸밀 수도 있다. 이야기

수업(옛이야기, 우화, 성인이야기, 24절기 따위)과 연관 지어 계절탁자를 꾸미는 것이다. 날마다 조금씩 이야기를 진행시키면서 계절탁자에 나오는 사람들도 바뀌고 장면도 바뀔 수 있다.

• **자연에 대한 고마움 :** 계절탁자에 있는 것들은 모두 자연에서 오는 것들이다. 자연의 풍경들을 옮겨놓거나 자연 속에서 살아가는 사람의 모습을 보여줌으로써 위대한 자연에 대한 고마움을 느낄 수 있게 해준다.

월별 계절탁자 꾸미기 사례

봄, 여름, 가을, 겨울로 구분하여 4번 정도 꾸미기를 기본으로 하고, 꾸미기에 관심이 있으면 계절을 좀 더 나누어도 된다. 예를 들어 봄에 두 번 정도(3~4월, 4~5월), 여름은 6~7월, 7~8월로 나누어도 되는데 6월에는 우리 고유 절기 가운데 하나인 '단오'가 있기 때문에 이를 중심으로 꾸며 놓는 것도 좋다. 가을은 9~10월(추석), 10~11월로, 겨울은 12월~2월로(겨울방학기간 중임) 나누어서 꾸미면 된다. 다음에 소개하는 사진자료는 꼭 이렇게 하라는 것이 아니고 예시자료다. 지역이나 교실환경에 맞게, 또한 구하기 쉬운 재료를 이용해서 하면 된다.

1) 봄(3월~4월)

2) 봄(5월~6월)

3) 여름(6월~7월)

4) 여름(7월~8월)

5) 가을(9월~10월)

6) 겨울(11월~2월)

7) 한국발도르프교육학교연대 모임 선생님들의 계절탁자

가) 이순복선생님(경기 한빛초)

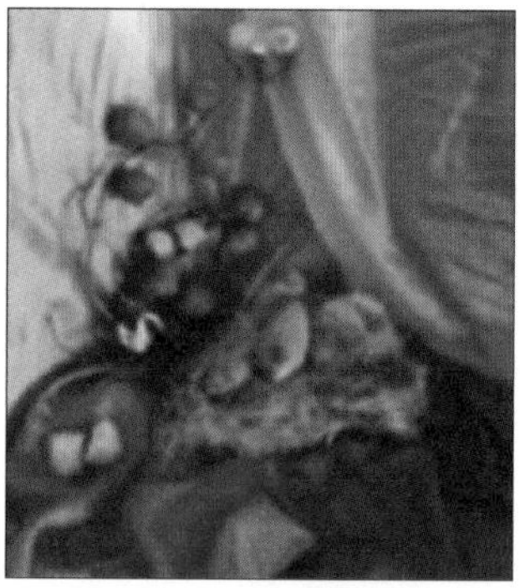

나) 이기영선생님(광주 선우학교)

다) 안수영선생님(서울 영훈초)

라) 강원 정선 함백초

2학년 아이들에게 맞지 않는 '마을' 영역 단원

성취기준

[2슬05-03] 동네의 모습을 관찰하고, 그림으로 그려 설명한다.

[2슬05-04] 동네 사람들이 하는 일, 직업 등을 조사하여 발표한다.

(나) 교수·학습 방법 및 유의 사항

① 학생들의 일상생활 경험을 통해 더불어 생활하는 이웃의 모습을 알아보도록 지도한다.

② 자신이 살고 있는 공간에서 이웃과 함께 쓰는 공공시설에 대하여 살펴보고, 종류와 쓰임새에 따라 무리 짓기 활동을 하며, 각각의 사용 방법을 조사하여 발표한다.

③ 자신의 집 또는 학교를 중심으로 동네의 모습을 살펴보고, 친구들과 함께 협력학습으로 건물의 위치 등을 그림으로 그려서 마을 모습을 설명하는 활동을 한다. 동네를 그림으로 그려보는 이유는 동네 모습을 전체적으로 파악하는 데 있으므로 동네 그림 그리기 그 자체를 목적으로 하여 지나치게 강조하지 않도록 유의한다.

④ 동네 사람들이 하는 일을 조사해 보고, 그 결과를 다양한 기준으로 무리 짓기를 해 보도록 지도한다.

(다) 평가 방법 및 유의 사항

① 이웃과 더불어 생활하는 모습을 조사하여 발표할 수 있는지 평가한다.

② 이웃과 함께 사용하는 시설물의 종류와 쓰임에 대해 이해하는지 평가한다.

③ 관찰하기, 조사·발표하기 등의 과정을 통해 동네의 모습을 관찰하여 그림으로 그려 설명할 수 있는지 평가한다.

④ 다양한 기준에 따라 분류하기, 조사·발표하기, 무리 짓기 과정을 통해 동네 사람들이 하는 일과 직업을 관련지어 이해하는지 평가한다.

과연 초등 2학년 아이들에게 이게 가능할까? 이 내용은 5학년 아이들에게도 쉽지 않은 활동이다. 초등 2학년 아이들의 수준이 어느 정도이기에 조사학습을 하고 나서 이것을 정리해서 그래프로 나타낼 수 있을까? 물론 가능하다. 하지만 그 수준을 어느 정도로 파악하는가? 교사가 그려 놓은 것을 그대로 따라 그리는 것도 아니고, 정리를 해야 한다는 것은 이 시기의 아이들에게는 너무 무리다. 더구나 인지능력이 아직은 부족한 아이들에게 통합적 사고를 요구하는 것은 어른들의 욕심이 아닐까? 명확한 역량과 기능의 관점으로는 아이들이 온전하게 성장하지 못한다. 더구나 '많이 아는 학생'이 아닌 '할 줄 아는 힘을 지닌 학생'으로 성장할 수 있도록 해 주어야 한다.

어설픈 내용에 제대로 검증되지 않은 것을 가지고 우리 교육의 대안이라고 밀어붙여서는 안 된다. 조금 늦게 가더라도 아이들의 발달단계에 맞는 제대로 된 교육과정을 만드는 것이 필요하다. 그래야만 아이들을 살리고 겨레를 살릴 수 있다.

산책활동은 훌륭한 자연의 스승이다.

2015 개정 교육과정은 1-2학년 아이들에게 너무 많은 것을 가르치거나 배우게 하고 있다. 문제는 발달단계로 봐서 아직은 이러한 것들을 받아들일 준비가 안 되어 있다는 것이다. 그런데도 어른들의 잣대로 배우게 하는 것은 무리가 있다.

자연현상에 대해서 그냥 보고 느끼게 해야 하는데 뭔가를 자꾸 가르치려고 한다. 그 가르치려는 것이 개념(지식)이다. 개념을 제대로 이해하기 위해서는 이에 대한 준비가 필요하다. 아이들은 아직 세상에 대한 경험이 적다. 수학시간에 배우는 '수'도 하나의 개념이고 숫자는 그 개념을 나타내기 위해 붙여진 이름 또는 그 표현이다. 그래서 처음 아이들에게 '수'를 가르칠 때 상당히 신중하게 그러면서도 여러 활동을 하면서 온몸으로 자연스럽게 익히게 해야 한다. 교실 안이나 교실 바깥의 자연현상에 대한 공부도 마찬가지다. 더구나 요즘 아이들은 자연과 거의 떨어진 삶을 살고 있기 때문에 자연에 대해서 더더욱 소중한 가치로 다가가게 하고 느끼게 해야 한다.

자연사물이나 현상을 개념(지식) 중심으로 가르쳐 주지 않아도, 그 속을 가까이 하면 아이들은 자연스럽게 익히게 된다. 중요한 것은 그러한 경험을 할 수 있도록 기회를 만들어 주는 것이 좋다. 그렇기 때문에 교과서 속에서 수업을 진행하는 것은 한계가 있다.

무엇을 가르치려고 하지 말고 아이들이 세상을 향해 무엇을 느낄 수 있도록 도와주어야 하는 것이 '슬기로운 생활'의 본질이 아닐까? 그렇다면 '슬기로운 생활'에서 무엇을 내려놓아야 할까? 가능하면 다 내려놓으면 좋다. 물론 교사 자신의 역량이나 학교 여건에 따라 조금은 힘든 부분이 있기 때문에 쉽지 않겠지만, 중요한 것은 지금 슬기로운 생활 교육과정이 밝히고 있는 것으로는 아이들의 온전한 성장을 이끌어 낼 수가 없다는 것이다. 그렇다면 차라리 다 내려놓고, 1-2학년 슬기로운 생활은 '산책'과 '수공예' 활동을 다루는 것이 좋다.

'산책' 하면 단순히 노는 것, 배우는 것과 거리가 멀고 노는(운동) 것에 가깝다고 생각할지 모른다. 요즘 산책이라고 하면 운동요소를 너무 강조하고 있기 때문에 대부분 그렇게 생각할 수 있을 것이다. 하지만 철학자들의 산책은 운동 요소보다는 생각과 느끼기와 의지에 더 가까웠다. 독일 하이델베르크성 강 건너편에 '철학자의 길'이 관광명소로 있는 것이나 제주 올레길을 생각해 보면 이해가 쉽다. 또한 산책 활동에 관해서 연구 문헌들이 있는데, 그 가운데 산책활동이 초등학교 1-2학년 아이들에게 많은 효과가 있다는 연구 자료가 많이 있다.

첫째, 산책활동은 초등학교 1-2학년 아이의 놀이성, 신체 자발성을 향상시키므로 아이의 신체 자발성 발달을 위해서는 산책활동이 매우 효과적이다. 소극적이고 활동량이 적은 아이에게 자유롭게 자신의 몸과 감각을 활용할 수 있도록 산책활동을 적극 권장해야 한다.

둘째, 산책활동은 초등학교 1-2학년 아이의 놀이성, 사회 자발성을 향상시키므로 아이의 사회 자발성 발달을 위해서는 산책활동이 매우 효과적이다. 친구를 쉽게 사귀지 못하여 혼자 놀이에 빠져 있는 아이에게 다양하고 신비함을 간직한 자연에서의 산책활동을 적극 활용해야 한다.

셋째, 산책활동은 초등학교 1-2학년 아이의 놀이성, 인지 자발성을 향상시키므로 아이의 인지 자발성 발달을 위해서는 산책활동이 매우 효과적이다. 아이는 자연을 스스로 관찰하고 생각하며 기록하는 과정에 상상력, 직관력을 발휘할 수 있으므로 자연에서의 산책활동은 인지능력 발달을 위한 효과인 교수 학습 전략이 된다.

넷째, 산책활동은 초등학교 학년 아이의 놀이성, 즐거움의 표현과 유머감각을 향상시키므로 아이의 정서 발달을 위해서 산책활동은 매우 효과적이다. 자신의 감정을 표현하는 방법을 몰라 어려움을 겪는 아이들에게 자연에서의 산책활동은 자신의 감정을 자유롭게 표출시키고, 그 기쁨을 자연스럽게 친구들과 함께 나눌 수 있도록 해주는 효과적인 교육 방법이 된다.

따라서 1-2학년에서는 주 1회 최소한 2시간 동안 활동을 해야 한다. 만약 비와 눈가 오더라도 꾸준히 하는 것이 좋다. 비가 오면 빗소리를 들으면서, 눈이 오면 눈을 맞거나 내리는 모양을 보면서 주변 세계가 하얗게 변해가는 모습을 친구들과 느낄 수 있도록 기회를 주어야 한다. 물론 요즘 안전교육이 강화(?)되어, 학교 밖으로 쉽게 나갈 수 없거나 대도시 학교에서는 거의 힘들겠지만, 차선책으로 학교 안을 이용하는 것도 방법이 되고, 기회에 따라 한 달에 한번 현장체험학습(차량이용)으로 숲체험을 다녀오는 것도 방법이 될 수 있다. 그래서 처음 시작은 학교 안에서부터 교문이든, 학교 건물 중앙 현관이든 모여서 학교 건물을 함께 걷거나 정원을 걷거나, 운동장 주변 걷기를 해본다. 3-4월 어느 정도 익숙해졌다면 학교 밖 담장 바깥으로 나와서 둘레를 걸어보면서 차츰 거리를 시간에 맞추어 길게 가지게 된다.

〈강원 고성 공현진초 사례〉

공현진초에서는 주 1회 1-4학년 아이들이 교과과정과 연계해서 산책활동을 한다. 학교 주변, 마을동네를 다녀오는데, 시간은 1시간 정도 편성해서 운영하고 있다.

나. 독일 발도르프학교 산책활동 사례[*163]

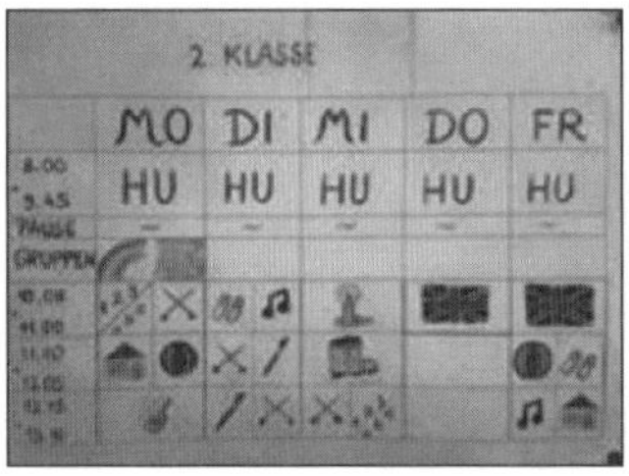

시간표에 장화로 그려져 있는 것이 '산책'이다. 두 시간 동안 진행되고 있는 것을 눈여겨 볼 필요가 있다. 주로 학교 주변 지역을 다녀온다. 지난 1월 마침 눈이 내렸는데 눈썰매를 타러가기도 했다.

독일 발도르프학교 참관내용을 쓴 교육일기와 사진자료를 소개해 본다.

교육일기-20160128[*164]

'발도르프학교 아이들의 산책 수업'

지난주와 이번 주에 방문한 두 군데 발도르프학교에서 1학년 교실을 참관. 어제는 주1회 '산책(2시간)' 수업으로 반 전체 아이들이랑 학교 주변 2시간 거리를 다녀왔습니다. 이 시기 아이들은 자연 그 자체가 배움이고 삶이라는 것. 아이들은 오고가며 많은 것을 느끼고 배운다고 하네요. 더구나 '눈', '비'가 와도 다녀온다고—.

'안전'과 '책임'을 우선으로 생각(?)하는 우리 현실에서 과연 이렇게 학교 밖으로 나가

*163 독일 함본 발도르프학교 1-2학년 시간표.

*164 김용근, 페이스북에 연재하고 있는 교육일기.

는 것이 쉬울까요? 희망사항일까요? 그래도 최소한 학교 안에서 정규적으로 해보는 것도 좋은 대안일 수 있지요. 물론 멋지고, 예쁜 정장차림으로 날마다 출근하는 선생님들에게는 부담스러운 활동이지만, 아이들한테는 무척 기다려지고 소중한 활동이 아닐까요?

*담임선생님은 정년(65살)을 2-3년 앞둔 여선생님이십니다.

산책 활동이 단순히 노는 것이라는 선입견을 버려야 한다. 1-2학년 이 시기 아이들이 세상을 배워 나가는 데 가장 좋은 교육활동이다. 앞에서도 산책활동이 아이들의 창의성, 사회성, 인지성 발달에 아주 효과가 크다는 연구 논문도 있듯이 그만큼 아이들의 온전한 성장을 돕는 데 중요하다. 아이들을 교실에만 가두어 두고 머리로만 배우게 하는 수업은 결코 미래핵심역량인재를 길러낼 수 없다. 그렇기 때문에 '슬기로운 생활'에 대해서 제대로 내용 편성을 다시 해야 한다고 본다. 산책활동을 강조하면 자칫 안전교육과 부딪칠 수 있는데, 아이들이 안전하게 교육활동을 할 수 있도록 해주는 것이 어른들의 몫이 아니겠는가. 책임을 지지 않는 교육을 하면서 아이들에게 책임과 의무를 다하라고 하는 것은 어른들의 옳은 본보기가 아니라고 본다. 학교 밖으로 나가는 것이 쉽지 않겠지만 일단 학교 안에서부터 얼마든지 진행할 수 있다. 물론 한두 번 해보는 것이 아니고, 주 1회 정해진 시간에 해야 한다. 아이들은 이 날을 손꼽아 기다린다. 우리가 어린 시절 '소풍'을 기다리듯이…. 만약 학교행사나 교사 출장으로 하지 못해도 다음에 꼭 보충을 해야 한다. 비가 오거나 눈이 와도 이것도 계절이 주는 현상이고 느낌이기에 체험해야 한다. 그리고 나서 월별 현장체험학습 계획을 치밀히 세워서 부근에 있는 숲체험 장소나 식물원, 동물원들을 다녀오면 된다. 중요한 것은 교사의 실천의지다. 준비하는 것이 귀찮을 수도 있지만 이 시기 아이들이 꼭 해야 할 과제라는 것을 인식한다면 가능할 것이라 본다.

1-2학년 때 이렇게 산책활동을 한 아이들은 어른이 되었을 때는 물론이거니와 3학년부터 사회과에서 다루고 있는 동네학, 4학년에서의 고장학, 5학년의 우리나라 지리학, 6학년의 세계 여러 나라 지리학을 무리 없이 자연스럽게 받아들이게 된다. 어떻게 보면 사전 준비단계라고도 할 수 있다.

[산책활동 수업사례]

자연과 친구되는 아이들*165

“선생님! 저 아침에 학교 오는 길에 달팽이 봤어요. 친구들하고 같이 보려고 나뭇잎에 싸 가지고 왔어요.”

“선생님! 우리 텃밭 근처 나무에 노란 열매가 있는데 살구 냄새가 나요. 이거 살구 맞아요?”

아침이건 점심시간이건 아이들이 쉴 새 없이 불러대며 나에게 무언가를 가져온다. 때론 등굣길에 만난 곤충일 때도 있고, 때론 학교 텃밭에서 본 곤충이나 열매일 때도 있고, 집 근처 냇가에서 잡아 온 올챙이일 때도 있고, 심지어는 주말에 캠핑 가서 가져온 무언가(장수하늘소?)일 때도 있다. 그리고는 눈을 동그랗게 뜬 채 나를 쳐다보고 그 정체를 알려달라고 한다. 그러면 여기저기서 모여드는 친구들이 어디서 잡았는지, 어떻게 잡았는지, 이름은 무엇인지 쉴 새 없이 이야기꽃을 피운다.

학기 초 삼삼오오 모여 게임 캐릭터 이야기만 하던 아이들에게 이런 변화는 언제부터 찾아온 것일까? 아마도 3월 말부터 시작한 산책 활동 덕분인 것 같다. 우리 반 친구들은 매주 목요일 학교 근처에 있는 가온호수 공원으로 산책 활동을 간다. 날씨에 맞는 옷차림을 하고 간편하게 물 한 통 든 채 가벼운 발걸음으로 공원으로 간다. 어떤 날은 공원을 한 바퀴 돌며 봄기운을 느껴 보기도 하고, 어떤 날은 산 속에 들어가 동물들의 흔적(새똥이나 나뭇잎을 갉아먹은 흔적 등)을 찾아보기도 하고, 어떤 날은 꽃반지와 꽃화관도 만들어 보고, 날이 좋으면 냇가에 들어가 우렁이와 피라미도 잡으면서 놀다 왔다. 그리고 갔다 온 소감을 이야기해 보기도 하고, 시로 써 보기도 한다. 그러면서 아이들은 내 주변에 있는 다양한 동물, 식물 친구들을 섬세하게 관찰하기 시작했다. 그리고 쉴 새 없이 교실로 다양한 동식물 친구들을 데려오기 시작했다. 때론 냇가

에서 잡아온 우렁이가 올챙이를 잡아먹어서 안타까워하기도 하고, 학교 텃밭에 떨어져 있는 작은 토마토 알갱이가 귀여워 차마 버리지 못하고 교실로 가져오기도 했다.

---

*165 이순복, 경기 파주 한빛초 교사.

아이들이 그럴 때마다 내 얼굴에도 예쁜 미소가 절로 그려진다. 자연이 친구가 된 아이들! 마치 내가 그러했던 것처럼 이 아이들도 작은 풀꽃의 아름다움을, 나뭇가지 사이로 커다란 집을 짓는 거미의 위대함을 점차 알게 될 것이다. 그러하기에 오늘도 나는 커다란 모자 하나 쓰고 30명의 아이들 대장이 되어 자연 속으로 떠난다!

슬기로운 생활의 대안은 수공예 수업이다.

수공예활동은 주로 손을 써서 무엇인가를 만드는 활동을 말하는 것이다. 수작업 활동이라고도 한다. 수공예 수업은 수공예 경험으로 실용적인 목표도 이루게 하고, 더 나아가 손을 많이 움직임으로 해서 머리로 생각하고 마음으로 느끼는 교육을 하여 아이들의 생각이 발달되도록 하는 데 교육적 가치가 있다. 수공예활동을 하면서 사람의 생각 안에서 의지가 활동하게끔 준비시키는 것이 수공예 수업의 목적이기도 하다.

수공예 수업의 특징

- 감각을 촉진시켜 줄 수 있다. 색깔에 대한 감각, 형태에 대한 감각, 다양한 천연 재료에 대한 감각을 느낄 수 있어 아이들이 가지고 있는 여러 가지 감각들(시각, 촉각, 운동감각, 균형감각, 사고감각 등)을 발달시켜 준다.

- 수공예 활동으로 아이들은 자신들의 의지와 느낌을 발달시킬 수 있다. 1-2학년은 손가락 뜨개질이나 대바늘 뜨개질, 직조를 하면서 규칙적인 리듬감을 느끼고, 양손을 조화롭게 쓸 수 있는 균형감각을 배운다. 고학년이 되면 코바늘 뜨개질, 인형 만들기, 동물 만들기를 하면서 섬세한 손끝의 움직임과 살아 있는 생명에 대한 관심과 움직임, 균형감각을 익히게 된다.

- 체험활동을 많이 하는 수공예 수업은 아이들이 직접 실습을 하고 체험을 하는 가운데 스스로 배우고 느끼는 활동을 하는 것으로 양모 솜을 이용하여 실을 잣고, 그 실을 이용하여 직조를 하여 천을 만들어 내는 수업을 하는 과정에서 아이들은 실이 만들어지는 과정과 옷감이 어떻게 만들어지는지를 직접 체험하고 이해하게 된다. 또한 직조로 만든 옷감을 이용하여 주머니를 만들어 실용성 있게 생활에 쓸 수 있다.

• 자연 친화적인 천연재료와 주변에서 흔하게 볼 수 있는 자연물을 이용하여 수공예 활동을 한다. 사람이 인위적으로 만든 재료가 아닌 자연에서 생산된 자연물을 이용한 자연친화적인 수공예 활동으로 아이들은 주변에 더 많은 관심을 갖고 자연의 변화 모습과 아름다움에 민감하게 반응한다. 솔방울, 나뭇가지, 나뭇잎, 조개껍질, 씨앗, 각종 열매, 들꽃, 돌멩이 따위들을 이용한 계절 수공예 활동은 아이들이 각 계절의 특성과 계절별 자연물의 종류와 변화에 더 큰 관심을 갖고 참여하게 만든다. 양모 솜을 만지면서 느껴지는 포근함과 부드러움, 닥종이로 만들어지는 한지의 섬세하고 질긴 질감과 쓰임새, 돌멩이의 차갑지만 손에 오래 쥐고 있을 때의 따뜻함과 돌멩이마다 다른 모양을 보면서 느껴지는 상상력, 오리 알의 매끈한 감촉과 단단하지만 깨지지 쉬움에 대한 조심스러움까지 아이들은 인간생활에 가장 밀접한 관계를 맺고 사는 자연물에 대하여 관심이 커지고, 무엇 하나 함부로 버릴 것이 없는 소중한 것이라는 것을 생활 속에서 체험하게 된다.

• 아이들의 의지와 감성이 살아나는 교육이 수공예 수업이다. 수공예 수업을 할 때 교실은 순간적으로 고요한 가운데 생명력이 살아 숨 쉬는 분위기로 바뀐다. 아이들은 자신이 만드는 수공예 작품에 몰두하면서 머릿속으로 여러 가지 일을 생각하고 계산하여 창조적인 일을 한다. 모두들 나름대로 색깔의 배합은 어떻게 할까? 모양은 어떻게 표현할까? 패턴을 어떤 식으로 정할까? 많은 생각들을 하게 된다. 너무나 즐겁고 좋아하는 일을 할 때의 거기에 빠져있는 얼굴은 창조의 기쁨으로 얼굴들이 상기되어 있다. 어느 누구와도 경쟁하지 않고 나름대로 자신의 리듬과 속도에 맞춰 수공예를 하다 보면 아름다운 작품이 탄생하고 그 작품을 자신의 생활에서 실생활에 활용할 수 있어 자부심을 느끼는 것이 수공예 활동이다.*166

1·2 학년별 수공예 수업

만드는 방법이 여러 가지이기 때문에 이것으로 해야만 한다는 것은 없다. 교사나 수공예 강사 나름의 방식으로 운영하면 된다. 중요한 것은 이러한 수공예 활동을 했

*166 안수영, 아동의 조화로운 성장발달을 돕는 발도르프교육 수공예 수업, 서울 영훈초.

는가 안 했는가이다.

•1학년에서 수공예 수업이 필요한 이유

1학년 아이들은 대부분 학교에 입학하는 시기에 이갈이를 한다. 이때 아이들에게 학교에서 배울 수 있는 가능성(정신과 몸)이 주어지는데 아이들은 모든 감각을 가지고 세계를 알게 되고 주위 환경을 모방함으로써 의지를 발전시키고 직접 하고자 하는 것을 경험하게 된다. 리듬은 꾸준히 발전하는 데 결정적인 몫을 한다. 아이들이 운율과 리듬, 박자로 이루어진 것과 하나의 직접적인 관계를 갖게 되는 시기이기에 손으로 하는 활동이 그만큼 중요하다. 더구나 뜨개질은 옛날부터 실생활에 필요한 생활도구를 만드는 데 중요한 몫을 하고 있다. 아이들이 뜨개질을 할 때 손가락 끝까지 느낌을 경험하게 되는데 이 때 리듬 있게 앞뒤로 움직이며 숨을 들이쉬고 내쉬기를 되풀이한다.

중요한 것은 뜨개질은 하나의 4박자 리듬이다. 9살까지 호흡과 맥박의 관계는 1:4의 조화를 이루고 있기 때문에 뜨개질이 이 과정을 잘 도와준다. 그렇기 때문에 초등학교 저학년의 아이들은 뜨개질을 배워야 한다. 더구나 뜨개질의 과정은 하나의 되풀이이고 그래서 특별히 의지가 강하게 작용한다. 곡선을 만드는 움직임과 리듬으로 하는 것이 두 손을 조화롭게 움직이는 것을 배우게 된다. 또한 뜨개질은 우리 몸 내부기관에까지도 영향을 미쳐서 몸속의 기관들이 건강하게 조화를 이루면서 작용하게 한다. 뜨개질을 꾸준히 되풀이함으로써 아이들은 뜨개질의 기술을 알게 된다. 자신의 능력 안에서 확신을 얻게 되고 그럼으로써 자존감을 얻게 된다.

1학년 뜨개질 시간에 단순히 '코'를 만드는 것이 아니고, 시(운율)를 가지고 어떻게 코가 만들어지는지 알려준다는 것이다. 단순히 개념으로 접근하는 것이 아니라는 것이다. 그러면 많은 코들이 만들어지고 많은 코를 가지고 직물이 만들어진다. 아이들은 무엇인가 뜻 깊고 쓸모가 있는 것을 어떻게 만드는지 직접 만들어 보는 체험을 한다. 바로 아이들 자신이 직접 해보는 것으로 자신의 능력에 대한 확신을 갖고 내적인 안정과 만족감, 자신감을 얻게 된다는 것이다. 더 중요한 것은 아이가 이 나이에 누군가에게 기쁨을 줄 수 있고 무엇인가 쓸모 있는 것을 할 수 있다는 느낌을 갖는다면 일에 더 많은 인내를 가지고 하게 되고 연습을 통해 무엇인가를 자립적으로 배울 수 있다는 것을 체험하게 된다는 것이다.

•주요 활동 : 리코더 주머니 만들기, 목도리[*167]

• 2학년에서 수공예 수업이 필요한 이유

발달단계 과정상 2학년 아이들은 전체적으로 깨어 있게 된다. 약 7살 정도의 어린 아이와 같은 의식을 변화시키기 시작한다. 아이가 전에는 주위 환경에 대해 무제한으로 열려 있었으나, 이제는 외계로부터 점점 더 멀어져 가고 자신을 더 강하게 체험하기 시작한다. 따라서 수공예 수업에서도 뜨개질을 두 손으로 충분히 연습한 후에 아이들이 코바늘뜨기를 배우게 한다. 이것은 완전히 다른 기술이기 때문에 이 시기 아이들에게는 하나의 감정 영역을 일깨우게 된다. 코바늘뜨기는 아주 다른 방법으로 손을 움직이게 한다. 대부분이 오른손잡이지만 우세한 손이 지금 중요시 여겨지면서 두 개의 대바늘을 대신해서 지금은 코바늘 하나가 코를 만드는 것에 익숙해져야 한다. 오른손이 원래의 코를 만드는 동안에 왼쪽 손은 실을 잡고 일을 하도록 돕는다. 코바늘로 뜨개질할 때는 늘 오른손목으로 돌리는 움직임을 하게 된다. 이때 오른손이 늘 이끌어주는 몫을 한다. 코바늘의 머리는 한손가락의 연장선이 되며 실을 가져오는 것이다. 이미 1학년에서처럼 모든 일을 하기 전에 아이들이 색깔을 고른다.

2학년에서는 먼저 하나의 그물 모양을 한 사슬코를 만들어 열려 있는 형태로 코바늘 뜨개질을 한다. 나중에는 이것에 근거를 두고 냄비받침 같은 촘촘한 직물 작품을 코바늘로 만드는 것이다. 코바늘 뜨개질은 대바늘 뜨개질보다 더욱더 많이 깨어 있을 것을 요구한다. 두 눈은 늘 손이 움직이는 것과 함께 해야만 한다. 일의 리듬은 하나의 다른 특성을 갖게 된다. 뜨개질할 때의 리듬은 직접 움직임 속에 들어 있다. 코바늘로 하나의 망을 뜨개질할 때의 리듬이 사슬코를 만드는 것을 통해 정해진다. 그때마다 하나의 코를 묶는 사슬코의 정해진 숫자를 리듬을 타고 엮는 것이다. 사슬코와 촘촘한 코를 바꾸면서 뜨개질함으로써 아이의 성격(네 가지 기질)이 조화를 이루면서 형성될 수 있다. 정확히 그에 맞는 방향을 지키는 것도 아이로부터 강한 집중을 요구한다. 일부 아이들은 두 손을 가지고 집중적으로 체험하는 과정에 있으나 두 손을 가지고 손가락으로 코바늘식의 뜨개질을 하는 것이 코바늘로 일하기 위한 상태를 끝맺기도 한다. 코바늘로 일하기 위한 사전 연습으로 아이들은 우선 한번 손가락으로 코바늘 대신 뜨개질을 한다. 그전에 실을 한손가락으로 끌어오는 것을 이미 연습했다. 손가락으로 뜨개질을 하는 것은 아직도 어딘가 모르게 더 꿈꾸는 듯

*167 자세한 내용은 '선생님은 살아 있는 교육과정이다' 실과편 참조.

한 아이들에게 아직도 하고 손가락으로 제대로 할 수 없는 그런 아이들을 그 꿈에서 깨어나도록 도와준다.

- **2학년 활동 내용 :** 코바늘뜨기, 촘촘한 코, 코바늘망, 작은 가방, 냄비 받침, 저글링 공 따위들을 만들기[*168]

*168 자세한 내용은 '선생님은 살아 있는 교육과정이다' 실과편 참조.

5장

예술 감성을 위한 즐거운 생활

1 올바르게 즐거운 생활을 가르치기 위해서

〈즐거운 생활〉은 초등학교 1·2학년 아이들의 발달 단계에 맞는 다양한 놀이와 몸, 음악, 미술(예술) 표현활동으로 아이들의 기본적인 활동 욕구를 충족시켜 즐거운 학교생활이 되게 함은 물론, 건강한 몸과 마음과 세상을 아름답게 볼 수 있는 태도를 기르게 하는 것이 교과의 특성이다. 따라서 전인적 발달을 실현시킬 수 있는 교과라고 하지만 독립 교과로 운영되기보다는 다른 교과(국어, 수학, 슬기로운 생활)과 연계해서 운영되어야 한다. 문제는 교과 역량을 위해서 놀이하기, 표현하기, 감상하기로 나누어서 이에 따른 기능을 익히는 데 중점을 두고 있다는 것이다. 또한 이를 구현하기 위해 '학교', '봄', '가족', '여름', '마을', '가을', '나라', '겨울'의 8개 영역(대주제)으로 내용을 선정해서 운영하고자 하는데 문제는 이렇게 나눈 것이 1-2학년 발달단계에 맞지 않다는 것이다. 앞에서 이야기한 것이지만 이 시기는 아직 세분화해서 세상을 바라보거나 느끼지 않는다는 것이다.

또한 〈즐거운 생활〉의 신체활동에서 놀이와 표현활동으로 자신이 보고, 듣고, 생각한 것을 즐겁고 창의적으로 표현하도록 함으로써 주어진 자극에 대하여 몸의 움식임, 소리, 형태들을 표현할 줄 아는 능력을 최대한으로 발전시킬 수 있도록 하고 있다고 하나, 이러한 것을 이 시기에 '왜?' 해야 하는지에 대한 명확한 이유가 없다. 최소한 1·2학년 아이들의 발달 상태를 정보차원에서 소개해 놓으면, 교사들이 어떠한 활동을 해야 하는지 또 왜 해야 하는지에 대해서 어느 정도는 이해할 수 있을 것이다. 하지만 아이들의 발달 상태에 대한 아무런 내용이 없어서 가르치는 교사들도 막연할 수밖에 없고, 그러다보니 교과서 중심으로 수업을 할 수밖에 없다. '창의력을 신장시키는 교과이다'라고 그럴 듯하게 말하고 있지만 오히려 그 반대다. 다양한 학습 경험의 기회를 제공함으로써 아이들의 학교생활을 흥미롭게 할 수 있도록 하는 교과라고 하는데 교과서중심 수업으로는 이것을 제대로 충족시킬 수 없다. 더구나 문제는 8개 영역 대부분이 머리(지식)중심이라는 것이다. 전인적 발달을 실현시키는 교과라고 하는데 정작 운영 내용은 그렇지 않다. 놀이 활동이나 표현활동들이 개별성에 가깝다. 즉 일회성에 지나지 않는다는 것이다. 다른 교과와의 연계성이 부족하다는 것이다. 국어시간에 이야기를 들려주었으면 이에 맞는 놀이(리듬)활동이나 표현(크레용그림이나 수채화물감 그리기 활동)활동을 해야 하는데, 연관성이 현저히 떨어진다. 더구나 '감상활동'은 이 시기 아이들을 너무 과대평가한 것이다. 감상이라는 것은 나름대로 경험(듣기, 부르기 활동)한 것을 밑거름으로 해서 자신의 생각을 보태어 말하는 것이 아닌가? 단순히 질문에 대한 일회성 대답은 감상이라고 할 수 없다. 더구나 감상활동이 제대로 되려면 '말하기' 활동을 많이 해야 한다. 헌데 실제 상황은 어떠한가? 또한 교과서에 제시한 노래 몇 곡을 부르는 것으로 음악 관련 수업을 다 했다고 할 수 있을까? 최소한 날마다 아침 수업 전에 노래와 악기를 불러야 한다. 그래야만 이러한 것이 아이들 내면에 쌓이고 쌓여서 고학년이 되면 바깥을 향해 나오게 된다. 이것이 바로 '감상'이라고 할 수 있다. 아래 도표의 교수·학습방법 내용 가운데 '장단을 쉽게 변형하여'는 과연 1·2학년 아이들 수준을 어느 정도 보고 있는 것인가? 이 부분은 3학년 이상에서 가능한 내용이다. 요즘의 음악교육은 물론 다른 교과도 마찬가지지만 아이들에게 너무 일찍부터 의식화만 요구하고 있다. 더불어 중요한 움직임이나 느낌은 요구하지 않으면서 말이다. 지·덕·체를 밑거름으로 해서 전인적 성장을 돕는다고 하는데 이것 역시 실제 배움과는 거리감이 있다.

(나) 교수·학습 방법 및 유의 사항

③ 민속놀이를 할 때 학생들의 수준을 고려하여 다양하게 변형하여 지도할 수 있다. 정확한 동작보다는 전통 춤의 흥겨움을 충분히 느낄 수 있도록 하고, 장단을 쉽게 변형하여 전통 음악의 흥겨움을 느낄 수 있도록 지도할 수 있다.

2 소리와 소리 사이의 것을 느끼게 하는 음악수업을 위해

음악교육은 눈에 보이지 않는 소리와 소리 사이의 것을 느끼도록 하는 것이다. 따라서 음악은 각각의 소리 연습이 아니라 소리와 소리 사이를 느낄 수 있도록 해주어야 한다. 소리 그 자체를 느끼게 하는 것도 많이 버거운데 여기에 장단까지 그것도 변형된 장단을 배우게 하는 것이 과연 아이들에게 올바른 가르침과 배움일까?

1·2학년에서 음악활동은 움직임활동과 관련해서 해야 효과가 있다. 그 움직임활동이란 바로 리듬활동이다. 나무막대기나 작은 징, 피리, 구리(동) 막대, 돌멩이(깨지지 않는 것) 따위들을 가지고 리듬에 맞추어 노래를 부르거나 걷거나, 손뼉을 치거나, 뛰거나 하는 것이다.

1·2학년 아이들에게 악보 교육을 해서는 안 된다. 교사는 아이들과 노래를 부를 때 아이들이 하는 것을 보고, 아이들에게 맞추어 그때그때 빠르기를 조절해 주면 된다. 빠르기는 악보에 쓰여 있는 4/4, 6/8…이 결정해 주는 것이 아니라 교사 자신이 결정하는 것이다. 더구나 이 시기는 화음이 필요하지 않기 때문에 얼마든지 노래의 빠르기를 조절할 수 있다. 이 시기 아이들에게는 노래를 부를 때 알맞은 빠르기로 해보고, 더 이상 느리게 하고 싶지 않을 때까지 느리게도 불러보고, 더 이상 빠르게 하지 못할 정도까지 빠르게도 해보고 하면서 알맞은 빠르기를 몸으로 익히게 해주는 것이 중요하다. 하지만 문제는 담임교사가 노래를 날마다 부르지 않으면 아무 소용이 없다. 더구나 컴퓨터 기계를 이용해서 사기업체나 인터넷 교사동호회에서 제공하는 멜로디에 의존해서 아이들과 몇 번 불러 보는 것으로 수업을 하는 것은 제대로 된 수업을 한 것이 아니다.

음악수업은 양념이다!

나. 성취기준*169

1.2 나

[2즐01-04] 나의 흥미와 재능 등을 표현하는 공연·전시 활동을 한다.

2.2 봄 동산

[2즐02-03] 봄에 볼 수 있는 동식물을 다양하게 표현한다.
3.1 가족과 친척
[2즐03-02] 가족이나 친척이 함께 한 일을 다양한 방법으로 표현한다.
4.2 여름 생활
[2즐04-03] 여름에 볼 수 있는 동식물을 다양하게 표현하고 감상한다.
5.2 우리 동네
[2즐05-03] 동네 모습을 다양하게 표현한다.
6.1 가을맞이
[2즐06-01] 가을의 모습과 느낌을 창의적으로 표현한다.
7.2 다른 나라
[2즐07-03] 다른 나라의 문화를 나타내는 작품을 전시·공연하고 감상한다.
8.2 겨울나기
[2즐08-03] 동물 흉내 내기 놀이를 한다.

1·2학년 즐거운 생활에서의 음악영역 역시 다른 교과와 연계해서 가르치면 된다. 아침활동시간에 노래를 부르거나 펜타토닉을 불었다면 그것으로 대신할 수 있다. 굳이 음악영역이라고 해서 따로 가르칠 필요가 없다. 노래나 악기연주도 어떻게 보면, 중심수업을 강화시키는 양념과 같은 몫을 하기 때문이다.

나. 왜 1·2학년에서 리코더를 가르치지 않을까?

'리코더는 어린이들이 소리내기가 용이하고 비교적 빨리 배울 수 있고 아동의 신체적 제한을 받지 않는 가장 효과적인 악기이므로 우리나라 경제여건과 학교 음악 실태를 고려하여 리코더를 조기 기악 교육용으로 선택하여 보급하는 것이 중요하다고 하였다.*170 이외에도 여러 학위 연구논문에서 1·2학년 아이들에게 리코더를 가르치는 것이 가능하다고 밝히고 있다. 하지만 우리 교육과정에서는 이에 대한 내용이 해방 이후 지금까지도 빠져 있다. 왜? 과연 1·2학년 아이들에게 리코더가 맞지 않아서일까? 7음계 리코더처럼 운지법에 문제가 있어서 일까? 운지법에 문제가 있다면,

*169 교육부, 2015 개정 교육과정, 1-2학년 즐거운 생활.
*170 서성교(1991), 리코더 지도를 통한 조기음악교육에 관한 연구, 석사학위논문, 계명대학교 교육대학원.

음계를 5음계로 하면 되고, 리코더가 이 시기 아이들에게 크다면 기존 것보다 약간 작은 것을 이용하면 안 될까? 초등학교 1학년 아이들이 즐겨 쓰는 타악기 종류로 탬버린, 트라이앵글이 있으나 리듬 공부 외에는 사실상 음악 교육의 많은 효과를 기대하기 어렵다. 따라서 좀더 제대로 음악교육(감상) 효과를 얻기 위해 처음부터 좋은 악기를 선택해서 가르치고 익히게 해야 하는데 이러한 조건을 만족시키는 악기가 리코더다. 그렇다면 우리 1·2학년 아이들에게 펜타토닉을 가르쳐야 한다. 발도르프학교에서는 7살부터 14살까지 모든 수업에서 음악이 중심 역할을 한다. 1학년부터 리코더를 배우는데 우리가 흔히 아는 리코더가 아닌 5음계 펜타토닉 악기를 배운다.

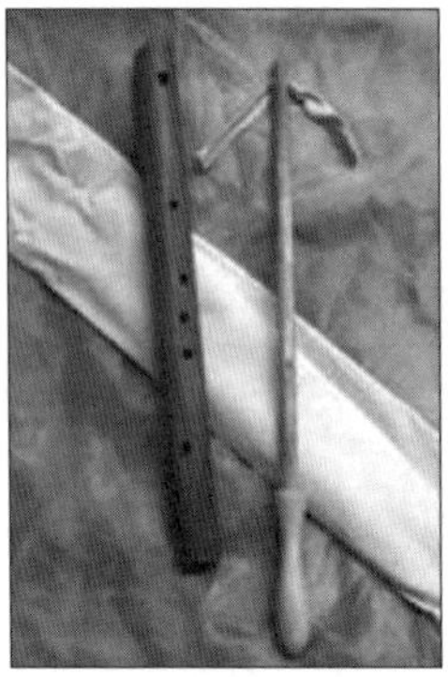

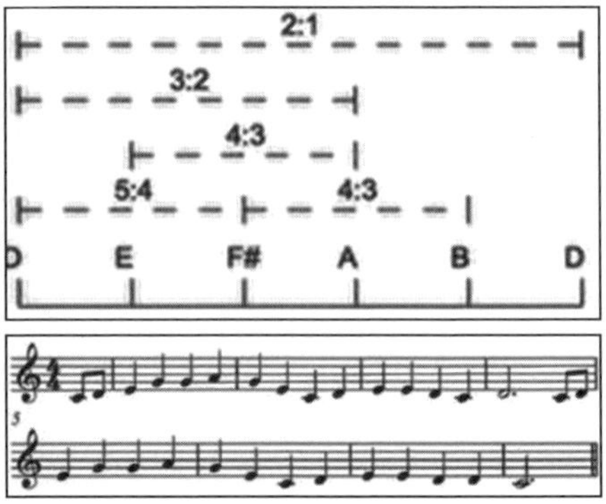

펜타토닉 5음계 악기를 배우는 것은 노래할 때 내면 세계에서만 느꼈던 호흡을 물질인 펜타토닉으로 5음계를 써서 표현하면서 내면 세계를 외부 세계로 넓혀준다. 또한 듣기(청취) 영역을 향상시키고, 화음을 느끼도록 도와준다. 음악 교과가 따로 있는 것이 아니다. 음악은 모든 교과에 양념으로 들어가야 한다. 국어 수업에서는 이야기와 음악을 리코더와 라이어를 써서 통합적인 방법으로 가르치고 수학 수업에서도 로마숫자 개념을 배울 때 리코더 연주를 활용하기도 한다. 1·2학년에는 악보 없이 교사가 연주하는 것을 따라서 한다. 리코더를 배운 후에는 청음력 향상을 위해 라이어라는 악기를 가르친다. 좀 더 학년이 높아지면 학교 규모에 맞게 관현악단과 합창단을 조직하여 학생들이 참여하게 한다.[*171]

1·2학년 시기에는 펜타토닉 5음계로 충분히 소리를 익힌 다음 3학년부터 7음계 리코더를 분다. 소리를 배우는 데도 단계가 있는 것이다. 그렇다면 우리 1·2학년 교

*171 젠케 바이 외(1999).김용한 옮김. 자유 발도르프 학교의 생활, 교육, 학습, 루르 루돌프 슈타이너 학교 Ⅱ.밝은 누리.113-160.

실에서도 날마다 펜타토닉 5음계 소리가 들리도록 해야 한다. 그렇게 하기 위해서는 '즐거운 생활'에 관련된 제대로 된 교육과정을 만들어야 한다.

공현진초 교육일기-20150603*172

'이건 분명 특혜다'

1. 대한민국 모든 초등 1·2학년 교실 가운데 왜 우리 학교 1·2학년 교실에서만 아침마다 '펜타토닉'을 불까요? 우리 선생님들이 잘못 가르치고 있는 걸까요? 아니면 세상 교육이 제대로 가르치지 않는 걸까요? 아이들이 배워야 할 나이에 제대로 배우지 못하는 것. 과연 누구 책임일까요?

2. 교육과정은 발달단계론 즉 '전체에서 부분'으로 초등 1·2학년에서는 5음계(펜타토닉-파, 시 음계가 없음, 우리 단소를 생각)를 배우고 나서 3학년부터 7음계 리코더와 돌림노래를 배우게 구성되어야 하나, 현재 우리 교육과정과 교과서는 아이들 발달단계를 철저히 무시하는 내용으로 구성되어 있다. 그러니 아이들이 힘들어할 수밖에 없다. '사회적 구성주의'니, '인지적 구성주의'니, '전면적 발달론'이니 다 살펴보세요. 이런 내용이 있는지.

3. 책임론

가. 1순위는 교육대학교 음악과 교수들: 학교현장 근무 경력 거의 없음(어디 음악과뿐인가!)

나. 2순위는 교육과정과 교과서 집필진 : 무지함!

다. 3순위는 교육전문직이라고 자체하는 연구사, 장학사(발달단계 관련 연수 기획 전무함-내가 아는 7명 빼고)

라. 4순위는 어설픈 식견으로 선생님들 대상 연수에서 교육과정, '교육과정재구성, '주제통합수업', 수업멘토링(컨설팅) 이에 대해서 한마디도 말하지 못하는 사람들.

4. 선생님들 대상 강의에서 보여주고 들려주면 생전 처음 본다는 선생님들이 대부분! 이러니 우리 아이들이 특혜일 수밖에 없지요?

*172 김용근, 교육일기.

[공현진초 1학년 아이들,
2학년 아이들이 펜타토닉을 부는 모습]

다른 교과 속에서 빛을 내는 음악수업

수학 시간에 '수'나 '셈하기'를 배울 때 리듬요소를 곁들이면 학습 효과가 커진다. 피타고라스는 모든 사물의 본질은 수에 있다고 보았고, 전체 음악론을 통해 음악이란 귀로 들을 수 있는 우주의 하모니라 하였다. 또한 별들의 거리는 조화로운 수적 비율을 이루고 있는데, 이 비율 관계가 미시적으로 반영되어 있는 것이 음악이며 따라서 음악은 세계의 법칙을 보여주고 있는 열쇠라고 보았다.*173

[수학 에포크 수업에서의 리듬활동]
- 대상 : 1학년
- 주제 : 로마 숫자 개념 이해(I,II,…,XII)
- 수업방법 :

*173 임영희 역(고야스미치코), 자유 발도로프 학교의 감성교육 pp.81~85.

① 12명의 학생을 앞으로 나오게 한다.

② 1~12까지 손으로 일정 박수를 치며 숫자를 말한다. 여러 번 반복한다.
(같은 빠르기를 유지한다.)

③ 수열에 각 2자리씩 마디를 주고, 마디의 첫 숫자에 강세를 주며 읽는다.

④ 앞에선 12명의 학생들 중 1, 3, 5, 7, 9, 11 자리의 '강' 자리에 있는 학생들은 숫자를 읽을 때 순서에 따라서 앞으로 한발씩 나오며, 2, 4, 6, 8, 10, 12의 학생들은 뒤로 한발씩 나간다.

⑤ 홀수 열에는 '솔' 음, 짝수 열에는 '미' 음으로 음정을 넣는다.
(수 열) 1, 2/3, 4/5, 6/7, 8/9, 10/11, 12
(강 약) 강 약 강 약 강 약 강 약 강 약 강 약 → 읽기
(발리듬) ↓ ↑ ↓ ↑ ↓ ↑ ↓ ↑ ↓ ↑ ↓ ↑ → 움직이기
(음 정) 솔 미 솔 미 솔 미 솔 미 솔 미 솔 미 → 음 노래하기

⑥ 리코더로 숫자를 노래한다.

⑦ 학생들이 리코더로 연주하면서, 동시에 앞의 12명의 학생들이 발 리듬을 표현한다. (마치 '뻐꾸기'노래처럼 움직이며 노래한다.)*174

제대로 '표현하기'를 가르치고 배우게 하려면

나. 성취기준*175
1.1 학교와 친구
[2즐01-02] 다양한 방법으로 교실을 꾸민다.
2.1 봄맞이
[2즐02-01] 봄의 모습과 느낌을 창의적으로 표현한다.
[2즐02-02] 봄을 맞이하여 집을 아름답게 꾸민다.
2.2 봄 동산
[2즐02-03] 봄에 볼 수 있는 동식물을 다양하게 표현한다.

---

*174 홍정수 외, 두길 서양 음악사 (서울: 나남출판사, 1997), p.18.
*175 교육부, 2015 개정 교육과정, 1-2학년 즐거운 생활.

3.1 가족과 친척

[2즐03-01] 가족 구성원이 하는 역할을 고려하여 고마운 마음을 작품으로 표현한다.

[2즐03-02] 가족이나 친척이 함께 한 일을 다양한 방법으로 표현한다.

3.2 다양한 가족

[2즐03-03] 집 안팎의 모습을 여러 가지 방법으로 표현한다.

4.1 여름맞이

[2즐04-01] 여름의 모습과 느낌을 창의적으로 표현한다.

[2즐04-02] 여름에 사용하는 생활 도구를 여러 가지 방법으로 표현한다.

5.2 우리 동네

[2즐05-03] 동네 모습을 다양하게 표현한다.

6.1 가을맞이

[2즐06-01] 가을의 모습과 느낌을 창의적으로 표현한다.

6.2 가을 모습

[2즐06-04] 가을 낙엽, 열매 등을 소재로 다양하게 표현한다.

7.1 우리나라

[2즐07-01] 우리나라의 상징을 여러 가지 방법으로 표현한다.

7.2 다른 나라

[2즐07-04] 다른 나라의 노래, 춤, 놀이를 즐기고 그 느낌을 다양하게 표현한다.

8.1 겨울맞이

[2즐08-01] 겨울의 모습과 느낌을 창의적으로 표현한다.

성취기준이 배울 내용을 너무 자세하게 구조화시켜 놓았다. 이 시기 아이들은 아직 세상에 대해서 알지 못하는 시기이기 때문에 구체적인 내용이나 활동 제시는 별 도움이 되지 않는다. 더구나 1·2학년 [즐기운 생활] '표현영역(미술)'은 독립된 주제나 내용으로 가르치기보다는 국어나 수학, 슬기로운 생활(산책)과 연계해서 가르쳐야 한다. 국어시간에 옛이야기나 우화를 가르쳤으면 이와 관련해서 크레용이나 습식수채화 작업을 하거나 밀랍왁스를 이용해서 작품을 만들도록 해야 한다. 수학 시간에 '숫자' '셈하기'를 교사가 칠판그림으로 그리고 이것을 따라 보고 그리거나 풀이하는 것도 표현하기에 해당한다. 즐거운 생활 속에서 운영한다고 통합수업이 이루어지는 것이 아니다. 이렇게 다른 교과와 관련 없이 떼어내서 연계되지 않고 운영하는 것은 결국 기능만 요구할 뿐이다. 예술이라는 교과는 '감정(Feeling, 느끼기)에 중점을 두기 때문에 국어나 수학 시간에 다룬 내용을 내면화시키기에 좋다. 아이들이 수학시간에 에포크 공책에 막대나 사각크레용으로 숫자를 쓰거나, 셈하기를 하는 것도 엄밀한 뜻에서는 색채공부가 들어 있기 때문에 미술영역이 포함되기도 하다. 그렇다고 굳이 자세하게 나눌 필요는 없다. 1·2학년에서의 쓰기 활동은 거의가 그림이나 그리기와 관련이 있기 때문이다. 따라서 1·2학년의 즐거운 생활 시간에 '표현하기' 활동을 따로 할 필요가 없다.

또한 목표를 정해 두고 이를 구현해 내기 위해 각 계절별로 과제를 수행하도록 하는 것은 초등 1·2학년 아이들에게는 바람직하지 않다. 자연 사물에 대해서 그냥 느끼고 받아들이게 해야 한다. 그렇게 하기 위해서는 교육과정과 교과서에 대한 정확한 인식이 필요하다. 어떤 내용을 어떻게 왜 가르칠까에 대해서 제대로 알고 있어야 각 교과 속에서 절묘하게 엮어낼 수 있다. 이것이 살아 있는 교육과정을 실천하는 것이다. 그렇지 않다면 주어진 것만 그대로 가르치는 지식전달자에 지나지 않는다. 그렇게 하기 위해서 과감한 용기가 필요하다.

2. 목표

다. 소리, 이미지, 움직임 등에 대한 심미적 감성 능력을 기르고 창의융합적으로 표현하면서 서로 소통하는 능력을 기른다.

1·2학년 〈즐거운 생활〉 '표현하기'에서는 '습식수채화 작업' '크레용으로 그림그리기' '굵은 색연필 그림그리기' '밀랍왁스 작업' 이 4가지 활동만 해도 충분하다. 이것을 국어(글자, 이야기)와 수학(숫자, 셈하기), 슬기로운 생활(산책)과 연계에서 가르치고 배우게 하면 된다. 국어나 수학, 슬기로운 생활이 주 음식이라면 [즐거운 생활]은 여기에 양념 같은 몫을 해주는 것이라 우리가 음식을 먹을 때 양념을 따로 먹지 않는 것처럼 각 특성에 맞게 가르치고 배우게 하면 된다. 앞에서 소개한 2학년 '우화' 수업을 더 내면화시키는 '데칼코마니' 수업 사례를 떠올리면 이해가 될 것이다.

3 세상을 그리는 습식수채화

왜 습식수채화를 배우는가?

습식수채화는 도화지 위에 수채물감을 이용하여 그리게 되는 수업활동이다. 수채물감이 물에서 녹는 성질을 이용한 것이다. 물기가 어느 정도 있는 상태에서 수채물감은 물감이 가지고 있는 색이 가장 자연스럽게 나타나며 그 색이 가지고 있는 고유한 색의 특성을 가장 잘 나타낼 수 있다. 이 방법은 저학년의 아이들에게 색 자체에 대한 느낌을 키울 수 있게 하고 아울러 상상의 세계를 잘 표현할 수 있게 하는 방법이다. 습식수채화는 건식수채화에 비해 색이 부드럽게 스며들어 아이들의 감성에도 도움을 줄 수 있다. 또한 물에 퍼지는 성질을 이용하므로 아이들이 부담 없이 색을 느끼고 놀이하면서 상상력을 키울 수 있다.

슈타이너박사는 어린이가 온몸의 감각으로 색을 새롭게 체험하는 것을 중요하게 여기고 있다. 수업에서 가능한한 수채물감으로 그릴 것을 제안하고 있다. 또한 아이들의 문제행동은 곧 내면에 있는 것의 외적인 반응이라고 했다. 아이들은 색에 대하여 어른보다 강렬하게 직접적인 체험을 하고 건강한 아이들의 영혼은 기쁨과 창조적인 환상에 가득 차게 된다. 따라서 아이들에게 가장 이상적인 조형 수단인 수채물감으로 자유로운 표현활동을 할 수 있게 해주어야 한다. 그리고 무엇보다 중요한 것은 그리면서 그 행위에 몰두할 수 있게 해주어야 한다. 아이들은 색칠을 하는 동안에 색을 가지고 놀면서 색에 빠져 들어가 온몸으로 색의 본성을 체험하게 된다. 또한 색과 빛과의 관계에 대해서도 조금씩 이해를 해나간다. 이렇게 거듭되는 색의 체험으로 아이들은 색이 스스로 형태를 이루어 가는 것도 알게 되고, 그러는 동안에 형태를 만들 수 있게 된다. 건식수채화(물감을 파렛트에 짜서 마른 도화지에 칠하는) 그리기는 이 시기 아이들에게는 알맞지 않다. 건식수채화 그림 방법론은 7학년 이상에서 시작되는데, 아쉽게도 교육과정이나 교사용지도서에 이에 대한 안내가 제대로 있지 않다.

습식수채화를 그리는 방법은?

발도르프학교에서 하는 습식수채화 방법은 다음과 같다. 도화지에 물을 적신 다음 면으로 된 천으로 물기를 닦아낸다. 그 위에 빨강, 파랑, 노랑 3가지 색으로 그림을 그리는데 젖은 도화지 속으로 색이 자연스럽게 번져 나가는 성질을 이용하며 스케치 없이 붓으로 직접 그려 나간다. 처음에는 젖은 도화지 위에서 한 가지 색을 탐색하도록 하고 다음 단계에서는 두 가지 색의 번짐과 섞임 따위들을 체험하도록 한다. 두 가지 색의 섞임과 조화에서 세 가지 색의 섞임과 조화로 이어지는 습식수채화 수업에서 색들의 음향, 즉 색들이 들려주는 소리를 체험하게 되는데 이는 아이들 자신의 내면에서 들려오는 소리를 색의 음향으로 표현할 수 있도록 해준다. 충분한 색 체험을 하고 나서 형태를 그리도록 하는데 사물의 외형을 선으로 그리고 그 안에 색을 칠하는 방식이 아니라 색의 면과 선으로부터 형상이 나오도록 한다. 사실적인 바깥 묘사보다는 색채의 체험을 중시하는 활동으로 자연의 분위기나 색과 색의 퍼짐, 동화나 이야기를 들으면서 떠오르는 대상의 감정이나 기분 또는 그 장면을 그리는 것으로 아이들의 모든 감각을 일깨우는 활동이 되는 것이다.

습식수채화 수업을 위해

• 머메이드 도화지

일반 도화지는 두께가 얇아 물에 젖으면 금방 찢어지거나 종이 표면이 일어난다. 시중에 나와 있는 머메이드지를 준비하는 것이 좋다. 단면보다는 양면으로 된 머메이드 도화지를 이용하는 것이 좋은데, 값이 일반 도화지에 비해서 약간 비싸다. 도화지의 크기는 보통 8절지를 이용하면 된다. 머메이드지는 모서리를 둥글게 잘라서 마련한다. 모서리 각이 있는 사각형보다 둥근 형태가 어린이들에게 좀 더 친근하게 다가가며 둥근 형태는 모서리가 있는 사각형과 달리 아이들이 종이의 끝부분까지 색을 좀 더 자유롭게 칠할 수 있게 해준다.

• 흰색 아크릴판(무게감이 있는 것으로)

이 활동의 특성상 도화지를 물에 적셔서 쓰기 때문에 놓을 수 있는 판이 필요하다. 그림이 마르는 동안 수평을 유지시키고 그릴 때나 말릴 때 편리하다. 그래서 일반 시중에서 쉽게 화판으로 구입할 수 있는 아크릴판을 쓰면 좋다. 일부에서는 나무

MDF판을 이용하는데 물기에 약하고 오래두면 판이 휘어지고 물감이 묻으면 잘 닦여지지 않기 때문에 지저분한 느낌을 준다. 하지만 흰색 아크릴판은 물수건으로 잘 닦이기 때문에 늘 깨끗한 느낌을 줄 수 있다. 플라스틱이라고 문제점을 이야기하는 사람들이 있겠지만, 플라스틱 리코더처럼 직접 입에 대고 부는 것이 아니고 머메이드지의 밑판으로 쓰는 것이기 때문에 별 문제가 없다. 독일 발도르프학교에서도 예전에는 나무그림판을 이용했지만, 요즘은 아크릴판이나 철판을 이용하는 학교가 늘어나고 있는 것도 그런 이유에서다. 발도르프학교에서도 그만큼 가르치는 것에 대해서 고민을 하고 있다는 것이다. 아크릴판은 8절 크기보다 가로와 세로가 1.5cm 크면 되고, 두께 2~3mm정도로 시중의 광고업체에 직접 주문하여 쓸 수 있다.

•붓

붓은 습식수채화에서 중요한 부분이다. 납작한 붓은 색채를 더 풍부하게 경험하도록 하면서 윤곽이 드러나는 것을 어느 정도 막을 수 있다. 납작붓 16-18호를 이용하면 된다.

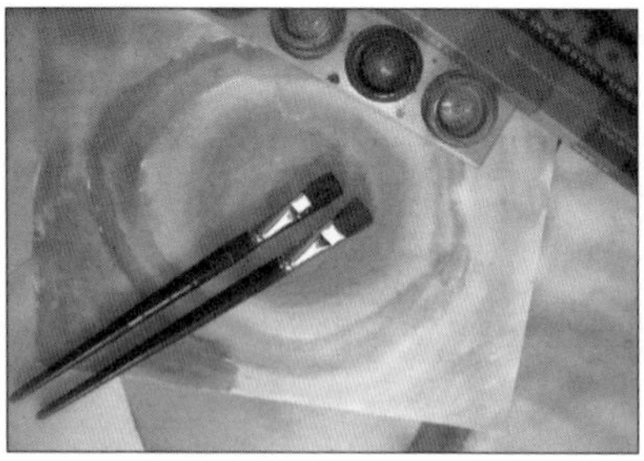

•물감병을 4~5개 준비

아이들 각자가 물감을 담을 50cc정도 크기의 투명 유리병을 준비한다. 뚜껑이 있는 것이 좋다.

•물통

물통은 아이들 각자가 필요한 것인데, 투명 PET병을 재활용하면 된다. 2리터 PET병 2/3정도 잘라서 쓰면 된다.

•물감통 정리함

40cm×60cm×30cm 플라스틱 사각사물함을 이용하면 된다.

•손수건

집에서 쓰는 손수건을 각자 하나씩 준비.

•스펀지

천연소재 스펀지를 준비하는데 10cm×15cm×4cm 정도면 된다.

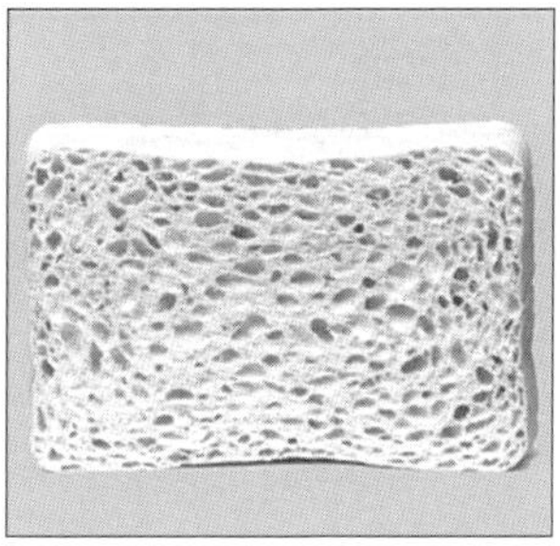

•물감

빨강, 노랑, 파랑의 세 가지 색의 천연식물성 물감을 준비한다. 교사가 물병에 그날 쓸 만큼의 물감을 만들어 담아 놓는다.

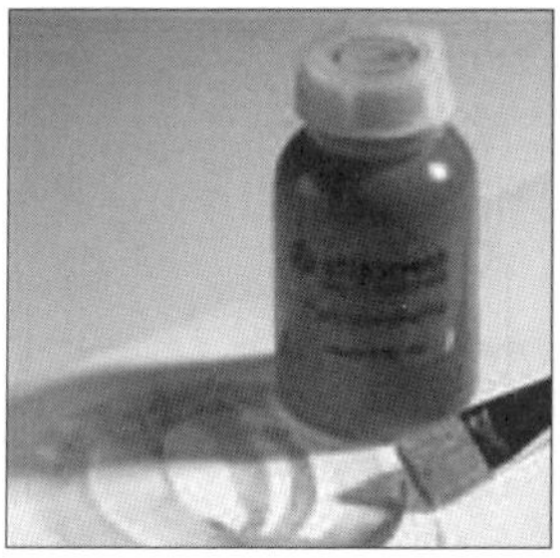

•그림 수채화 건조대

젖은 종이를 이용하는 활동이므로 수업이 끝난 후 작품을 말리는 시간과 공간이 필요하다. 개개인의 화판을 서랍처럼 넣고 빼고 할 수 있는 건조대를 이용하면 좋다.

습식수채화 그리기 과정 수업 사례 소개[*176]

(1) 꾀 많은 까마귀

(2) 여우와 까마귀

*176 문공주, 전북 남원 주생초 교사.

1-2학년별 발달단계에 따른 습식수채화의 주제와 내용

〈1학년 습식수채화 주요 내용과 예시자료〉

학년	일반주제와 관점	내용에 대한 이해
1	- 색 이야기는 색의 특성과 상호작용을 의인화하여 소개함 - 우화, 전설, 옛이야기 따위 - 방법과 상상적인 접근으로 색이 있는 그림을 그리고 윤곽을 그리지 않고, 색 자체로 일어나는 형태에 의해 그림그리기를 한다. 색을 통해 정신 움직임의 특성을 인식하게 한다.	- 노란색/파란색과 같은 대비색으로 시작. - 기본색인 노랑, 빨강, 파랑색 그리기 - 채색 뒤에 그 색의 흡수가 끝난 다음 두 번째 색을 이용하기 - 젖은 그림그리기(습식수채화)에 필요한 것 준비하기(머메이드지, 그림판, 붓, 스펀지, 물통, 손수건, 물감 따위들) 옛이야기, 형태그리기, 글자, 수 따위

※자세한 예시자료는 '선생님은 살아 있는 교육과정이다'(물병자리) 참조

〈 2학년 습식수채화 주요 내용과 예시자료〉

•주요 내용

수채화는 종이에 물이 칠해진 상태에서 쓰느냐 그렇지 않느냐에 따라 건식수채화와 습식수채화로 구별된다. 건식수채화는 수정이 거의 불가능하기 때문에 아주 연하게 해야 하며 너무 오래 하기보다는 짧은 시간에 그리는 것이 좋다. 엷은 큰 붓질이 좋으며 색깔의 분위기가 빨리 나타난다. 습식수채화의 목적은 영혼을 표현하는 것으로, 팔레트에서 색을 섞는 것이 아니라 젖은 종이 위에서 자연스럽게 색이 섞여진다. 마치 흐르는 물에 떠다니는 듯 한 느낌으로 영혼이 유영하는 자유로움을 체험하게 된다. 이때 부드럽고 신비로운 분위기가 연출된다. 습식수채화는 젖은 상태의 종이를 쓰며 스펀지에 물을 소량만 묻힌 상태에서 도화지 전면에 물을 발라준다. 이때 종이가 처지지 않고 적당한 수분을 유지하기 위해서 머메이드지를 써야 한다.

학년	일반주제와 관점	내용에 대한 이해
2	- 아이들의 정신이 활동하게 하는 것 - 아이들이 색의 조화를 이루는 삶에 참여하여 학습할 수 있게 한다.	- 목적을 위한 연습으로 어린이들이 색의 조화를 경험할 수 있는 방법 - 특징이 있는 색(빨강과 노랑, 노랑과 파랑, 파랑과 빨강 따위) - 특징이 없는 색(노랑과 주황, 주황과 빨강 따위) - 보색(빨강과 노랑, 노랑과 보라, 주황과 파랑) - 우화, 성인이야기

※자세한 예시자료는 '선생님은 살아 있는 교육과정이다'(물병자리) 참조

크레용을 이용한 그림 그리기

천연 밀랍과 색소로 만든 사각크레용과 막대크레용을 가지고 에포크 공책이나 도화지에 그림을 그린다. 물론 교과주제와 관련된 그림을 그린다. 습식수채화와는 다른 딱딱한 질감을 경험하게 된다.

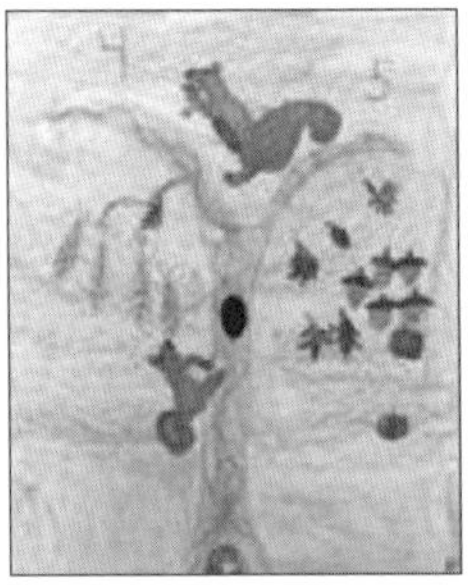

밀랍왁스를 이용한 표현활동

구체적인 조작활동에 필요한 재료는 무엇이 좋을까? 찰흙은 성질 자체가 차기 때문에 3학년 이하 아이들이 가지고 하기에는 좋지 않다. 3학년에 창조신화와 관련해서 자연스럽게 이때부터 찰흙을 이용한다. 클레이나 지점토는 이 시기 아이들에게는 맞지 않다. 질감에서 많은 차이가 있다. 1-2학년과 유치원에서는 가능하면 밀랍왁스를 이용하는 것이 좋다. 딱딱하지만 자꾸 만지면 만질수록 말랑말랑해지면서 형태를 쉽게 만들 수 있는 천연재료다. 의지력을 키우는 데는 이렇게 손을 이용한 조작활동이 효과가 있다.

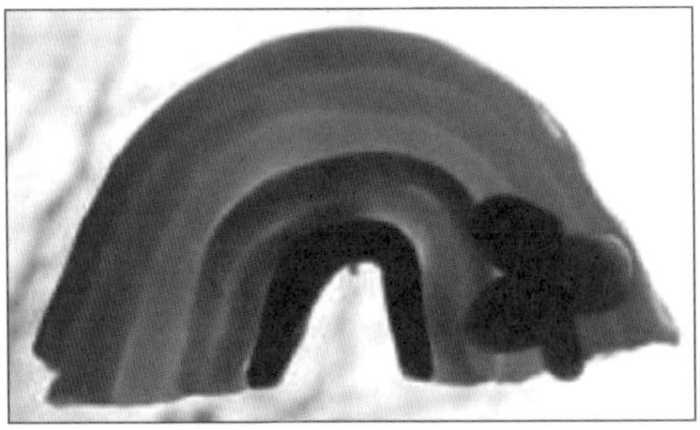

'놀이하기'(체육)를 가르치고 배우기 위해서

1-2학년 아이들은 신체 발달과 더불어 체력 발달이 활발하게 일어나는 시기이다. 기본적인 신체 운동 기능이 어느 정도 갖추어진 아이들은 끊임없이 몸을 움직인다. 책을 보거나 이야기를 들을 때에도 가만히 앉아 있지 않고 끊임없이 몸을 움직이면

서 보고 듣는다. 따라서 아이들이 몸을 움직여서 배울 수 있도록 교육 내용을 활동 중심으로 구성하여 지도할 필요가 있다. 그렇다면 현재의 걸상과 의자는 이 시기 아이들에게 적합할까? 딱딱한 의자에 2-3시간씩 앉아 있는 것은 보통 힘든 일이 아니다. 이 시기 아이들에게 알맞는 책상과 의자를 제공해 주는 것이 필요하지 않을까? 이런 면에서 우리나라 공교육에서 가장 먼저 발도르프교육을 시작한 강원 고성 공현진초등학교에서는 2012년부터 1-2학년 교실에 '움직임 걸상과 방석'을 마련해서 설치해 놓았다.

움직임걸상이란?

움직임걸상은 아이들이 기존 책상과 걸상을 멀리하고, 온돌로 되었거나 카펫이 놓인 교실 바닥 방석 위에 앉아서 수업을 한다. 저학년 아이들에게 이러한 행동은 안정된 몸을 만들기 위한 기초 자세다. 움직임 교육활동에서는 아이들이 한결같이 앉아 있는 자세로 수업을 한다. 아이들 몸에서 생명력이 소모되는 것을 막아주고, 몸을 움직이지 않고도 아무런 불편함을 느끼지 않은 채 오랜 시간 앉아 있을 수 있다. 기존 걸상에 앉아 있을 때보다 이 자세는 아이들 몸 내부에서 생명력이 자유롭게 흐르고 균형 있게 나누어진다. 자유로운 생명력의 흐름이 균형을 이루어 나누어지게 됨으로써 신체와 정신 에너지가 향상될 뿐만 아니라, 아이들의 정신건강에도 많은 도움을 준다. 그래서 어린 나이에 걸상에 앉아서 공부하는 것은 썩 바람직하지는 않다. 적어도 유치원이나 어린이집에서는 말할 것도 없고 초등학교 1-2학년에서는 걸상에 앉아서 공부하는 방법에 대한 변화가 필요하다. 지금까지 교육학자들이 이에 대해 깊이 있는 논의를 하는 것을 들어본 적이 없다. 이러한 내용은 교육대학교나 유아교육학과에서 필수적으로 가르쳐야 한다. 지금이라도 이에 대한 대안이 마련될 필요가 있다.

9살 이전 아이들에게 몸 안에 있는 생명력을 자유롭게 흐르고 균형있게 자랄 수 있도록 해주는 것은 아이의 발달단계에 상당히 중요하다. 걸상에 앉아서 공부하는 것은 균형 있는 신체 발달보다는 지적인 사고를 하는 것을 우선으로 하기 때문에 감성요소가 많이 필요한 이 시기 아이들에게는 썩 바람직하지 않은 공부 자세다.

강원 고성 공현진초에서 지난 2012년부터 1,2학년 교실에 움직임교육 관련 책상과 방석을 설치하는 것은 기존 학교들이 해오지 않았던 가장 혁신학교다운 혁신 교육프로젝트다. 아이들의 정서와 인성, 지적활동에서 놀라운 성과를 가지고 온 것이 바로 이 '움직임걸상'이다. 중요한 것은 학교장이나 담임교사들의 이에 대한 실천 의지이다. 옆 반에서 이러한 교육프로젝트를 운영하는 것이 그 학급만 유별나게 튀기 위한 것이라고 생각한다면 그러한 선생님들은 혁신학교에 있을 필요가 없다. 자신은 하기 싫고 남이 하는 것은 그냥 볼 수가 없는 교직 풍토라면 그런 학교는 변화하기 힘들다. 움직임걸상은 각 가정에서도 9살 이전 아이들에게 같은 공부환경을 제공해 주기 위해 필요하다. 더구나 오랜 시간 딱딱한 걸상에 앉아서 지적인 공부만 하게 하는 사교육도 마찬가지다.

[공현진초 1학년 교실 모습]

놀이 활동 역시 국어과 글자 배우기나 이야기 수업, 수학에서 숫자나 셈하기 수업과 연관해서 활동을 해야 효과가 있다. 단순히 놀이로만 접근하는 것은 그다지 좋은 효과를 기대할 수가 없다. 예를 들어 수학 시간에 '수' 배우기를 했다면 이와 관련 놀이 활동을 하는 것이 좋다.

움직임교육의 개념과 필요성

움직임(movement)이라는 단어는 동작이나 운동 등의 단어와 동의어로 쓰이고 있지만, 근육활동이나 신체부위의 이동을 나타내는 것으로 약간의 의미 차이를 지니고 있다. 동작(motion, movement)은 목적이 있는 움직임으로 정확성, 조절성, 정밀성을 포함하고, 운동(motion, movement, excise, sports)은 건강이나 스포츠와 관련된 동작으로 인식되고 있다. 반면, 움직임은 아주 넓은 의미로서 사람뿐만 아니라 동물이나 식물, 심지어 사물의 움직임까지 포함하는 단어로 쓰인다. 최근에는 유아기나 아동기에 행해지는 신체 활동을 운동이나 무용, 체육이라기보다는 움직임이라는 단어를 사용하여 움직임교육이라고 부르는 경향이 있다.*177

컴퓨터나 비디오게임과 같은 실내 놀이가 많이 행해지고 TV 시청률이 높아지고 있는 현실로 인해 큰 근육을 움직이는 활동이 부족해져 건강상의 문제를 야기할 수 있으므로 성장과 발달기에 있는 유아들에게 부수적인 움직임 활동을 제공하여야 한다. 핵가족화와 출산율의 저하로 형제들 간에 자연스럽게 만들어지던 또래집단이 없어지고 혼자 하는 놀이 위주의 생활을 하게 됨으로써 결과적으로 집단놀이에서 배울 수 있는 협동심이나 희생정신 등의 사회성이 결여된 아동으로 성장하는 경향이 커지고 있다. 주로 집단으로 실시되는 움직임교육은 이와 같이 우리 사회에서 반드시 필요한 면을 보충해 줄 수 있을 것이다.*178

균형감각을 키우기 위한 움직임교육

12감각은 크게 3부분으로 나눌 수 있다. 4개 감각씩 상위감각, 중위감각, 하위감각인데, 상위 감각 가운데 청각이 있는데 동물과 달리 사람에게만 있는 것이 있다. 바로 '음정'이다.

하위감각은 '의지(0-7살)', 중위감각은 '감정(느낌,8~14살)', 상위감각은 '사고'(15~21살)'를 중심으로 발달이 된다. 따라서 각 단계에 맞는 교육과정이 뒤따라야 한다.

그렇기 때문에 조소(찰흙), 그리기(회화), 데생 수업을 아무 나이에 하거나 가르쳐서는 안 된다. 미술교과를 예로 들었지만 다른 교과목 역시 마찬가지다. 발달단계에 맞

---

*177 원영신(2006). 유아체육 지도와 움직임교육. 서울: 대경북스.

*178 채명옥(2008). 문제해결 움직임 활동이 초등학생의 자아존중감과 친사회성에 미치는 영향, 한국체육대학교 석사논문.

는 교육과정을 교사가 꿰뚫고 있어야 하는 것이 가장 우선이다. 물론 부모들도 이에 대해서 제대로 알고 있으면 아이의 성장에 많은 도움이 된다. '적을 알면 백전백승'이라는 말이 있듯이 아이 상태나 발달단계를 훤히 알고 있다면 그만큼 교육은 쉽다. 물론 여기에 '기질'도 포함된다.

균형감각 강화를 위한 움직임교육 활동

교사나 부모에게 12감각은 상당히 중요하다. 아이들의 행동 불안은 태어날 때부터 가지고 태어나는 것이 아니라 생후 6개월 내지 12개월에 생긴다. 이 기간 동안 부모가 아이에게 어떤 영향을 주느냐에 따라 이후 삶에 큰 영향을 준다.

'행동과다' 현상은 남자아이에게만 해당되지 않고 여자아이에게도 나타난다. 생후 6개월 후에 나타나는 행동 불안과 행동 과다증은 태어날 때부터 이미 가지고 태어나는 것보다 훨씬 많이 나타나고 있으며, 점차 늘어나고 있다. 이러한 아이들은 자신이 관심을 가지고 있는 일에만 참여를 하며, 관심이 없는 일에는 꼭 어른의 개별적인 지도를 필요로 한다. 아이 자신의 의지로 다른 사람들을 사랑하는 마음으로 자신을 통제하거나 포기할 수 있는 사회성이 덜 발달되어 있어 집단생활이 어려운 경우가 많은데, 때로는 연령에 맞지 않게 사회성이 너무 지나치게 발달할 수도 있다. 많은 부모들이 아이의 불안정을 못 이겨 외면하거나 달래기 위해서 음료수나 과자 또는 텔레비전, 게임기, 핸드폰게임을 주는 경우가 있다. 이러한 음식과 음료는 아이를 공허한 행위로 이끌게 되는데 배고프거나 목마르지도 않은데, 그것을 제공받기 때문이다. 문제는 이러한 행동과다증이 현재 '제3세계' 나라, 예를 들어 아프리카나 중남미, 아시아(티베트, 태국, 필리핀, 캄보디아 들) 고산족과 예전 우리 삶에서는 잘 나타나지 않았다는 것이다. '행동과다증'은 문명의 질병이다.

급격하게 변한 오늘날 삶의 환경에서 인간의 성장이 따라가지 못하는 스트레스이기도 하다. 70년대 행동과다증과 유사한 병으로 유행한 것이 독서 곤란증과, 글씨쓰기 장애 현상이있고, 이후에 급격히 늘어나고 있다. 이러한 장애 현상을 감각으로 보면 '문명이기(문화기술) 능력의 장애'라고 할 수 있다. 우리들도 컴퓨터 글자쇠(자판)에 익숙하다보니 펜을 가지고 A4 종이에 짧은 글을 쓰라고 하면 쉽게 글을 써내려가지 못한다. 어느 순간부터 글씨를 쓰는 것이 익숙하지 않게 된 것이다. 손가락마디로 자판을 누르는 것이 익숙해졌기 때문이다. 아이들의 경우는 더욱 심각하다. 학교에서 글씨를 쓰는 경우가 점점 더 드물어지고, 대부분의 수업이 눈으로만 보는 화상 수업을 하고 있으니 손동작에서 운동 감각이 부족해질 수밖에 없다.

강원 함백초에서는 아이들의 균형감각을 제대로 키우기 위해 월요일과 금요일에 전교생이 체육관에 모여서 움직임교육을 한다.

구분	시간			월	화	수	목	금
	시작	끝	소요시간					
아침활동	09:00	09:20	20'	아침맞이				
1블록 (주요과목)	09:20	10:40	80'					
중간놀이	10:40	11:10	30'	움직임교육	자유놀이	자유놀이	한울타리모임	움직임교육
2블록 (전문과목)	11:10	12:20	80'					

단순히 신체활동을 위한 체육 요소의 하나가 아니고, 전체 교육과정의 기본이 되는 토대라고 보면 된다. 우리 교육과정에서 균형감각을 키운다고 하면 먼저 체육수업을 떠올릴 것이다. 그런데 체육교과서에는 저글링, 디아볼로, 접시돌리기, 스카프 저글링, 원돌리기, 외발자전거, 짐볼 굴리기와 위에서 균형잡기 따위들을 제대로 소개하지 않고 있다. 왜 그랬을까? 이러한 것들은 서커스 공연에서만 보는 것일까? 이러한 움직임활동이 아이들 성장에 좋은 영향을 끼친다는 것을 알고 있는 선생님들이 과연 얼마나 될까? 지금이라도 늦지 않았다. 일반학교들이 하지 않는다면 혁신학교에서 교육과정 재구성 차원에서 얼마든지 할 수 있다. 어차피 교육과정은 담임교사가 재구성하기 때문에 얼마든지 할 수 있고, 교과시간에 할 수 없다면 창의적 체험활동시간에 하면 된다. 창의적 체험활동시간에 ICT, 한문, 영어 따위들을 하는 것보다 훨씬 효과가 크다. 우선 아이들이 신나게 배운다. 담임교사가 이 부분에 소질이 없다고 해도 요즘은 학교현장에 스포츠강사를 지원해 주기 때문에 이분들에게 사전에 준비할 수 있도록 시간적 여유를 주고 부탁을 하면 얼마든지 가능하다. 중요한 것은 교사가 이러한 것을 하고자 하는 열의가 있으면 쉽게 해결할 수 있다.

[1–2학년 움직임 활동]

1) 1학년

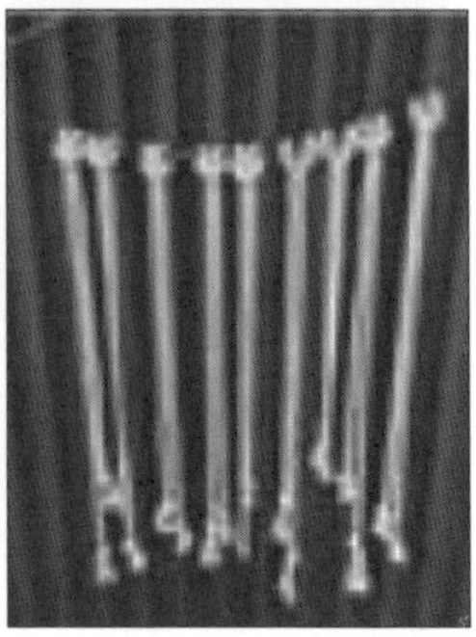

2) 2학년

산마을 함백초 교육일기-20160308*179

이것이 움직임(서커스)교육입니다!

4년 전, 우리나라의 발도르프교육의 핵심 가운데 하나인 '움직임교육(서커스)'을 강원 공현진초에 학교교육활동으로 처음 도입하여, 이제 두 번째로 정선 함백초에서도 운영을 어제(월)부터 시작했습니다.

유치원아와 1-6학년 아이들이 모여서 각자 주어진 과제를 하는데 체육관이 떠들썩합니다. 아이들은 이렇게 온몸을 이용한 발달단계에 맞는 교육을 원하지요. 이 아이들이 어떻게 성장해 가는지 잘 지켜보시면 왜 '움직임교육'이 우리 아이들에게 필요한지 알게 됩니다. 학급놀이와는 차원이 다릅니다. 바로 발달론과 각 교과와 관련성이 깊으며, 중요한 것은 일회성으로 기능중심이 아닌 내적 성장을 이끌어내지요. 또한 공교육학교 안이나 학교 밖 학교(대안학교)에서 발도르프교육을 지향하면서 '움직임 교육'을 운영하지 않는다면 팥 없는 찐빵과 같지요. 더구나 학교폭력예방 프로그램에 안성맞춤이고 저예산 고효과로 중고등학교에서도 꼭 필요하지요. 체육담당교사만 하는 것이 아니랍니다.

이 시기 아이들의 온전한 성장을 위해서라면 교원이라면 누구나 관심을 가져야 합니다. 관심이 있고 없고 차이가 아이들 미래의 삶에 많은 영향을 줍니다.

*179 김용근, 교육일기.

※ 공현진초 움직임교육운영 계획서[참고자료][*180]

1. 학년별 운영 내용

1학기		2학기	
학년	종목	학년	종목
유치원	짐볼, 기타 균형감각과 유연성증진을 위한 활동	유치원	짐볼, 기타 균형감각과 유연성증진을 위한 활동
1, 2학년	평균대, 줄넘기, 전통놀이, 상상력이 동반된 놀이, 술래잡기 ※경쟁 활동은 피할 것	1, 2학년	평균대, 줄넘기, 전통놀이, 상상력이 동반된 놀이, 술래잡기 ※경쟁 활동은 피할 것
3학년	접시돌리기	3학년	접시돌리기, 죽마
4학년	디아볼로	4학년	디아볼로, 죽마
5학년	스카프저글링	5학년	스카프저글링, 죽마
6학년	저글링	6학년	저글링, 외발자전거, 죽마

2. 교육 종류와 핵심 역량

활동	기대 효과
균형감각 – 균형 잡기, 줄넘기, 짐볼	즐거움, 몸에 대한 통제력, 용기, 사회적 기술들(균형감각, 사회성), 구성적 창조력
스카프저글링, 저글링 – 3, 4학년 이후에 가능, 그보다 저학년의 경우 스카프 저글링을 통해 느낌과 리듬을 익힌다.	지구력, 리듬, 질서, 집중력, 부드러운 조정능력
접시돌리기 – 긴 막대 3~5개를 가지고 저글링처럼 재주를 부리는 것	집중력
디아볼로 – 서양팽이로 공중에는 노는 팽이	민첩성
외발자전거	반응, 모든 방향에 대한 균형과 조화
훌라폴라 – 속이 빈 원통 위에 판을 놓고 그 위에 올라서서 균형 잡기	질서
죽마 – 다리를 연장해 거인이 된 것처럼 보여 주는 철(나무) 막대 위에 두발을 올리고 서서 하는 것	용기, 균형, 집중력

*180 2013-2014년 공현진초 교육계획서.

5. 1·2학년 즐거운 생활에서 꼭 가르쳐야 할 내용

영역	내용
감상하기(음악)	펜타토닉 5음계를 이용한 노래 부르기 활동
표현하기(미술)	밀랍왁스, 습식수채화 (*2학년 '우화' 수업에서 데칼코마니 활동) 크레용 그림그리기, 굵은 연필색연필 그림그리기 활동
놀이하기(체육)	움직임교육(균형감각을 중심으로-줄넘기, 균형 잡기 국어와 수학과 연계한 여러 가지 리듬활동, 콩주머니 따위) 활동

6장

말 그대로 바른생활을 위해

1. 성격

–중략–

'바른 생활'과에서는 교과 역량과 더불어 되돌아보기, 스스로 하기, 내면화하기, 관계 맺기, 습관화하기로 대표되는 실천 기능을 익히는 데 중점을 둔다. 이를 구현하기 위해 '학교', '봄', '가족', '여름', '마을', '가을', '나라', '겨울'의 8개 영역(대주제)으로 내용을 선정하였고, 이는 '슬기로운 생활'과와 '즐거운 생활'과와의 통합을 고려한 것이다.[*181]

교육은 본질적으로 도덕교육이며, 인성교육은 모든 교과에 스며들어 있다. 그런데 굳이 '바른생활' '도덕'이라고 교과를 따로 가르칠 필요가 있을까? 1학년에서 옛이야기를 배우거나 수학시간에 '수', '셈하기', 2학년에서 '우화', '성인이야기'를 충실하게 배운 것으로 충분하다. 물론 현재 교육과정에서는 이러한 것을 거의 제시하지 못하고 있기 때문에 어떤 면에서는 도덕 교과를 배우는 것인지도 모른다. 아이들이 올바르게 성장하기 위해서는 1차 책임은 교사에게 있다. 도덕성은 내부로부터 만들어지는 것이지 교과로 배워서 얻어지는 것이 아니다. 따라서 1학년 때 옛이야기를 제대로 들려주고 가르친다면 아이들은 도덕성에 대해서 충분히 몸으로 익힐 것이다. 더구나 대부분의 전래동화는 권선징악적인 내용을 다루고 있기 때문에 교육효과는 크다. 착한 일을 하면 복을 받고, 나쁜 일을 하면 벌을 받는다는 것을 느끼게 한다. 또한 2학년 때의 우화 역시 마찬가지이다. 하지만 우리의 바른생활(도덕)시간은 인성교

*181 교육부, 2015 개정 교육과정 1-2학년 바른생활. 2015.

육 중심이라기보다 규칙 잘 지키기, 양보 잘하기 따위로 교사중심이나 어른중심에서 바라는 아동상을 교과서 틀에 맞추려고 하는 것인데 이는 바람직하지 않다. 교육 자체가 도덕성을 지니고 있는 것처럼 미래교육을 지향한다면서 의지(행동)를 강화시키는 교육을 해야 한다. 이 시간에 차라리 '수공예', '형태그리기(포르멘)' '산책활동' 따위들을 하는 것이 오히려 아이들이 온전하게 커 나가는 데 큰 도움이 된다.

7장

안전한 생활

1 윗물이 맑아야 안전교육도 제대로 할 수 있다

2. 목표

일상생활 중에 직면하게 되는 위험한 상황에는 어떤 것이 있는지를 알고 대처하는 방법을 익혀 안전하게 생활한다.

가. 가정·학교·지역사회에서 일어나는 사건과 사고, 재난과 재해로부터 자신을 안전하게 지킨다.

나. 일상생활에 필요한 안전 규칙과 행동 수칙을 익혀 위험 상황에 대처하며 안전 생활을 실천한다.

다. 안전하게 생활하는 데 필요한 자기관리 역량, 공동체 역량, 지식정보처리 역량을 기른다.*182

1·2학년 아이들은 세상이나 주변 사물에 대해서 제대로 대처할 능력을 지니지 못하고 있다. 물론 안전사고 요인에 대해서 미리 예방하는 교육은 필요하나, 무조건 학교에서 책임을 지고 가르치고 배워야 하는 것은 아니나. 사회가 제대로 안전하지 못한 책임을 교육이라는 이름으로 학교에 떠맡겨서는 안 된다. 문제는 내용이다. 생활안전, 교통안전, 신변안전, 재난안전을 4개 영역으로 나누어서 가르치고 배우라고 했지만, 중요한 것은 단순히 의식화 교육에 중점을 두고 내용을 편성했다는 것이다.

*182 교육부, 2015 개정 교육과정 1-2학년 안전한 생활. 2015.

생활안전이든 교통안전이든 학교나 학교 밖에서 이러한 사건, 사고가 일어나지 않도록 미리 안전조치를 해 놓고 이런 내용들을 배우게 하는 것이 차례인데, 무조건 교육만 앞세우면 효과가 있을 거라고 밀어붙이는 정책은 결국 제대로 뿌리를 내릴 수 없다. 더구나 앞에서 제시하고 있는 내용들은 '바른생활' '국어' '슬기로운 생활'에서 조금씩 다루고 있기 때문에 되풀이되는 내용이 많다. 그러다보면 결국 교과목에 대한 모호성이 생겨나고, 안전교육은 생활 속에서 배우는 것이 아닌 특정한 교과시간에 배우는 것이라는 생각을 하게 된다. 차라리 법을 강화시키는 것이 오히려 효과가 있다. 먹는 것 가지고 장난치는 불량식품 업자에 대해서는 중형(?)을 내리거나 술, 담배를 파는 업주는 징역 10년 이상, 어린이통학차량 추월 차량은 벌금 100만원, 부정부패 사범은 무기징역, 각종 공과금체납자(납부 능력이 충분한 자)는 과징금 100배 정도로 하면 굳이 이렇게까지 의식화에 가까운 안전교육을 따로 할 필요가 없지 않을까? 절차와 원칙을 무시했기에 결국 사고가 일어나는 것을 왜 학교가 그 책임을 떠맡아야 하는지…. 윗물이 제대로 맑았다면 수많은 생명들이 아깝게 목숨을 잃지 않았을 것이다.

2 역량의 한계가 어디까지?

4. 교수·학습 및 평가의 방향

•'안전한 생활'의 역량인 자기관리 역량, 공동체 역량, 지식정보처리 역량을 향상시킬 수 있도록 하며, 위험으로부터 자기 보호, 위험 대처 능력, 안전 수칙 준수, 사회 안전 의식, 안전 관련 정보이해, 안전 생활 실천에 교수·학습 활동의 초점을 두어 지도한다.

•'안전한 생활'은 위험 상황을 식별하기, 예방하기, 벗어나기, 알리기 등 안전하게 생활하는 데 필요한 기능을 습득할 수 있도록 학습 활동을 계획·조직한다.

'역량'이라는 말을 너무 쉽게 아무데나 가져다 붙인다. 이렇게 붙이면 뭔가 있어 보이거나 고상하게 생각할지 모르나 이 말은 한자말이고 더 중요한 것은 백성의 말이 아니다. 더구나 1·2학년 아이들이 '역량'을 기르면 얼마나 기를 수 있겠는가? 중요한 것은 몸과 마음이 제대로 느끼고 해나갈 수 있는 배움에 대한 기회를 주지 않고서 무조건 '역량'을 내세우는 것은 아이들의 삶을 제대로 알지 못하는 머리(지식) 중심에서 나온 생각이다. 아이들 삶을 제대로 이해하지 못하고서 역량강화교육을 외치는 이러한 내용을 편성 심의한 사람들은 과연 얼마나 학교현장에서 아이들을 가르쳐 보고 이런 생각들을 한 것인가? 교육은 가르치는 사람의 올바른 실천과 경험이 없이는 좋은 결과를 기대할 수 없다. 더구나 말로는 무엇을 못하겠는가? 안전교육을 제대로 하고자 한다면 이러한 말부터 제대로 고쳐 쓰는 것이 우선이 되어야 행동으로 이어질 수가 있다.

참고로 2014년 4월 16일 세월호 사건 이후에 안전교육이 강화되는 법안이 만들어지는 시점에서 강원도 공현진초에서는 2015년 학교교육계획서 속에 '안전교육'에 대한 내용을 다음과 같이 세웠다.

이것은 공현진초등학교의 놀이 공간에 해당한다.

가. [관리 감독]

1. 쉬는 시간 운동장에는 적어도 1명의 책임자가 있다.
2. 아이들은 하교 전까지 교내를 벗어나지 않는다.
3. 승인된 자원봉사자 또는 공현진초등학교의 교육 가족이 아닌 다른 사람이 학교 일과시간 중 운동장에 있는 것을 허락하지 않는다. 단순 방문자들은 학교로부터 승인된 방문증을 받아야 된다.
4. 교사는 학생들이 쓰는 도구가 적절한지 확인해야 하고 또, 그것을 안전한 방법으로 쓰도록 지도한다.
5. 교사들은 각자의 활동을 위해 운동장을 효과 있게 이용하도록 하며 놀이 모둠에게 안전과 공평성을 위해 조정을 요구할 수 있다.
6. 교사와 운동장 관리자는 학생들의 나이에 맞는 활동을 안내한다. 학생들을 불편하게 하는 것이 있다면 관련 교사와 협의 하에 조치를 취할 수 있다. 만약 교사가 없다면 먼저 조치를 취하고 그 일에 대해 중재하고 의논할 수 있다.

나. [놀이기구와 장비]

1. 줄넘기와 훌라후프 등의 다양한 도구를 쓸 수 있다. 축구공, 농구공은 지정된 장소에서만 써야 한다. 정규 야구방망이 야구공은 안전규정상 허락하지 않는다.

2. 원칙적으로 학생은 장비를 집에서 들고 올 수 없다.
3. 쉬는 시간 마지막에 물품을 쓰는 학생이 책임지고 학교 보관함에 넣어야 한다.
4. 벽을 향해 공을 던지거나 차면 안 된다.
5. 울타리 담을 넘거나 지붕 위에 올라갈 수 없다.
6. 막대는 오로지 집짓기 수업들의 창의적인 놀이에만 지도에 따라 쓰고, 그것이 문제가 될 경우 막대는 쓰지 않는다.
7. 떠밀기, 밀기, 태클 등 과도한 행동은 허락되지 않는다.
8. 운동장에서 돌이나 막대, 흙덩이, 모래, 우유 등을 던지지 못한다.
9. 매달려 있는 아이와 신체접촉을 금한다.
10. 등이나 어깨에 다른 학생을 올리지 못한다.
11. 움직이는 그네를 흔드는 것은 허락되지 않는다.
12. 그네 위에서 서 있는 것, 그네에서 뛰어내리는 것은 허락되지 않는다.
13. 그네의 구조물에 올라가지 않는다.
14. 그네를 꼬는 것은 허락되지 않는다.
15. 다음 차례의 학생이 기다리고 있으면, 그네를 타고 있는 학생은 약 40번 정도 왕복하고 다음 차례를 위해 양보한다.
16. 어른 말고는 그네의 아이를 밀어줄 수 없다.
17. 그네가 있는 공간에서는 술래잡기가 허용되지 않는다.
18. 땅파기는 모래사장에서만 허용된다.
19. 이유 없이 학교에서 기르는 동물을 괴롭히지 않는다.
20. 고의로 물품이나 재산에 손실을 입힌 학생은 그것의 복구에 대한 경제적 책임을 지고 함께 참여해야 한다.

제3부

아이들의 성장과 발달을 돕는 평가는 이렇게!

1장

학생중심의 평가를 위해

1 평가기준에 기능만 있지 이해는 없다

평가는 학년 교육과정 계획에 따라 삼월 첫날부터 이루어져야 한다. 결국 아이들의 총체적인 삶을 담아내는 것이어야 한다. 학기 말이나 학년 말에 행정 업무 처리를 위해 서둘러 형식에 가까운 내용으로 진행되어서는 안 된다. 계획과 꾸준한 실천 속에 이루어지는 평가가 곧 아이들의 온전한 성장을 도울 수 있다. 학교마다 자체 평가 규정을 정해 어떻게 해야 할지에 대한 명확한 방침을 세워서 운영하는 것이 좋다.

> 우리가 학생들을 지도하기 위해 염두에 두는 것은 '무엇을, 어떻게'이다. '무엇을'은 교육 내용을, '어떻게'는 교육 방법을 의미한다. 사실 2015 개정 이전까지는 '무엇을'에 많은 초점을 맞추어 왔다. 하지만 '무엇을'을 '어떻게' 가르치느냐에 따라 학생들의 이해 정도는 달라진다. 2015 개정 교육과정에서는 이러한 점을 새롭게 인식하였으며 이를 교육과정 수준에서 상세화하기로 결정하였다.*1

과연 그런가? 2015 개정 교육과정이나 과거 개정 교육과정에서 담아내지 못한 것이 있다. '왜' 가르쳐야 하는지에 대한 분명한 이유 즉 아이들 발달단계에 따라 어떤 것을 가르쳐야 하는지에 대해 안내를 하지 못하고 있는 것이다. 아무리 수준이나 내용을 상세화했다고 해도 아이들이나 교사들의 삶에서 멀어진 것이고 호응을 받지 못하는 교육과정이라면 잘못 만든 것이다.

---

*1 교육부, 2015 개정 교육과정에 따른 교과별 교육과정 선도 교원 연수 자료집 71쪽, 2016.

더구나 성취기준을 강조하는 이유는 무엇일까? 결과를 위해서 가르치고 배워야 하는 것일까? 그러면서 한편에서는 배움중심수업이나 과정중심평가를 해야 한다고 한다. 물론 가르침에서 평가가 중요하지 않은 것은 아니다. 하지만 중요한 것은 기능이나 성과중심에 치우쳐서는 안 된다는 것이다. 평가(결과)에 목적을 두면 수업을 아무리 잘 기획하고 잘해도 그 수업은 기능중심으로 흐를 수밖에 없다. 사실 교육과정 목표 구성 내용(성취기준)이 바로 평가기준이다. 따라서 수행평가는 교육과정의 성취기준을 평가의 준거로 삼는 평가방법이라고 할 수 있다. 이것은 '학생의 학습 결과에 대한 평가를 수업에 의하여 교육목표가 어느 정도 성취되었는가를 결정하는 과정'이라는 테일러의 행동주의 평가방법에 따른 것이다. 이렇게 수행평가는 목표 중심의 평가이기 때문에 오로지 능력 중심으로 아이들을 판단하는 것은 문제가 있다. 바람직한 평가는 교과서 중심의 평가가 아니라 교육과정 중심의 평가가 되어야 한다. 하지만 지금까지도 그랬듯이 교육과정 중심 평가는 수행평가라는 이름으로 앞으로도 변함없이 실시될 것이다. 그렇지만 우리가 출제했던 문항들이 수행평가 문항으로 적합했는지라는 질문에 대해서는 '아니다'라고 대답할 수 있다. 고정관념처럼 되어 버린 평가기준에 대해서는 이제부터라도 제대로 된 평가기준을 교사 각자가 나름대로 만들어 수행평가를 한다면 조금이나마 아이들을 이해하고 도움을 줄 수 있을 것이다. 그렇게 되면 수업이 저절로 변하게 되고 결국 아이들의 삶을 들여다보게 될 것이다.

그렇다면 2015 개정 교육과정에서는 평가의 중점을 어디에 두고 있을까? '창의융합형 인재를 양성하기 위한 교육과정 구성의 중점'[*2]이라는 항목에 몇 가지를 제시하였는데 그 가운데 일부가 다음과 같다.

> 라. 학습의 과정을 중시하는 평가 강화
> 학습이 이루어지고 난 후 이루어지는 일회성의 평가나 학생의 지식이나 수행을 수량화하는 평가에서 벗어나 학생의 학습을 지원하는 평가가 이루어져야 한다. 평가의 주요 목적은 학생 스스로 무엇을 어느 정도 성취하고 있는지 파악할 수 있도록 도와주고, 부족한 부분에 대한 정보를 제공하여 학습 경험의 성장을 지원하는 데 있다. 따라서 교사는 학생들에게 적절하고 유용한 피드백을 제공함으로써 학생이 자신의 학습

*2 교육부, 2015 개정 교육과정 평가 관련.

을 성찰할 수 있도록 안내해야 한다.

– 이하 줄임 –

마. 교과의 교육목표, 교육내용, 교수·학습과 평가의 일관성 강화

– 윗부분 줄임 –

평가에서 교사는 학생이 수행을 통해서 자신이 습득한 지식을 적용하고 고차원적 사고 기능을 활용할 수 있도록 한다. 학생은 교사의 형성평가 및 총괄 평가에 따른 피드백에 기초하여 자신의 학습을 지속적으로 반성하고 향상시켜 나간다.

교사는 위 내용을 제대로 수행하기 위해 어떻게 해야 할까? 교사들 나름대로 평가 계획을 세워서 평가를 하겠지만 중요한 것은 아이들의 성장을 제대로 돕는 평가가 되어야 한다는 것이다. 아이들의 성장을 돕는 평가란 무엇일까? 또한 교육과정 중심의 평가는 무엇일까? 교사들은 그동안 교육과정 중심의 평가로 각 과목 영역별로 한 개 이상 별개평가, 통합평가, 성취기준, 평가 내용, 평가 시기 제시를 평가요소로 정해서 활용해 왔고 평가방법도 다양한 방법을 활용하고 학년 교육과정 평가 계획을 통한 평가를 해왔다. 하지만 문제는 과연 이러한 것이 아이들의 올바른 성장을 돕는 평가방법이고 방식이었는가 하는 점이다.

[예시자료] 초등 1학년 국어 수행평가

<table>
<tr><th colspan="2">영역</th><th>쓰기</th><th>관련단원</th><th>첫째마당
1. 새로운 마음으로(5/6)</th><th>교과서</th><th>쓰기
4–7쪽</th></tr>
<tr><td colspan="2">학습 성취 목표</td><td colspan="5">•연필을 바르게 잡고 글자본을 보면서 바른 자세로 글씨를 쓸 수 있다.</td></tr>
<tr><td colspan="2">평가 유형</td><td colspan="2">•실기 시험, 수행평가지</td><td>평가 시기</td><td colspan="2">4월 1주</td></tr>
<tr><td colspan="2">평가 내용</td><td colspan="5">•연필을 바르게 잡고 글씨를 차례에 맞게 써 봅시다.</td></tr>
<tr><td colspan="2">준비물</td><td colspan="5">•글씨본, 수행평가지</td></tr>
<tr><td colspan="2">평가 방법 및 유의점</td><td colspan="5">•글씨 쓰는 바른 자세를 알고 글 쓰는지 관찰한다.</td></tr>
<tr><td colspan="2">평가 관점</td><td colspan="5">•연필 쥐는 자세가 바르고, 획순이 정확하며, 바른 자세로 쓰며 글자의 모양도 바른가?</td></tr>
<tr><td rowspan="3">평가 기준</td><td>상(○)</td><td colspan="5">•연필 쥐는 자세가 바르고, 획순이 정확하며, 바른 자세로 쓰며 글자의 모양도 바르다.</td></tr>
<tr><td>중(□)</td><td colspan="5">•위의 조건 중 2가지 이상의 조건을 만족한다.</td></tr>
<tr><td>하(△)</td><td colspan="5">•위의 조건 중 1가지 이하 만족한다.</td></tr>
</table>

[예시자료2] 성취기준에 대한 평가 기준 구안[*3]

교육과정 성취기준	평가기준 성취기준	평가기준	
		상	
		중	
		하	

[예시자료 3] 초등 수학 1·2학년군 교수·학습 및 평가 실제[*4]

내용요소	평가기준		평가(√)
덧셈식과 뺄셈식에서 보상 전략을 활용하여 □의 값 추론하기	잘함	등호에 대한 관계적 이해를 바탕으로 덧셈식과 뺄셈식에서 보상 전략을 활용하여 계산을 하지 않고도, □의 값을 타당하게 추론하여 구할 수 있다.	
	보통	등식을 관계적으로 이해하고 있으나, 덧셈식과 뺄셈식 둘 중 한 가지의 상황에서만 보상 전략을 활용할 수 있거나, 두 가지의 상황에서 모두 보상 전략을 활용하되 때때로 오류를 보일 수 있다.	
	노력 요함	등식을 관계적으로 이해하는 데 어려움을 느끼며, 계산을 통해서만 □의 값을 구할 수 있다.	

위 [예시자료] 2와 3안에 있는 '평가기준'이 너무 어렵다. '추론' '보상 전략'은 뭔가? 좀 더 쉬운 말로 하면 안 될까? '빅 아이디어'라서, 아니면 '핵심역량강화'를 위해서 쓰는 말인가? 수학이 어렵다고 하는데, 쉽게 만든다고 하는 게 이 정도인가? 더구나 시대가 요구하는 '창의·융합'능력이 제대로 꽃을 피우기 위해서는 이런 말들을 써야 하는 것인가? 이런 말들을 쓰지 않으면 '창의·융합형' 인재를 길러낼 수 없는가? 거의 고등학생 이상에서 쓰는 말들을 아무런 여과 없이 가져다 쓰면 과연 학교현장은 어떻게 하라는 말인가?

그동안 우리(교사)는 각 교과영역별 평가에서 평가기준 표기로 흔히 '매우 잘함' '잘함' '보통' '노력을 요함' 아니면 '상' '중' '하'로 표기하고 아무런 고민이나 저항(?) 없이 이것을 수행평가의 기초 자료로 활용해 왔다. 그렇다면 이러한 표기 방식에 과연 문제는 없을까? 아이들을 배려하고 이해하고 성장을 제대로 돕는 것일까? 이것

*3 교육부, 2015 개정 교육과정에 따른 교과별 교육과정 선도 교원 연수 자료집, 2016.
*4 교육부, 2015 개정 교육과정에 따른 교과별 교육과정 선도 교원 연수 자료집 107쪽, 2016.

이 아이들 중심이 아닌 평가자 즉 교사중심의 간편주의 방식이라고 생각해 보지는 않았는지…. 이러한 것에 대해서 교사동료들끼리 깊이 있는 협의나 토론을 그동안 해봤을 것이다. 단정 짓는 평가척도 단어에는 과연 문제가 없는 것일까? 있다면 우리(교사)는 어떤 다른 단어를 어떻게 적절하게 써야 하는 것일까? 물론 전부 똑같이 획일화된 문구가 아닌 교사들 나름대로 고민하는 글귀를 생각해 내서 쓰는 것이 좋다. 옆의 사진은 2016년 8월에 전북 익산 오산남초에서 50명의 선생님들이 모여서 '수업에게 수업을 묻다-2' 연수를 받는 모습이다. 이 연수에서는 기존 수업지도안이 아닌 12감각을 이용한 수업설계를 연수했고, 평가 방식에 대해서는 그동안 생각하지 않았던 그야말로 아이들 발달론에 근거한 평가요소들을 연수했다.

*5

그렇다면 아래 두 도표에서 제시한 평가요소 척도 글귀의 차이점은 무엇일까?

〈현행 평가양식과 척도〉

학습목표 • •	말하기와 듣기			
	매우 잘함	잘함	보통	노력을 요함 (부족함)
말하기 기능(기술)				
주어진 글귀나 시를 소리 내어 읽는다.				
정확한 발음을 쓴다.				
–이하 여백–				

*5 2016년 8월 전북 익산 오산남초 '수업에게 수업을 묻다-2' 연수에서 평가척도 문구에 대해서 협의하는 모습.

〈대안 평가양식과 척도〉*6

학습목표 • •	말하기와 듣기			
	늘, 언제나	자주, 흔하게	때때로	아직은
말하기 기능(기술)				
시나 글귀의 운율이나 리듬을 안다.				
정확한 발음을 쓴다.				
–이하 여백–				

'매우 잘함', '잘함', '보통', '노력을 요함'

과정중심 평가는 무엇인가? 과정중심 평가에 대한 정확한 개념 정의는 아직 정립되어 있지 않은 것으로 알고 있다. 대부분의 학교현장 교사들은 수행평가를 결과보다 과정에 더 중심을 두는 평가로 생각한다. 하지만 과정중심 평가는 기존의 수행평가에서 실시되고 있는 과정평가 뿐만 아니라, 학생들이 문제를 해결하는 과정과 성취 도달 정도를 함께 알아보기 위한 평가라고 할 수 있다. 또한 과정중심 평가는 지필형 과정중심 평가와 함께 수행형 과정중심 평가로 구분한다. 지필형 과정중심 평가에 인지적 도달도를 측정하기 위한 목적으로 실시하는 형성평가, 단원평가, 총괄평가 따위가 있고, 수행형 과정중심 평가에는 핵심역량중심의 자기평가, 상호평가, 역할극, 포트폴리오 평가, 보고서 평가들이 있다. 따라서 과정중심 평가는 평가시간을 별도로 편성하여 실시하는 것이 아니라 교육과정을 재구성하여 교수·학습과정에서 평가를 함께 실시하는 수업의 한 과정으로 보아야 한다. 이는 학생 스스로가 자신의 지식이나 기능을 나타낼 수 있도록 결과물을 만들거나, 행동으로 나타내거나, 답을 작성(구성)하도록 요구하는 방식으로 수행평가의 개념을 포함한다. 또한 아는 것과 행하는 것, 지식이나 능력의 지속적 평가, 창의성이나 고등 사고 기능에 대한 평가나 학습의 과정에 대한 평가, 성취 결과와 산출물에 대한 평가는 학습하는 과정 또한 평가한다는 의미에서 과정 평가(process assessment)로 설명할 수 있다. 하지만 실제 평가기준이나 평가 방식은 이것과는 다른 방식으로 진행되고 처리되고 있다. 이것은 과정중심이 아닌 결과중심 평가다.

*6 이 평가척도와 글귀가 정답은 아니다. 하지만 최소한 아이들의 발달단계를 생각한다면, 또한 누구를 위한 평가라고 생각한다면 평가에 대한 고정관념을 새롭게 해야 할 필요가 있기에 여기서는 이해를 돕고자 제시한 것이니 교사 자신이 나름대로 적절한 글귀를 찾으면 된다. 교육부가 제시한 것만이 유일한 평가방식은 아니다.

교사 개인의 관점에서 기능에 목표를 두고, 즉 성취기준에 도달했나 못했나에 대한 것으로 단순히 잘하고 못함을 구분짓는 평가 방식은 2015 개정 교육과정 구성의 중점에서도 '학습의 고장을 중시하는 평가 강화'라고 하면서 내용면에서는 전혀 달라진 것이 없다. 더구나 교육부나 교육과정평가원에서는 이렇게 제대로 방향을 설정했는데 학교현장 교사들이 이에 부합하지 못하고 있기 때문에 이에 대한 책임은 교사들에게 있다 할 것이다. 그렇다면 각 시도 교육과정 관련 담당자 연수에서 이를 제대로 전달하면 되지 않을까? 아니면 연수 자료집을 만들어서 처음부터 올바르게 방향 제시를 해주면 되지 않을까? 단순히 현장 교사들에게 그 짐을 넘기기보다는 교육과정을 기획하는 사람들이 이러한 것까지 해야 하는 것이 맞지 않을까? 학습이 과정중심이라는 것은 누구나 다 알고 있는 사실이다. 그렇다면 어떻게 과정중심으로 진행하고 그것이 아이들 성장에 어떻게 도움을 줄 수 있는지에 대해서 뒷마무리까지 명확히 제시해 주는 것이 교육과정을 기획하고 만든 사람들의 책임이자 의무이다. 교육과정 개정은 그야말로 용두사미 꼴이다.

'노력을 요함' '하' 대신에 〈대안 평가방식과 척도〉의 [도표2]에 있는 것처럼 '아직은'이라는 말로 표현을 하면 어떨까? '아직은' 이라는 것은 말 그대로 아직은 ○○○○에 대해서 준비가 되지 않았다는 것이다. 그렇지만 덜이 아닌 곧 할 수 있다는 것으로 성장 가능성이 들어 있고, 아이들을 기다려 준다는 것이다. 아이들의 처지를 생각하는 평가 관점이라는 의미가 있다. 그렇지만 '노력을 요함' '하'는 조금은 부정적인 표현이라 볼 수 있다. 단정을 짓는 것이기 때문이다. 과정중심의 학습이 되기 위해서는 단정이 아닌 발전의 여지를 주는 문구가 바람직하다.

아주 어린 아이들이 보통 12개월이 되면 혼자 짚고 일어나서 한두 발 걷기를 시작하고 이내 혼자서 걷는다. 그런데 12개월이 다 된 아이가 아직도 걷지를 못한다면 과연 그 아이의 신체에 문제가 있는 것일까? 물론 건강한 아이인데도 걷지를 못한다면 그것은 아직 걸을 준비가 되지 않았다는 것이다. 준비가 다 되면 그 아이가 이내 걷는 것처럼 평가요소도 단정을 짓기보다는 발전 가능성을 남겨두어야 한다.

'매우 잘함'을 '늘' 또는 '언제나'로 바꾸면 어떨까? '잘함'이라는 글귀에는 상대평가('잘하고' '못하고')에 대한 요소가 들어 있다. 이것은 자칫 교사 개인의 생각이 평가결과에 큰 영향을 미칠 수 있다. 아이들 모두를 똑같은 존재로 보지 않고, 이 아이는 공부 잘하는 아이, 저 아이는 못하는 아이, 이 녀석은 산만한 아이, 저 아이는 말 잘 듣는 착한 아이…. 이렇게 무의식적으로 편을 가르거나 등급을 매기게 되는 것이다. 그렇게 되면 결국 교사는 아이들을 제대로 평가할 수가 없다. 교사는 '중용'의 관점과 생각으로 아이들을 상대해야 한다. 그래야만 아이들이 제대로 성장을 하고 삶을 제대로 가꿀 수 있다.

더구나 아이들은 아직은 완벽한 존재가 아니다. 어른(교사, 부모)인 우리들도 언제나 생활이 완벽하지 않지 않은가? 완벽한 존재가 아니기에 우리는(교사, 부모) 교육이라는 것으로 아이들의 성장을 돕는 것이 아닌가? 헌데 교육(가르침과 배움)이라는 이름 아래 온전한 성장보다는 오히려 아이들을 병들게 하고 있다면 지금이라도 당장 멈추고 다시 제대로 된 평가척도와 요소로 아이들에게 다가가야 한다. 문제는 성취기준 중심의 교수·학습의 전개 과정이 관련된 차시의 도달점(도달, 미도달) 확인을 목표로 하는 것이라 이것이 달라지지 않고서는 기능중심 평가기준을 설정하기가 쉽지 않다.

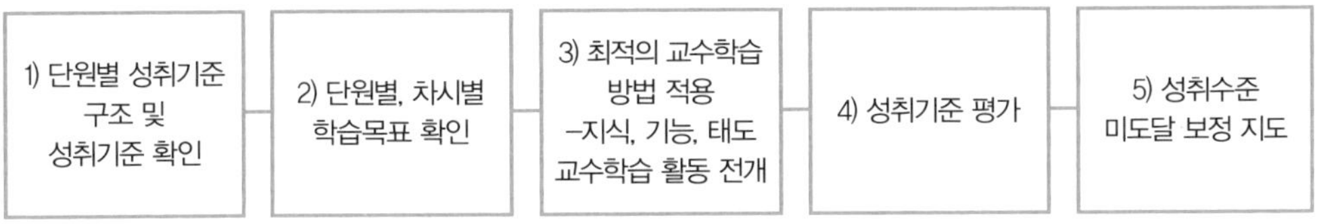

[성취기준중심의 교수·학습의 전개과정][7]

그렇기 때문에 교과서 중심 수업에서는 교사의 창의적인 수업과 평가를 실현하기가 힘들다. 교과서를 내려놓고 아이들 발달단계에 맞게 무엇을 어떻게 왜 하는지에 대한 고민을 하기 시작하고 실천해 나간다면 저절로 평가를 어떻게 해야 하는지 따라온다.

2 평가 방법과 유의 사항에 대해서

읽기[8]

(라) 평가 방법 및 유의 사항

*7 부산시교육청, 2013학년도 부산교육 정책 연구과제 보고서, 교육과정 영역.
*8 교육부, 2015 개정 교육과정 국어과 교육과정(1-2학년), 2015.

① 글자, 낱말, 문장 소리 내어 읽기와 알맞게 띄어 읽기는 교실 수업 상황에서 돌아가며 읽기 등의 수행 과정에서 평가할 수 있다. 또한 친구들끼리 서로 평가하도록 할 수도 있는데, 이 과정에서 자신의 읽기를 자연스럽게 점검해 볼 수 있게 한다.
② 글자, 낱말, 문장 소리 내어 읽기를 평가할 때에는 음운 변동이 없는 낱말이나 문장을 주로 평가하되, 음운 변동을 다루더라도 연음 현상이나 경음화(된소리되기) 위주로 다룬다.
–이하 줄임–

평가방법을 다음과 같이 제시하고 있는데, 그럼 어떻게 평가를 할 것인가? '글자, 낱말, 문장 소리 내어 읽기와 알맞게 띄어 읽기는 교실 수업 상황에서 돌아가며 읽기 등의 수행 과정에서 평가할 수 있다.' 한 예로 '주어진 문장을 소리 내어 읽을 수 있다'가 있다. 그리고 나서 평가척도 요소로 '매우 잘함' '잘함' '보통' '노력을 요함'으로 나누어서 표기할 경우에는 단순히 방법과 기능만 내세우게 되는 것이다. 결국 단편적인 지식을 알아보는 것에 지나지 않는다.

'주어진 문장을 소리 내어 읽을 수 있다'는 내용을 단순히 알아보는 기능이다. '이해'라는 것을 영어에서 살펴보면 'comprehension'과 'unterstand'가 있다. 'comprehension'는 이해력(받아들이는 힘) 'unterstand'는 알아듣다, 알다, 이해하다의 뜻이다. 여기서 '이해'라는 것은 'unterstand'보다는 'comprehension'에 가깝다고 할 수 있다. 따라서 평가내용은 단편적인 기능을 요구하는 것을 선정하기보다는 아이들이 수업을 제대로 이해하고 있는지에 대한 'comprehension' 측면을 강조한 것으로 선정하는 것이 바람직하다.

예를 들어, '이야기를 기억할 수 있다' '다른 사람들과 이야기에 관해서 토론에 참가하여 말할 수 있다' '이야기에 관련된 프로젝트(그림, 형태그리기)를 할 수 있다' '좋아하는 이야기를 고를 수 있다' 등이 있다. 'OO을(를) 할 수 있다는 것'은 내용에 대해서 제대로 소화(이해)를 했기에 다음 행위를 할 수 있다고 전제하는 것이다. 그렇기 때문에 평가 영역도 이에 대해서 적절한 내용으로 제시되어야 한다. 물론 이렇게 하기 위해서는 교사 혼자보다는 동 학년 연수나 교육과정 연수에서 이러한 내용을 다루면 더 효과적이다. 물론 그 몫은 장학사나 연구사들의 것이다. 이들이 움직여 주지 않는다면 학교현장에서 평가 혁신을 기대하기 힘들다. 한 사람의 생각보다는 여러 사람의 생각을 모아서 그 가운데 자신의 교실환경에 맞는 내용을 고르면 된다. 물론 이렇게 하기 위해서는 기존의 고정관념을 완전히 잊거나 버려야 한다. 더구나 바뀌는 교육과정에서는 '빅 아이디어'라는 것을 중심으로 재구조화하려고 한다. 교육과정이 바뀔 때마다 새로운 말이 나타나는데 이번에도 어김없이 나왔다. 그렇다면 '빅 아이디어는 무엇인가?'*9

빅 아이디어(Big Ideas)란?

Big idea란 특정 학문 분야에 한정되지 않고 여러 학문을 아우르는 개념 혹은 원리로 다양한 현상을 설명할 수 있도록 해준다. Big idea는 항상 개념적인 내용, 즉 설명해야 할 '어떤 것'을 포함한다는 특성을 가진다.

Big idea는 분과적인 중요 개념들을 포괄하는 상위의 개념으로 다양한 과학적 현상뿐만 아니라 과학 외의 다른 분야(교과)와 연계된 현상에 대해서도 설명을 제공할 수 있다. 이러한 Big idea는 학생들로 하여금 과학의 다양한 개념들을 통합적으로 이해할 수 있도록 도움을 줄 수 있다. 또한, Big idea를 통해 학생들은 물/화/생/지를 통해 단편적으로 배우는 개념들이 어떤 연관성을 가지는지를 파악할 수 있다.

물/화/생/지를 관통해서 자연현상이나 주변 문제에 접근할 수 있는 통로 혹은 매개가 되는 개념으로, 이들 개념을 통해 다양한 방식으로 접근해서 문제해결 방식을 찾는 수업이 가능할 것이다.

이러한 빅 아이디어는 실질적인 사고의 방식이기도 하며, 학생들은 중심 아이디어를 활용하여 과학을 이해함으로써 모든 과학 분야에 내포된 일정한 패턴을 학습할 수 있다.

이렇게 이야기하고 있지만 여러 차례 읽어 봐도 머리에 쉽게 들어오지 않는다. 빅 아이디어 중심의 교육과정 재구조화는 한마디로 교과서와 같은 내용의 진도를 나가는 것에서 벗어나서 핵심개념과 빅 아이디어를 이끌어 내고 이에 대해 핵심질문을 던지며 답을 탐구하는 과정에서 깊은 이해를 하자는 것이다. 이러한 일련의 학습디자인은 다음과 같은 절차로 이루어진다.

---

*9 교육부, 국가교육과정 포럼(현장교원중심) 2차 포럼: 창의·융합형 인재 육성을 위한 기초up, 역량up 자료집, 2015.

[단원 학습설계 절차(Ubd)]

단원 학습목표 수립 → 빅 아이디어 도출 → 핵심질문 도출 → 핵심질문의 답 도출을 위한 수업설계 → 평가

이러한 과정으로 수업을 진행하면 과연 '깊은 이해(deep understanding)'를 할 수 있을까? 'understanding' 자체가 깊이가 없고 단기적인 기억을 요구하는 것이라 '깊은 이해'에 대한 정의가 잘못된 것이라 본다. 더구나 몇몇 연구자들에 의해서 추진되는 관념에 가까운 이론을 가지고 마치 새로운 교육과정의 대안처럼 여기게 하는 것은 큰 잘못이다. 교육과정이 제대로 뿌리를 내리기 위해서는 이에 대해서 사전에 충분한 공론화가 필요하다. 아무리 좋은 교육이론과 철학도 나라마다 고유한 특성이 있기 때문에 무조건 가져다 반영하게 되면 또 다른 실패를 가져온다는 것을 우리는 그동안의 교육정책에서 수없이 보아 왔다.

학교 현장은 2009 개정 교육과정에 이제 거의 적응하려고 하는 시점인데 또 다시 준비 되지 않은 2015 개정 교육과정을 맞이하는 것은 결국 혼란만 가져올 뿐이다. 아무리 위정자들의 교육 홍보성과도 중요하다지만 멍들고 피로감만 쌓여가는 곳은 다름 아닌 학교다. 더구나 연구자끼리도 '빅 아이디어(big idea)'의 정의나 개념에 대해서 용어 정리가 제대로 안된 상황에서 학교 현장이 알아서 하라고 던져 주면 교사들이 무슨 만능기계라도 되는가? 아무리 시·도, 시·군, 학교 담당자 대상 개정 교육과정 관련 연수를 한들 충분한 논의나 준비 없이 진행되는 것은 스쳐 지나가는 바람에 지나지 않기 때문에 현장 교사들도 그저 흉내만 낼 뿐이고, 실적을 요구하는 공문이 오면 형식적으로 제출할 수밖에 없다. 아무리 훌륭한 미래사회 대안이라 할지라도 과연 우리 한국 사회에서 실현 가능한지에 대해 학교현장의 목소리를 충분히 들어야 한다. 물론 연구자들도 그렇게 하고 싶겠지만 위정자들의 업적 조바심에 어쩔 수 없을 것이다. 그렇기 때문에 정치와 교육은 철저히 분리가 되어야 한다. '교육은 백년지대계'라는 말이 그냥 있는 것이 아니다. 이론은 있고 실체가 없는 교육과정으로 이번에도 우리 교육의 문제를 해결할 수 없게 된 것이 참으로 안타깝다. 결국 학교현장 교사들이 나서야 한다. 올바른 교육과정을 만들기 위해서는 현재 주어진 교육과정과 교과서를 과감히 내려놓고 교사 자신만의 살아 있는 교육과정으로 가르쳐야 한다. 그렇지 않으면 끊을 수 없는 올가미에 엮여 헤어날 수 없게 된다. 때

문에 아무리 발버둥을 쳐도 그 때는 이미 가르침의 세속화로 많이 굳어져 버린 상태가 되고 만다.

문학*10

(라) 평가방법 및 유의 사항

① 허용적인 분위기 속에서 시나 노래, 이야기를 감상하고, 느낀 점과 생각을 자유롭게 표현하도록 하고 이를 관찰하여 평가한다.

② 시나 노래, 이야기를 교과 외 시간에도 흥미를 갖고 즐겨 접하도록 독려하고 이를 누적적으로 기록하여 평가한다.

③ 작품에 대한 학습자의 반응에 대해 옳고 그름을 평가하기보다는 다른 학습자들과 반응을 공유하는 과정을 통해 자신의 생각과 느낌을 스스로 점검해 보는 기회를 제공한다.

문학 영역을 어떻게 평가할 것인가? 시나 노래를 잘 쓰거나 잘 부르고, 이야기에 대해 느낌을 잘 표현하는 것을 평가내용으로 선정하는 것인가? 문학을 단순히 기능으로 접근해서는 안 된다. 더구나 '학습의 과정을 중시하는 평가'라고 하지 않았는가? 이것을 가지고 '잘함' '못함'으로 단정 짓는 것은 결국 아이들의 성장을 생각하지 않는 것이다. 그렇기 때문에 앞에서 말한 평가척도 영역에서 '늘, 언제나' '아직은'이라고 표시하는 것처럼, 평가영역 내용 선정도 단순 기능평가에서 벗어나 오로지 아이들 처지에서 평가내용을 선정하는 것이 바람직하다. 단순히 문학 내용에 대해서 '잘하고 못하고'가 아닌 예를 들어 '전체 이야기(시, 노래)를 듣고 관심과 열정을 보인다'로 표현 하는 것은 어떨까? '관심과 열정'이라는 글귀에는 문학이 지니고 있는 모든 요소가 다 포함되어 있다. 문학은 문학 그 자체로 봐야 한다.

'③ 작품에 대한 학습자의 반응의 옳고 그름을 평가하기보다는 다른 학습자들과 반응을 공유하는 과정을 통해 자신의 생각과 느낌을 스스로 점검해 보는 기회를 제공한다' 이것을 적절하게 표현할 수 있는 내용으로 아래와 같이 제시해 보았다. 물론 이것이 정답은 아니다. 더 나은 글귀를 생각해서 활용하면 된다.

---

*10 교육부, 2015 개정 교육과정 총론, 초등학교 교육과정.

학습목표 • •	말하기와 듣기			
	늘, 언제나	자주, 흔하게	때때로	아직은
문학				
전체 이야기를 듣고 관심과 열정을 보인다.				
[이해]				
이야기를 기억할 수 있다.				
다른 사람과 이야기에 관해서 토론에 참가하여 말할 수 있다.				
이야기에 관련된 그림, 형태그리기를 할 수 있다.				
좋아하는 이야기를 고를 수 있다.				
–이하 여백–				

굳이 다음의 성취기준처럼 자세하게 나눌 필요가 없다. 문학*11을 느낌으로 느낄 수 있도록 해야지 너무 짧게 나누어 보면 맛이 떨어진다.

2009 개정 교육과정(고시 2012-14호)	2015 개정 교육과정
1251. 동시를 낭송하거나 노래, 짧은 이야기를 들려준다.	[2국05-01] 느낌과 분위기를 살려 그림책, 시나 노래, 짧은 이야기를 들려주거나 듣는다.
1254. 작품 속 인물의 마음, 모습, 행동을 상상한다.	[2국05-04] 자신의 생각이나 겪은 일을 시나 노래, 이야기 등으로 표현한다.
1255. 글이나 말을 그림, 동영상 등과 관련지으며 작품을 수용한다.	[2국05-05] 시나 노래, 이야기에 흥미를 가진다.
–이하 줄임–	

책을 읽고 이에 대해서 독후감을 강요하면 아이들은 책을 읽기를 즐거워하지 않는다. 평가내용으로 삼지 않아야 할 것을 가지고 평가를 하고, 이것을 제대로 수행하지 못하면 낙인을 찍어 버리는 평가방식을 이제는 하지 말아야 한다. 하려고 한다면 단순 평가가 아닌 아이들의 처지를 생각한 내용들을 골라서 해야 한다. 단지 '잘하고' '못하고'의 이분법적인 평가가 아닌 아이가 제대로 느끼고 배워나갈 수 있도록

*11 교육부, 2009 개정 교육과정 1-2학년 국어 성취기준 문학편. 2015 개정 교육과정하고 크게 달라진 것이 없다. 단지 성취기준에서 '핵심'이라는 말을 쓰지 않을 뿐이지 내용에는 큰 차이가 없다.

해주는 평가방식이 필요하다.

다. 말하기와 듣기[*12]

(라) 평가방법 및 유의 사항

① 학습자가 능동적으로 말하기 활동에 참여하도록 격려하여 평가에 부담을 느끼지 않게 한다.

② 인사말, 감정 표현하기, 바른 자세로 말하기, 바른 말을 사용하는 태도 지니기 등의 학습 요소는 학습자가 학교뿐 아니라 가정에서의 말하기에서도 잘 실천하고 있는지 점검하여, 학교 안팎에서 듣기·말하기 능력이 균형 있게 발달할 수 있도록 한다.

③ 바른 자세로 말하기와 집중하며 듣기를 연계하여 모든 학습자가 듣기와 말하기 활동에 고루 참여하도록 한다.

왜(Why)가 빠진 수업

평가 방법 및 유의 사항 ②를 보면, 말하기는 우리(사람)가 살아가는 데 필요한 것이므로 당연히 중요하기 때문에 언급한 것이라 하겠지만 평가요소가 대부분 기능중심이다.

어떻게 말을 하고 어떤 숨쉬기를 하는지에 대한 '왜?'가 없다. 쓰임이나 태도에 초점을 맞추는데 여기서 중요한 것은 초등학교 교육에서 아이들은 집에서 잠자는 시간을 빼면 담임교사와의 생활이 하루 생활 가운데 절반이 넘는다.

그렇기 때문에 저학년의 경우는 담임교사의 몫이 상당히 중요하다. 어떻게 보면 아이들의 이러한 말하기 활동은 결국 담임교사가 어떻게 행동하고 수업을 어떻게 하느냐에 따라서 많이 좌우될 수 있다. 단순히 기능적인 요소로 아이들을 평가해서는 안 된다.

교사가 제대로 말하는 연습을 해야 한다.

말하기는 아이들의 호흡과 관련이 많다. 즉 숨쉬기와 관련이 많다. 더구나 말한다는 것은 곧 숨쉬기를 어떻게 하느냐를 바깥 세상에 드러내는 것이다. 슈타이너 박사

*12 교육부, 2015 개정 교육과정 총론, 초등학교 교육과정 국어편.

는 '말하기 호흡은 영혼(Soul)과 밀접한 관계가 있다'라고 하였다. 교실에서 아이들이 조용히 담임선생님의 이야기에 귀를 기울일 때 숨쉬기는 아주 안정이 되어 있다. 헌데 아이들이 선생님의 이야기를 들으면서 각자 묻고 싶은 생각이 떠오를 때는 숨쉬기가 다르다. 어른도 질문을 하고자 할 때 마음 상태가 조금은 들뜨게 되는 것을 경험했을 것이다. 일단 숨쉬기가 들숨이 되고, 숨을 들여 마시는 표정에서 정답이나 질문을 알아낸 것을 다른 아이에게 알려 주고 싶어하는 것이 드러난다. 이렇게 숨쉬기는 영혼의 상태가 거울처럼 밖으로 나오게 되는 것이기에 아이들이 말하는 것 즉 숨쉬기는 무척 중요하다. 더구나 초등학교 1학년은 아직 학교라는 세계가 낯설기 때문에 무척 긴장을 하게 된다. 이들이 안정된 숨쉬기로 학교를 편안하게 다닐 수 있도록 해주는 것도 교사의 중요한 과제이다.

그래서 담임교사든 전담교사든 될 수 있으면 아이들 앞에서 화를 내는 일이 없어야 한다. 있어서도 안 된다. 화가 나면 어떻게 되는가? 일단 숨이 빨라지고 교사가 자기 자신 안에 없고 다른 곳에 가 있기 때문에 생각과 행동을 제대로 할 수 없다. 더구나 교사가 화가 난 목소리로, 아니면 조금은 격앙된 목소리로 수업을 할 경우, 아이들의 숨쉬기도 덩달아 불안해진다. 그렇다고 숨쉬기를 너무 짧게 하는 것도 아이들에게는 좋지 않은 영향을 줄 수 있다.

단순히 교육과정이나 교과서에 말하기 수업이 있다고 해서 아무 생각 없이 가르치는 것은 영혼이 없는 수업을 하는 것과 같다. 그렇기 때문에 수업방법에 관련된 단편적인 연수를 익히는 것도 중요하지만 무엇보다도 교사 자신의 내면을 채우는 훈련(명상, 수행)을 많이 해야 한다. 아쉽게도 말하기 수업에서 숨쉬기 활동에 관련된 연수 프로그램이 거의 없다. 문제는 이에 대해서 누구도 중요하게 생각하지 않는다는 것이다. 말하는 것은 누구나 쉽게 할 수 있는 것이라 생각하고 있기 때문에 별로 중요하게 여기지 않는다. 하지만 교실에서 읽기나 쓰기를 하기 전에 우선 되는 것이 말하기다. '말'을 가지고 아이들과 서로 교감을 나누고 공부가 진행되는 것이 아닌가? 그래서 아이들에게 말하기 수업 이전에 교사의 숨쉬기는 너무 길지도 짧지도 않은, 그러면서도 한꺼번에 너무 많은 양을 들여 마시지 않아야 한다. 숨을 한꺼번에 너무 많은 양을 들여 마시면 말을 바로 하기가 힘들기 때문이다. 무슨 대회 수상자들이 수상소감을 이야기할 때 "숨이 벅차서 말을 제대로 이을 수가 없습니다."라고 하는 것도 다 이런 이유 때문이다. 물론 너무 적어도 안 된다. 적당한 양의 들숨과 날숨이 필요하다. 우리가 명상을 하거나 숨쉬기 관련 수행을 할 경우, 마음을 아주 평안한 상태로 유지하게 하는 것을 가장 먼저 한다. 그래야만 안정된 숨쉬기로 자기 자신을 깨우칠 수 있다. 기도할 때도 마찬가지다.

따라서 교사는 교사 자신이 어떠한 숨쉬기를 하느냐에 따라, 수업 속에서 아이들의 상태를 조절할 수 있다는 것을 알아야 한다. 교사가 이야기를 들려주는 시간에 아이들이 흠뻑 빠져드는 것, 그것은 컴퓨터 스마트기기나 책을 그대로 읽어 줄 때와는 견줄 수 없는 교육 효과를 경험한다. 이렇게 날마다 일정한 시간의 이야기 들려주기는 아이들에게 따로 설명을 하지 않아도 되는 훌륭한 말하기 수업의 본보기를 보여주는 것이다. 물론 이렇게 하기 위해서는 교사에게 많은 시간과 노력이 필요하다. 더구나 1학년에서의 옛이야기, 2학년에서의 우화 들려주기는 아이들 발달단계에 중요한 영향을 끼친다. 교사의 편리주의에 따라 책을 그대로 읽어주기나 스마트기기를 이용해서 기계가 그대로 들려주는 것은 아이의 기억에도 좋은 효과를 주지 못한다. 들려주는 수업을 위해서 교사는 내용을 전부 외우는 연습이 필요하다. 힘들고 시간이 없다고 하겠지만 노력 없이 좋은 결과를 기대할 수가 없다. 과연 시간이 없을까? 아이들이 교사의 삶속으로 아니 내가(교사) 아이들 삶속으로 들어가기 위해서는 그만큼 내 생활을 단순화해야 한다. 생활이 바쁘다는 것, 과연 누구를 위해서 바쁜가? 24시간 가운데 우리 반 아이들을 위해서 교사인 나는 얼마나 생각하고 있는가? 퇴근 시간이 되어 학교 문을 나서는 순간, 아이들을 잊어 버리는 것은 아닌가? 물론 교사에게도 사생활이 있고 가정생활이 있다. 책무성을 강요하는 것은 아니다. 하지만 교사라는 직업은 다른 직업과 달라야 한다는 것이다. 이것을 같다고 여긴다면 직업으로만 생각한다면 그런 교사에게는 희망이 없다. 아이들보다 교사 자신의 안위를 먼저 생각할 텐데 무엇을 기대할 수 있을까?

그렇다면 좋은 수업을 위해서 교사는 어떻게 해야 할까? 날마다 감동이 있는 수업을 해야 한다. 여기서 '감동'이란 울림이다. 그래서 수업시간에 한번 정도는 크게 웃게 하거나 울릴 수 있어야 한다. 이 울음이란 내면적인 울음이다. 수업의 내용으로 깊이 있는 내면화 상태를 이끌어 내야 한다는 것이다. 교사(어른)를 대상으로 강의를 할 때도 어떤가? 무미건조한 이야기를 한다면 듣는 사람은 무척 따분해 하고 큰 감동을 경험하지 못하거나 스마트폰을 꺼내 문자 주고받기나 정보검색에 나머지 시간을 보낼 것이다. 수업시간 아이들의 숨쉬기 상태도 아무 감정이 없는 상태는 심심한 수업일 때 많이 나타난다. 중·고등학교 교실에서 흔히 보는 수업 장면을 떠올리면 쉽게 이해가 될 것이다. 수업시간에 산만한 분위기가 생기는 경우, 그것은 아이들 탓일까? 일부 교사들은 자신의 숨쉬기에 문제가 있다고 생각하지 않고 아이들에게 문제의 원인을 돌린다. 그러다 보니 아이들을 진정시키기 위해서 교사의 목소리 즉 숨쉬기가 빨라지고 이로 인해서 아이들은 위축된다. 교사는 어떠한 경우에도 화를 내지 말아야 한다. 앞에서도 말한 것처럼 교사가 자기 자신 안에 없고, 다른 곳에 가 있기 때문에 생각과 행동을 제대로 할 수 없다. 화를 내고 나서 수업을 이어나가는 것은 보통의 노력 없이 힘들다. 결국 그 피해는 아이들에게 가기 때문에 교사의 인내심이 무척 중요하다.

그렇다면 활기차고 건강한 수업에서 아이들의 상태는 어떨까? 숨쉬기가 안정된 것을 볼 수 있는데 그 속에는 움직임이 들어 있다. 즉 들숨과 날숨의 일정한 리듬이다. 여기서 중요한 것은 심장의 리듬이 아니라 숨쉬기(들숨과 날숨)의 리듬[*13]이 정맥에 영향을 주고 이것이 뇌에 직접 영향을 끼친다는 것이다.[*14]

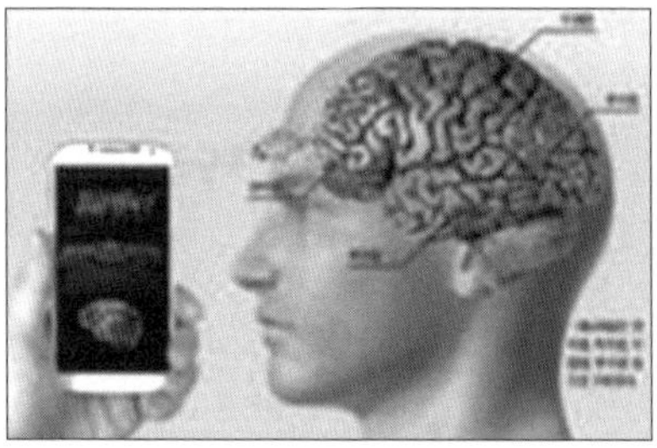

[뇌 사진]

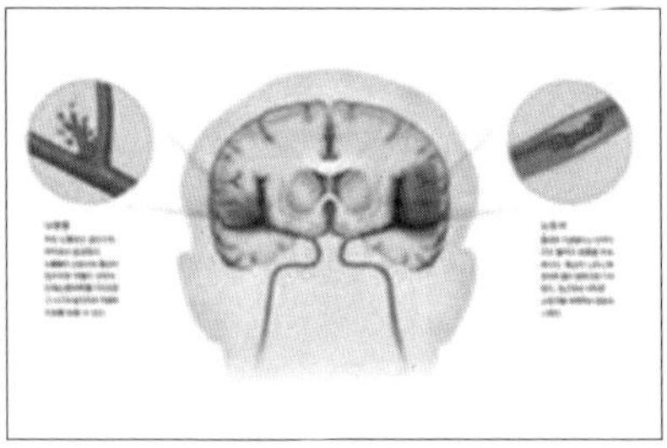

[뇌출혈 사진][*15]

뇌출혈 환자의 상태는 뇌에 산소가 제대로 공급되지 않아 뇌가 시커멓게 죽는 경우다. 산소를 공급해 준다는 것, 결국 숨쉬기가 제대로 이루어지는 것이다. 숨쉬기가 제대로 이루어지지 않는다면 읽기, 쓰기, 듣기, 셈하기 등을 올바르게 할 수 없다. 그래서 아이들에게 숨쉬기 활동은 상당히 중요하다. 아이들 누구나 수업시간에 숨쉬기를 제대로 할 수 있도록 해주어야 한다. 그래야만 아이들이 어른이 되었을 때 자유로운 생각을 할 수 있다. 그렇게 하기 위해서 교사는 수업시간마다 모든 아이들이 안정된 숨쉬기를 할 수 있도록 최선을 다해야 한다.[*16] 이러한 내용을 알고 수업시간에 아이들을 대하는 교사야말로 아이들의 삶을 제대로 가꿀 수 있다.

---

*13 들숨 : 들숨은 쉬는 게 아니라 몸속에 들어온 숨이 나가면 다시 알아서 들어오는 것.
　날숨 : 호흡에서 내뿜는 이산화탄소가 날숨임.

*14 정맥이란 단순히 얘기해서 심장으로 들어가는 혈관임.

*15 https://www.google.co.kr/search/뇌출혈 사진.

학습목표 • •	말하기와 듣기			
	늘, 언제나	자주, 흔하게	때때로	아직은
말하기 기능(자세히 써놓는다)				
정확한 발음을 쓴다.				
되풀이 되는 이야기를 통해 더 높은 생각으로 발전한다.				
–이하 여백–				
듣기 기능(자세히 써놓는다)				
말하는 사람의 이야기를 잘 듣는다.				
–이하 여백–				

3 2015 개정 교육과정 초등 1·2학년 국어과 성취기준에 대해서

주먹구구식 성취기준 선정

학습량이 많은 것도 주먹구구식 성취 기준이 많기 때문이다. '적게 가르치는 것이 많이 가르치는 것이다(Less is more)'*17라는 말도 있다. 교육과정의 중점에서 '학습의 질 개선을 위해 핵심개념을 중심으로 교육 내용을 엄선하여 학습량을 적정화한다'라고 밝히고 있기도 하다. 이에 맞게 1·2학년 아이들에게 꼭 필요한 내용을 중심으로 교육과정 틀을 세워야 한다. 물론 2015 개정 교육과정에서는 핵심개념중심으로 성취기준을 골라냈다고 하나, 2009 개정 교육과정 때보다 성취기준 수를 더 많이 줄이고 수업의 분량을 적정화해서 수업 부담을 최소화해야 한다. 또한 학급 아이들의 수준에 맞게 학습량을 적정화시켜야 한다. 이에 대해서 구체적으로 제시해 주어야 하는데 결국 이렇게 해야 한다고 내용만 던져주었지 해결은 학교현장 교사들이 해야 할 과제로 떠밀어 놓았다. 개정 교육과정 연구학교를 대부분 각 시·도에 있는 교육대학교 부설초등학교들이 주로 한다. 하지만 부설초등학교 아이들을 대상으

*16 12감각 가운데 '언어감각'의 중요성.
*17 김경자, 2015 개정 교육과정 총론 시안 1차 공청회 자료.

로 한 연구 자료를 중심으로 학습량을 생각했다면 다른 아이들의 수준에 맞지 않을 수 있다. 예를 들어 어떤 아이는 몇 분 안에 주어진 과제를 잘 해결을 하는가 하면 어떤 아이는 수업시간이 다 지나도 해결하지 못하는 경우가 있으며, 했어도 내용에 오답이 많이 있는 것을 알 수 있다. 1·2학년 쓰기 시간에 이런 모습들을 많이 본다. 물론 세계 여러 나라에서도 이와 비슷한 경우가 있지만, 중요한 것은 그 편차가 그리 크지 않다는 것이다. 그렇기 때문에 학습편차가 많이 생기지 않는 범위에서 수업목표를 정하고 가르쳐야 한다. 수업 내용을 제대로 따라가지 못하는 아이들은 과연 그 시간이 어떻게 다가오고 느껴질까? 이러한 것을 제대로 고민해서 개정 교육과정의 각 교과 틀을 세운다면 학습 뒤처짐 아이들이 덜 생길 것이다. 깨우침을 기다려 주고 배려하는 교육이 시대가 요구하는 인재상을 길러낼 수 있다.

아이들을 초능력자들로 만드는 교육과정

선행교육 막고 다문화 학생 증가하는 현실 등 반영*18

무리한 받아쓰기, 유치원 일기쓰기 등도 자제 요청

(서울=연합뉴스) 이윤영 기자 = 2015 개정 교육과정이 적용되는 첫해인 내년부터 초등학교 1·2학년의 한글교육이 대폭 강화된다. 초등학교 수업시간에 무리한 받아쓰기를 시키거나 유치원 등에서 초등 대비 성격으로 일기쓰기 등을 시키는 것도 제동이 걸릴 전망이다.

1일 교육부에 따르면 지난해 9월 확정·고시된 2015 개정 교육과정에 따라 최근 개발된 초등 1학년 1학기 국어 교과서에는 한글교육이 약 55차시(차시는 시간의 의미. 초등 1시간은 40분 수업) 분량으로 담겼다. 아직 개발 중인 초등 1학년 2학기와 2학년 1, 2학기 교과서 속 한글교육 분량까지 모두 합치면 1·2학년 전체 한글 수업은 총 60여차시 분량이 될 것이라고 교육부는 설명했다.

이는 현행 초등 1·2학년 한글교육 시간(27차시)과 비교해 배 이상 증가한 것이자 지난해 고시된 초등 국어과 교육과정안이 제시한 분량(최소 45차시 이상)과 비교해서도 훨씬 늘어난 양이다.

*18 http://news.naver.com/main/read.nhn?mode=LPOD&mid=sec&oid=001&aid=0008577769&isYeonhapFlash=Y

교육부는 특히 한글교육 시간을 양적으로 늘리는 것에 그치지 않고 내용 면에서도 강화된 지침에 따라 교육이 이뤄지도록 할 방침이다. 컴퓨터, 스마트폰 사용 등이 늘면서 갈수록 한글을 종이 위에 직접, 정확히 써 볼 기회가 줄어든다는 판단에서다. 교과서와 함께 개발된 교사용 지도서에 '연필을 바르게 잡고 바른 순서대로 쓰는 등 기초학습을 탄탄히 한다' '입학 초부터 어려운 받침 등이 들어가는 무리한 받아쓰기로 한글에 흥미를 잃지 않도록 한다' 등의 유의사항도 담았다.

국어 외에 1학년 1학기 통합교과, 수학 등 다른 교과서에도 글자 노출을 최소화하고 듣기, 말하기 중심으로 교과서를 구성해 학생, 학부모들이 한글을 읽고 쓰는 데 부담을 한층 줄일 수 있도록 했다.

-이하 생략-

아이들이 한 달 만에 한글을 익히는 것이 가능할까? 물론 열흘 만에도 가능하다. 하지만 이 모든 것은 아이들의 발달단계를 전혀 생각하지 않고 오로지 어른들의 생각에서 나온 무리한 요구다. 핵심만 딱딱 뽑아내서 가르칠 수 있다. 하지만 이러한 글자 익히기 과정은 앞장 국어 편에서 이야기한 것처럼 개념중심 교육이다. 머리로만 받아들이는 교육은 오래가지 못한다. 더구나 홍익인간의 이념 아래 교육이념이 전인적 성장을 돕는다고 하였는데, '전인적 성장'과는 맞지 않고 한쪽으로만 치우쳐 있다.

1학년 아이들이 학교에 입학하면, 삼월 한 달은 대부분 3주 정도 학교생활 적응을 하는 데 필요한 시설과 환경을 둘러보기, 이용하기 따위에 확보된 수업시간(50시간정도)을 보낸다. 그런 다음 4주째부터 국어수업을 하게 되는데 대략 한 달 만에 한글을 다 배우도록 교육과정이 구성되어 있다. 글자 하나를 제대로 가르치기 위해서는 보통 5일(1주일) 정도 필요하다. 그렇게 되면 대략 1학기 정도 걸린다. 속성 과정으로 가르치면 한 달이 아니라 2주 정도도 가능하다. 물론 말 그대로 핵심만 가르치면 된다. 하지만 여기에 아이들의 삶은 없다. 더구나 글자가 지닌 '정신'은 빼고 개념만 배우게 하는 반쪽자리 교육인 셈이다. 그러다보니 대부분 선생님들은 시간이 부족해서 창체시간이나 아침 활동 시간들을 이용하기도 하고 숙제로 내주기도 한다. 결국 한글을 충분히 익히기 위해서는 최소한 한 학기 이상의 시간이 필요하다.

과거 교육과정이나 2015 개정 교육과정에서는 아이들을 위한 배려가 없다. 글자를 다 깨우치지 못하는 아이들은 어떻게 해야 하는가? 단순히 글자 배우는 것을 그리 중요하게 여기지 않아야 한다. 글자 하나 속에는 세상의 모든 지혜가 다 들어 있기 때문에 글자의 원리나 뜻을 알면 별도의 교과를 따로 가르칠 필요가 없다. '적게 가르치는 것이 많이 가르치는 것이다(Less is more)'*19가 아니라 적게 가르치더라도 제대로 가르쳐야 한다. 그래야 미래핵심 역량인 '창의융합형 인재'를 제대로 기를 수 있다.

2015 개정 교육과정에서는 한글교육을 강화하기 위해 한글교육 시간을 2009 개정교육과정 때 3개 단원 27차시였던 것을 62차시로 늘렸다고 하지만 그것도 아이들에게는 너무 빠르다. 천천히 완전히 소화를 할 수 있게 가르치고 배워야 하는데, '성취기준'이라고 명시해 놓은 것 가운데 1·2학년 아이들에게 맞지 않는 내용이 많다. 그렇다고 대안이 없는 것도 아니다. 아이들에게 맞지 않는 '성취기준'들을 과감하게 빼고 한글을 충분히 익힐 수 있는 시간으로 대체하면 된다. 그렇다고 단순히 성취기준 수를 줄이기보다는 핵심 개념을 제대로 설정하는 것이 필요하다. 무엇과 어떻게에 '왜(Why)'를 넣어야 한다. 그렇다면 '왜'는 무엇인가? 바로 발달단계다.

아이들의 올바른 성장을 돕는 '왜'가 빠져 있으니 전인적 성장을 돕는다는 말은 그저 구호일 가능성이 크다. '왜'를 국어과 교육과정 1·2학년 학년군 성취기준에 추가하여 제대로 설정하면 한글 배우기를 한 달 동안만 가르치게 하는 어리석은 행동은 하지 않을 것이다. 교육과정을 이왕 만드는 것이라면 제대로 만들어야 한다. 단지 이해관계나 어른들의 생각으로 만들어서는 안 된다. 교육전문가들의 의견을 반영했다고 하나 과연 이들이 아이들의 발달단계를 얼마나 제대로 이해하고 있고, 학교 현장에서 얼마나 아이들과 생활했을까? 교육전문가라면 전문가답게 제대로 의견을 제시해야 하지 않을까? 그렇지 못하기 때문에 요즘 현장 교사들이 이렇게 문제점 많은 개정 교육과정에 대해서 문제제기를 하는 것이 아닌가? 나 역시 마찬가지다. 교육전문가들이 처음부터 제대로 된 교육과정과 교과서 틀을 세우고 만들었다면 나 같은 사람이 이렇게까지 할 필요가 없지 않을까?

*19 김경자, 2015 개정 교육과정 총론 시안 1차 공청회 자료.

4 수학 관련 성취기준[20]

교수·학습의 실제 및 활동 자료[21]에 대해서

각 블록을 쌓은 모양을 설명하는 데 필요한 단어를 〈보기〉에서 찾아보세요. 그 단어가 필요한 이유도 이야기해 보세요. 또한 〈보기〉에는 없지만 필요한 단어 또는 필요없는 단어가 있다면 그 단어를 찾고 이유를 이야기해 보세요.

아이들에게 이런 날숨에 가까운 이야기를 하는 것은 아이들에게 도움이 전혀 되지 않는다. 더구나 초등 2학년(9살)이 아닌가? 이 시기 아이들은 공간과 도형에 대한 개념을 알거나 인식을 제대로 하는 것이 어렵다. 이렇게 무책임한 질문을 하고나서 아이들이 답을 찾아보게 하면 제3자가 이 광경을 지켜볼 때 아주 활기찬 수업이라고 생각할지 모른다. 하지만 이것은 수업에서 가장 중요한 '균형'이 무너진 수업이고, 날숨만 있는 수업이다. 최소한 이 시기 아이들에게는 이러한 죽어 있는 개념들을 집어 넣어주기보다는 머릿속에 그림을 불러 일으켜 주는 교사의 설명, 눈 감고 있어도 그 앞에 생생하게 펼쳐지게 설명하는 수업이 필요하다. 더구나 이 수업내용은 초등 2학년 아이들에게는 맞지 않는다. 6학년 이상 과정에서 다룰 내용이다. 2015 개정 교육과정에서는 초등 1·2학년 수학 교과서 내용이 어렵다. 아이들이 얼마나 힘들어 할까? 그야말로 우려가 현실이 되었다.

[교과 역량의 지도]
–쌓기 모양을 설명할 수 있는 표현을 만들고(수학적 표현의 개발 및 변화) 그렇게 생각한 이유를 이야기해 보도록 한다(자신의 생각 표현)
[핵심 발문]
왜 같은 모양을 보고 다르게 설명한 것일까요?
이 설명에서는 어떤 쌓기 나무를 기준으로 하고 설명한 것일까요?

---

*20 수학 성취 기준과 관련해서는 앞의 '수학'편에서 중간 중간 소개하였음.
*21 교육부, 2015 개정 교육과정에 따른 교과별 교육과정 선도 교원 연수 자료집, 2016.

2. 도형-공간 감각과 위치·방향 감각 평가의 실제

〈활동 평가표〉-A[*22]

성취 기준	[2수02-02] 쌓기 나무를 이용하여 여러 가지 입체도형의 모양을 만들고, 그 모양에 대해 위치나 방향을 이용하여 말할 수 있다.		
평가 요소	평가 기준		평가(√)
쌓은 모양 설명하기	잘함	설명의 기준을 정하고 분명한 용어를 사용하여 쌓은 모양을 잘 설명한다.	
	보통	설명의 기준이나 위치와 방향에 대한 용어를 혼동하여 사용하는 모습을 보일 때가 있으나, 스스로 설명의 부족한 부분을 고쳐서 설명할 수 있다.	
	노력 요함	설명의 기준이 없어 각각의 쌓은 모양마다 설명의 기준이 달라지거나, 위치와 방향을 나타내는 용어에 대한 이해가 부족하여 쌓은 모양을 설명하는 데 어려움을 겪는다.	
설명 듣고 이해하기	잘함	다른 사람의 설명을 듣고 쌓은 모양을 정확히 파악한다.	
	보통	쌓은 모양의 설명 중 의미를 정확하게 이해하지 못하는 부분이 간혹 있으나 다른 사람의 설명을 집중하여 들어 쌓은 모양을 파악하는 데 어려움이 없다.	
	노력 요함	다른 사람의 설명을 잘 듣지 않거나 내용을 이해하지 못하여 쌓은 모양을 파악하는 데 어려움을 겪는다.	

〈활동평가표〉-B

평가 요소	평가 기준	평가(√)
쌓기 나무를 이용하여 여러 가지 입체도형의 모양을 만들고, 그 모양에 대해 위치나 방향을 이용하여 말할 수 있다.	언제나	
	때때로	
	아직은	

B는 간단하면서도 성장과 발달을 반영한 평가요소를 제시하면 안 될까? 굳이 평가기준 문항을 만드는 데 많은 시간을 허비할 필요도 없고, 단원에서 요구하는 성취기준을 그대로 반영하고 평가기준은 '상, 중, 하'가 아닌 '언제나, 때때로, 아직은'으로

*22 교육부, 2015 개정 교육과정에 따른 교과별 교육과정 선도 교원 연수 자료집, 2016.

대신했는데, '언제나, 때때로, '아직은'이라는 말속에 평가가 제시하고자 하는 요소들이 모두 들어 있다. 평가요소나 평가기준들을 세세히 나누지 않아도 성취기준이 요구하는 것을 그대로 반영했기에 바로 활용해도 불편함이 없다. 사실 평가가 누구를 위한 것인지에 대해서 생각하다면, 이런 평가기준을 이용해서 각 교과의 성취기준들을 평가해야 한다. 물론 평가요소도 조금만 머리를 맞대고 고민하면 얼마든지 아이들의 성장을 돕는 평가요소들을 이끌어 낼 수 있다. B 활동평가표가 더 효과가 있으려면 아이들에 대한 관찰이 밑바탕에 있어야 한다. 그렇지 않다면 자칫 기능으로만 흐를 수 있기 때문이다. 요즘 '교육과정-수업-평가'를 많이들 이야기하는데 이것이 좋은 대안이 될 수 있다.

5 상, 중, 하로 단정 짓는 성취기준 평가 방식

다. 성취수준 단계 구분 방안*23

학생들의 성취수준을 구분하기 위한 기준점을 정하는 것을 준거설정이라 한다. 각 기준점은 해당 성취수준에 도달하기 위해 필요한 최소한의 기준선 역할을 한다. 준거설정을 통해 정한 기준점을 근거로 학생들의 성취수준을 3 수준으로 구분한다. 3 수준 각각의 일반적인 특성은 다음과 같다.

〈표Ⅰ-1〉 성취수준별 일반적인특성

성취수준	의미
상	해당 학년군 학생들이 충실한 교수·학습과정을 통해 기대하는 내용 성취기준에 제시된 지식 기능 태도의 능력과 특성에 대한 이해와 수행이 우수한 수준을 의미한다.
중	해당 학년군 학생들이 충실한 교수·학습과정을 통해 기대하는 내용 성취기준에 제시된 지식 기능 태도의 능력과 특성에 대한 이해와 수행이 보통 수준을 의미한다.
하	해당 학년군 학생들이 충실한 교수·학습과정을 통해 기대하는 내용 성취기준에 제시된 지식 기능 태도의 능력과 특성에 대한 이해와 수행이 미흡한 수준을 의미한다.

*23 교육부, 2009 개정 교육과정에 따른 성취기준·성취수준, '초등학교 1-2학년'.

• 일반적으로 보통의 학생들이 교육과정기준에 따라 충실히 학교교육을 받은 경우 성취수준의 '중' 이상을 획득할 것으로 가정한다.

• '상' 수준은 학생들이 해당 학년군 교육과정의 내용 및 수행의 범위와 수준에서 우수한 경우부터 해당 학년군 교육과정의 내용 및 수행의 범위와 수준을 뛰어넘는 수준까지 모두 포함하는 개념이다.

아이들 상태를 전혀 생각하지 않은 단순 수치를 가지고 단정을 짓는 것은 철저히 평가자(교사) 중심의 기준이다. 혁신학교 평가계획을 보면 '발달적 교육관' '성장과 발달을 돕는'과 같은 것들을 내세우고 있지만, 이 역시 특별함이 없다. 결국 이러한 평가척도나 요소의 대안은 교육과정과 수업, 평가가 함께 연계가 되기 위해 교육과정도 무엇을 어떻게 보다는 '왜?'에 초점을 맞추어야 한다. 즉 발달단계에 맞는 교육과정을 우선으로 틀을 세워야 한다는 것이다. 여기에 수업도 기능중심으로 전개되는 고전적인 '도입-전개-절정-결말' 방식을 버리고 아이들의 감각을 살리는 수업으로 진행되어야 한다. 따라서 평가로 단순 성취기준에 도달했나 못했나를 따지기보다는 성장을 위한 내용으로 채워진 평가를 해야 한다. 과학에서 자연현상에 대해서 '맞다', '아니다'라고 선을 긋고 결론을 내리는 것처럼 아이들에게는 그렇게 잣대를 들이대서는 안 된다. 더구나 가르치는 내용이 개념과 지식 중심인데 그것을 '안다' '모른다'라고 단편적인 평가를 하는 것은 옳지 않다.

아래의 예는 '즐거운 생활'의 '그리기'활동*24이다.

학년군	초등학교 1-2학년군	대주제	봄
성취기준	통즐211. 여러 가지 방법으로 봄의 모습을 표현하고 봄의 느낌을 살린 교실을 꾸밀 수 있다.		
평가문항	수행형 실기평가로 봄의 모습에 어울리는 주제를 정하고 여러 가지 표현방법을 사용하여 그림으로 나타내어 보세요. (작품 제목(주제)), 사용한 표현방법, 활동중 재미있었던 점, 활동 중 어려웠던 점		
출제의도 및 평가내용	봄동산의 모습과 봄에 대한 느낌을 특징을 살려 다양한 방법으로 표현할 수 있는지 평가함.		

*24 인천시교육청, 초등학교 장학자료, 2013.

[채점기준]

<table>
<tr><th>평가요소</th><th>상</th><th>중</th><th>하</th></tr>
<tr><td>주제표현력</td><td rowspan="3">표현하고자 하는 주제가 잘 나타나며 적절한 재료와 용구를 사용하여 창의적이고 효과적으로 표현할 수 있다.</td><td rowspan="3">표현하고자 하는 주제가 잘 나타나며 적절한 재료와 용구를 사용하여 효과적으로 표현할 수 있다.</td><td rowspan="3">적절한 재료와 용구를 사용하여 효과적으로 표현하지만, 표현하고자 하는 주제의 표현이 미흡하다.</td></tr>
<tr><td>재료와 용구의 사용</td></tr>
<tr><td>표현방법</td></tr>
</table>

그리기 표현활동에서는 '느낌'이 중요하다. 하지만 채점 기준을 상, 중, 하로 평가요소를 '창의적이고 효과적으로 표현할 수 있다' '효과적으로 표현할 수 있다' '주제의 표현이 미흡하다'로 나누었다. 과연 예술을 '잘 그렸다' '못 그렸다'라고 평가를 내릴 수 있을까? 미술계의 경우 당대에는 볼품없다고 평가내려진 그림들이 요즘에 와서 최고가로 거래되는 경우가 있는데 이는 어떻게 봐야 하는가? 단지 시대마다 평가기준이 다르기 때문이라고 할 수 있을까? 그렇지 않다면 예술은 함부로 평가할 수 없다는 것이다. 더구나 사람마다 느끼는 것이 다른데, 이것을 똑같게 획일화시켜서는 안 된다. 예술을 평가라는 잣대로 들이대고 '잘 그렸다' '못 그렸다'고 하는 것은 이분법적 사고이다. 예술은 느낌, 감성의 교육이다. 이렇게 아이들을 제대로 평가하기 위해서는 전제조건이 있어야 한다. 교사가 사전에 먼저 그림을 그려보거나 만들어 봐야 한다. 그것도 한두 번이 아닌 여러 번을 해봐야 한다. 한 번도 교사 자신이 해보지 않고, 단지 교육과정의 성취기준에서 하라는 대로 한다면 교사로서 책무를 제대로 하지 못하는 것이다. 이렇다면 교사는 단순히 검사관 또는 평가자에 지나지 않는다. 아이들마다 느낌이나 표현하는 것이 다 다르다. 이런 아이들의 상상력과 소질을 이끌어 내기 위해서는 교사는 이것을 배우는 우리 아이들이 어떤 느낌으로 만날까를 고민하고 사전에 충분히 그리거나 만들거나 움직여 보는 연습을 해야 한다. 그래야만 관련된 이야기를 제대로 들려주고 아이들의 궁금증을 이끌어 낼 수 있다. 교사가 이에 대한 느낌이 충분하지 못하면 어떻게 아이들이 호기심을 쏟아낼 수 있을까? 질문이 있는 수업은 그만큼 교사의 역량을 필요로 한다. 무조건 질문을 이끌어 내는 수업이 꼭 좋은 수업이라는 법은 없지만, 그리기에는 느낌이 중요하다. 많이 알고 있는 것이 아니라 무엇을 왜 해야 하는지에 대해서 아이들 처지에서 고민하고 실천해야 한다. 우리는 흔히들 '교재연구'라고 이야기한다. 예술 영역에서는 특히

머리보다는 가슴(느끼기)을 다루기 때문에 (다른 교과에서도 필수지만) 연구다운 연구가 되기 위해서는 충분한 연습을 해야 한다. 그래서 어떻게 느꼈는지를 이끌어 내는 수업에서는 '잘하고' '못하고'가 중요하지 않다. 어떻게 느끼고 표현했는지가 중요하다. 미술관에 가서 훌륭하다고 이야기하는 화가들의 그림들을 다 둘러보고 나오면서 그림에 대해서 '별점'을 매길 수 있을까? 사람마다 느끼는 것이 다 다르기 때문에 그 몫은 자기 자신에게만 있을 뿐이다.

따라서 '창의적이고 효과적으로 표현할 수 있다' '효과적으로 표현할 수 있다' '주제의 표현이 미흡하다'라고 평가를 하는 것은 잘못이다. 어떻게 해야 '창의적이고 효과적으로 표현할 수 있다'로 인정을 받을 수 있을까? 더구나 '창의적'이고 아니고 차이가 뭔가? '주제의 표현이 미흡하다'면 어떻게 해야 하는 걸까? '미흡함'을 보완하기 위해서 특별수업을 받거나 미술학원을 다녀야 하는 걸까? 그래도 '창의적'이지 못하면 결국 '미술 부진아'란 말인가? 이러한 평가방식은 아주 위험하다. 표현을 제대로 못했다고 '미술 부진아'로 낙인을 찍는 교육이라면 분명 잘못되어도 한참 잘못된 교육과정이다. 마치 근대과학에서 자연현상을 보고 '높다' '낮다' '미치다' '못 미치다'로 세분화시키고 또한 실험과 증명을 해서 계량화한 것과 다르지 않다.

결국 초등 1학년 때부터 '예술' 영역에 대해서 '잘하고' '못하고'로 평가를 해대고 있기에 아이들이 이에 대해서 흥미를 느끼지 못하고 있으며, 소질 또한 제대로 발휘하지 못하는 것이 당연하게 되었다. 아이들마다 성장과 발달이 다르기 때문에 설사 예술적 재능이 있다고 해도 세상 밖으로 나오는 시기가 다르다. 그래서 이에 대해서 기다려 주어야 한다. 12개월이 되어도 두발로 서거나 걷지 못하는 어린 아이들을 보고 '신체발달 부진아'라고 이야기할 수 있을까? 서거나 걷지 못하는 것은 아직은 때가 되지 않았기 때문에 그런 것이지 결코 문제가 있는 것은 아니다. 물론 도움이 필요한 아이들도 있지만 대부분은 각자 발달속도에 맞게 자라고 있는 것이다. 배움도 이와 마찬가지다. 아이들이 이에 대해서 제대로 표현을 못한다면 '아직은'이라고 생각해야 한다. 대한민국 모든 1학년 아이들이 모두가 성취기준의 채점기준 '상'에 도달해야 되는 것인가? 이것은 분명 과욕이며 공장에서 똑같은 제품을 만들어 내는 것과 거의 다를 바 없다. 검사 요건에 맞지 않으면 불량품으로 처리하는 것과 과연 무엇이 다른가?

아이들이 대학생이 되어도, 사회에 나가 직장 생활을 해도, 창의력과 상상력이 부족하다는 것은 단지 아이들의 문제가 아니다. 이렇게 만든 교육과정과 교과서, 또 이것을 만든 교육전문가들에게 책임을 물어야 한다. 느끼기를 제대로 못하게 만드는 교육과정, 기능만 강조하는 성취기준은 우리 아이들에게 결코 도움이 되지 않는다. 오히려 영혼의 상처만 줄 뿐이다. 획일적인 교육에서 벗어나고자 수업혁신을 이야기하면서 정작 이러한 성취기준 평가방식을 적용하는 것은 앞뒤가 맞지 않는다. '○○성장평가제'니, '○○평가제'니 하면서 본질을 건드리지 못하는 것은 제대로 된 평가제가 아니다. 본질을 건드리고 대안을 제시해야 한다. 그렇지 않다면 무늬만 다른 평가제에 불과하다.

또한 평가내용에 대해서 제대로 고민하고 교사 대상 연수를 해야 한다. 발달단계에 대한 생각없이 무늬만 약간 다르게 하고 그것을 대안인 것처럼 여기저기서 이야기들을 하고 있는데 연수를 듣고 나면 오히려 '공허함'만 더 밀려온다. 이것은 제대로 된 대안을 제시해 주지 못하기 때문이다. 주제통합이니 재구성이니 수업관찰이니 하며, 이렇게저렇게 하면 좋다고 하는데…. 물론 다 좋다. 그렇다면 평가방식은 어떻게 해야 하는지에 대해서도 이야기를 해야 한다. 온통 머리만 있고 꼬리는 없는 '용두사미'식 평가 관련 연수, 이것을 제대로 하기 위해서는 발달단계에 대한 공부를 해야 한다. 무조건 평가라고 해서 아이들의 처지를 전혀 생각하지 않고 잣대를 들이대는 것은 바람직하지 않다. '말 한마디에 천 냥 빚을 갚는다'라는 속담이 있듯이 부정적인 말보다는 '넌 할 수 있어, 아직은 준비가 되지 않은 것뿐이야! 이것을 위해 내가(선생님) 도와줄게! 그러면 너는 언젠가는 잘 할 수 있어. 나는 그렇게 될 것이라고 믿어' 이러한 속뜻이 담긴 말로 평가를 기록해야 한다. 평가요소 내용도 아이들을 생각하는 것이라 알 수 있게 해야 한다. 더구나 성취기준 평가내용을 너무 세분화시킬 필요가 없다. 너무 자세하게 나누어 놓고 이것을 '목표'로 삼고 여기에 도달했는지 안했는지를 평가하는 것은 아이들에게 좋지 않은 영향을 준다.

[기존 평가 자료]

〈평가 기준*25〉–예시1

과목	말하기·듣기	평가 영역	듣기	소단원	1. 새로운 마음으로	교과서 관련 쪽수	말하기·듣기 4~11쪽
성취 기준	11112. 바른 자세로 갖추어 들으며 들은 내용을 알 수 있다.						
평가 내용	바르게 듣고 내용 알기						
준비물	교사	들려줄 이야기 (주1 참조)			아동	가위, 풀	
평가 기준	상	바르게 듣는 자세를 갖추어 들으며 들은 내용을 알 수 있다.(3항목)					
	중	바르게 듣는 자세를 갖추고 있으나 들은 내용은 잘 모른다.(1–2항목)					
	하	바르게 듣는 자세도 갖추지 못했고 들은 내용도 잘 모른다.(0항목)					
평가 시 유의점	선생님께서 들려주시는 내용을 바른 자세로 듣고 그 내용을 알게 한다.						

〈평가 도구〉–예시2

과목	말하기·듣기	평가 영역	듣기	소단원	1. 새로운 마음으로
평가 목표	11111. 바르게 듣는 방법을 알고 바르게 듣는 태도를 지닌다.				
평가 내용	바르게 듣는 태도 알기				
	1학년 ( )반 ( )번 이름 ( )				

♣ **친구들이 발표를 하고 있을 때 짝이 친구가 하는 말을 잘 듣고 있는지 알아보는 표입니다. 해당되는 곳에 ○표 하여 봅시다.**

짝 이름 : ( )

듣는 태도	잘함	보통	노력하기
1. 말하는 사람을 바라보며 들었나요?			
2. 다른 친구와 이야기를 하지 않고 들었나요?			
3. 들으면서 다른 생각을 하지 않았나요?			
4. 바른 자세로 앉아서 들었나요?			

위에 있는 성취기준 도달 내용은 우리가 그동안 해오고 있는 수행평가 양식이다. 이것이 아이들의 학습상태를 올바르게 반영한 것일까? 그렇지 않다면 이러한 평가 방식은 어떠한 문제가 있을까?

*25 교육부, 2009 개정교육과정 초등학교 1학년 핵심기준 장학자료, 인천시교육청.

– 즉흥적인 답을 요구하는 평가방식

– 기능적인 요소에 치우쳐 있음

– 교육과정–수업–평가가 연계되어 있지 않음

– 아이들 처지보다는 교사중심의 평가방식

– 도달확인을 위한 이분법적 평가방식

– 장기기억보다는 단기기억을 위한 평가

– 아이들의 성장을 기다려 주지 못하게 하는 수업

여기서 의문점은 '바른 자세로 앉아서 들었나요?' 과연 바른 자세란 무엇인가? 아이들이 딱딱한 의자에 오래 앉아 있을 수 있는가? 어른들도 그런 의자에 오래 앉아 있지 못한다. 그럴 수 있다고 해도 몸을 약간 움직이거나 비틀거나 하게 되는데, 하물며 1학년 아이들의 집중도는 그리 오래가지 않기 때문에, 오랫동안 꼿꼿하게 흐트러짐없이 앉아 있는 것은 아주 힘들다. 얼마나 고통스러운 일인가? 교사나 친구들이 말할 때 바르게 앉아서 들을 필요는 있다. 그러한 경직된 자세에서 이야기가 제대로 들어올까? 자유로운 분위기에서 편한 자세로 친구나 선생님의 이야기를 들으면 안 될까? 바르게 듣는 자세도 갖추지 못했고 들은 내용도 잘 모른다고 '노력을 요함' '미흡함' '하'로 평가해서는 안 된다. 이러한 것은 평가기준이 될 수 없다. 교사도 아이들에게 이야기를 들려줄 때는 아주 바른 자세로 들려주어야 한다. 한 점의 흐트러짐도 없이 똑바른 자세로 말을 해야 한다. 아이들만 전혀 교육적이지 못한 평가기준을 내세워 평가를 하는 행위는 달라지거나 멈추어야 한다.

딱딱한 의자에 앉아 있는 아이들에게 바른 자세로 있으라고 하는 것은 무척 힘든 일이다. 그런데도 바른 자세로 앉지 않고 교사의 이야기를 들으면 '태도' 측면에서 '하'나 '노력을 요함'으로 평가 잣대를 들이댈 것인가? 요즘 어른이 되어도 '젓가락질'을 제대로 못하는 사람들을 많이 본다. 그렇다면 이 사람들은 분명 초등학교 생활기록부 행동평가란에 '하'나 '노력을 요함'으로 기재가 되어 있을 것이다. 만약 없다면 그 당시 담임교사가 제대로 관찰을 하지 못하고 수행평가를 한 것이다. 물론 남이 이야기할 때 바른 자세로 듣는 것이 중요하다. 하지만 아이들 신체 발달이나 주변 환경을 전혀 생각하지 않고 무조건 바른 자세를 강요하는 것은 무리다. 더구나 이 시기 아이들은 집중하는 시간이 그리 오래가지 못한다는 연구 결과도 있다. 그렇다면 다음에 제시한 평가기준이나 평가도구를 자세히 살펴보고 앞서 '문학'쪽에 제시했던 평가기준과 어떻게 왜 다른지를 견주어 보길 바란다.

[예시3]

과목	쓰기	평가 영역	쓰기	소단원	1. 새로운 마음으로	교과서 관련 쪽수	쓰기 4~11쪽
성취 기준	11113. 바른 자세로 앉아 연필을 바르게 잡고 글씨를 쓸 수 있다.						
평가 내용	바르게 글씨 쓰기						
준비물	교사				아동	B연필과 지우개	
평가 기준	상	바른 자세로 앉아 연필을 바르게 잡고 글씨를 쓸 수 있다.					
	중	바른 자세로 앉지 않거나 연필을 바르게 잡지 않고 글씨를 쓴다.					
	하	바른 자세로 앉지도 않고 연필도 바르게 잡지 않는다.					
평가 시 유의점	글씨를 모두 쓸 때까지 바른 자세와 연필 잡는 법을 관찰하고 평가하며, 사전에 충분히 안내하고 지도한 후 실시한다.						

한글은 영어나 한자와 쓰는 방법에 차이가 있다. 더구나 왼손으로 글씨를 바르게 쓰는 것이 쉽지 않다. 점점 왼손으로 글씨를 쓰는 아이들이 많아지고 있는데 그렇다면 이 아이들을 어떻게 평가해야 할까? 우리 글씨는 왼쪽에서 오른쪽으로 쓰게 된다. 왼손잡이 아이들은 왼손으로 오른쪽으로 움직이는 것이 자연스럽지 않고 글씨도 바르지 못하다. 평가기준에 '글씨 쓰는 방법을 거의 알지 못한다' 또한 '자세가 바르지 않다' 이것을 어떻게 평가해야 할까?

[예시4]

2. 다음 중 연필을 바르게 잡고 있는 모습은 어느 것인가요?--------(　　　)

①

②

③

④
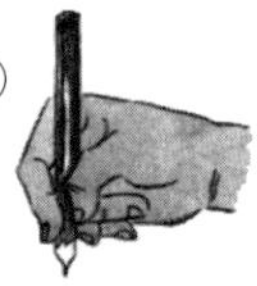

[예시5]

※ 다음 보기와 같이 글자를 만들어 봅시다.

〈보기〉 [치] + [ㄴ] → 친 [ㄱ] + [ㅜ] → 구	[고] + [ㅁ] → (　　　) [도] + [ㄹ] → (　　　) [이] + [　　] → (　　　)

6 특색이 없는 평가의 방법과 방향

구체적인 대안 제시를 해야 한다.

나. 평가 방향*26

- 학생들의 평가는 매우 잘함, 잘함, 보통과 같은 서열화보다는 인격적 성장이 어느 정도 이루어졌는지를 기술하는 방식으로 실시한다.
- 학생들의 수준과 능력을 고려하여 평가의 기준을 설정하고 평가의 내용에 따라 관찰 평가, 체크리스트, 자기 평가, 동료 평가, 포트폴리오 평가, 면담 평가 등 다양한 형태의 양적·질적 평가를 실시한다.

-이하 내용 줄임-

'학생들의 평가는 매우 잘함, 잘함, 보통과 같은 서열화보다는 인격적 성장이 어느 정도 이루어졌는지를 기술하라'고 했는데 옳고 당연한 말이다. 그렇다면 어떻게 하는지에 대한 예시 자료를 제시해 주어야 하는 것이 아닌가? 당연한 것을 이야기하는 것은 누구나 할 수 있다. 중요한 것은 대안을 제시해 주어야 한다. 학교현장에서 교사들이 알아서 하라고 하는 것은 무책임하다. 더구나 '학생들의 수준과 능력을 고려하여'라는 것은 발달론이다. 그렇다면 과연 발달론에 맞게 교육과정이 편성되어 있다고 볼 수 있는가? 오히려 학생들의 수준과 능력을 철저하게 무시해 놓았다. 순전히 어른(교사)의 시각으로만 내용들이 편성되었다. 말로는 아이들의 처지와 수준을 생각했다고 하지만 이것은 어디까지나 듣기 좋은 소리일 뿐 전혀 그렇지 않다.

나. 평가 방향*27

- 탐구 활동과정과 결과를 고려하여 기초 탐구 기능과 관련 역량을 평가한다.
- 평가는 포트폴리오, 자기 평가, 동료 평가, 수행평가, 일화 기록 따위 다양한 방법을 활용한다.

-이하내용 줄임-

---

*26 교육부, 교육부 고시 제 2015-80호[별책2] 초등학교 교육과정, 바른생활 49쪽, 2015.
*27 교육부, 교육부 고시 제 2015-80호[별책2] 초등학교 교육과정, 슬기로운 생활 65쪽, 2015.

초등 8-9살 아이들에게 기대하는 게 얼마나 크기에 이러한 성취 기준을 설정해 놓고 도달 미도달로 아이들을 힘들게 하는 것일까? 더구나 '역량'이라는 말을 써 가면서 평가를 해야 하는 것일까? 평가를 꼭 해야만 하는 것일까? 하지 않으면 수업을 제대로 하지 않는 것일까? 물론 피드백이 필요하다고 하지만 이것 역시 아이들의 발달단계에 맞게 교사가 무엇을 어떻게 할 것인가를 정해서 하게 하면 안 될까? 또한 평가 원칙을 살펴보면 교과마다 공통으로 제시하고 있는 말이 있다.

일관성 있는 교육과정 구성이 필요하다.

(1) 평가 원칙

[즐거운 생활]

- 학생들의 수준과 능력을 고려하여 교과 내용의 기준을 설정하고 평가의 내용에 따라 동료 평가, 관찰 평가, 면담 평가, 체크리스트, 일화기록, 포트폴리오 평가 등 다양한 평가 방법을 활용한다.

[바른 생활]

- 학생들의 수준과 능력을 고려하여 교과 내용의 기준을 설정하고 평가의 내용에 따라 관찰 평가, 자기평가, 동료 평가, 체크리스트, 면담 평가 등 다양한 형태의 양적·질적 평가를 실시한다.

[국어]

3)-①학습자의 개인차를 고려하여 평가 결과를 해석하고 활용한다.

[수학]

(라) 수학과의 평가는 학습자의 수준을 고려하고 평가 목적과 내용에 따라 다양한 평가 방법을 활용한다.

이렇게 학습자의 수준을 생각하고 있는데 과연 학습자의 수준을 어떻게 생각하고 있는가? 실제 내용에서는 제대로 담아내지 못하고 있다. 그럴 듯한 말로 현혹을 해서는 안 된다. 그렇다면 왜 대안을 제시하지 못하는 걸까? 그것은 바로 '발달론'에 대한 인식이 부족하기 때문이다. 결국 무엇을 어떻게 왜 가르쳐야 하는지에 대한 분명한 인식이 있을 때 일관된 교육과정으로 수업과 평가가 이루어질 수 있다.

유치원 누리과정의 한계

4. 교수·학습 및 평가의 방향

가. 교수·학습 방향*28

• 5세 누리과정의 신체운동, 건강, 예술 경험 등의 내용 영역과 3학년 이상의 체육과 음악과, 미술과 등의 내용 영역과 연계가 되도록 지도한다.

–이하내용 줄임–

나. 평가 방향

• 학생들의 수준과 능력을 고려하여 교과 내용의 기준을 설정하고 평가의 내용에 따라 동료 평가, 관찰 평가, 면담 평가, 체크리스트, 일화기록, 포트폴리오 평가 등 다양한 평가 방법을 활용한다.

–이하 내용 줄임–

유치원 누리과정과의 연계를 이야기하는데, 당연히 연계 교육을 해야 하나? 문제는 유치원 누리과정의 편성 내용이다. 수준이 초등학교에서 다룰 수 있는 내용들로 구성되어 있다. '연계'되도록 교육과정을 편성하는 것은 바람직하나 이것 역시 이론에 불과하다. 실제 유치원 누리과정을 보면, 오히려 초등 교육과정보다 더 심화된 내용을 가르치고 있다. 천재형 인간을 만들도록 편성되어 있다. 초등학교 1·2학년에서도 다루기 힘든 내용들을 누리과정에서 사계절로 주제별로 편성하여 배우게 하고 있다. 유치원 누리과정이 유치원 아이들 발달단계에 전혀 맞지 않는 내용으로 편성·운영되고 있는데, 어찌 연계되도록 지도할 수 있을까? 그렇게 하려면 개정 교육과정을 준비할 때 유치원, 초등학교 교육과정 연구진, 실무진들이 모여서 연계성에 대해서 협의한 후 체계적으로 내용을 편성하도록 하는 것이 우선이 되어야 하는데, 이런 과정 없이 단순히 짝 맞추기로 개별 교육과정을 운영하면서 연계하도록 하는 것은 올바르지 않다. 지금이라도 유·초등 교육과정 실무진이나 연구자들이 모여서 다시 연계성 있는 교육과정을 작업해야 한다. 이미 다 만들어서 어쩔 수 없다고 하겠지만 '개정 교육과정'이라는 취지가 수시로 바뀐다는 것이 아닌가? 그렇다면 이러한 문제

*28 교육부, 교육부 고시 제 2015-80호[별책2] 초등학교 교육과정, 즐거운 생활 80쪽. 2015.

점을 이유로 작업을 하면 되지 않는가? 유치원 누리과정이든 초등 2015 개정 교육과정이든 아이들을 위하는 것이라면 또한 이로 인해서 힘들어하는 아이들이 생기지 않는다면 해야 한다. 첫 단추를 잘못 끼워서 다시 풀려면 시간과 노력이 필요한 만큼 조금 더디게 가더라도 첫 단추부터 제대로 끼워야 한다.

평가 방향에서 제시한 내용들도 교과에 따른 특색이 없다. '바른 생활'이나 '슬기로운 생활'에서 제시한 내용에 별 차이가 없다. 무조건 평가라면 다 가져다 해보라는 것은 결국 획일적인 교육일 수밖에 없다. 교과별로 특성이 있기 때문에 그 교과의 특성을 살린 평가 내용들을 소개하거나 필수로 해야 하는 것을 제시해 주어야 하는 것이 아닐까?

'슬기로운 생활'에서 내세운 평가 내용과 '즐거운 생활'에서 내세운 평가 내용은 분명 다르다. 물론 연계를 내세우고 있지만, 그렇게 하기 위해서는 전면적인 검토가 필요하다. 그렇다고 과연 교육부가 재검토를 할 것인가? 지금으로서는 기적에 가까운 기대다. 지금 현재 교과마다 내세우는 평가 내용을 현실적으로 그대로 받아들이려면 물론 재구성이라는 것이 있지만 나중 이야기이고, 여기서는 앞으로 다루게 되는 각 교과에 대한 평가 내용 특성을 이야기하는 것이다. 각 교과가 내세우는 특성들은 아이들의 감각을 내면화시키는 각기 요소들이 다르다. 예를 들어 '슬기로운 생활'에서는 주로 아이들의 산책-'청각', '후각', '시각', '고유운동감각', 뜨개질-'균형감각', 계절탁자-'시각', '즐거운 생활'에서는 음악-'청각', '균형감각', 미술-'시각', '열감각', 체육-'균형감각', '고유운동감각'을 강화시키기 때문에 평가 내용도 이에 맞게 제시되어야 하고 이루어져야 한다. 일률적인 평가 내용은 그야말로 '학생들의 수준을 고려하지' 않은 것이기에 어찌 보면 각 교과들의 평가 내용들은 그야말로 제각각이다. 그래서 이에 대한 재검토나 보충이 절실히 필요하다.

'안전한 생활'을 살펴보면 문제점이 많다. 다음 내용을 보면 단순 기능적인 측면만을 강조했다는 것을 알 수 있다. 국어, 수학, 슬기로운 생활, 즐거운 생활 영역에서 충분히 다루어도 될 내용들을 굳이 '안전한 생활' 교과를 만들어서 가르칠 필요가 있을까? 이러다보면 사건·사고에 따라 가르칠 교과들이 점점 늘어나는 것은 아닌지 우려된다.

성취기준 · 평가준거로서 성취기준과 평가기준(예시)*29

■ **학교에서 안전생활(생활안전)**

교육과정	평가 기준	
[2안01-01] 교실과 특별실에서 활동할 때 질서를 지켜 안전하게 생활한다.	상	교실과 특별실에서 활동할 때 지켜야 할 규칙에는 어떤 것이 있으며 왜 지켜야 하는지를 알고 안전하게 생활할 수 있다.
	중	교실과 특별실에서 활동할 때 지켜야 규칙에는 어떤 것이 있으며 왜 지켜야 하는지를 안다.
	하	교실과 특별실에서 활동할 때 지켜야 할 규칙에는 어떤 것이 있는지 안다.
[2안01-03] 운동장이나 놀이터에서의 위험 요인을 알고 안전하게 놀이한다.	상	운동장이나 놀이터에서 활동할 때 발생할 수 있는 위험요인을 알고 사고를 예방하며 안전하게 놀 수 있다.
	중	운동장이나 놀이터에서 활동할 때 발생할 수 있는 위험요인을 알고 안전하게 논다.
	하	운동장이나 놀이터에서 활동할 때 발생할 수 있는 위험요인을 알고 사고를 예방하며 노력한다.

–이하 내용 줄임–

[2안01-01]에서 '상'과 '중' 차이가 '안전하게 생활할 수 있다' 차이이고 '중'과 '하' 차이는 '왜'가 있고 없음의 차이다. [2안01-03]에서는 '상'과 '중' 차이가 '사고를 예방하며'이고, '중'과 '하' 차이는 '사고를 예방하며 노력한다'의 차이다. 단순히 한두 글자를 더 넣어 놓고 이것에 따르면 '상'이고 아니면 '하'고 평가를 하는 것은 바람직한 것이 아니다. 단순 행동에 나타난 결과만을 가지고 평가를 해서는 안 된다. 그러려면 아이들에게 주어진 위험요소들을 전부 제거하거나 아니면 비닐하우스에 가두어 놓고 키워야 한다. 단편적인 내용으로 평가자 중심의 평가를 해서는 안 된다. 아이들 처지에서 이 아이들이 어떻게 성장해 나가는 것이 바람직한지 또한 평가도 어떻게 하는 것이 올바른지에 대한 고민을 해야 한다. 연구하고 고민하는 교사일 때 비로소 아이들에 대한 평가도 제대로 할 수 있다.

[자기평가]*30

안전하게 행동하고 있나요?

*29 교육부, 2015 개정 교육과정에 따른 교과별 교육과정 선도 교원 연수 자료집, 2016.

*30 교육부, 2015 개정 교육과정에 따른 교과별 교육과정 선도 교원 연수 자료집, 2016.

안전한 행동을 하면 복도와 계단에서 일어나는 사고를 예방할 수 있어요.

☆안전한 행동을 잘 지키고 있는지 알맞은 얼굴 표정을 그려보세요.

잘 지킴☺ 잘 안 지킴☹

안전한 행동		표시
복도	1. 복도에서 달리거나 씨름 등의 위험한 장난을 하지 않아요.	
	2. 복도에 쓰레기를 버리거나 과자 부스러기를 흘리지 않아요.	
	3. 출입구에 끼이거나 모퉁이 주변에 부딪히지 않도록 조심해요.	

초등 2학년 아이들의 능력은 어디까지?

성취기준	[2슬05-03]동네의 모습을 관찰하고, 그림으로 그려 설명한다.
취지 및 지향점(성취기준 해설, 설정이유 등)	내가 사는 동네의 모습을 살펴보고 주요 특징들을 소개해 볼 수 있다. 동네의 주요 시설이나 자연환경에 대한 사진, 다양한 동네의 모습이 담긴 신문 자료, 향토지, 인터뷰 자료 등 다양한 자료를 통해 동네의 모습을 알아보고 여러 가지 방법으로 소개해 본다.
학습 요소 (탐구 주제) 및 기능, 활동	•관련 '교과 역량' : 정보처리 역량, 의사소통 역량 •학습요소 : 동네의 특징 •기능 : 관찰하기, 조사발표하기 •(수업, 학습)활동: 토의하기, 조사발표하기
타 교과와 관련성	(2국03-03) 주변의 사람이나 사물에 대해 짧은 글을 쓴다. (코드) 수학 : 분류하기, 표 만들기, 그래프 그리기
교수·학습방법 및 유의 사항	[방법1] (조사학습) – 비슷한 곳에 살고 있는 학생끼리 조사학습을 하기 위한 모둠을 구성한다. 만약 멀리서 통학하는 학생이 있어 모둠 조사활동이 어려운 경우 학생 본인의 마을 소개가 아니라 친구의 마을을 함께 조사하고 소개할 수 있도록 다른 모둠에 합류하도록 한다. – 교사는 학생들에게 마을을 조사하는 다양한 방법을 안내하고 조사 내용을 어떻게 정리할 것인지 설명한다. – 다양한 방법으로 마을을 조사하는 과정에서 안전하게 조사를 실시할 수 있도록 사전에 안전교육을 한다. – 모둠별로 조사할 마을을 정하고 마을 주민 인터뷰, 마을 돌아보기, 사진 찍기 등의 다양한 방법으로 마을을 조사할 수 있도록 과제를 제시한다. 본 과제의 해결을 위해 부모님의 도움이 필요하므로 사전에 가정에 안내하여 원활히 과제가 해결될 수 있도록 한다. – 조사한 내용을 바탕으로 하여 모둠별 발표 방법을 협의하고 발표할 수 있도록 한다. – 각 마을의 특징을 살펴보고 어떤 모습으로 사람들이 살아가는지 알아본다. – 학습 결과물에 대해서 서로 이야기한다.

평가방법 및 유의 사항	[유의사항] •1·2학년 학생들이 조사 학습을 무리 없이 할 수 있도록 구체적인 조사 방법 등을 사전에 지도하도록 한다. •자신이 사는 동네로 범위를 한정하여 조사활동 범위가 지나치게 넓어지지 않도록 유의 한다.
	[방법1] 내가 사는 동네를 효과적으로 나타낼 수 있는 자료가 될 수 있는지 자료의 적절성, 활용성 등에 평가의 중점을 두고 체크리스트 방법을 활용한다.
	[유의 사항] •조사학습에서 개별평가보다는 학생 개인의 노력과 협동학습의 노력을 종합 평가하도록 한다. •기능 위주의 결과 중심적인 평가가 아닌 과정 위주의 사고 능력 중심적인 평가가 이루어질 수 있도록 한다.

이 수업에 아이들의 감성이나 느낌은 없다. 오로지 목표 달성을 위한 평가만 있을 뿐이다. 더구나 이 수업은 초등 2학년 아이들이 하기에는 무리다. 예전에 6학년 아이들과 '우리 동네 지도 만들기'를 할 때도 여러모로 어려운 점이 많았는데, 6학년 아이들도 하기 힘든 것을 초등 2학년 아이들이 과연 할 수 있을까? 가르치는 교사의 능력 부재라고 할 수 있겠지만 초등 2학년 아이들의 발달단계를 너무 과대평가한 내용이다.

7 성장과 발달을 돕는 평가 기준표

성장과 발달을 돕는 평가에 대한 이해를 돕고자 아이들의 발달론을 근거로 기존 평가기준과 다른 대안을 제시해 보았다. 기존 평가기준이나 내용에 많은 차이가 있는데 그렇다고 이것이 꼭 정답은 아니다. 중요한 것은 교사 자신이 아이들의 발달단계를 생각하고 이에 맞게 내용을 채우는지가 중요하다. 앞에서도 꾸준히 이야기한 것처럼 아이들의 발달론을 제대로 안다면 평가기준과 내용을 만드는 것은 그리 어렵지 않다. 남이 만들어 놓은 전체 과정을 소개하는 요리책보다는 교사 자신만의 평가기준을 만들어 가는 것이 결국 살아 있는 교육과정을 운영하는 것이다. 그렇게 하기 위해서는 결국 시간과 노력을 투자해야만 일구어 낼 수 있다. 다음에 소개하는 내용은 1학년 '말하기와 듣기'와 2학년 '쓰기' 평가요소이다. 다른 교과에 대해서도 예시자료를 소개하고자 했으나 이것에 대해서는 관심 있는 선생님들의 몫으로 남겨 놓았다.

〈1학년 말하기와 듣기 평가 요소[*31]〉–예시자료1

〈학습주제와 내용 〉 • 말하기에 중점을 둔다. • 말하기는 아이들의 듣기와 인지능력을 넓게 하고 풍부한 어휘력 개발과 내면의 이해를 깊게 하는 능력으로 쓰인다.	말하기와 듣기			
	늘, 언제나	자주, 흔하게	때때로	아직은
말하기 기능(자세히 써놓는다)				
정확한 발음을 쓴다.				
분명하고 정확하게 말한다.				
단어의 풍부한 자원을 지니고 있다.				
점점 폭넓은 어휘를 쓴다.				
완벽한 문장으로 참신한 생각을 말로 표현한다.				
다시 이야기하기를 할 때 고차원적 사고능력을 개발한다.				
–이하 생략–				
듣기 기능(자세히 써놓는다)				
향상된 어휘와 개념의 이해를 보여준다.				
말하기에 대한 열정을 보인다.				
간단한 지시에 따른다.				
짧은 시나 운구, 노래나 이야기를 되풀이하는 형태로 암송한다.				
말하는 사람의 이야기를 잘 듣는다.				
–이하 생략–				
마주이야기(자세히 써 놓는다)				
자신의 그리기와 글쓰기를 읽고 설명할 수 있다.				
자신의 이야기를 받아쓰거나 모둠 이야기에 기여한다.				
이야기와 시에서 문장을 따라 쓴다.				
–이하 생략–				

*31 https://www.google.co.kr/search?q=Language+Arts+Assessment+-+First+Grade+pdf를 참고하여 1학년 발달단계에 맞게 내용을 재구성하였음,

〈2학년 쓰기 평가요소[*32]〉–예시자료2

〈학습주제와 내용〉 •아이들의 손수 만든 책과 형태그리기를 중심으로 계속 진행된다. •아이들은 교사가 쓴 것을 베껴 쓰면서 동시에 아이들 스스로의 문장을 쓰기 시작한다. •간단한 구두점을 소개한다. •형태그리기는 더 어려워지고 쓰기 과정에서 요구되는 공간 관계가 꾸준히 향상된다.	쓰기			
	늘, 언제나	자주, 흔하게	때때로	아직은
형태그리기				
더 복잡한 형태의 직선과 곡선을 그린다.				
좌우 대칭 패턴을 이해하고 그릴 수 있다.				
–이하 생략–				
의사소통(자세히 써놓는다)				
아이디어를 문장과 간단한 단락으로 구성할 수 있다.				
학생들의 경험이나 들었던 이야기로 간단한 단락의 글을 쓴다.				
자주 쓰이는 친숙한 단어를 스스로 철자 수정을 할 수 있다.				
간단한 구두점을 수정한다.				
–이하 생략–				

앞의 1학년 '말하기와 듣기'와 2학년 '쓰기' 평가 요소처럼 하는 것이 쉽지는 않다. 이것처럼 하고자 한다면 아이들 발달론에 대한 이해가 있어야 한다. 전체를 다 하지 못한다면 처음에는 다음에 소개하는 방법으로 해보고 점차 평가내용들을 연구해서 채워 나가면 된다. 물론 혼자서 하기보다는 같은 학년 선생님들과 협의하거나 지역교육청 단위 연수에서 해보는 것도 좋은 방법 가운데 하나다. 중요한 것은 평가의 중심이 교사가 아니라 아이들이라는 것을 잊지 말아야 한다.

〈1학년 수학 평가 요소〉–예시 자료3

평가 내용에 대해서는 교사 나름대로 내용을 재구성하면 된다. 여기서는 이해를 돕

*32 https://www.google.co.kr/search?q=Language+Arts+Assessment+-+First+Grade+pdf를 참고하여 2학년 발달단계에 맞게 내용을 재구성하였음.

고자 편의상 2015 개정 교육과정 초등학교 1학년 수학 '수와 연산' 내용을 가지고 재구성해 보았다.

학습주제와 내용 •수에 대해서 알고 간단한 셈하기를 한다. •사칙연산 기능을 이해하고 간단한 셈하기를 한다.		수와 연산			
		늘, 언제나	자주, 흔하게	때때로	아직은
0과 100까지의 수 개념을 이해하고, 수를 세고 읽고 쓸 수 있다.	9까지의 수의 개념을 이해하고, 수를 세고 읽고 쓸 수 있다.				
	50까지 수의 개념을 이해하고, 수를 세고 읽고 쓸 수 있다.				
	100까지 수의 개념을 이해하고, 수를 세고 읽고 쓸 수 있다.				
100까지 수의 개념을 이해하고, 수를 세고 읽고 쓸 수 있다.	100까지 수의 자릿값과 위치적 기수법을 이해하고, 두 자리 수를 읽고 쓸 수 있다.				
	1000까지 수의 자릿값과 위치적 기수법을 이해하고, 세 자리 수를 읽고 쓸 수 있다.				
	10000까지 수의 자릿값과 위치적 기수법을 이해하고, 네 자리 수를 읽고 쓸 수 있다.				
네 자리 이하의 수의 범위에서 수의 계열을 이해하고, 수의 크기를 비교할 수 있다.	50까지 수의 계열을 이해하고, 수의 크기를 비교할 수 있다.				
	100까지 수의 계열을 이해하고, 두 자리 수의 크기를 비교할 수 있다.				
	1000까지 수의 계열을 이해하고, 세 자리 수의 크기를 비교할 수 있다.				
	10000까지 수의 계열을 이해하고, 네 자리 수의 크기를 비교할 수 있다.				
–이하 줄임–					

〈2학년 수학 평가 요소〉-예시 자료-4

평가 내용에 대해서는 교사 나름대로 내용을 재구성하면 된다. 여기서는 이해를 돕고자 편의상 2015 개정 교육과정 초등학교 2학년 수학 '시각과 시간' 내용을 가지고 재구성해 보았다.

<table>
<tr><td colspan="2" rowspan="2">학습주제와 내용
– 생활 주변에 시간, 길이, 들이, 무게, 넓이 따위의 다양한 속성이 있다는 것을 안다.</td><td colspan="4">수와 연산</td></tr>
<tr><td>늘, 언제나</td><td>자주, 흔하게</td><td>때때로</td><td>아직은</td></tr>
<tr><td rowspan="4">구체물의 길이, 들이, 무게, 넓이를 비교하여 각각 '길다, 짧다', '많다, 적다', '무겁다, 가볍다', '넓다, 좁다' 등을 구별하여 말로 나타낼 수 있다.</td><td>구체물의 길이를 '길다, 짧다'의 말을 사용하여 비교할 수 있다.</td><td></td><td></td><td></td><td></td></tr>
<tr><td>구체물의 들이를 '많다, 적다'의 말을 사용하여 비교할 수 있다.</td><td></td><td></td><td></td><td></td></tr>
<tr><td>구체물의 무게를 '무겁다, 가볍다'의 말을 사용하여 비교할 수 있다.</td><td></td><td></td><td></td><td></td></tr>
<tr><td>구체물의 넓이를 '넓다, 좁다'의 말을 사용하여 비교할 수 있다.</td><td></td><td></td><td></td><td></td></tr>
<tr><td colspan="6">–이하 줄임–</td></tr>
</table>

제4부

영혼을 불어넣는 수업을 위해서!

1장

날숨만 있는 수업

1 결과중심 수업 흐름

구체적 목표⇒학습경험 선정⇒학습경험 조직⇒학습 성과 평가

[예시자료] 국어과 2학년 2.단원의 차시별 성취기준

차시	성취기준
1~2	부탁하는 글을 쓰는 방법에 대하여 알 수 있다.
3~4	부탁하는 글을 쓸 때에 주의할 점을 알 수 있다.
5~6(본시)	주변에서 일어나는 일에 대하여 다른 사람에게 부탁하는 글을 쓸 수 있다.
7~8	–이하 줄임–

[예시자료] 수학과 2학년 1학기 1단원 지도계획

차시/교과서 쪽수	주제	수업 내용 및 활동	준비물	익힘책 쪽수
1차시 6~9쪽	단원 도입	•스토리텔링을 통하여 수 세기가 필요한 상황을 이해하게 한다. •99까지 세어 보는 활동을 통해 복습하게 한다.		
2차시 10~13쪽	백을 알 수 있어요	•스토리텔링을 통하여 수 세기가 필요한 상황을 이해하게 한다. •99까지 세어 보는 활동을 통해 복습하게 한다.		
3차시 14~17쪽	몇 백을 알 수 있어요	•스토리텔링을 통하여 수 세기가 필요한 상황을 이해하게 한다. •99까지 세어 보는 활동을 통해 복습하게 한다.		
–이하 줄임–				

앞 표에서 제시하고 있는 것처럼 날마다 차시대로 잘 가르치기만 하면 미래사회가 요구하는 인재를 양성할 수 있는 것처럼 보이지만, 여기에는 수업에서 가장 중요한 균형이 없다. 교사의 날숨만 대부분 있을 뿐, 아이들이 받아들이고(들숨) 내면화에 필요한 기다림은 빠져 있다. 40분 단위 시간에 투입(IN-PUT)과 산출(IN-OUT)을 모두 해야 하기 때문에 수업시간이 여유롭지 못하다. 더구나 학습목표가 대부분 'ㅇㅇ할 수 있다'이니, 이것을 제대로 수행하는지, 목표에 도달했는지 확인하기 위해서 '형성평가'를 실시하기 때문에 아이들은 수업시간 내내 날숨을 맞이한다. 미처 음식물이 소화도 되기 전에 어떤 영양소가 내 몸에 들어왔는지 물어보는 것과 같다. 교사가 "알았습니까?" 하면 대부분 아이들은 "예."라고 대답을 하지만 그것은 장기기억에서 오는 대답이 아닌 단편적인 대답이다. 연수에서 강사가 이야기하면서 우리들에게 흔히 "이해하셨습니까?" 하고 물으면 "네."라고 대답하지만, 강의 내용에 대해서 제대로 이해하려면 시간이 필요하다. 어떤 내용이고 이것이 어떤 근거로 그렇게 되는지 들은 사람 자신이 이에 대해서 꼼꼼히 생각해야 말한 사람의 이야기를 이해하거나 아니면 "잘 모르겠다."로 판단할 수 있는 것과 같다. 이처럼 이해하는 데는 시간이 필요한데 어떻게 40분 단위 시간에 간단하고 명료하게 이해할 수 있을까? 더구나 '형성평가'라는 즉흥적인 문답을 진행하면서 말이다. 그리고 나서 제대로 이해 못하는 아이들의 경우는 뒤처짐 또는 수포자(수학포기자)라고 선을 그어 놓는 수업이 과연 전인적인 성장을 돕는 교육이라고 할 수 있을까? 기다려 주지 않는 수업, 날마다 목표만을 향해 앞으로 나아가는 수업에는 교사나 아이들이나 날숨만 있다. 교사 중심이 아닌 아이들 중심으로 모둠별 수업이나 요즘 유행하는 스마트기기 '앱'을 이용한 거꾸로 수업을 하는 것도 균형을 잃은 수업이다. 교사의 날숨과 들숨은 없으며, 아이들 또한 들숨보다는 날숨만 있기 때문에 이러한 수업은 겉으로는 활발한 토론과 활동을 했다고 할 수는 있으나, 깊이 내면화되지 못하는 단편적인 기억에만 머무르는 수업으로 그친다. '의지-감정-생각'이 함께 어우러지는 그러면서도 아이들의 온전한 감각과 정신을 일깨우는 균형을 잃지 않는 수업이 필요하다.

2 물 흐르듯이 자연스러운 수업을 위해서

수업에도 흐름이 있다. 바로 5일 리듬(5-day rhythm)이다. 수업 주제들도 5일 간격에 맞추어 진행해야 한다. 꼭 5일이라는 것을 강조하는 것은 아니다, 주 5일제가 아닌 경우에는 토요일 오전까지 포함하여 6일로 계획해서 수업을 진행하면 된다. 중요한 것은 이 5일 동안 '의지', '감정', '사고' 요소가 꼭 들어가야 한다는 것이다. 물론 아침 1-2교시를 블록 수업을 운영할 때가 효과가 있지 그렇지 않고 40분 단위 수업에서는 시간이 짧아 효과를 기대하기가 어렵다. 따라서 최소한 1-2교시는 블록수업을 운영하기 위한 수업시간 확보가 우선이다. 이런 수업을 진행하고자 하다면 전담교과나 예체능, 영어 교과는 중간 놀이 시간 이후인 3교시부터 편성해서 운영하면 된다. 문제는 2015 개정 교육과정이나 교과서 내용이 이러한 5일 리듬으로 구성되어 있지 않다는 것이다. 그렇기 때문에 교사의 역량으로 배울 차시를 재구성하여 5일 간격으로 구성하면 얼마든지 가능하다. 그렇다면 주 5일 수업 일정으로 어떻게 '의지', '감정', '사고'와 수업은 어떤 관계가 있으며 어떻게 균형 있게 배정하여 가르쳐야 할까? 또한 시간성과 어떤 관계가 있을까?

'의지'는 습관을 실천하는 곧 활동(행위)을 뜻한다. 실천을 해야 뭔가를 이룰 수 있다. 어떻게 보면 미래지향적인 것이라 할 수 있다. '감정'은 느끼기 그 자체이므로 현재이고, '사고(생각)'는 '의지'나 '감정'에 대한 결과이기 때문에 과거라고 할 수 있다. '의지', '감정', '사고' 요소가 빠진 수업활동은 수업을 잘 했다고(?) 하더라도 깊은 울림이 없는 뭔가 아쉬움이 남는 공허함만 준다. 세상이 태양-달-지구나 아침-점심-저녁으로 이루어진 것이나 탄생-성장-죽음인 것처럼 삼중성이 뜻하는 원리를 수업에서도 그대로 녹여 내야 한다. 그렇기 때문에 무엇보다도 좋은 수업을 하기 위해서는 '의지', '감정', '사고'에 대한 이해가 밑바탕에 깔려 있어야 한다. 더구나 이 '의지', '감정', '사고'가 아이들의 발달단계와 어떤 관련성이 있는지도 파악하고 있으면, 수업은 훨씬 쉽게 다가온다.

3 5일 리듬주기 수업 구성[*1]

날짜	요소				
1일	감정(이야기)	의지(활동)	사고(회상[*2])		
2일	사고(회상)	감정(이야기)	의지(활동)		
3일	의지(활동)	사고(회상)	감정(이야기)		
4일		의지(활동)	사고(회상)	감정(이야기)	
5일			의지(활동)	사고(회상)	감정(이야기)

중요한 것은 '의지', '감정', '사고'가 날마다 있어야 한다는 것이다. 물론 각각 일정한 시간과 분량으로 진행하는 것이 아니라 진행하는 날에 따라 조금씩 융통성 있게 운영한다. 예를 들어 첫째 날에는 이야기를 많이 하는 '감정'에 시간을 좀더 많이 배정하고, '사고'는 조금 적게, 둘째 날에는 '사고'에 시간을 더 배정하고 '의지' 시간은 조금 줄이는 방식으로 5일 리듬주기 수업을 운영한다. 하지만 현재 우리 주 5일 수업시간표를 보면, 과연 어떠한 원리나 철학을 반영하여 교과 시간표를 배정해서 운영하고 있을까? 대부분의 학교에서는 단순히 시수에 맞추어서 운영하고 있다. 가르침에 철학이 있고 없고는 여기서부터 차이가 있음을 알아야 한다.

위 도표에서 '사고' 하면 '기억'을 떠올릴 수 있는데, 기억은 '이전의 인상이나 경험을 의식 속에 간직하거나 도로 생각해 냄(국어사전)'으로 정의하고 있다. 여기서 '생각'은 '회상(떠올림, 돌아봄)'에 가깝다. 국어사전에는 '회상'을 '지난 일을 돌이켜 생각함'이라 하는데, 어제 교사가 이야기 해준 것을 그대로 떠올리게 하는 것이라 할 수 있다. 따라서 '회상(떠올림)'은 아이들이 전날 배운 수업을 소화하고 정리하도록 돕는 중요한 활동이다. 우리가 수업활동에서 가장 많이 놓치고 있는 부분이 바로 이 '회상(떠올림)'활동이다. 교사들 탓이라기보다는 2015 개정 교육과정의 진도표가 앞으로 나가기만 하는 수업차시로 구성되어 목표도달을 우선시하기 때문에 이에 대해서 시간 여유를 가질 수 없기 때문이다.

수업 활동에서 '회상(떠올림)'이 중요한 것은 아이들이 가능한한 많이 '회상(떠올림)'

---

*1 5일 리듬주기 수업구성은 발도르프교육관련 '일반인간학' 발도르프교육과정' '선생님은 살아 있는 교육과정이다'를 중심으로 해서 구성한 것임.

*2 지난 일을 돌이켜 생각함.

하도록 하고 교사는 단지 그것을 자극하고 안내하는 것이기 때문이다. '회상(떠올림)'은 단순한 기억 활동이 아니라는 것이다. 그것은 어제 수업의 되풀이 경험이고 충분한 상상력, 깊은 통찰 그리고 감정이다. 교사가 '회상(떠올림)'을 소개하고 수업 이야기를 촉진하는 방법은 큰 차이를 만든다. 만약 어제 들었던 이야기를 '회상(떠올림)' 한다면, 교사는 아이들에게 그 분위기와 전날 설명되었던 특징을 다시 생각하도록 해서 이야기의 첫 부분을 소개할 수 있다. 더 나아가서는 새로 배울 내용이 어렴풋이 무엇인지를 떠올리게 할 수 있다. 따라서 '회상(떠올림)'은 새로운 주제가 시작되는 첫날을 빼고는 날마다 수업의 강화와 내면화를 위해서 수업활동에 꼭 필요하다. 아무리 차시대로 수업을 한다고 해도 수업을 재구성을 해서 '회상(떠올림)'하는 시간을 확보하는 것이 필요하다. 무조건 교사의 가르침만 주는 것이 아닌 함께 생각하고 느끼는 시간을 가지는 것이다. 이것이 더 발전되면 아이들의 생각의 힘은 자연스레 저절로 강화되고 커진다.

그렇다면 '의지-감정-사고'가 기본이 되는 수업을 위해 시간은 어떻게 구성할까? 초등학교의 경우 40분 수업 동안에 가능은 하나 그 효과는 적다. 최소한 1-2교시를 합친 80분이어야 한다. 발도르프학교에서는 에포크 수업을 아침에 90-100분을 하는데, 우리가 이러한 수업을 한다면 최소한 1-2교시는 담임교사 중심의 수업시간을 확보해야 한다. 전담교과 시간을 3교시부터 하면 되는데, 이에 대해서는 새 학기가 시작되기 전에 관련 교사들과 충분히 협의해서 학년 교육과정을 만들면 얼마든지 가능하다.

시간(80분)	내용
1~2교시 (블록제 수업)	의지(리듬 부분) 약 25분
	감정(내용 부분) 약 30분
	사고(과제 부분) 약 25분

예를 들어 첫날 첫 시간에 감정(이야기) 관련 수업을 한다고 해서 25분 동안 모든 이야기를 하는 것이 아니다. '감정'에도 '의지(활동activity), 사고(구성 composing), 감성'이 있고, 또 의지 속에 '감정(색깔), 사고(설명 set-out), 의지(활동)'들이 있다. 따라서 이야기를 한다고 해서 우리가 그냥 생각하는 것은 아니다. 또한 '느끼기'에 중점을 두고 이야기하지만, '의지'와 '사고'하기도 끌어낸다는 것이다. '리듬활동-의지, 감정'

이나 '아침시-사고' '노래 부르기-의지, 감정' '생일시-회상', '리코더 불기-의지'라 할 수 있다. 내용 부분에서 의지는 '쓰기'라 할 수 있는데, 아이들은 선생님들이 보여주는 칠판그림이나 수학 문제를 에포크 공책에 따라 그리거나 문제를 푸는 활동을 한다.

쓰기는 '의지'에 속한다. '생각'에서도 '생각(생각과정 thought process), 감정(듣기), 의지(활동)'가 있다. 첫날이라 '생각' 부분도 다루어야 하지만, 들은 내용이나 활동이 적기 때문에 '회상'하는 것이 거의 없다. 그렇다고 하지 않는 것이 아니라 의지(쓰기활동)나 감정(이야기) 부분에 더 시간을 배정해서 진행한다. 수업 뒷부분에는 이야기를 꼭 들려주어야 하는 것처럼 도표만 보면 단순히 생각(회상)이라 머릿속에 어떤 것인지 잘 그려지지 않지만, 다음 도표를 보면 좀 더 쉽게 이해할 수 있을 것이다.

4 의지, 감정, 생각을 이용한 수업활동(80분-블록제 수업을 할 경우)

의지 (행동)	의지(다양한 리듬활동으로 조정력*3, 조직, 조화, 협응, 협력, 합동)	
	감정(낭송과 음악)–아침시, 노래, 리코더, 작은 합주, 합창 따위	
	생각(암산, 암기)–생일시, 어제 배운 내용 말하기, 기타	
감정 (주제)	의지(활동)	감정(색깔)–칠판그림, 그리기
		사고(설명)–말하기
		의지(활동)–다양한 활동
	생각(구성) – 칠판에 판서를 하는 경우	
	감정(느끼기) – 본 수업에 대한 내용을 들려주기, 느끼기	
생각 (토론, 토의)	생각(생각하는 과정) –내면화	
	감정(듣기) –이야기 듣기	
	의지(활동) – 에포크 공책에 정리	

예를 들어, 국어시간에 '옛이야기(황금새)'를 5일 동안 들려줄 경우 5일째는 의지(활동) 영역에 많은 시간을 할애한다. 그렇다고 아침시, 리듬활동, 생일시, 노래 부르기,

*3 [명사] 마음대로 자기 몸을 가눌 수 있는 능력.

펜타토닉을 하지 않는 것이 아니라 하더라도 중심 시간에는 쓰기(의지)활동에 중점을 둔다는 것이다. 그러고 나서 마지막 10분쯤에 이야기를 들려 준다. 내면화 과정이라고 할 수 있다.

날짜	수업 흐름과 중심 내용				
1일째	감정(이야기) (50분)	의지(활동) (20분)	생각(회상*4) (10분)		

그렇다면 수학 시간의 경우 첫날 활동을 어떻게 진행해야 할까? 아침시, 리듬활동, 생일시, 노래 부르기, 펜타토닉 따위 활동들은 필수라 날마다 빠지지 않고 해야 한다. 1·2학년에서의 수학은 특히 1학년은 온몸으로 익히는 리듬활동이 많기 때문에 이와 관련된 활동(의지)을 많이 하면 된다.

날짜	수업 흐름과 중심 내용				
5일째	아침활동 (10분)	리듬활동 (15분)	의지(활동) (35분)	생각(회상) (10분)	감정(이야기) (10분)

예를 들어 몸동작을 이용해 아이들 자신의 몸을 느끼는 활동(예, 하나-둘-머리, 하나-둘-어깨, 하나-둘-코…. 손뼉 치기, 발 구르기, 균형 잡기, 소리에 따라 걷기 따위 동작이나 활동), 춤, 노래, 말하기, 작곡, 한두 가지 짧은 놀이, 둥글게 앉아서 리듬에 맞추어 옆 사람에게 콩주머니 옮기기 활동, 막대기를 가지고 여러 가지를 해보는 활동들을 한다. 이 활동들은 다음에 이어질 수업 내용과 연결되어야 하는데 단순히 흥미위주나 놀이위주로 해보는 일회성으로 끝나서는 안 된다. 이러한 리듬활동이 끝나면 바로 생각(감정: 듣기)과 감정(이야기) 수업으로 이어지도록 계획을 해야 한다. 마치 물 흐르듯이 자연스럽게 해야 한다. 칠판그림은 둘째 날부터 보여주고 에포크 공책에 그리게 하면 된다. 물론 내용 전개에 따라서 5일 동안 한 개의 그림을 그릴 수 있고, 긴 이야기에 대해서는 두세 개 더 그릴 수 있다.

*4 지난 일을 돌이켜 생각함.

5 날마다 샘물처럼 흘러나오는 수업을 위해

영혼이 살아 있는 수업을 위하는 교사는 날마다 1-2교시 블록제 수업을 위해 새로운 내용(또는 이미 배운 것이 이어지는 내용)의 이야기를 준비해야 한다. 이 이야기는 어떤 면에서 아이의 상상력과 감정 둘 다를 감동시킬 수 있으며, 아이들의 머리가 아닌 영혼을 살찌우게 할 수 있게 해준다. 그 방법으로 1·2학년 아이들에게는 주로 그림(이미지: 칠판그림)의 형태로 이야기해 주는 것이 있다. 개념(지식)중심 교육은 오히려 그 반대 효과를 가져 온다. 또한 이야기를 할 때는 교사는 새로운 내용에 대한 풍부한 설명을 이야기해 주면 좋다. 이 경우 새로운 주제를 채택하는 데 아이와 교사 사이에 자유로운 흐름이 생겨난다. 교사와 아이들 사이 관계 즉 신뢰(믿음)가 만들어진다.

또한 교사가 아이들에게 주제 내용에 대한 이야기를 끝마칠 때, 아이들은 주제에 대해서 궁금한 것을 물어 본다. 아이들에게 일방적으로 질문을 하는 수업이 아닌 아이들이 교사의 이야기를 들으면서 궁금해서 스스로 물어 보지 않으면 안 되는 수업, 이 시간은 누가 시키지도 않았는데 자연스럽게 묻고 답하는 자유로움이 일어나고 들숨(교사의 말하기)과 날숨(아이들의 질문과 응답) 사이에 건강한 균형이 이루어지고, 아이들이 주제와 더 깊게 연결되도록 도와주고 지식을 더 넓히도록 도와줄 수 있다.

그런 다음 정리 과정에서는 칠판그림을 꼭 써야 한다. 아이들이 방금 전까지 들은 수업내용에 대해서 귀뿐만 아니라 눈으로도 배우게 해야 한다. 초등 1·2학년뿐만 아니라 고학년에서도 칠판그림은 아이들에게 꼭 있어야 할 수업교재다. 칠판에 그려진 그림들은 아이들이 주제의 주요 부분들을 기억하도록 돕고, 중심 내용들을 보고 그 내용들을 에포크 공책에 제대로 기록하는 데 많은 도움이 된다.

날마다 정해진 시간에 이야기를 들려주는 것이 좋다. 저학년 아이들은 이야기를 듣는 것을 좋아한다. 그래서 블록제 수업의 경우 마지막 10분 정도를 남겨둔다. 이 시간을 활용한다. 수학시간이라고 숫자의 특징과 관련된 숫자를 소개하는 이야기만 해줄 필요는 없다. 1학년이면 옛이야기 가운데서, 2학년이면 우화나 성인이야기에서 해주면 된다. 자기 고장이나 우리나라 것이 있으면 먼저 들려주고, 없거나 찾기 힘들면 다른 나라 것을 이용해도 큰 무리는 없다. 중요한 것은 아이들은 날마다 발달단계에 맞는 이야기를 들을 수 있다는 것이다.

6 5일 리듬주기 수업과정

수학 '수' 익히기(1부터 10까지 수)

영역	1일	2일	3일	4일	5일
'리듬' 부분 (약 26분)	◦하루의 시작 : 아침인사나누기, 아침시, 생일시, 간단한 소식나누기(아이들이 교사에게) ◦리듬활동 : 아이들을 깨우고 집중시키기 위한 동작하기 ◦수를 세는 운문과 노래로 동작하기 ◦배운 숫자를 반복해서 세고 흥미를 이어나가기 위해 각 말에 변화를 주면서 셈하는 동작, 노래, 시, 말하기 연습				
'내용' 부분 (약 28분)	숫자1 소개하기 동작 '1'되기 느낌이 어떤가? 세상에 있는 1은 무엇일까? 어떻게 1을 쓸까?	어제의 경험 떠올리기 숫자2 소개하기 상대(짝지)를 찾아 '2'되기 동작하기 2로 무엇을 할 수 있나? 느낌이 어떤가? 세상에 있는 2는 무엇일까? 어떻게 2를 쓸까?	어제의 경험 떠올리기 숫자3 소개하기 다른 2명을 찾아 '3'되기 동작하기 3으로 무엇을 할 수 있나? 느낌이 어떤가? 세상에 있는 3은 무엇일까? 3은 어떻게 쓸까?	어제의 경험 떠올리기 숫자4 소개하기 다른 2명을 찾아 '4'되기 동작하기 4로 무엇을 할 수 있나? 느낌이 어떤가? 세상에 있는 4은 무엇일까? 4는 어떻게 쓸까?	어제의 경험 떠올리기 숫자5 소개하기 다른 2명을 찾아 '5'되기 동작하기 5로 무엇을 할 수 있나? 느낌이 어떤가? 세상에 있는 5는 무엇일까? 5는 어떻게 쓰나?
'과제' 부분 (약 26분)	공중에, 친구 등에, 모래판에 그리기 연습하고, 에포크 공책 종이에 손가락으로 그리기 숫자 1 그리기 1이 무엇인지에 대해 논의하고 자유롭게 그리기 이어지는 이야기 말하기	공중에, 친구 등에, 모래판에 그리기 연습하고, 에포크 공책 종이에 손가락으로 그리기 숫자 2 그리기 2가 무엇인지에 대해 논의하고 자유롭게 그리기 이어지는 이야기 말하기	공중에, 친구 등에, 모래판에 그리기 연습하고, 에포크 공책 종이에 손가락으로 그리기 숫자 3 그리기 3이 무엇인지에 대해 논의하고 자유롭게 그리기 이어지는 이야기 말하기	공중에, 친구 등에, 모래판에 그리기 연습하고, 에포크 공책 종이에 손가락으로 그리기 숫자 4 그리기 4가 무엇인지에 대해 논의하고 자유롭게 그리기 이어지는 이야기 말하기	공중에, 친구 등에, 모래판에 그리기 연습하고, 에포크 공책 종이에 손가락으로 그리기 숫자 5 그리기 5가 무엇인지에 대해 논의하고 자유롭게 그리기 이어지는 이야기 말하기

영역	1일	2일	3일	4일	5일
'리듬' 부분 (약 26분)	• 하루의 시작 : 아침인사나누기, 아침시, 생일시, 간단한 소식나누기(아이들이 교사에게) • 리듬활동 : 아이들을 깨우고 집중시키기 위한 동작하기 • 수를 세는 운문과 노래로 동작하기 • 배운 숫자를 반복해서 세고 흥미를 유지하기 위해 각 용어에 변화를 주면서 셈하는 동작, 노래, 시, 말하기 연습				
'내용' 부분 (약 28분)	숫자6 소개하기 동작 '6'되기 느낌이 어떤가? 세상에 있는 6은 무엇일까? 6은 어떻게 쓰나?	어제의 경험 떠올리기 숫자7 소개하기 친구 찾아 '7'되기 동작하기 7로 무엇을 할 수 있나? 느낌이 어떤가? 세상에 있는 7은 무엇일까? 7은 어떻게 쓰나?	어제의 경험 떠올리기 숫자8 소개하기 다른 2명을 찾아 '8'되기 동작하기 8로 무엇을 할 수 있나? 느낌이 어떤가? 세상에 있는 9은 무엇일까? 8은 어떻게 쓰나?	어제의 경험 떠올리기 숫자9 소개하기 다른 3명을 찾아 '9'되기 동작하기 9로 무엇을 할 수 있나? 느낌이 어떤가? 세상에 있는 9는 무엇일까? 9는 어떻게 쓰나?	어제의 경험 떠올리기 숫자10 소개하기 다른 2명을 찾아 '10'되기 동작하기 10으로 무엇을 할 수 있나? 느낌이 어떤가? 세상에 있는 10은 무엇일까? 10은 어떻게 쓰나?
'과제' 부분 (약 26분)	공중에, 친구 등에, 모래판에 그리기 연습하고, 에포크 공책 종이에 손가락으로 그리기 숫자 6 그리기 6이 무엇인지에 대해 논의하고 자유롭게 그리기 이어지는 이야기 말하기	공중에, 친구 등에, 모래판에 그리기 연습하고, 에포크 공책 종이에 손가락으로 그리기 숫자 7 그리기 7이 무엇인지에 대해 논의하고 자유롭게 그리기 이어지는 이야기 말하기	공중에, 친구 등에, 모래판에 그리기 연습하고, 에포크 공책 종이에 손가락으로 그리기 숫자 8 그리기 8이 무엇인지에 대해 논의하고 자유롭게 그리기 이어지는 이야기 말하기	공중에, 친구 등에, 모래판에 그리기 연습하고, 에포크 공책 종이에 손가락으로 그리기 숫자 9 그리기 9가 무엇인지에 대해 논의하고 자유롭게 그리기 이어지는 이야기 말하기	공중에, 친구 등에, 모래판에 그리기 연습하고, 에포크 공책 종이에 손가락으로 그리기 숫자 10 그리기 10이 무엇인지에 대해 논의하고 자유롭게 그리기 이어지는 이야기 말하기

앞의 수업전개과정을 보듯이 숫자 하나를 가르치는 데에는 최소한 1일이라는 시간이 걸린다. 이러한 수업이 결코 늦는 것이 아니다. 아이들이 배움에 대해서 제대로 소화하기 위해서는 천천히 진행해 가야 한다. 적게 배우는 것이 많이 배우는 것이라고 해서 대충 대충 넘어가는 수업은 결국 나중에 체증만 가져오기 때문이다. 하나를 배우더라도 제대로 완전히 소화할 수 있게 하는 것이 필요하다. 더구나 1·2학년

교육과정은 그렇게 편성되어야 한다.

더구나 이렇게 날마다 주요 수업(1-2교시 블록제 수업으로 운영시) 마지막 부분에 꼭 들려주는 이야기. 수학시간이라고 해서 소홀히 넘겨서는 안 된다. 수학과 관련한 이야기를 들려주어야 한다. 문제는 2015 개정 교육과정이나 지난 2009 개정 교육과정에서 스토리텔링을 전반부에 제시하고 있는데, 이 역시 수업의 흐름을 제대로 파악하지 못하는 무개념이다. 학교현장에서 이 스토리텔링 수업방식을 제대로 반영하고 정착되어 가고 있는지를 살펴보고 2015 개정 수학과 교육과정에 편성해야 하는 것이 제대로 교육과정을 준비하는 사람들의 생각이라고 본다. 단지 몇몇 연구학교 대상에서 나온 결과만 가지고 한 나라의 교육과정을 결정하는 것은 문제가 있다. 전국 학교를 전수 조사를 하지는 못해도 최소한 각 시도 학교에서 30개 이상은 표본으로 해서 그 결과를 반영하는 것이 제대로 된 피드백이라고 보는데, 모든 것이 깊이가 없고 성급하게 이루어지고 있다. 그러다보니 맛도 보기도 전에 '수정보완'이라고 개정판을 배부하는 현실에서 올바른 교육이 제대로 실현된다는 것은 단지 희망사항일 뿐이다.

그래서 수학에서의 스토리텔링은 수업 후반부에 이루어져야 한다. 날마다 마지막 정해진 시간에 이야기를 들려주어야 하는 것과 같은 맥락이라고 보면 된다. 문제는 1·2학년 수학과 교사용 지도서에는 수업 초반, 즉 동기 유발 요소로 활용하도록 소개하고 있다. 수학수업을 진행해 본 선생님들은 바로 스토리텔링, 즉 이야기를 들려주고 다음 단계로 넘어가는 것이 쉽지 않음을 경험했을 것이다. 스토리텔링이 주는 요소가 정적이기 때문이다. 차분히 가라앉은 상태에서 본 차시로 넘어가는 것이 가능할까? 물론 억지로 분위기 전환을 해서 할 수 있겠지만 거기까지 가기 위해서는 시간이 필요하다.

스토리텔링 수업은 그날 수업 내용을 정리하는 차원에서 후반부에 관련된 내용을 중심으로 아이들에게 들려주는 것이 좋다. 내면화를 할 수 있도록 해주는 것이다. 수업 초반에 리듬과 감성, 중반에 사고, 후반부에 행하기(문제풀이), 그러고 나서 정리 차원에서 스토리텔링을 한다.

이 시기 아이들은 날마다 전체 이야기나 한 부분의 이야기를 듣는 것을 좋아하기 때문에 바로 수업을 끝내기보다는 이야기를 들려주는 것이 오히려 수업효과를 극대화시킬 수 있다. 그렇다고 굳이 숫자의 특징(질) 주요 수업 블록에서 숫자를 소개하는 이야기를 들려줄 필요는 없다. 우리 옛이야기나 우화, 성인이야기들 가운데 내용이 긴 이야기를 골라서 날짜별로 나누어서 꾸준히 들려주어도 좋다. 그러면 아이들은 자연스럽게 앞 내용들을 무의식적으로 받아들여, 집에서 숙제를 하면서 그리고 잠을 통해서 더 내면화하게끔 하는 수업 방법이 될 수 있다. 학원이나 과외를 받는 경우에는 스토리텔링에 대한 효과 있는 내면화를 기대하는 것은 힘들다. 왜냐하면 이것을 느끼려고 하는 힘 자체를 외형적인 인지 학습이 방해하기 때문이다.

블록제 수업을 운영할 경우 단순히 40분과 40분을 합쳐서 진행하는 것이 아니다. 80분 동안 앞에 표에서 제시한 것처럼 시간을 의지-감정-생각으로 나누고 각 영역마다 진행해야 할 내용들이 있다. 하지만 현재 학교현장에서 블록제 수업이 위 내용대로 진행되고 있기보다는 단순히 시간을 합쳐서 진행하는 것으로 알고 있는데, 이것에 대한 정확한 이해가 필요하다.

5일 리듬주기 수업의 내실을 위해서

• 첫날과 날마다 수업에서 꼭 해야 할 것들(※노래, 리듬활동, 이야기 중심)

① 아침마다 정해진 시간에 다양한 리듬 활동과 말하기, 시, 노래는 필수로 한다.

② 이야기를 들려줄 때는 다음과 같이 한다.

- 이야기를 들려준 뒤에는 아이들이 이야기 속에 빠져 들도록 해준다. 이야기에 대한 질문이나 분석을 하지 않는다. 강제로 듣게 할 필요는 없다.
- 휴식을 갖고 아이들이 들었던 이야기의 분위기와 생생한 그림을 상상하도록 기다려 준다.
- 답을 말하지 않는다. 아이들이 스스로 해답에 도달하도록 해야 한다. 아이들이 스스로 원하는 방식으로 해답을 말하도록 해야 한다.

• 칠판그림은 둘째 날에 그려져 있어야 한다.

① 회상하기 : 이것은 아이들이 기억할 수 있는 것을 지나치게 많이 떠올리는 것이 아니라 아이들이 요약된 줄거리의 이야기를 다시 경험하도록 해주는 것이다. 담임교사는 아이들이 기억하는 것을 묻는 대신 요약된 줄거리의 이야기를 시작한다. 예를 들면 “얘들아, 너희들 더하기가 아침에 일어나는 데 시간이 오래 걸렸던 걸 기억할 거야. 왜냐하면 더하기는 잠자는 걸 매우 좋아하니까. 더하기가 일어나서 가장 좋아하는 옷을 입느라 아주 예민해졌어.”와 같은 이야기로……. 아이들은 세부적인 옷을 묘사하기 위해 이 이야기에 다른 요소를 더 추가해 나갈 수 있다. 중요한 것은 위에서처럼 감정에 대해 말하지 않고 단지

감정을 스스로 느끼도록 하고 더 깊게 느끼도록 이야기 속에 내재된 감정을 일깨울 수 있게 이야기의 분위기를 다시 불러오는 것이다. 또한 이야기에 대해 질문하거나 분석하지 않고 아이들이 모든 기쁨과 슬픔, 도전과 극복이 담긴 이야기에 다시 생명을 불러일으키도록 해야 한다.

② 회상의 초점은 사칙연산 가운데 하나를 대표하는 주요 인물과 그의 특별한 기호(교사의 그림이 둘째 날 아침 칠판에 그려져 있어야한다)를 들려주는 데 있다.

③ 회상 후에 교사는 아이들을 이야기의 다음 부분으로 이끌어야 한다. 어제 시작되었던 주요 이야기가 계속 이어지고 그 이야기 속에 새로운 이야기를 하게 되는데 어제와 같은 동일한 절차인 이야기, 계산기(하기-말하기-쓰기) 그리고 책 속의 쓰기와 그리기가 이어지도록 말한다.

④ 이야기 속 숫자들은 예를 들어 6=3×2처럼 단순한 형태를 유지해야 하는 것을 알아야 한다. 만약 아이들이 자신감이 생겼다면 하루하루 단계적으로 나아가도록 한다. 예를 들어 다음날은 10=5×2, 셋째날은 12=4×3처럼. 하지만 중간 범위의 학급을 위해 너무 높은 숫자들을 쓰지 않는 것이 좋다.

• 셋째 날부터는 문제 해결을 위한 문장제 수업에 초점을 맞추어 수업한다.

① 전날 과제를 확인하는 시간을 가진다.

② "만약 12개의 바구니가 있었다면, 각 아이들은 똑같이 몇 개의 바구니를 가질 수 있을까?" 와 같이 말하면서 수업을 진행한다. 또는 "12개의 바구니가 있다고 치자. 만약 6명의 아이들이 있었다면? 한 사람에게 몇 개씩 바구니를 가질 수 있을까?"과 같이 물어 볼 수 있다.

③ 평가는 사칙연산을 처음 소개하는 경우를 기억하면서 꾸준히 아이들이 하고 있는 행동을 평가하고 있고, 모든 아이들이 그것을 정리할 거라고 기대하지 않는다. 수준 차이를 이해해야 한다.

④ 문제를 해결하기 위해서 연습 문제에 시간을 점차 늘린다.

• 넷째 날 수업은 주로 교사가 문장제로 말한 이야기 속 문제에 대해서 아이들이 합계를 말하는 연습 문제 해결 수업을 주로 한다. 아이들은 칠판에 쓰인 문제를 공책에 따라 쓰고 문제를 해결하도록 한다.

• 다섯째 날 수업 역시 넷째 날 수업과 비슷하게 진행하고 마무리한다. 마무리 시간에 관련 이야기(동화)를 회상하는 줄거리를 다시 들려주고 새로운 과제를 배울 것이라는 기대감을 심어주면서 수업을 마무리한다.

나. 수학 시간에 ‘수’ 가운데 ‘4’에 대해서 공부한다면,

	1일	2일	3일	4일	5일
‘리듬’ 부분 약 40분	하루의 시작 : 뉴스를 말하면서 아이들을 깨우기 위한 동작: 셈하기, 곱하기 학습하기를 위한 동작, 행동과 같이하는 수를 세는 운문과 노래 노래하기 말하기 연습과 예술적인 시				
‘내용’ 부분 약 40분	1. 4명의 형제들, 자매들, 조력자들의 소개 이야기하기 (그들이 사는 곳, 성격, 좋아하는 행동 등)	1. 어제의 소개이야기 회상하기 2. 더하기(+)를 충분히 기술하는 이야기(덧셈이 해결할 어려움)를 말해보도록 한다 아이들은 합계를 배운다. 3. 교사는 수업을 합계를 말하도록 유도한다. (3~4회) 4. 교사는 아이들에게 합계를 쓰는 방법을 보여준다.(이야기를 이용해 몇 번 설명한다)	1.교사의 주요인물에 대한 그림이 칠판에 그려진다. 2. 어제의 이야기를 회상하기 3.더하기(+)의 새로운 이야기를 말하기 ➜ 해결해야 할 새로운 문제에 대해서 아이들은 합계를 배운다. 4. 교사는 학급에게 합계를 쓰는 방법을 보여준다.(이야기를 이용해 몇 번 설명한다)	1. 어제의 이야기를 회상하기 ➜ 아이들이 주요 덧셈의 과제의 본질을 발견하도록 유도한다. 2. 더하기(+)의 또 다른 새로운 이야기를 말하기 ➜ 해결할 또 다른 새로운 문제에 대해서 아이들은 합계를 배운다. 3. 교사는 학급에게 합계를 쓰는 방법을 보여준다.(이야기를 이용해 몇 번 설명한다)	1. 어제의 소개이야기 회상하기 ➜ 아이들이 주요 덧셈의 과제의 본질을 발견하도록 유도한다. 2. 교사는 학급에게 합계를 쓰는 방법을 보여준다.(이야기를 이용해 몇 번 설명한다)
‘활동’ 부분 약 40분	아이들은 이야기로부터 자신의 상상력을 이용해 그린다. (분리된 종이 위에)	아이들은 합계를 쓰고 더하기(+)의 그림을 그린다.	아이들은 합계를 쓰고 오늘 이야기 중 더하기(+)의 새로운 그림을 그린다.	교사가 칠판에 여러 가지 다양한 문제를 제시하고 아이들은 에포크 공책에 옮겨 적으면서 문제들을 해결한다.	교사가 칠판에 여러 가지 다양한 문제를 제시하고 아이들은 에포크 공책에 옮겨 적으면서 문제들을 해결한다.

7 교사는 수업으로 말한다

수업의 질은 교사의 수업연구에 좌우된다. 수업이 변하면 교실이 변하고, 더 나아가 학교가 변한다. 그만큼 교사에게 수업에 대한 배움은 끝이 없다. 무엇을 어떻게 왜 가르쳐야 하는지에 대한 끊임없는 물음으로 그 해답은 배움이다. 더구나 수업은 과학이 아니라 예술이다! 단순히 음악, 미술을 뜻하는 것이 아닌 교육예술이어야 한다는 것이다. 그렇게 하기 위해서 교사는 교육예술가로 거듭나야 한다. 컴퓨터 기계에 의존하거나 교과서 틀에 박힌 수업을 하는 것은 영혼이 없는 수업을 하는 것과 비슷하다. 그렇다면 좋은 수업은 무엇일까? 칠판그림을 통해서 교사 자신 나름대로 수업을 이끌어 내는 것이 필요하다. 새로운 것이 아니다. 컴퓨터가 교실에 들어오기 전까지 대부분 칠판을 이용해서 수업을 했다. 칠판그림을 이용한 수업은 최소한 무엇을 어떻게 왜 가르쳐야 하는지에 대한 분명한 목적의식이 깔려 있고, 나름대로 수업을 어떻게 할지에 대해서 고민하기 때문이다. 그렇다고 컴퓨터를 이용해서 수업을 하는 것이 무조건 나쁜 것은 아니다. 하지만 초등학교 아이들에게는 그리 필요하지 않기 때문에 기계가 대신해서 수업을 하는 것은 지양해야 한다.

하지만 우리(교사)는 왜 기존 수업지도안 형식을 과감하게 없애거나 포기하지 못하는 것인가? 현재 수업지도안이 아이들 수업 효과에 큰 도움이 되지 못한다는 사실을 알고 있는가? 도입-전개-절정-결말로 이어지는 형식은 단지 하나의 '형식'일 뿐이다. 이러한 수업지도안의 형식은 교사가 가르치고 아이들이 배우는 활동이 무엇인지 특정한 방식으로 생각하고 행동하도록 만든다. 틀에 박힌 이러한 수업지도안은 교사가 요구하는 즉 의도하는 질문에 학생들은 따라가야 하고 이에 맞게 행동을 해야 좋은 수업으로 평가받는다. 이는 과거의 수업이었고, 현재에도 진행되고 있으며 커다란 변화가 없는 한 불변의 진리로 앞으로도 운영될 것으로 본다.

형식과 기능이 우선이 되는 수업은 결코 좋은 내용을 담아내지 못한다. 좋은 수업은 교사가 무엇을 어떻게 왜 가르쳐야 하는지에 대한 진정한 고민이 있을 때 가능하다. 이러한 교사의 자발성을 기본 밑거름으로 해서 수업에 대한 밑그림이 그려져야 하는데, 이러한 생각을 하고 있어도 어느 순간부터 도입-전개-절정-결말이라는 형식적인 틀 속에 좋은 생각을 끼워 맞추다보니 수업에서 진정성을 찾기가 힘들다.

더구나 초등학교 40분 수업에서 '분' 단위로 진행되는 절차는 교사의 자발성에 대한 운신의 폭을 더 좁게 만든다. 그러다보니 자연스럽게 이러한 수업은 교사중심으로 흘러갈 수밖에 없다. 토론수업을 하든 협력수업을 하든 강의식 수업을 하든 주어진 시간흐름에서 벗어날 수 없다. 요즘 일부에서 블록제 수업을 하는 학교들이 있지만 이것 역시 본질적인 접근보다는 단순히 40분+40분=80분을 묶어서 하는 것이다. 80분이라는 시간 속에는 '의지, 감정, 사고'를 밑거름으로 하는 12감각을 녹여내는 최소한 10가지 이상의 요소들이 있어야 한다. 그래서 단순히 시간을 묶어 놓은 블록제 수업은 운영을 한다고 해도 한계가 있다. 더구나 경기도의 ㅇㅇㅇ학교가 혁신학교로 성공적인 본보기를 보였다고, 이 학교가 블록제 수업을 했다고 너도나도 따라하다 보니 본질을 제대로 파악하기보다는 형식만 가져다 쓰고 있다. 이 학교가 처음에 블록제 수업을 도입하게 된 이유도 발도르프학교의 에포크 수업(주지집중수업)을 그대로 본따왔다고 교육 잡지에 소개한 적이 있다.

수업에서 즐거움은 주어진 틀을 과감하게 벗어던질 때 그 참된 맛을 느낄 수 있다. 수업지도안을 굳이 쓰지 않아도 수업은 얼마든지 진행할 수 있다. 사실 평상시에 수업지도안을 완벽하게 다 작성해서 수업을 진행하는 것은 힘들다. 교사들마다 각자 방식으로 약안을 만들어서 이번 수업에서는 무엇이 중요하고 어떻게 가르칠 것인가에 대한 사전 논의를 한다. 이는 교재연구를 중심으로 이루어지기 때문에 면밀히 따지고 보면 교사 나름의 수업지도안이 머릿속으로든 교육일기로든 그려질 것으로 본다. 정해진 틀 속에 교사 자신을 끼워 넣기보다는 경력과 연구를 통해 자기 방식에 맞는 수업지도안을 개발해서 활용하는 것이 진정한 대안일 수 있다. 그렇게 되면 수업설계부터 짜임새 있게 준비되고 진행되어야 한다.

더구나 수업지도안으로 겉으로만 보여주는 것이 아니고, 교사 자신을 위한 것이고 아이들을 위한 것이기 때문에 형식에 구애를 받을 필요는 없다. 교실마다 아이들이 다르고, 교사의 기질이 다른데 비슷함을 요구하는 것은 잘못된 생각이다. 결국은 교과서라는 한계를 벗어나지 못하면 수업지도안 역시 획일적이고 형식화된 것을 가져다 쓸 수밖에 없다. 교사의 수업이 활기차고 살아 있는 수업이 되기 위해서는 일단 교과서를 내려놓으면 자연히 해결되고, 교사 자신에게 맞는 수업지도안이 만들어져서 좋은 수업이 진행될 수 있다.

형식을 과감하게 벗어던졌다.

강원도 고성에 있는 공현진초*5에서는 2012년부터 교사의 수업혁신을 위해서 기존 수업지도안을 과감하게 내려놓았다. 아예 활용하지 않는다. 기존 관행을 쉽게 내려놓는 것이 쉽지는 않지만 분명 문제가 있다는 판단에 더 나은 대안을 찾고자 다른 선택을 했다. 발도르프교육의 의지, 감정, 사고 영역과 12감각, 에포크 수업 과정의 요소들을 반영한 혁신적인 수업지도안을 만들었다. 물론 앞으로 더 다듬고 보충해야 할 것들이 많겠지만, 기존 형식이 중심이 되는 것에서는 벗어나고자 했다. 교사의 진정한 자발성을 이끌어내는 데 그 밑바탕이 있다. 이 수업을 어떻게 왜 해야 하는지, 지금 우리 반 아이들 발달단계에 맞는 수업인지 이것들이 맞다면 이것을 아이들의 어떤 감각영역과 연관시켜 풀어갈 것인가에 대한 고민에서부터 시작해서 수업을 준비하고 진행해 가도록 했다. 공개수업이 진행되기 전에 수업을 하는 교사가 먼저 얼개를 짜면 동료 교사들과 사전 수업 협의를 통해 다듬고 다듬어서 수업을 진행했다. 협의에서는 아이들 발달단계에 어떤 요소를 강조할 수 있는지 관련 책들에서 무엇을 참고했는지 따위의 이야기들을 나누었다.

진정한 수업 혁신을 위해

2015년 6월 30일까지 공현진초 교감선생님으로 있으면서 수업 후 협의 문화도 과감하게 바꾸었다. 수업자 평, 수업 관찰 소감, 총평…. 이러한 형식적인 틀을 내용으로, 그것도 수업자중심의 수업으로 변화를 가져오게 했다. 그래서 4월 6일 첫 공개수업 때부터 선생님들이 한 작업은 수업 후 '에세이'를 쓰는 것이다. 토요일과 일요일을 이용해서 수업의 전 과정을 되돌아보는 시간을 가져 보고 무엇이 문제이고 어떤 과정으로 어떻게 진행되었는지에 대해 제3자의 입장에서 자기 수업을 다시 바라보고 에세이를 쓰는 것이다. 분량은 정해져 있지 않다. 물론 선생님들이 수업 중에 기록한 비디오나 사진자료를 볼 수도 있다.

수업 비평이 요즘 새롭게 떠오르고 있으며, 교사의 자기성찰 시간을 가져야 한다는 주장도 설득력 있게 다가오고 있다. 우리 공현진초에서는 교사 자신의 자발성과 진정성을 위해서 에세이를 직접 써봄으로써 성찰의 시간을 가져 보도록 하는 것으로 혁신적인 방법을 고안해서 운영하고 있다. 작년까지만 해도 수업을 하고 나서 형식적으로 수업 후 협의만 하는 것에 그쳤는데 이제는 교사 자신이 자신에게 되묻는 에세이를 써봄으로써 더 나은 수업을 기대할 수 있게 되었다. 그래서 2012년에 7회 수업 공개가 있는데 각 학년 선생님들마다 최소한 7번 이상 자기 수업 후 에세이를

---

*5 2011. 3. 1.-2015. 6. 30.까지 근무했을 때의 교육실천 사례임.

쓰게 되고, 교장선생님이나 동료교사, 학부모들은 달마다 진화해가는 좋은 수업을 볼 수 있게 되었다.

처음 써보는 수업 후 에세이가 낯설고 힘들겠지만 자기 자신을 드러낸다는 마음으로 다가선다면, 또한 다음 수업을 위한 준비 과정이라고 생각한다면 결코 부담이 되지 않을 것으로 본다. '실패를 거울삼아'라는 말도 있지만, 그렇다고 지금 수업이 모두 실패를 뜻하는 것은 아니다. 수업에는 왕도가 없고 정답이 없다. 교사 자신만의 좋은 수업을 위해서는 끊임없는 부단한 노력이 필요한 것이기에, 지금 이 순간 수업 후 에세이를 쓰는 것이 고난의 길이라고 생각할지 모르나 시간이 흘러 자신에게 쌓인 내공을 보면 결국 큰 도움으로 와 닿을 것이라 본다.

현재 교장선생님인 나 역시 수업 공개는 힘들지만, 지금 이 순간에도 학교 교육 활동을 글로 기록하고 있다. 어떻게 보면 가르치는 것과는 다르겠지만 큰 관점에서 보면 같은 처지에서 에세이를 쓰는 것이라 본다. 대상이 수업이 아니라 학교라는 전체 운영 프로그램이지만 그래도 결국 교육의 본질을 찾고자 하는 것은 다 같다고 본다.

이것이 진정한 수업혁신이다!

이런 수업을 해보지 않거나 보지 않았다면, 교육과정 재구성이니 주제통합이니 성취기준이니 ㄷ자 수업관찰이니 토론수업이니 협력수업, 멘토링수업, 행복수업이니 창의지성이니 창의공감이 어떻다고 교사대상 연수에서 이야기하지 않기를! 더구나 전자칠판과 화이트보드가 아이들에게 악영향을 끼치고 있는지에 대해서 전혀 모르쇠하고 있는 것을 어떻게 봐야 하는가? 얄팍한 지식으로 교사 대중들을 현혹해서는 안 된다. 지금 당장은 그럴 듯하게 좋아 보이지만 오래가지 못하고 공허함만 더 밀려올 뿐! 문제는 아이들 내면화에 전혀 도움이 되지 못한다는 것이다. 내 말이 거슬리면 언제든지 함께 수업공개하자! 그래서 제3자가 판단하게 하자! 단, 학년 발단단계에 맞게 교과서를 내려놓고 컴퓨터를 이용하지 않는 수업을 해야 한다.

라. 12감각을 이용한 수업지도안

공개수업 지도안(초안)		
핵심학습 영역 : 듣기, 말하기	**주요수업 제목 :** 배려하는 마음과 말(외나무다리 위의 염소)	
배당시간(시간/분) : 40분	**학년 :** 2	**교사 :** 김지연*6

이유(교육과정이 지닌 정도)

언어 발달 특성을 살펴볼 때 이 시기에는 어휘력이 급속하게 발달하며 사회화된 언어의 사용 빈도가 매우 높아지게 된다. 이러한 언어 발달은 또래 집단과 주위 환경의 영향을 매우 크게 받게 된다. 따라서 이 시기의 학생들은 주변의 잘못된 언어들을 무비판적으로 받아들여 사용하게 되는 경우가 빈번하다. 이 차시에서는 이야기 상황에서 거친 말이 무엇인지 알고 고운 말로 고쳐 쓸 수 있는 말을 찾아보고 고운 말을 사용하였을 때 주변 사람들의 기분을 배려한 말하기가 될 수 있음을 스스로 깨달을 수 있도록 한다.

핵심 – 학습영역 – 목표 / 목적

인지(사고 / 이해) : 일상생활에서 학생들이 거친 말이나 욕설과 같이 주변 사람들로부터 무비판적으로 배워 사용하는 말들을 고운 말로 바르게 고쳐서 사용하도록 한다.
정서 (감정 / 태도) : 일상생활이나 학습생활에서 바르고 적극적인 자세로 귀기울여 듣고 말하며, 고운 말, 바른 말을 사용하려는 태도를 지닌다.
정신운동 (활용 / 연습) : 역할극을 통해 당사자의 입장이 되어 그 사람의 기분을 이해하여 본다. 배려라는 덕목과 더불어 부딪힌 상황을 이성적으로 판단하는 능력을 기른다.

방법론

〈리듬〉 중국어 노래 "Ni hao(안녕하세요?)"를 몸동작과 함께 부르면서 학습 분위기를 조성
〈내용〉 이솝 우화 "외나무다리의 두 염소"를 들려준다. 학생들은 "외나무다리의 두 염소"에서 나오는 대화로 두 염소가 되어 역할극을 한 뒤 함께 느낀 점을 말하여 본다.

핵심학습영역–결과

적극적인 자세로 귀기울여 들어야만 역할극을 할 수 있고, 역할극을 통해 고운 말을 써야 하는 까닭을 이해하고 내면화할 수 있다.

참고문헌 / 자료

이솝우화

관찰

역할극 시연을 보면서 언어적 표현 못지않게 중요한 비언어적 표현(표정, 몸짓)도 함께 관찰한다.

---

*6 현재 강원 고성 공현진초 교사.

공개수업 지도안(수정본)		
핵심학습 영역 : 듣기, 말하기	**주요수업 제목 :** 배려하는 마음과 말(외나무다리 위의 염소)	
배당시간(시간/분) : 40분	**학년 :** 2	**교사 :** 김지연

이유(교육과정이 지닌 정도)

1학년 때 '나'라는 주인공이 개인적으로 고통과 슬픔을 겪는 내용의 옛이야기를 들었다면, 2학년에서는 한 발자국 더 나아가 '너'를 익히는 단계이며, 1학년 때 주로 들려주었던 옛이야기가 우화나 성인 이야기, 전설 이야기로 바뀐다. 이런 이야기들은 아이들의 정신 발달 단계에서 아주 중요한 의미를 갖는다. 동물이 대신해서 나오는 '우화'는 사람의 내면에 존재하는 영혼의 특성을 그대로 보여주고 있으며 이 단계를 지나 아이들의 '자아'가 좀 더 위대하게 발달한 성인들의 삶에 대한 이야기를 만나고 들었을 때 무의식적으로 사람의 내면세계에 더 높은 위치로 올라서게 된다.

핵심 – 학습영역 – 목표 / 목적

인지(사고 / 이해) : 일상생활에서 학생들이 거친 말이나 욕설과 같이 주변 사람들로부터 무비판적으로 배워 사용하는 말들을 고운 말로 바르게 고쳐서 사용하도록 한다.
정서 (감정 / 태도) : 칠판그림을 통해 바른 말을 사용하려는 마음을 다진다.
정신운동 (활용 / 연습) : 역할극을 통해 당사자의 입장이 되어 그 사람의 기분을 이해하여 본다. 배려라는 덕목과 더불어 부딪힌 상황을 이성적으로 판단하는 능력을 기른다.

방법론

〈리듬〉 2인 1조로 나무봉 주고받기를 하기(상대방에 대한 배려가 필요한 리듬활동)
〈내용〉 이솝 우화 "외나무다리의 두 염소"를 들려준다. 학생들은"외나무다리의 두 염소"에서 나오는 대화로 두 염소가 되어 역할극을 한 뒤 함께 느낀 점을 말하여 본다.

핵심학습영역–결과

적극적인 자세로 귀기울여 들어야만 역할극을 할 수 있고, 역할극을 통해 고운 말을 써야 하는 까닭을 이해하고 내면화할 수 있다.

참고문헌 / 자료

이솝우화

관찰

역할극 시연을 보면서 언어적 표현 못지않게 중요한 비언어적 표현(표정, 몸짓)도 함께 관찰한다.

1학년 4월 수업 에세이[*7]

담임교사 김○○[*8]

중간놀이 시간에 아이들에게 잠시 후 3교시에 엄마들이 수업을 보러 오시니까 선생님 말 잘 듣고 공부시간에 열심히 해야 한다고 했다. 그러니 아이들이 모두 왜요? 왜요? 그게 뭔데요? 어떻게 하는 건데요? 하고 내게 되묻는다. "우리 엄마 오세요?" "언제 오세요?" "왜 아직도 엄마들 안 와요?" 아이들에게 오늘은 그저 엄마가 학교에 와서 자신을 보는 날일 뿐이다. 이 아이들에게 내가 지금 느끼는 긴장감이나 걱정을 아무리 설명해도 아이들이 내게 공감해 주거나 나를 위해 열심히 수업에 참여해 주지 않으리라는 생각이 든다. 그 순간 나는 마음을 조금 내려놓을 수 있었다. '그냥 순간순간 열심히 하자'라는 생각으로 수업을 시작하였다.

처음 기역을 가르치기 위하여 고개에 관련된 이야기를 몇 개 생각하였다. 할미꽃 전설, 삼년고개, 해와 달이 된 오누이의 떡 장사 엄마와 호랑이 이야기이다. 우선 고개에 대한 짧은 글에서 기역을 찾아보고 고개 돌리며 박수치는 활동을 연습하기로 하였다. 고개가 두 가지 뜻을 가지고 있어 아이들이 활동을 할 때 자연스럽게 같은 낱말이 다른 뜻을 가지기도 한다는 것을 알 수 있도록 할 계획이었다.

수업 안을 협의하는 과정에서 기역을 조금 더 많이 연습하기 위하여 낱자가 계속 반복되는 재미있는 말놀이 동시를 찾아 그것으로 기역을 연습하기로 하였다. 그 중 최승호 시인의 말놀이 동시집 2권에서 〈가재〉라는 시를 활용하기로 하였다. 아이들 모두에게 기역으로 시작하는 낱말을 하나씩 찾아보고 찾은 낱말을 '가재'시로 바꿔서 낭송해 봄으로써 기역을 반복하여 연습하기로 하였다. 실제 수업에서 이 부분이 가장 마음에 들었고 가장 아쉬웠다. 아이들이 기대했던 것보다 낱말을 더 잘 찾아 주었다. 조금 멈칫하던 아이들도 있었지만 옆에서 서로 도와주었다. 한 사람씩 앞에 나와 시를 낭송하기로 했을 때 은근 걱정되던 아이들이 한둘 있었는데 엄마가 바로 앞에서 보고 있어서 그런지 하나도 떨지 않고 큰 소리로 하는 것을 보니 기특하고 대견하였다. 내가 괜한 걱정을 하였나 싶을 정도로 아이들은 큰 소리로 시를 읽었다. 그러다 보니 많이 소란스러웠고 수업 분위기가 많이 고조되었다. 그래서 나도 같이

---

*7 2015. 4. 15. 공개수업 後.

*8 현재 강원 고성 공현진초 교사.

소리가 커졌고 내가 더 신나서 같이 시를 낭송했다. 이 부분이 많이 아쉬웠다. 아이들이 처음으로 초등학생이 되어 글자를 익히는 시간이므로 이 시간은 온전히 아이들이 주인이 되어야 하며 아이들이 주도적으로 활동하여야 함에도 불구하고 교사의 개입이 너무 많이 들어가지 않았나 하는 생각이 들었다. 또 한 가지 아쉬웠던 점은 글자를 말로 익히고 실제로 손으로 쓰기 전에 몸으로 충분히 연습하는 시간이 필요하지 않았나 하는 부분이다. 자신의 몸으로 기억을 만들어 보면서 어떻게 생겼는지 어떻게 써야 할지 체득하는 시간을 가졌다면 문자를 배우는 첫 시간을 좀 더 즐거운 시간으로 기억하지 않았을까 하는 마음이 들었다. 하루가 지나 수업을 되돌아 보며 에세이를 쓰면서 아이들에게 다행이고 감사한 것은 오늘 니은을 배울 때였다. 〈누에〉라는 시를 보여주자 아이들은 당연하다는 듯이 누에를 읽고 니은으로 시작되는 낱말을 서로 찾아 발표하려고 하였다, 여전히 큰 목청으로. 오늘은 손으로, 온 몸으로, 짝끼리 니은을 만드는 활동을 할 수 있어서 다행이다.

[강원 고성 공현진초 1학년 교실수업 모습]

1학년 발도르프교육 적용 사례

안 수 영
(서울 영훈초 교사)

Ⅰ. 교육에서 발달단계의 중요성

루돌프 슈타이너에 의해 만들어진 발도르프교육은 인간 발달단계를 기초로 구성되어 있다. 인간 발달단계에서 볼 때 태어나서 7세까지는 의지, 감정, 사고 가운데 의지의 힘이 강하다. 이러한 의지의 힘은 거의 손발에 얽매어 있다. 그래서 이때 걷고, 말하고 놀이를 배우면서 의지의 힘을 기른다. 7세에서 14세까지는 신체발달의 힘이 생기고 기억력이 생기는 시기로 아이들에게 모방 대신 체험과 느낌을 통해 새로운 세계를 경험하게 하는 것이 중요하다. 이때는 신체와 정신도 발달하지만 영혼이 발달하는 시기이다. 감정의 발달과 깊은 연관이 있는 것은 리듬체계이다. 그러므로 이 시기의 교육은 머리보다 가슴과 관련된 감성교육을 해야 하고, 아이들은 추상적인 개념이나 논리 형태로 배우기보다 상상력을 통해 세계를 느끼고 깨닫는다. 그래서 교과 수업에 리듬, 노래, 그림그리기, 형태그리기 등의 생생한 이미지를 함께 접목하면 교육적 효과가 더욱 크다. 때문에 발도르프학교에서는 여러 교과를 지도할 때 예술적인 방법으로 교육하는 것을 기본으로 삼고 있다.

Ⅱ. 1학년 발달단계의 특징

1학년 시기에 아이들의 대부분이 유치가 빠지고 영구치가 나기 시작한다. 이렇게 새 이가 난다는 의미는 아이에게 아주 큰 변화가 나타나는 것으로 내면에 새로운 힘이 생기고 있다는 것을 암시하며 학교생활을 시작할 수 있다는 외형적인 표시이다. 즉 외부 세계로부터 아이가 새로운 것을 받아들일 수 있는 힘이 아이 내면에 준비됨을 보여주는 것이다. 또 1학년은 아직 내부세계 경험과 외부세계 경험이 분명하게 구별되지 않아 인간 내부의 것과 외부의 물질세계를 명확히 구분하지 못하고 상상의 단계에 머물러 있어 판타지와 상상력을 살려주면서 교과수업을 진행하는 것이 필요하다.

Ⅲ. 발도르프교육 적용 사례

1. 1학년 발도르프교육 적용 사례

〈아침시〉

해에게서 나오는 사랑의 빛이 나에게 하루를 밝혀줍니다.
영혼에 들어 있는 신의 힘이 팔다리에 힘을 줍니다.
빛나는 햇빛 속에 있는 신이여 당신을 우러러 봅니다.
당신이 내 영혼에 자비롭게 심어준 사랑의 힘으로
나는 잘 배울 수 있고 많은 것을 알고자 합니다.
당신에게서 빛과 힘이 나왔고, 당신에게로 사랑과 감사가 흘러갑니다.

– 루돌프 슈타이너–

2. 아침 활동 : 아침 악수 인사, 아침시 낭송, 계절 노래 부르기

1년간 매일 아침마다 아침시를 낭송하고 계절 노래를 부르며 온몸을 이용한 리듬활동을 하여 마음과 몸이 자연스럽게 깨어나게 한다.

가. 이야기 듣기

1) 유아와 연계된 부분이 많은 1학년 시기는 선과 악의 구분이 명확하고 상상력과 판타지가 충만한 그림형제동화(1학년에 적당한 것을 선별)와 우리나라 옛이야기를 들려준다. **예) 황금새, 하얀뱀, 용감한 재봉사, 곰가죽 사나이, 생명의 물, 거위치기 아가씨, 노래하며 날아오르는 종달새, 겁 없는 왕자, 황금 산의 임금님 등**

2) 이야기를 들은 후 들은 이야기를 되새겨 말해 보고, 자연물 리듬악기로 연주도 하고, 그림으로 그려보기도 하면서 내면화한다.

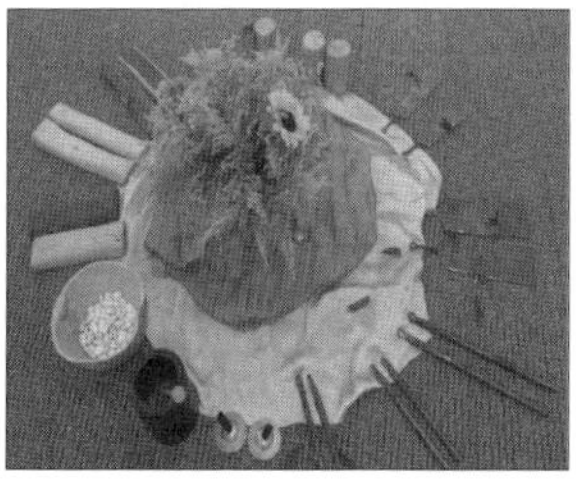

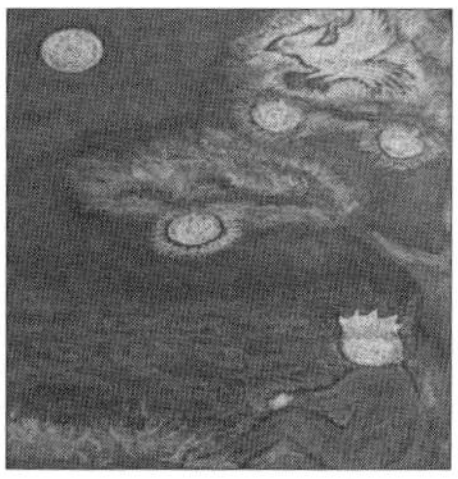

나. 글자지도 : 글자의 모양과 소리가 자신과 연관되어 살아 있는 언어로 인식하게 하는 것이 중요하므로 1학년 글자지도는 소리글자 한글이 형성되는 과정을 바탕으로 리듬, 몸, 주변의 다양한 낱말, 그림, 전래동요로 글자를 경험시킨다.

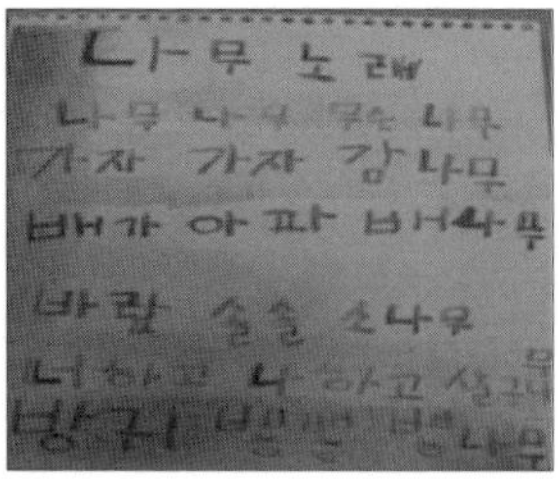

다. 온 몸으로 배우는 수학 공부 : 1~10까지 숫자 이야기, 숫자 노래, 숫자 연극, 공책 정리, 리듬활동을 통한 덧셈, 뺄셈 놀이, 100 숫자 천을 이용한 숫자 공부.

수의 기원과 주변에서 볼 수 있는 다양한 사물을 숫자와 그림으로 연관시켜 배우고, 숫자 동화를 통해 수의 이미지를 내면화시킨다.

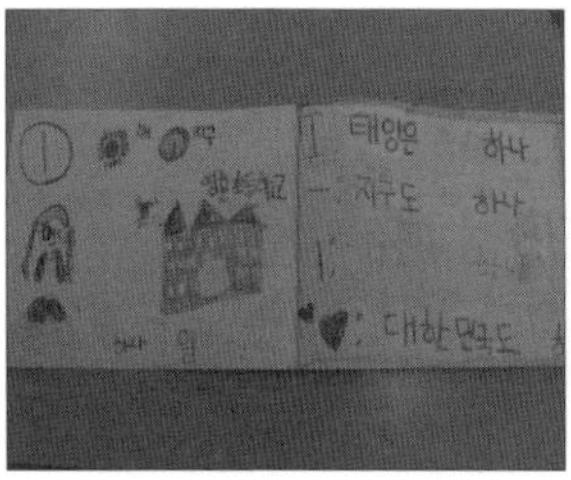

라. 형태그리기 : 국어 문자 도입과 글씨 쓰기 전부터 직선, 곡선, 사선 등 다양한 선들을 그리고 색칠하면서 손의 힘, 집중력과 의지를 기른다.

마. 수공예 활동 : 이야기가 있는 재미있는 실 놀이(고양이수염, 마녀 빗자루, 에펠탑), 손가락 뜨개질(털실 달팽이 목도리), 대바늘 뜨개질(작은 주머니), 계절 수공예(나무 구슬 팔찌, 장명루 팔찌, 여름새모빌, 가을 지끈 거미줄, 밀납)

1학년은 양손으로 의미 있는 것을 만드는 활동을 많이 하는 것이 좋다.

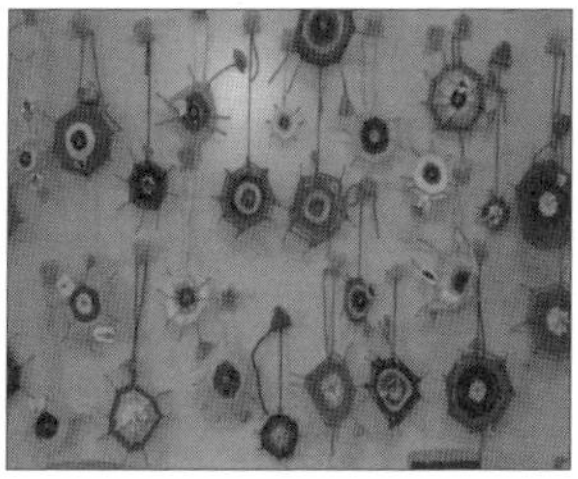
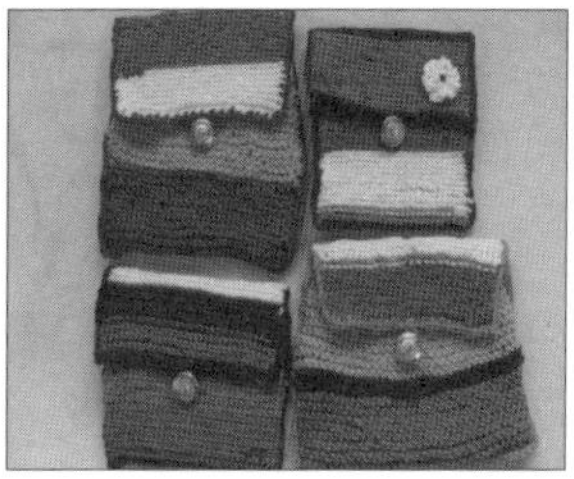

바. 발도르프 인형극

발도르프 인형극은 수작업으로 제작하는 헝겊인형으로 아이들에게 무한한 상상력과 표현력을 자극하여 이야기 속으로 빠져들게 하는 인형극이다. 이야기 듣기 시간에 들려준 이야기를 인형극으로 다시 보여 줄 때 아이들의 감성과 판타지는 극대화가 된다.

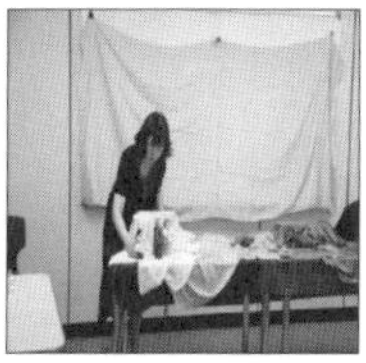

사. 계절책상

계절별 자연물과 인형을 이용하여 계절의 변화와 아름다움을 교실에서 느끼게 한다.

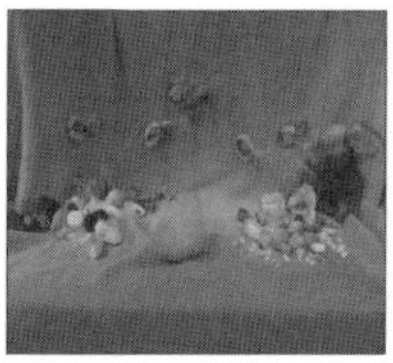

Ⅳ. 마무리 하며

처음으로 학습이 시작되는 초등학교 1학년 시기에 교과 수업으로 예술감성 교육인 발도르프 교육방법을 접목시켜 7~8세 아동의 발달 단계에 적합한 활동으로 지도하였다. 1년 내내 선생님이 들려주는 신비하고 재미있는 옛이야기와 선생님이 들려준 이야기를 눈으로 체험하는 발도르프 인형극, 계절마다 내 손으로 만들어 사용하는 아름답고 실용적인 수공예품들, 계절의 변화와 아름다움을 교실에서 느낄 수 있는 계절책상, 일 년 내내 노래를 부르고 시를 낭송하고, 문자와 수학을 놀이처럼 자연스럽게 배우는 가운데 아이들의 정서적 안정과 표현력은 풍부해졌으며, 학교생활을 즐거워하고 다른 사람에 대한 배려와 끈기도 놀랍게 향상되었음을 복숭앗빛 아이의 양 볼에서 느낄 수 있었고, 교과 선생님들과 학부모의 반응에서 실감할 수 있었다. '교육의 질은 교사의 질을 넘지 못 한다'고 한 말은 곰곰이 되새겨 볼수록 진리이다. 교실에서 교사의 역할이 얼마나 중요한가? 교사의 의지와 열정으로 아이들이 행복해 하고 아이들의 몸과 마음, 의지와 사고와 감성이 고루 발달됨을 온몸으로 기쁘게 받아들이는 가장 자연스러운 모습을 학급에서 날마다 볼 수 있다는 것은 얼마나 행복한 일인가? 발도르프교육은 아이의 영혼과 정신, 육체가 조화롭게 성장하는 데 가장 효과적이고 강력한 교육이고 더불어 교사도 쉼 없이 발전하고 성장해야 함을 가르쳐주는 교육임을 그 동안의 교육 실천에서 확신한다.

공부당하러 학교에 오는 아이들!

아이들이 학교에 왜 올까? 학교에 오는 아이들에게 무엇 하러 오냐고 물으면, "공부하러 온다."고 한다. 하지만 아이들은 온종일 학교에서 '공부당하고' 집에 간다. 온종일 머리가 아플 정도로 따분한 수업들을 듣고만 있다가 시간을 보내고 집에 간다. 틀에 박힌 교과서 중심의 수업, 여기에 눈이 피로할 정도로 쉴 새 없이 쳐다보는 큰 프로젝션 화면, 교사 역시 컴퓨터 클릭만 하고, 칠판에 그림이나 판서는 아예 하지 않는 수업. 그러니 아이들은 학교에서 공부를 배우기보다는 공부당하는 생활을 하고 있다. 우리 아이들에게 필요한 것은 공부당하는 것이 아닌, 참다운 공부를 하는 것이다. 교사 자신의 내면적인 혁신이 우선되지 않고서는 교실수업 개선과 학교현장의 변화를 기대하는 것은 힘들다.

'공정교육' 실현을 위한 여러 방법 가운데 하나가 아이들이 참다운 공부를 할 수 있게 해주는 것이다. 학교에 공부 당하러 오는 것이 아닌, 진정한 배움을 체험할 수 있는 교육, 물론 입시 위주의 교육이 큰 문제겠지만 최소한 학급이나 학교는 바른 길을 가고자 하는 노력이 필요하다. 더구나 현재 사회에 온갖 해악스러운 것들을 어른들이 다 저질러놓고, 이 모든 것을 학교가 다 책임을 져야한다고 책임회피를 한다. 이러한 사회는 결코 건강하지 못하다. 윗물이 맑아야 아랫물이 맑다고 하는데 모범이 되지 못하는 어른들 때문에 아이들은 이 순간에도 병들어 간다. 사회가 개혁을 하고자 하는 의지가 없다면 학교에서라도 자강운동을 해야 하지 않을까?

담금질의 미학!

강철의 경우 두드릴수록 더 강하게 단련된다. 교사에게도 담금질이 필요하다. 좋은 교사, 훌륭한 교사가 되기 위해서는 가르침에 대해서 수많은 고민과 연구를 해야 한다. 한순간에 와 닿는 것이 아닌, 아주 천천히 자기 자신도 모르는 사이에 좋은 선생님으로 만들어 가야 한다. 물론 이렇게 하기 위해서는 아이들을 보는 눈을 길러야 한다. 무엇보다도 아이들 발달단계에 대해서 정확히 이해해야만 제대로 된 교육과정을 이끌어 낼 수 있다. 아이들의 발달단계를 제대로 알지 못하면서 단순히 교육과정만 재구성하는 것은 현상만 보고 본질을 이해하지 못하는 우매함을 범할 수 있다. 어설픈 교육과정 재구성은 아이들에게 깊이 다가서지 못하고 바쁘게만 할 뿐이다. 가르침에 대한 고민을 한 번에 날려 보낼 수 있는, 그러면서 하나라도 제대로 가르치고 배우는 그러한 수업이 필요하다. 끊임없는 교사 자신의 자기연찬을 통해 제대로 아이들의 발달단계를 공부해야 한다. 그래야만 해마다 아이들을 만날 때 좀 더 나아진 교사 자신의 모습을 발견할 수 있다.

'성실한 교사'는 학교에 일찍 출근하고, 교과서 중심 수업에 충실하며, 민원이 발생하지 않고 안전주의로 교실 중심 수업과 맡은 업무를 깔끔하게 처리하는 교사를 뜻할까? 교사는 수업으로 모든 것을 보여주는데 온전하지 못한 교육과정과 교과서를 재구성하지 않고 살아 있는 교육과정을 운영하기보다는 있는 그대로 가르치는 교사도 어떤 면에서는 성실하다고 할 수 있다. 하지만 성실함이라는 말 속에는 누가 알아주든지 말든지 자신의 인생, 자신이 하는 일에 대해 진정으로 최선을 다하는 자세가 밑바탕에 깔려 있다. 깊은 곳에서부터 우러나오는 '최선을 다하는 자세'가 없다면 아무 소용없다는 것이다. 껍데기만 성실한 것, 성실한 '척'하는 것이 과연 무슨 의미가 있을까?

한 개를 배워서 열 개를 가르치기보다는 열개를 배워서 그 가운데 가장 값진 것 하나를 가르쳐야 한다. 하지만 요즘은 다들 바쁜지 다 차려놓은 밥상이나 즉석요리만 찾으려고 한다. 아니다 싶으면 이내 다른 것을 찾고 유행을 좇아다닌다.

더구나 사람을 가르치는 일을 기계(컴퓨터 클릭수업)가 대신할 수 없다. 결국 뿌리가 깊지 않으면 이내 흔들리고 뽑혀 나간다. 교육은 시간이다. 교사 자신이 투자한 만큼 교육성과는 나온다. 한 시간 수업을 위해 두세 시간을 준비하는 열정이 곧 교사 자신을 성실하게 만든다. 더구나 교사 자신이 살아 있는 교육과정이므로 이에 걸맞게 해 나가야 한다. 아이들은 무한 신뢰를 보낼 수 있는, 유년시절 많은 추억거리를 선물하는 선생님을 원한다.

따라서 교사에게 가르침은 늘 깨어 있는 삶을 사는 일이다. 깨어 있다는 것은 늘 교사 자신을 성찰하고 생각을 높이며 끊임없이 성숙시키는 것이다. 성찰은 교사 자신이 서 있는 자리를 살피는 것이다. 또한 무엇을 어떻게 왜 가르쳐야 하는지에 대한 분명한 소명의식이 필요하다.

이 책이 2015 개정 교육과정 1·2학년 교육과정을 가르치고 배우는 교사와 아이들에게 조금이나마 도움이 되길 바라는 소박한 희망을 꿈꾸어 봅니다. 책이 나오기까지 많은 격려와 힘이 되어 준 우리 가족(아내 신명화와 큰딸 수린, 둘째 딸 하린)에게 고마움을 전합니다. 자료 제작에 많은 도움을 준 안수영 선생님, 강은주 선생님, 남원 문공주 선생님, 익산 김동명 교감선생님과 전봄 선생님, 광주 이현희 선생님, 포항 이수민 선생님, 천안 조현민 선생님, 전주 정문기 선생님과 조명숙 선생님, 경기 이순복 선생님과 김정순 선생님, 강원 김지연 선생님, 김남인 선생님, 김은하 선생님, 장대희 선생님, 이외 포항, 천안, 익산, 전주, 서울지역모임 발도르프교육지기 선생님들께 깊은 고마움을 전합니다. 아울러 혹독한 출판 불황시대에 어려운 여건임에도, 우리 교육의 변화를 위해 기꺼히 출판을 허락해 주신 물병자리 류희남 사장님과 이점석 편집장님을 비롯한 관계자 분들께 깊은 고마운 마음을 전합니다.

2016년 12월 김용근

- 강신항(2003). 〈훈민정음연구〉. 성균관대출판부.
- 강완(2013). 2009 개정 초등학교 수학과 교육과정 및 교과서 분석: 개선을 위한 네 가지 문제점. 학교수학, 15(3), 569-583.
- 고미옥(2008). 한국전래동화의 주제특성과 교육적 가치에 관한 연구:초등학교 158 교과서 수록 전래동화를 중심으로. 석사학위논문. 경기대학교 교육대학원.
- 고은(2007). 취학 전 아동의 쓰기발달에 영향을 미치는 요인분석. 언어치료연구, 16(2), 109-129.
- 공현진초(2012). 2012학년 공현진교육계획서.
- 공현진초(2013). 2013학년 공현진교육계획서.
- 공현진초(2014). 2014학년 공현진교육계획서.
- 공현진초(2015). 2015학년 공현진교육계획서.
- 공현진초(2013). 행복한 학교를 위한 첫 열매.
- 괴테(1998). 색채론. 서울: 민음사.
- 교육부(2009). 2009 개정 교육과정 총론(교육과학지술부 고시 제2009-41호).
- 교육부(2016). 2015 개정 교육과정 총론.
- 교육부(2016). '2015 개정 교육과정 –초.중등학교 교육과정-발표'.
- 교육부(2016). 학생생활기록부 작성 및 관리지침.
- 교육부(2016). 2015 개정 교육과정에 따른 교과별 교육과정 선도 교원 연수자료집.
- 교육부(2015). 2015 개정 교육과정 총론 1차, 2차 공청회 자료집.
- 교육부(2015a). 제2차 수학교육 종합계획(2015-2019).
- 경기도교육청(2016). 경기도 초등학교 학업성적관리 시행지침.
- 교육부(2009). 2009 개정 초.중등학교 교육과정(총론).
- 2009개정교육과정연구위원회(2009). 2009 개정 교육과정 제1차 공청회 자료집.
- 2009개정교육과정연구위원회(2009). 2009 개정 교육과정 제2차 공청회 자료집.
- 그림형제(1995). 독일어판 완전 번역 그림동화 1~10. 김경연 옮김. 한길사.
- 김경신(2006). 초등학교 1학년 아동의 발달적 특성에 관한 연구. 초등교육학연구, 13(2), 89-106.
- 김경철、채미영(2001). 한국 전래동화에 나타난 아동관 분석. 열린유아교육연구, 6(2),203-218.

• 김대진(1982). 움직임교육이론.

• 김세진(2005). 흙과 하늘에 대한 자연체험활동의 교육적 의미 탐색, 중앙대학교대학원 석사학위논문.

• 김수진, 박지현, 진의남, 안윤경(2013). TIMSS 2011 우리나라 학생들의 수학·과학 성취 특성. 한국교육과정평가원 연구보고 PIM 2013-1.

• 김숙희 (2011).초등학교 과학 교과서 중 물질 영역의 내용 변천 분석. 한국교원대학교 교육대학원 석사학위논문.

• 김슬옹(2001). 훈민정음과 한글 과학성에 대한 교육전략, 〈교육한글〉14, 한글학회.

• 김용근(2003). 기질을 알면 교육이 보인다. 발도르프 관련 자료집.

• 김용근(2005). 발도르르학교 교육과정의 연구와 우리나라 초등교육에 적용방안 모 색: 실제 적용과 실천을 중심으로.

• 김용근(1993-2005), 아이들만이 희망 1회-72호. http://www.waldorf.co.kr.

• 김용근(2001). 형태그리기의 이론과 실제 1-5학년 자료집.

• 김용근(2004), 1학년 아이들에게 꼭 들려주어야 할 옛이야기-자료집.

• 김용근(2004), 1학년 아이들에게 꼭 들려주어야 할 수학동화-자료집.

• 김용근(2004), 유아와 7살 아이들에게 꼭 들려주어야 할 옛이야기-자료집.

• 김용근(2014). 선생님은 살아 있는 교육과정이다. 물병자리.

• 노제운: 한국 전래동화의 심층의미 분석-정신분석적 접근,고려대학교 대학원 박사학위논문, 2003.

• 라하마 볼드윈 댄시(2002). 당신은 당신 아이의 첫 번째 선생님입니다. 강도은역, 정인출판사.

• 로이 윌킨슨(1997). 루돌프 슈타이너의 교육론. 서울 : 내일을 여는 책.

• 마이클 슈나이더, 자연,예술,과학의 수학적 원형,경문사.

• 박도순·홍후조(2006). 교육과정과 교육평가. 서울:문음사.

• 박언휘(2004). 산책을 통한 자연탐구활동의 경험세계, 중앙대학교 교육대학원 석사학위논문.

• 박창원(2005) , 〈훈민정음〉, 신구문화사.

• 박종권(2000).초등학교 수행 평가 실태 조사. 한국교원대학교 대학원 석사학위논문.

• 배호순(2000). 수행평가의 이론적 기초. 서울:학지사.

• 백혜정·고선주(2001), 이솝우화를 통하여 본 아동의 도덕판단 발달 :Kohlberg의 이론 중 도덕 지향을 중심으로, 「교육심리연구」p215-235.

• 브레거, 루이스 :인간 발달의 통합적 이해, 홍강의·이영식 역, 이화여자대학교,1998.

• 송경원(2006) 이솝우화전집, 하늘연못.

• 송철의(2000) , 형태론과 음운론, 〈국어학〉35, 국어학회.

• 심향분(1996), 이솝우화의 아동문학 교육적 가치에 관한연구, 성균관대 석사논문.

• 알베르트 수스만, 12감각론, 섬돌출판사.

• 안백섭(1993), “입문기 아동의 문자지도 방법에 관한 연구”, 한국교원대학교 석사-98-학위 논문.
• 안정아(2013). 초등학교 1학년 학생들의 텍스트 구성 능력 연구. 배달말, 53, 427-455.
• 옥현진, 서수현(2011). 초등학교 1학년 학생들의 그림일기 표현 활동에 나타난 복합양식문.
• 식성 양상 분석, 한국초등국어교육, 46, 219-243.
• 유승아(2014). 초등학생들의 쓰기 활동에 나타난 글과 그림의 의미 구성 양상. 한국초등국어교육, 54, 295-321.
• 윤선영(2004). 발도르프 리듬 생활 만들기. 서울. 문음사.
• 이경화(1995), “초등학교 1학년 아동의 음독 오류 형태와 읽기 과정 연구”,〈국어교육〉 89,한국국어교육연구회.
• 이나현(역)(2000). 크리스토프 린덴베르크(저). 두려움 없이 배우고 자신있게 행동하기(자유 발도르프교육 입문). 서울: 밝은누리.
• 이성영(2008). 읽기 발달 단계에 대한 연구: 몇 가지 논점을 중심으로. 「국어교육」, 127, 51-80.
• 이성은(2005). 아동을 위한 총체적 언어 교육. 이화여자대학교출판부.
• 이삼형, 주영미(2005). 쓰기 능력 발달 양상에 관한 연구. 국어교육, 118, 127-148.
• 이윤정(2006). 산책활동을 통한 자연물 관찰이 유아의 과학적 탐구 능력에 미치는 영향. 중앙대학교 교육대학원 석사학위논문.
• 이윤미, 김애화 (2008). 수 감각 발달을 위한 조기 수학 교수가 수학 학습장애 위험 학- 44 -생의 수 개념과 연산능력에 미치는 효과 연구.초등교육연구. 21(3),287-312.
• 이은희(2002). 초등학생의 수 감각 육성 방안에 관한 연구. 인천교육대학교 교육대학원 석사학위논문.
• 이은란(2001). 수-연산 감각 발달을 위한 학습 프로그램 개발 연구. 서울교육대학교 교육대학원 석사학위논문.
• 이종란.《전래 동화 속의 철학》. 철학과 현실사 . 2001.
• 이항재,최민수 (2004). 아동발달. 서울:교육과학사.
• 장창환(1997).《초등음악과 지도법》. 서울:삼호출판사.
• 전일균(2001). 루돌프 슈타이너의 노작 교육론. 교육학회지 제 34권.
• 전채완(2003). 초등학교 1학년 문자 미해득 아동을 위한 효과적인 문식성 지도 방안 모색. 석사학위논문, 경인교육대학원.
• 정세문(1986).《음악과 학습지도》. 서울:창지사.
• 정옥분: 아동발달의 이해. 학지사 2003.
• 정유선(2004). 놀이활동을 통한 리듬감 신장에 관한 연구. 석사학위논문, 광주교대.
• 조영기·김석우 (2007).초등학교 수행평가 실시현황 및 개선방안:부산시 초등학교 사례를 중심으로. 교육평가연구,20(2),77-99.
• 조진희(2002).《소프라노 리코더 교본》. 서울:세광음악출판사.

- 조효임 외(2004). 《오르프·코다이 리듬교육과 리코더》. 서울:태림출판사.
- 최석희. 그림Grimm 동화의 이론과 실제. 실린 곳:독일문학-한국독어독문학회60집 1996.
- 최승호(2005). 말놀이 동시집 1~3집. 서울:비룡소.
- 최영환 외(2003), 《효과적인 읽기수업 어떻게 할까》, 박이정.
- 최지선, 박교식(2009). 우리나라 초등학교 1-2학년 수학에서의 수 감각 지도내용 분석. 대한수학교육학회지 수학교육학 연구. 19(4),513-530.
- 최은경. 〈한국민담에 나타난 숫자개념 - '三'을 중심으로〉. 한국어문학회편 . vol. 16. 1985.
- 크리스토프 린덴베르크(1998). 슈타이너. 서울 한길사
- 크리스토퍼 클라우더, 마틴 로슨 공저(2010). 아이들이 행복한 학교. 서울: 양철북.
- 프란스 칼그렌,아르네 클링보르그 공저(2009). 자유를 향한 교육. 서울:섬돌출판사.
- 하지현 :전래동화 속의 비밀코드, 살림, 2005.
- 한국교육과정평가원(2013). 핵심성취기준.
- 함백초(2016). 2016학년도 교육계획서.
- Bettelheim,Bruno:KinderbrauchenMärchen.München 1980.
- Caroline, R, May(1980). Toward Wholeness : Rudolf Steiner Education in America, Middletown, Connecticut : Wesleyan Univ. Press.
- Childs, Gibert(1996). Education and Beyond : Steiner and problems of modern society. Edinburgh : Floris Books.
- Childs, Gibert(1991) Steiner Education in theory & practic. Edinburgh Floris book.
- Helmut Eller, Der Klassenlehrer an der Waldorfschule, Verlag: Freies Geistesleben 1998.
- Dennis Klocek, Drawing from the Book of Nature,Published 1990.
- Margrit JünemannFritz Weitmann, Der künstlerische Unterricht in der Waldorfschule,Verlag: Freies Geistesleben 2007.
- Anke-Usche Clausen Martin Riedel, Schöpferisches Gestalten mit Farben,Verlag: Mellinger 1997.
- JohannWolfgangvonGoethe저, 권오상 역(2003). 〈자연과학론〉. 민음사.
- Rothlein(1991). The literature Connection: using children' book in the
- classroom Illinois:Scott,Eoresmanandcompany.
- Steiner, Rudolf(1971). Theosophy. Trans. Monges Henry B. New Your: Anthroposophy Press.
- Thekla Thome, Waldorfschule? Waldorfschule, Verlag: Books on Demand 2011.